KB239303

한자
VOCABULARY **2**

한자 VOCABULARY **2**

초판 인쇄   2004년 11월 10일
초판 발행   2004년 11월 15일

편자   시사정보연구원
발행인   권윤삼
발행처   도서출판 산수야

등록번호   제1-1515호
주소   서울시 마포구 망원동 472-19호
우편번호   121-826
전화   02-332-9655
팩스   02-335-0674

값   15,000원

ISBN 89-8097-092-7   13710

산수야의 책은 독자가 만듭니다.
독자 여러분들의 소중한 의견을 기다립니다.
e-mail : sansuya1@hanmail.net

(눈으로 읽고 손으로 외우는) 한자 Vocabulary 2
/ 시사정보연구원 편. — 서울 : 산수야, 2004
480p. ; 25.7cm

ISBN 89-8097-092-7 13710 : ₩15000

711.47 - KDC4
495.78 - DDC21   CIP2004001946

시사정보연구원 편저

산수야

한자는 정확한 의사전달을 위해 중요하며, 특히 우리와 더불어 한문문화권 내의 능력 함양에 필요하다는 인식 하에 새롭게 부각되고 있습니다. 이는 대학입시는 물론 각 기업체의 입사와 승진시험에 그 성적을 반영함으로써 특히 비중이 높아지고 있습니다.

이 책은 이러한 여러 여건들 속에서 한자를 공부하는 여러분에게 도움이 되고자 독자의 요구에 의해 구성되어지고 편집된 책입니다.

1. 한자검정능력시험 1·2급 한자를 쓰면서 익힐 수 있도록 하였습니다.
2. 각 표제자(表題字)들의 음(音)과 훈(訓)은 물론, 그에 대한 용례(用例)를 실어 한자를 보다 광범위하고 실용적으로 활용할 수 있도록 하였습니다.
3. 각 표제자의 부수와 획수를 밝혀 한자의 기초적인 학습과 자전(字典) 찾는 법을 익히도록 하였습니다.
4. 책 속에 각 부수의 설명과 한자속담을 실어 공부에 재미와 능률을 더해줍니다.
5. 한자급수 시험 대비와 각 기업체의 입사와 승진시험 대비에 만족을 더해줍니다.
6. 고사성어 및 한자숙어, 두 가지 음을 가진 한자, 잘못 읽기 쉬운 한자, 상대 및 반의어, 약자(略字)와 속자(俗字) 등을 열거하여 한자의 응용학습에 완벽을 기하도록 하였습니다.
7. 시사한자를 수록해 언론사와 각 기업체 입사시험대비에 만족을 더해줍니다.
8. 색인을 수록해 쉽고 빠르게 한자를 검색할 수 있도록 하였습니다.
9. 시험에 자주 출제되는 한자는 별색으로 표시해 학습에 도움이 되도록 하였습니다.

1급

- 읽기 배정한자표에 雉와 埈이 重出하여 실제로는 두 자가 脫漏되었는 바, 이 두 자는 雉(꿩 치)와 埈(일 마칠 준)의 2자임.
- 읽기 배정한자 중 疎(드물 소)가 혹 3급Ⅱ로도 표기되어 있으나 1급 글자임.
- 쓰기 배정한자는 2급 읽기 배정한자의 조정에 따라 인명지명용 350자를 제외 2,005자가 됨.

2급

- 읽기 배정한자 중 인명지명용 한자로 분류되는 樟(녹나무 장)은 獐(노루 장)의 잘못이므로, 樟을 삭제하고 獐을 추가함.
- 읽기 배정한자에 塋(무덤 영)자가 들어 있는 경우도 있으나 이는 瑩(밝을 형, 옥돌 영)의 오타임.
- 읽기 배정한자표에 尉가 重出하여 실제로는 한 자가 脫漏되었는 바, 이 한 자는 蔚 자임.
- 읽기 배정한자는 隷(종 례), 冒(무릅쓸 모), 逝(갈 서), 訣(이별할 결), 紋(무늬 문) 이상 이전 1급자 5자가 3급에 추가됨에 따라 2급에도 순차적으로 반영되어 2,355자가 됨.
- 쓰기 배정한자는 3급 읽기 배정한자의 조정에 따라 총 1,817자가 됨.

최근 들어 한자는 대학입시는 물론, 각 기업체의 입사시험과 승진에서도 비중이 매우 높아졌습니다. 특히 경제5단체가 신입사원 채용 시 한자시험을 권고하고, 승진에 한자시험성적을 반영해 사실상 취업과 승진을 위한 한자 공부가 중요한 과목으로 자리 매김하고 있습니다.

이 책은 이러한 여러 가지 여건들을 생각하면서 독자의 필요가 무엇인지에 집중하였습니다. 한자를 공부하면서 한자능력검정시험도 대비할 수 있도록 하였고, 특히 취업과 승진에 주안점을 두었습니다.

먼저 발간된 한자 Vocabulary 1은 한자능력검정시험 3급까지 도전할 수 있도록 구성하였으며, 한자 Vocabulary 2는 1급까지 마스터할 수 있도록 하였습니다.

특히 한자 Vocabulary 2는 취업과 승진, 일반교양 한자에 역점을 두었습니다. 고사성어와 속자 · 약자는 물론 시사한자까지 수록해 다양한 방법으로 재미있게 한자를 공부할 수 있습니다.

언론사와 각 기업체에서는 다양한 한자능력을 원합니다. 시험을 준비하는 사람은 희망하는 곳에서 무엇을 원하는지를 알아야 제대로 대비할 수 있습니다. 이러한 점에서 한자 Vocabulary 1 · 2는 최적의 수험서이자 동반자임을 확신할 수 있습니다.

한자는 읽기도 중요하지만 쓰기의 중요성도 매우 높아져 가고 있습니다. 이 책은 각종 시험대비는 물론 읽기와 쓰기까지 일시에 만족시키는 특징이 있습니다. 이 책이 한자를 공부하는 여러분의 실력향상과 각종 시험대비의 길잡이가 되기를 바랍니다.

독자 여러분의 탁월한 선택에 갈채를 보내면서 영광스런 합격을 축하드립니다.

■ 한국 어문회(한자능력검정)시험 안내 – 매년 3차례 (2004년 기준 : 5월, 7월, 11월)

급수	수준 및 특성	시간 및 문항
8 급	읽기 50자, 쓰기 없음 초1	50분, 50문항
7 급	읽기 150자, 쓰기 없음 초2	50분, 70문항
6급Ⅱ	읽기 300자, 쓰기 50자 초3	50분, 80문항
6 급	읽기 300자, 쓰기 150자 초3	50분, 90문항
5 급	읽기 500자, 쓰기 300자 초4	50분, 100문항
4급Ⅱ	읽기 750자, 쓰기 400자 초5	50분, 100문항
4 급	읽기 1,000자, 쓰기 500자 초6	50분, 100문항
3급Ⅱ	읽기 1,400자, 쓰기 750자 중학생	60분, 150문항
3 급	읽기 1,817자, 쓰기 1,000자 고교생	60분, 150문항
2 급	읽기 2,355자, 쓰기 1,817자 대졸	60분, 150문항
1 급	읽기 3,500자, 쓰기 2,005자 교양인	90분, 200문항

■ 한국 외국어 평가원(국가공인)시험 안내 – 매년 4차례 (2004년 기준 : 4월, 6월, 10월, 12월)

급수	수준 및 특성	시간 및 문항
8 급	70자 초 1	40분, 80문항
7 급	150자(8급 150자 포함) 초 2	40분, 80문항
6 급Ⅱ	250자(7급 150자 포함) 초 3	40분, 90문항
6 급	400자(7, 8급 250자 포함) 초 4	40분, 90문항
5 급Ⅱ	600자(6급 400자 포함) 초 5	50분, 100문항
5 급	900자(6급 600자 포함) 초 6	50분, 100문항
4 급	1500자(5급 900자 포함) 중학생	50분, 120문항
3 급	1850자(4급 1500자 포함) 고교생	60분, 120문항
2 급	2500자(3급 1850자 포함) 대졸	60분, 120문항
1 급	3500자(2급 2500자 포함) 교양인	80분, 150문항

※ 2004년 1월 27일부터 한국 어문회, 한국 외국어 평가원 외에 한자교육 진흥회와 한자급수검정회를 포함하여 모두 4기관이 국가 공인으로 인정받았습니다.

1. 상형문자(象形文字) : 사물의 모양과 형태를 본뜬 글자

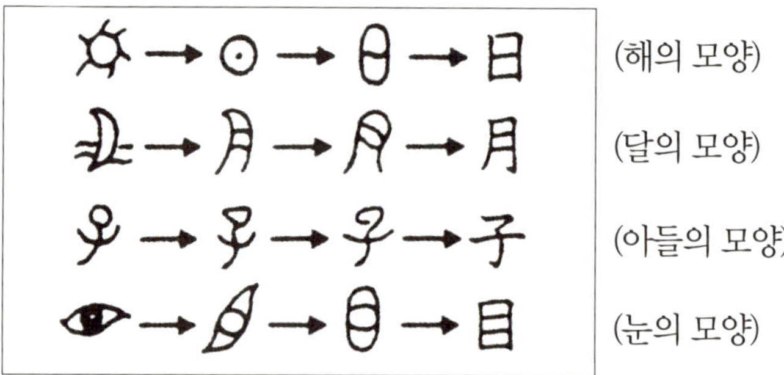

(해의 모양)

(달의 모양)

(아들의 모양)

(눈의 모양)

2. 지사문자(指事文字) : 사물의 모양으로 나타낼 수 없는 뜻을 점이나 선 또는 부호로 나타낸 글자

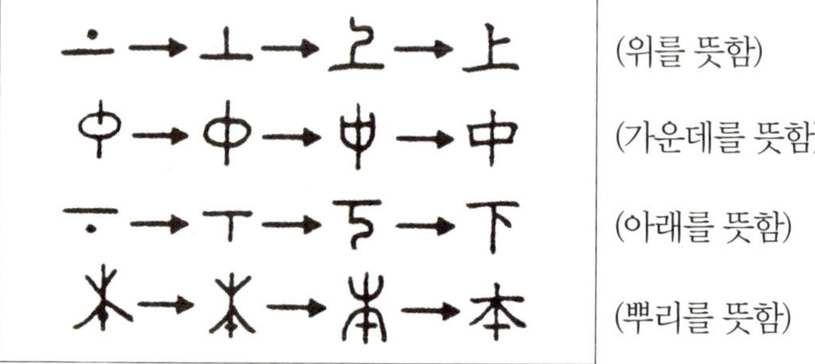

(위를 뜻함)

(가운데를 뜻함)

(아래를 뜻함)

(뿌리를 뜻함)

3. 회의문자(會意文字) : 이미 만들어진 글자를 2개 이상 합한 글자

人(사람 인)+言(말씀 언) = 信(믿을 신) : 사람의 말은 믿는다.

田(밭 전)+力(힘 력) = 男(사내 남) : 밭에서 힘써 일하는 사람.

日(날 일)+月(달 월) = 明(밝을 명) : 해와 달이 밝다.

人(사람 인)+木(나무 목) = 休(쉴 휴) : 사람이 나무 아래서 쉬다.

① 동체회의(同體會意) : 같은 글자를 합한 것

月+月=朋   日+日=昌

匕+匕=比   立+立=竝

② 이체회의(異體會意) : 다른 글자를 합한 것

十+口=古   人+立=位

口+鳥=鳴   木+日=東

③ 생체회의(省體會意) : 두 글자가 합칠 때 일부분을 줄여서 합한 것

老+子=孝   羊+我=義

營+力=勞

4. **형성문자(形聲文字)** : 뜻을 나타내는 부분과 음을 나타내는 부분을 합한 글자

    口(큰입 구)＋未(아닐 미)＝味(맛볼 미)　　左義右音좌의우음

    工(장인 공)＋力(힘 력)＝功(공 공)　　右義左音우의좌음

    田(밭 전)＋介(끼일 개)＝界(지경 계)　　上義下音상의하음

    相(서로 상)＋心(마음 심)＝想(생각 상)　　下義上音하의상음

    口(큰입 구)＋古(옛 고)＝固(굳을 고)　　外義內音외의내음

    門(문 문)＋口(입 구)＝問(물을 문)　　內義外音내의외음

5. **전주문자(轉注文字)** : 있는 글자에 그 소리와 뜻을 다르게 굴리고(轉) 끌어내어(注) 만든 글자

    樂(풍류 악) → (즐길 락 · 좋아할 요)　　예) 音樂(음악), 娛樂(오락)

    惡(악할 악) → (미워할 오)　　예) 善惡(선악), 憎惡(증오)

    長(긴 장) → (어른 · 우두머리 장)　　예) 長短(장단), 課長(과장)

6. **가차문자(假借文字)** : 본 뜻과 관계없이 음만 빌어 쓰는 글자를 말하며 한자의 조사, 동물의 울음소리, 외래어를 한자로 표기할 때 쓰인다.

    東天紅(동천홍) → 닭의 울음소리

    然(그럴 연) → 그러나(한자의 조사)

    亞米利加(아미리가) → America(아메리카)

    可口可樂(가구가락) → Cocacola(코카콜라)

    弗(불) → $(달러, 글자 모양이 유사함)

    伊太利(이태리) → Italy(이탈리아)

    亞細亞(아세아) → Asia(아세아)

1. 위에서 아래로 쓴다.
   言(말씀 언) → 一 二 三 言 言 言 言
   雲(구름 운) → 一 一 一 雨 雨 雨 雨 雨 雲 雲 雲

2. 왼쪽에서 오른쪽으로 쓴다.
   江(강 강) → 丶 丶 氵 氵 江 江 江
   例(법식 예) → 丿 亻 亻 亻 例 例 例 例

3. 가로획을 먼저 쓴다.
   用(쓸 용) → 丿 冂 月 月 用
   共(함께 공) → 一 十 廿 共 共 共

4. 세로획을 먼저 쓴다.
   田(밭 전) → 丨 冂 日 田 田
   生(날 생) → 丿 一 牛 牛 生

5. 좌우가 대칭될 때에는 가운데를 먼저 쓴다.
   小(작을 소) → 丨 小 小
   承(받들 승) → 一 了 了 手 手 承 承 承

6. 둘러 싼 모양으로 된 자는 바깥쪽을 먼저 쓴다.
   同(같을 동) → 丨 冂 月 同 同 同
   病(병날 병) → 丶 亠 广 广 广 疒 疒 病 病 病

7. 글자를 가로지르는 가로획은 나중에 긋는다.
   女(계집 녀) → 乚 夊 女
   母(어미 모) → 乚 口 口 毋 母

8. 글자 전체를 꿰뚫는 세로획은 나중에 쓴다.
   車(수레 거) → 一 厂 厂 冂 日 旦 車
   事(일 사) → 一 厂 厂 冂 日 写 写 写 事

9. 책받침(辶, 廴)은 나중에 쓴다.

近(원근 근) → ㇒ ㇒ ㇒ ㇒ 斤 斤 近 近 近

建(세울 건) → ㄱ ㄱ ㄱ ㄱ ㄹ 聿 聿 建 建

※ 走(달릴 주), 足(발 족), 是(이 시)등은 받침을 먼저 쓴다.

■ 한자의 기본 점(點)과 획(劃)

(1) 점

①「ᐟ」: 왼점   ②「ˋ」: 오른점

③「ᐠ」: 오른 치킴   ④「ᐟ」: 오른점 삐침

(2) 직선

⑤「一」: 가로긋기   ⑥「丨」: 내리긋기

⑦「ᐧ」: 평갈고리   ⑧「亅」: 왼 갈고리

⑨「ᐟ」: 오른 갈고리

(3) 곡선

⑩「ノ」: 삐침   ⑪「ᐟ」: 치킴

⑫「ˋ」: 파임   ⑬「辶」: 받침

⑭「亅」: 굽은 갈고리   ⑮「乀」: 지게다리

⑯「乁」: 누운 지게다리   ⑰「乚」: 새가슴

① 少 ②	③ 火 ④	主 ⑤	伸 ⑥
揮 ⑦ ⑧	表 ⑨	冷 ⑩ ⑪ ⑫	送 ⑬
乎 ⑭	式 ⑮	忠 ⑯	兄 ⑰

1. 뜻 : 部(부)의 대표문자를 部首(부수)라 한다.

즉, 부수는 주로 漢字(한자)의 뜻과 소리를 나타낸다.

부수에 해당하는 한자가 다른 글자 속에 포함될 때는 글자의 모양이 변한다.

예)「水」가 왼쪽에 붙을 때는「氵」(삼수변)

　　「刀」가 오른쪽에 붙을 때는「刂」(칼도방)

2. 위치

(1) 邊(변) : 부수가 글자의 왼쪽에 있다.

 예 女(계집 녀) → 姉(누이 자)　　妹(누이 매)

　　車(수레 거) → 轉(구를 전)　　輪(바퀴 륜)

(2) 傍, 旁(방) : 부수가 글자의 오른쪽에 있다.

 예 彡(터럭 삼) → 形(형상 형)　　彩(무늬 채)

　　隹(새 추) → 雜(섞일 잡)　　難(어지러울 난)

(3) 頭(두 : 머리) : 부수가 글자의 위에 있다.

 예 宀(갓머리) → 安(편안할 안)　　定(정할 정)

　　竹(대죽머리) → 筆(붓 필)　　策(꾀 책)

(4) 脚(각 : 발) : 부수가 글자의 밑에 있다.

 예 灬(불화) → 照(비칠 조)　　熱(더울 열)

　　皿(그릇명밑) → 盛(성할 성)　　監(살필 감)

(5) 繞(요 : 받침) : 부수가 글자의 변과 발을 싸고 있다.

 예 走(달아날 주) → 起(일어날 기)　越(넘을 월)

　　辶(책받침) → 近(가까울 근)　　進(나갈 진)

(6) 垂(수 : 엄호) : 부수가 글자의 위와 왼쪽을 싸고 있다.

 **예** 厂(민엄 호)→原(근본 원)　　厚(후할 후)

广(엄 호) →床(침상 상)　　度(법도 도)

(7) 構(구 : 몸) : 부수가 글자를 에워싸고 있다.

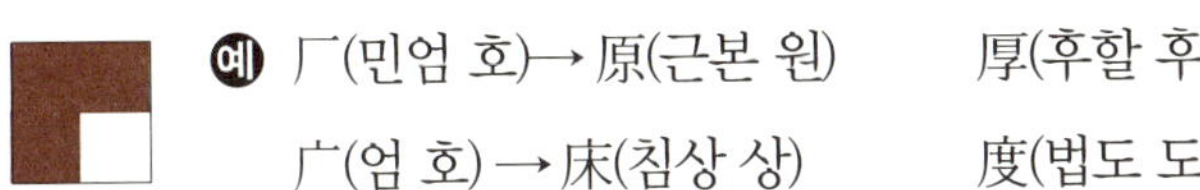 **예** 口(큰입구몸) → 國(나라 국)　　園(동산 원)

門(문문) → 閑(한가할 한)　　間(사이 간)

(8) 제부수 : 글자 자체가 부수자

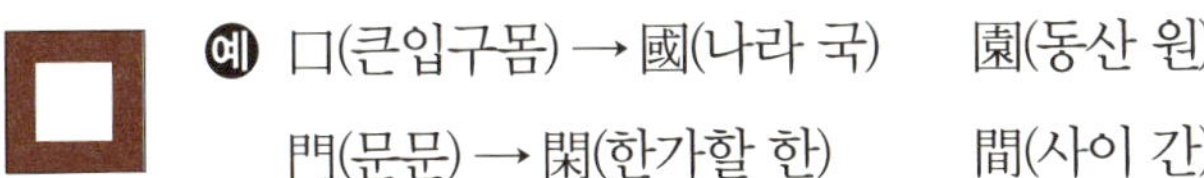 **예** 一(한 일) 入(들 입) 色(빛 색) 面(낯 면)

高(높을 고) 麥(보리 맥) 鼓(북 고) 龍(용 용)

※ 변형부수 : 亻, 忄, 阝, 月, ++, 糸, 衤, 辶, 輨, 畠, 辶, 瑠, 氵, 潃, 巛, 魋, 歺, 爫, 誓 등

3. 주요한 부수

(1) 人(인 : 사람과 관계가 있다) …… 位·休·信·佛·令

(2) 刀(도 : 칼붙이·베다와 관계가 있다) …… 刊·別·分·切·初

(3) 口(구 : 입다·먹다·마시다와 관계가 있다) …… 味·吸·唱·可·合

(4) 土(토 : 흙·지형과 관계가 있다) …… 地·場·型·基·垂

(5) 心(심 : 사람의 마음과 관계가 있다) …… 性·快·情·志·愛

(6) 手(수 : 손으로 하는 일과 관계가 있다) …… 打·投·持·承·才

(7) 水(수 : 물·강·액체와 관계가 있다) …… 河·池·永·泉·漢

(8) 火(화 : 불·빛·열과 관계가 있다) …… 燒·燈·燃·照·熱

(9) 糸(사 : 실·천과 관계가 있다) …… 紙·細·絹·系·素

(10) 艸(초 : 식물과 관계가 있다) …… 花·草·葉

(11) 雨(우 : 기상과 관계가 있다) …… 雲·雪·電·震·霜

부수표

No.	부수	No.	부수	No.	부수	No.	부수	No.	부수	No.	부수
1획		37	大	75	木	113	示(礻)	150	谷	**10획**	
1	一	38	女	76	欠	114	内	151	豆	187	馬
2	丨	39	子	77	止	115	禾	152	豕	188	骨
3	丶	40	宀	78	歹	116	穴	153	豸	189	高
4	丿	41	寸	79	殳	117	立	154	貝	190	髟
5	乙	42	小	80	毋	**6획**		155	赤	191	鬥
6	亅	43	尢	81	比	118	竹	156	走	192	鬯
2획		44	尸	82	毛	119	米	157	足	193	鬲
7	二	45	屮	83	氏	120	糸	158	身	194	鬼
8	亠	46	山	84	气	121	缶	159	車	**11획**	
9	人(亻)	47	川(巛)	85	水(氵)	122	网(罒)	160	辛	195	魚
10	儿	48	工	86	火(灬)	123	羊	161	辰	196	鳥
11	入	49	己	87	爪(爫)	124	羽	162	辵(辶)	197	鹵
12	八	50	巾	88	父	125	老(耂)	163	邑(阝)	198	鹿
13	冂	51	干	89	爻	126	而	164	酉	199	麥
14	冖	52	幺	90	爿	127	耒	165	釆	200	麻
15	冫	53	广	91	片	128	耳	166	里	**12획**	
16	几	54	廴	92	牙	129	聿	**8획**		201	黃
17	凵	55	廾	93	牛(牜)	130	肉(月)	167	金	202	黍
18	刀(刂)	56	弋	94	犬(犭)	131	臣	168	長(镸)	203	黑
19	力	57	弓	**5획**		132	自	169	門	204	黹
20	勹	58	彐(彑)	95	玄	133	至	170	阜(阝)	**13획**	
21	匕	59	彡	96	玉(王)	134	臼	171	隶	205	黽
22	匚	60	彳	97	瓜	135	舌	172	隹	206	鼎
23	匸	**4획**		98	瓦	136	舛	173	雨	207	鼓
24	十	61	心(忄)	99	甘	137	舟	174	青	208	鼠
25	卜	62	戈	100	生	138	艮	175	非	**14획**	
26	卩(㔾)	63	戶	101	用	139	色	**9획**		209	鼻
27	厂	64	手(扌)	102	田	140	艸(艹)	176	面	210	齊
28	厶	65	支	103	疋	141	虍	177	革	**15획**	
29	又	66	攴(攵)	104	疒	142	虫	178	韋	211	齒
3획		67	文	105	癶	143	血	179	韭	**16획**	
30	口	68	斗	106	白	144	行	180	音	212	龍
31	囗	69	斤	107	皮	145	衣(衤)	181	頁	213	龜
32	土	70	方	108	皿	146	襾	182	風	**17획**	
33	士	71	无(旡)	109	目(罒)	**7획**		183	飛	214	龠
34	夂	72	日	110	矛	147	見	184	食		
35	夊	73	曰	111	矢	148	角	185	首		
36	夕	74	月	112	石	149	言	186	香		

부수 설명

番號	部	變形部首	訓音	關聯 意味
1	一		한 **일**	가로획 하나로 '하나' 라는 수를 나타낸 글자임. (셈의 시작, 모든 사물의 처음을 나타냄) ⑩ 一 (일) 丁 (정) 丑 (축) 丘 (구)
2	丨		뚫을 **곤** · 송곳 **곤**	사물을 뚫어 통함을 뜻하게 만든 글자. 단독 사용 안함.(뚫다, 꿰다, 통하다) ⑩ 中 (중)
3	丶		불똥 **주** · 점 **주**	등불의 불꽃 모양에서 따온 글자로도 설명함. 〈炷(주)불꽃심지〉의 고자(古字) ⑩ 丸 (환) 丹 (단) 主 (주)
4	丿		삐칠 **별**	오른쪽 위에서 왼쪽 아래로 삐치어 그 방향으로 굽은 것을 가리키는 글자(사물의 동작 상태를 표시) ⑩ 乃 (내) 久 (구) 之 (지) 乎 (호) 乘 (승)
5	乙	乚 새을방	새 **을**	초봄에 싹이 굽혀지면서까지 싹터서 나오는 모양. 새의 튀어나온 가슴 모양. (굽다, 일어나다, 천간(天干)의 둘째 명칭으로 사용) ⑩ 乙 (을) 九 (구) 也 (야) 乞 (걸) 乳 (유) 乾 (건)
6	亅		갈고리 **궐**	끝을 위로 굽힌 갈고리 모양. ⑩ 了 (료) 子 (여) 事 (사)
7	二		두 **이**	위의 一 : 하늘, 밑의 — : 땅의 뜻으로 설명. 둘, 다음(버금) 등의 뜻을 지님. 貳(이)와 통용{갖은자}. ⑩ 二 (이) 于 (우) 云 (운)
8	亠		머리 **두** 돼지머리 **해**	머리부분이나 위를 나타냄. 돼지 해{亥}의 머리 부분과 같아서 속설로 '돼지해머리' 라고 불림. ⑩ 交 (교) 亦 (역) 亨 (형) 享 (향)
9	人	亻사람인변	사람 **인**	사람이 양팔, 양다리를 벌리고 서있는 모양을 정면에서 본뜬 글자. ⑩ 介 (개) 伯 (백) 伸 (신) 似 (사)

番號	部	變形部首	訓音	關聯 意味
10	儿		어진사람 **인**	'人'과 동일한 변형 글자로 다리를 강조한 모양. '人'자가 글자 아래(발)에 사용될 때만 쓰임. 예 先 (선) 光 (광) 克 (극) 免 (면)
11	入		들 **입**	어떤 물체 속으로 들어감을 나타낸 글자. 하나의 줄기에 뿌리가 갈라져 땅 속으로 뻗어 들어가는 모양. 예 內 (내) 全 (전) 兩 (량)
12	八	ᵛ	여덟 **팔**	서로 등지고 있는 상태를 표시해 '분별하다'는 의미를 생성. 예 公 (공) 兮 (혜) 六 (륙) 共 (공) 具 (구)
13	冂		멀 **경**	'ㅣ」'은 멀리 뻗은 모양이고, 거기에 '一'을 더하여 그 곳까지의 거리를 나타냄. 예 冊 (책) 再 (재)
14	冖		민갓머리 · 덮을 **멱**	천이 사방으로 늘어뜨려져 있어 덮어 씌우는 보자기의 모양. 예 冠 (관) 冥 (명)
15	冫	이수변 속자:冰	얼음 **빙**	얼음이 얼 때 생기는 결 모양을 본뜬 글자임. 예 冬 (동) 冷 (랭) 凍 (동)
16	几		안석 **궤** 책상 **궤**	위는 평평하고 발이 달린 물건을 얹는 기구 모양. '안석(案席)' : 앉을 때 몸을 기대는 방석 예 凡 (범)
17	凵		위터진입 **구** 입벌릴 **감**	물건을 담는 위가 터진 그릇이나 벌린 입 모양. 예 凶 (흉) 出 (출)
18	刀	刂선칼도방	칼 **도**	칼날이 굽은 칼의 모양을 본뜬 글자. (날카로움, 자르다, 나누다, 베다) 예 切 (절) 分 (분) 刊 (간) 初 (초)
19	力		힘 **력**	힘을 준 팔에 근육이 불거진 모양. (힘, 힘쓰다) 예 加 (가) 功 (공) 努 (노) 勞 (로) 勝 (승)
20	勹		쌀 **포**	사람이 구부려 보따리를 품에 안고 있는 모양. (구불다, 싸다) 예 勿 (물) 包 (포)
21	匕		비수 **비** 숟가락 **비**	끝이 뾰족한 숟가락이나 짧은 칼을 의미하는 '단검, 비수'의 뜻으로 전용됨. 예 化 (화) 北 (북)

番號	部	變形部首	訓音	關聯　意味
22	匚		터진입 **구** · 상자 **방**	물건을 넣는 네모난 상자를 옆에서 본 모양. **예** 匠(장) 匣(갑)
23	匸		터진에운 **담** 감출 **혜**	'ㄴ'는 감추어 두는 곳, 'ㅡ'는 위를 덮어 가림. (감추다, 숨다) **예** 匹 (필) 區 (구)
24	十		열 **십**	'ㅣ'은 남북, 'ㅡ'은 동서, 그 교차점은 중앙. '십'이나 '완전함'을 뜻함. **예** 千 (천) 午 (오) 半 (반) 卑 (비) 卒 (졸)
25	卜		점 **복**	거북의 등 껍데기의 균열된 모양. **예** 占 (점)
26	卩	㔾 병부절	병부 **절** 무릎마디 **절**	사람이 무릎 꿇고 앉아있는 모양. 병부(兵符)를 둘로 쪼갠 것을 본뜬 글자. 병부란 왕과 병권(兵權)을 가진 신하 사이에 미리 나누어 가진 신표(信標). **예** 卯 (묘) 印 (인) 危 (위) 却 (각) 卷 (권)
27	厂		민엄 **호** 굴바위 **엄** 언덕 **한**	언덕의 끝 부분이 튀어나와 그 밑에서 사람이 살 수 있는 곳. **예** 厄 (액) 厚 (후) 原 (원) 厥 (궐)
28	厶		마늘 **모** 사사로울 **사** 아무 **모**	벼를 수확해 볏단을 끼고 가는 모습. '자기 자신의 것'이라는 사사로움을 가리키는 글자로 설명. **예** 去 (거) 參 (삼)
29	又		또 **우** 오른손 **우**	오른쪽 손 모양. 자주 쓰는 손으로 '또', '다시'로 쓰임. **예** 及 (급) 友 (우) 叔 (숙) 取 (취) 受 (수)
30	口		입 **구**	사람 입의 모양을 본뜬 글자. (말, 소리, 먹는 것, 출입구, 물건, 터) **예** 只 (지) 叫 (규) 可 (가) 句 (구) 吏 (리) 吸 (흡)
31	囗		큰입구에운 **담** 에워쌀 **위**	사방을 빙 두른 모양을 본뜬 글자. (두르다, 둘러싸다, 에워싸다, 나라) **예** 回 (회) 因 (인) 固 (고) 園 (원) 團 (단)

番號	部	變形部首	訓音	關聯 意味
32	土		흙 **토** 뿌리 **두**	위쪽의 '一'은 땅 표면, 아래의 '一'은 땅 속, 가운데 '丨'는 땅 속에서 싹이 터 지표를 뚫고 올라오는 식물을 의미함. **예** 地 (지) 在 (재) 坐 (좌) 坤 (곤) 執 (집)
33	士		선비 **사**	'一'을 들으면 '十'을 깨우치는 선비. 도끼를 잡은 형 집행관과 같은 벼슬하는 사람. **예** 壬 (임) 壯 (장) 壽 (수)
34	夂		뒤처져올 **치**	사람의 다리 정강이의 모양에다 앞으로 나가도록 밀고있는 의미. **예** 冬 (동) 各 (각)
35	夊		천천히걸을 **쇠**	두 정강이를 본뜬 모양에 앞으로 나가는 것을 막고 있는 의미를 부쳐 '천천히 걷다'는 의미로 사용됨. **예** 夏 (하)
36	夕		저녁 **석**	'月'에서 1획을 빼낸 모양으로 '저녁, 황혼'의 뜻. **예** 外 (외) 多 (다) 夜 (야) 夢 (몽)
37	大		큰 **대**	사람의 양팔과 양다리를 본뜬 글자. **예** 太 (태) 夫 (부) 央 (앙) 失 (실) 夷 (이) 奇 (기)
38	女		계집 **녀**	두 손을 가지런하게 무릎 위에 올리고 있는 모양. **예** 奴 (노) 好 (호) 妄 (망) 妙 (묘) 妥 (타)
39	子		아들 **자**	강보에 싸인 어린아이의 모양. **예** 孔 (공) 字 (자) 孟 (맹) 孫 (손) 孰 (숙) 學 (학)
40	宀		갓머리 · 집 **면**	지붕이 덮어씌워져 있는 집의 모양. **예** 宇 (우) 守 (수) 完 (완) 宙 (주) 室 (실)
41	寸		마디 **촌**	손목과 맥박이 뛰는 위치까지의 거리. 원래글자 : '又(오른손·또 우)' + '一(한 일)' **예** 寺 (사) 封 (봉) 將 (장) 尊 (존) 尋 (심)
42	小		작을 **소**	미세한 물건을 의미하는 '丨'와 나눈다는 의미의 '八'의 결합. **예** 少 (소) 尖 (첨) 尙 (상)
43	尢	尢	절름발이 **왕**	한 쪽 정강이가 굽은 사람의 모양. **예** 尤 (우) 就 (취)

番號	部	變形部首	訓音	關聯　意味
44	尸		주검 **시** 주장할 **시**	죽은 사람의 굳어진 몸을 나타낸 주검의 의미. **예** 尾 (미) 局 (국) 居 (거) 履 (리)
45	屮		왼쪽 **좌** · 풀 **초** 싹날 **철**	초목의 풀이 돋아난 모양. **예** 屯 (둔)
46	山		뫼 **산**	산이 높이 솟아있고 돌 바위의 형상까지 본뜬 글자. **예** 岸 (안) 岳 (악) 島 (도) 嶺 (령)
47	川	巛 개미허리	내 **천**	도랑에서 물이 흐르는 모양. **예** 州 (주) 巡 (순)
48	工		장인 **공**	천지(天地)의 두 공간[二] 사이에 인간이 서서[ㅣ] 규칙적인 일을 하는 것을 나타낸 글자. **예** 巧 (교) 巨 (거) 差 (차)
49	己		몸 **기**	만물이 자신의 모습을 굽혀서 숨기고 있는 모양을 본뜬 의미. (자신, 자기) **예** 已 (이) 巳 (사) 巷 (항)
50	巾		수건 **건** · 헝겊 **건**	나무에 수건이 걸려있는 모양. **예** 布 (포) 希 (희) 帥 (수) 師 (사) 幅 (폭)
51	干		방패 **간** · 범할 **간**	끝이 갈라진[Y] 나무막대기의 모양을 본뜬 글자로 상대의 무기를 막는 방패란 의미를 나타냄. (어기다, 범하다) **예** 平 (평) 年 (년) 幸 (행) 幹 (간)
52	幺		작을 **요** · 어릴 **요**	갓 태어난 아이의 모양. (가늘다, 작다, 미약하다) **예** 幼 (유) 幽 (유) 幾 (기)
53	广		엄 **호** · 바위집 **엄**	厂(민엄호)에 ㆍ를 더 찍어 바위집 모양의 집으로 宀은 작은 집, 广은 주로 큰 집. **예** 床 (상) 底 (저) 庚 (경) 度 (도)
54	廴		민책받침 · 끌 **인**	'발을 길게 끌면서 걷는다' 는 의미. **예** 延 (연) 廷 (정) 建 (건)
55	廾		스무 **입** · 받쳐들 **공**	두 손을 모아 떠받들고 있는 형상과 열십[十]자를 둘 합친 스물의 모양. **예** 弄 (롱) 弊 (폐)

番號	部	變形部首	訓音	關聯 意味
56	弋		주살 **익**	줄을 매어 쏘는 화살인 '주살'의 의미. **예** 式 (식)
57	弓		활 **궁**	화살을 매기지 않은 활의 모양.(힘 셈, 늘임) **예** 弔 (조) 引 (인) 弟 (제) 强 (강)
58	彐	彑	튼가로 **왈** 돼지머리 **계**	돼지머리의 모양을 본뜬 글자. **예** 彗 (혜) 彙 (휘)
59	彡		터럭 **삼** · 삐친 석 **삼**	터럭을 빗질해 놓은 모양. (모양, 무늬, 꾸미다) **예** 彩 (채) 影 (영)
60	彳		두인 **변** 조금 걸을 **척**	처음 걷기 시작함을 의미. (움직이다, 일하다, 걷다) **예** 彼 (피) 往 (왕) 征 (정) 待 (대)
61	心	忄심방변 ⺗	마음 **심**	마음의 바탕으로 심장을 본뜬 글자. (생각, 감정, 마음) **예** 必 (필) 忌 (기) 忘 (망) 怨 (원) 性 (성) 慕 (모)
62	戈		창 **과**	긴 자루 끝에 갈고리 모양의 칼날을 붙인 모양. (창과 관련된 무기, 전쟁) **예** 戊 (무) 戌 (술) 成 (성) 戒 (계) 戲 (희)
63	戶	戸	지게 **호** · 문 **호**	문짝의 한쪽 부분을 본뜬 글자. (문, 집, 출입문, 가옥) **예** 戶 (호) 房 (방) 所 (소)
64	手	扌재방변	손 **수**	다섯 손가락을 펼치고 있는 손의 모양. (손으로 하는 동작, 행위 등과 관련) **예** 折 (절) 拂 (불) 拔 (발) 招 (초) 押 (압)
65	支		지탱할 **지** · 가지 **지**	대나무 가지를 안 넘어지게 버틴 모양. 枝(가지 지)의 古字(고자) **예** 支 (지)
66	攴	攵 둥글월문방	칠 **복**	손[又]+나무가지[卜] = '치거나 때리는 것'을 의미. (치다, 때리다, 억지로하다) **예** 改 (개) 攻 (공) 效 (효) 敗 (패) 敦 (돈)

番號	部	變形部首	訓音	關聯 意味
67	文		글월 **문**	초기 글자의 성립은 사람의 가슴 부위에 심장 모양의 무늬를 표시. (무늬, 채색 등으로 사용) **예** 斑 (반)
68	斗		말 **두**	액체의 용량을 재거나 퍼낼 때 쓰는 도구인 국자 모양. (재다, 따르다) **예** 料 (료) 斜 (사)
69	斤		도끼 **근** · 저울 **근**	긴 자루 끝에 도끼날을 단 도끼 모양. (도끼, 자르다, 베다) **예** 斥 (척) 斯 (사) 新 (신) 斷 (단)
70	方		모 **방**	농기구인 쟁기의 날 부분 모양. (방향, 땅, 곁, 나란히 하다, 깃발) **예** 於 (어) 施 (시) 旅 (려) 旋 (선) 族 (족) 旗 (기)
71	无	旡	이미 **기** · 없을 **무**	사람이 앉아서 뒤를 돌아보면서 입을 벌린 모습을 본뜬 글자. **예** 旣 (기)
72	日		날 **일**	태양의 모양을 본뜬 글자. (태양, 명암, 시간, 날씨) **예** 旦 (단) 旬 (순) 昇 (승) 昔 (석) 晨 (신) 暢 (창)
73	曰		가로되 **왈**	입[口] 위에 말이 나오는 의미. **예** 曲 (곡) 書 (서) 曾 (증) 替 (체)
74	月		달 **월**	달의 모양을 본뜬 글자. (달, 시기, 시간) **예** 朋 (붕) 朔 (삭) 望 (망) 期 (기)
75	木		나무 **목**	나무의 전체 모양을 본뜬 글자. (종류, 부유, 물건, 상태) **예** 未 (미) 朱 (주) 束 (속) 枝 (지) 架 (가) 栽 (재)
76	欠		하품 **흠**	사람이 앉아서 입을 벌리고 있는 모습. (입을 벌리다, 하품하다) **예** 欲 (욕) 欺 (기) 歌 (가) 歎 (탄) 歡 (환)
77	止	⺊	그칠 **지**	한쪽 발이나 발자국 모양을 본뜬 글자. (멈추다, 걷다, 뿌리) **예** 正 (정) 此 (차) 歲 (세) 歷 (력) 歸 (귀)

番號	部	變形部首	訓音	關聯 意味
78	歹	歺	죽을 **사** 앙상할뼈 **알**	죽은 사람의 부서진 남은 뼈를 본뜬 글자. (죽음과 관련된 의미) 例 殃 (앙) 殆 (태) 殉 (순) 殊 (수) 殘 (잔) 死 (사)
79	殳		갖은등글월 **문** 몽둥이칠 **수**	오른손[又]으로 몽둥이를 들고있는 모양. (치다, 때리다, 부수다) 例 段 (단) 殺 (살) 毁 (훼)
80	毋		말 **무** · 없을 **무**	'毌' 의 중간 'ㅣ' 을 뺀 글자가 바로 '女' 이기에 범해서는 안된다는 뜻으로 하지 말라는 의미. 例 每 (매) 毒 (독)
81	比		견줄 **비**	사람 둘을 결합하여 나란하게 서 있는 모양. (나란히하다, 비교하다) 例 比 (비)
82	毛		털 **모**	새의 깃털이나 짐승의 털이 위로 향해있는 모양. (털이나 털로 만든 물건과 관련) 例 毫 (호)
83	氏		각시 **씨** · 성 **씨**	나무뿌리가 땅위로 올라온 모양. 음식을 먹는 숟가락 모양. (혈족, 씨족) 例 民 (민)
84	气		기운 **기**	구름이나 김 같은 기운이 위로 오르는 모습. 例 氣 (기)
85	水	氵삼수변 氺	물 **수**	물줄기가 양쪽으로 흘러가는 물의 모습. 例 汚 (오) 泉 (천) 浸 (침) 渴 (갈) 濁 (탁) 泰 (태)
86	火	灬 불화발	불 **화**	불이 세차게 타오르는 모습을 본뜬 글자. 例 災 (재) 烏 (오) 然 (연) 熱 (열) 營 (영) 爐 (로)
87	爪	爫 손톱조머리	손톱 **조**	물건을 움켜쥐고 있는 손의 모양을 본뜬 글자. 例 爭 (쟁) 爲 (위) 爵 (작)
88	父		아비 **부**	손[又]과 돌도끼{石斧(석부)}의 결합으로 '일하는 남자' 나 '집안의 長' 을 의미. 손[又]과 채찍[ㅣ]의 결합으로 채찍을 들고 가족을 거느리는 가장을 의미. 例 父 (부)

番號	部	變形部首	訓音	關聯 意味
89	爻	⺷	점괘 **효** · 사귈 **효** 본받을 **효**	나무가지를 서로 엇갈리게 놓은 모양. **예** 爽 (상) 爾 (이)
90	爿		장수 **장** · 조각 **장**	나무를 반으로 쪼갰을 때의 왼쪽 나무. **예** 牆 (장)
91	片		조각 **편**	나무를 반으로 쪼갰을 때의 오른쪽 나무. **예** 版 (판)
92	牙		어금니 **아**	입을 다물었을 때 위아래의 어금니가 서로 맞물린 모양을 본뜬 글자. **예** 牙 (아) 芽 (아) 雅 (아)
93	牛	牛 소우변	소 **우**	긴 뿔을 가진 소의 머리 모양을 본뜬 글자. **예** 牧 (목) 物 (물) 特 (특) 牽 (견)
94	犬	犭 개사슴록변	개 **견**	꼬리를 위로 감아 올린 개의 모습. **예** 犯 (범) 狂 (광) 狀 (장) 狗 (구) 猛 (맹) 獻 (헌)
95	玄		검을 **현**	'亠'은 '덮는다', '幺'은 '멀고 깊다'는 의미로 '그윽하고 멀다'는 의미. **예** 玆 (자) 率 (솔)
96	玉	王 임금왕변	구슬 **옥**	옥돌 세 개에 세로로 옥돌을 꿴 끈 모양. 왕과 같이 쓰여 변형된 글자. (옥의 종류, 옥으로 만든 물건, 옥의 상태) **예** 珍 (진) 班 (반) 琴 (금) 環 (환)
97	瓜		외 **과** · 오이 **과**	바깥 쪽 부분은 '오이의 덩굴'을 의미하고, 안쪽 부분은 '오이의 열매'를 본뜬 글자. **예** 瓜 (과)
98	瓦		기와 **와**	기와가 서로 나란하게 연결되어 있는 모양. 진흙으로 빚어 불에 구워낸 '질그릇'의 모양. **예** 瓦 (와)
99	甘		달 **감**	입[口]과 입 안에 들어있는 맛있는 것[一]을 느낀다 하여 '달다'의 뜻을 의미. **예** 甚 (심)

番號	部	變形部首	訓音	關聯 意味
100	生		날 생	초목이 땅에서 나와 자라는 모양. (나다, 출산, 생명 등과 관련) 예 産 (산)
101	用		쓸 용	'卜' + '中'을 합한 글자. '甬(길 용)'의 고자(古字) (쓰다, 사용하다, 올리다) 예 甫 (보)
102	田		밭 전	농사짓는 '밭'을 의미. 예 甲 (갑) 申 (신) 畓 (답) 畢 (필) 番 (번) 畿 (기)
103	疋	⺪ 필필변	발 소	무릎 아래의 다리를 본뜬 글자. (발, 걷는다) 예 疏 (소) 疑 (의)
104	疒		병질 녁 · 병들 녁	병을 앓아 누워있는 모양. (병, 상처, 허물 등과 관련) 예 疲 (피) 疾 (질) 痛 (통)
105	癶		필 발 · 걸을 발	사람이 두 다리를 뻗어 걷는 모양. (발의 동작이나 상태 등과 관련) 예 癸 (계) 登 (등) 發 (발)
106	白		흰 백	촛불의 심지가 타는 모양. (밝다, 희다) 예 百 (백) 的 (적) 皇 (황) 皆 (개)
107	皮		거죽 피	짐승의 가죽을 벗기는 모양. (피부, 가죽과 관련) 예 皮 (피)
108	皿		그릇 명	물건을 담는 그릇 모양을 본뜬 글자. (그릇이나 그릇에 담는 것 등의 의미) 예 盛 (성) 盡 (진) 監 (감) 盤 (반)
109	目	罒	눈 목	눈의 모양을 본뜬 글자. (눈과 관련된 동작이나 상태) 예 直 (직) 盲 (맹) 省 (성) 看 (간) 督 (독) 瞬 (순)
110	矛		창 모	옛 전쟁터에서 쓰던 세모진 창 모양. '矛(모)'는 찌르는 용도의 창, '戈(과)'는 치거나 낚아채는 용도의 창. 예 矛 (모) 矜 (긍)

番號	部	變形部首	訓音	關聯 意味
111	矢		화살 **시**	화살의 모양을 본뜬 글자. (화살과 관련된 의미) 예 矣 (의) 短 (단) 矯 (교)
112	石		돌 **석**	언덕 아래에 있는 돌 모양을 나타냄. (돌의 종류나 상태, 돌로 만든 물건 등과 관련) 예 研 (연) 破 (파) 硬 (경) 碑 (비) 碧 (벽)
113	示	ネ 보일시변	보일 **시**	제물(祭物)을 올려놓는 제단(祭壇)의 모양. '二' + '小' 의 결합 (제사, 길흉화복 등과 관련) 예 社 (사) 祖 (조) 票 (표) 禍 (화) 禪 (선)
114	内		짐승발자국 **유**	땅에 남은 짐승의 발자국을 표시한 글자. 손으로 벌레를 잡고 있는 모양. (짐승, 동물 등과 관련) 예 禽 (금)
115	禾		벼 **화** · 곡식 **화**	'木' 위에 한 획을 더해 이삭이 드리워진 모양. (곡물, 수확하다, 조세) 예 秀 (수) 秋 (추) 科 (과) 穀 (곡)
116	穴		구멍 **혈**	움(구멍)을 파 그 속에서 살아가는 '혈거(穴居)'의 집을 의미함. (구멍, 뚫는 일, 심오하다, 엿보다) 예 究 (구) 突 (돌) 窓 (창) 窮 (궁) 竊 (절)
117	立		설 **립**	사람을 의미하는 '大'와 땅을 의미한 '一'을 합한 글자로, 사람이 땅 위에 서 있는 모양. (서다, 머무르다, 기다리다) 예 竟 (경) 章 (장) 童 (동) 端 (단) 競 (경)
118	竹	⺮	대 **죽**	두 개의 나무 가지에 잎사귀가 아래로 늘어져 있는 모양을 본뜬 글자. (대나무, 대나무로 만든 용구 등과 관련) 예 笑 (소) 筆 (필) 策 (책) 箇 (개) 築 (축) 籍 (적)
119	米		쌀 **미**	이삭의 가지에 붙어있는 곡식의 낟알 모양. '米'는 도정(搗精: 껍질을 벗김)을 한 쌀 '禾(화)'와 '稻(도)'는 벼를 의미함. 쌀이 되기까지 농사꾼의 손이 88번 간다는 의미로 米壽(미수)를 88세라 한다. 예 粧 (장) 粟 (속) 精 (정) 糧 (량)

番號	部	變形部首	訓音	關聯 意味
120	糸		실 **사** · 실 **멱**	한 묶음의 실타래를 본뜬 글자. (여러 종류의 실이나 끈, 직물, 실 짜는 일) 예 糾 (규) 純 (순) 素 (소) 紫 (자) 綠 (록) 緊 (긴)
121	缶		장군 **부** · 질그릇 **부**	물과 같은 액체를 담는 질그릇의 장군 모양을 본뜬 글자. (항아리나 단지와 관련) 예 缺 (결)
122	网	罒, 罓, 冈	그물 **망**	그물을 쳐 놓은 모양을 본뜬 글자. (그물의 종류나 걸리다, 잡히다) 예 罔 (망) 罪 (죄) 署 (서) 罷 (파) 羅 (라)
123	羊	𦍌	양 **양**	두 뿔이 있는 양의 머리 모양. (양의 종류, 순하고 착한 양의 성질) 예 美 (미) 着 (착) 義 (의) 群 (군)
124	羽		깃 **우**	새의 두 날개나 긴 깃털의 모양. (깃털, 날개, 나는 것, 익숙, 노련함) 예 翁 (옹) 習 (습) 翼 (익)
125	老	耂	늙을 **로**	구부정한 늙은이가 지팡이를 집고 있는 모양. '毛+人+匕=老' 의 결합으로 사람이 늙어서 머리 도 변하고 몸도 굽어진다는 의미. 예 考 (고) 者 (자)
126	而		말이을 **이**	구레나룻이 아래로 길게 나 있는 모양. 인칭대명사 '너' 의 의미나 접속의 의미로 사용됨. 예 耐 (내)
127	耒		쟁기 **뢰**	쟁기를 잡고 농사짓는 의미. 나무로 만든 연장[木]으로 우거진 풀 나무를 갈아 엎는다는 의미. (농기구, 경작(耕作) 등과 관련) 예 耕 (경)
128	耳		귀 **이**	사람의 한 쪽 귀 모양을 본뜬 글자. (귀와 관련, 헤아리다, 직분, 알다) 예 耶 (야) 聘 (빙) 聞 (문) 聲 (성) 聽 (청)
129	聿	肀	붓 **율**	손으로 붓을 잡고 글을 쓰는 모양. 예 肅 (숙)

番號	部	變形部首	訓音	關聯 意味
130	肉	月 육달월	고기 **육**	칼로 잘라놓은 고기 덩어리의 모양. 글자의 변에 사용될 때, 달월(月)과 구별해서 '육달월' 로 쓰인다. **예** 肝 (간) 肩 (견) 肯 (긍) 育 (육) 能 (능) 脣 (순)
131	臣		신하 **신**	머리를 숙이고 있을 때의 눈의 모양을 본뜬 글자. **예** 臥 (와) 臨 (림)
132	自		스스로 **자**	사람의 코 모양을 본따 만든 글자. (자신, 스스로) **예** 臭 (취)
133	至		이를 **지**	하늘로 올라간 화살이 내려와 땅에 꽂힌 모양. (이르다, 도달하다, 미치다, 지극하다) **예** 致 (치) 臺 (대)
134	臼		절구 **구**	절구 안의 곡물 낟알 모양. (절구, 찧는다, 들어올리다) **예** 與 (여) 擧 (거) 舊 (구)
135	舌		혀 **설**	사람보다는 혀를 더 길게 입에서 뽑을 수 있는 뱀의 혀 모양을 본뜬 글자. **예** 舍 (사)
136	舛	舛	어그러질 **천**	왼쪽 부분은 오른쪽 부분[夕]의 뒤집은 모양으로 어긋나다, 배반하다 등의 뜻으로 쓰임. **예** 舞 (무)
137	舟		배 **주**	통나무로 만든 나룻배의 모양을 본뜬 글자. **예** 航 (항) 般 (반) 船 (선)
138	艮		간괘 **간** · 그칠 **간**	사람의 눈을 뒤로 돌린 모습. (거스르다, 어그러지다) **예** 良 (량)
139	色		빛 **색**	사람 위에 사람이 있는 모양. (남녀 사이의 애정, 색깔, 얼굴색) **예** 色 (색)
140	艸	++ 초두 艹	풀 **초**	풀들이 여기저기에 돋아나 있는 모양. (풀과 관련, 가혹, 혹독) **예** 芳 (방) 茶 (다) 菌 (균) 葬 (장) 蔽 (폐) 蘭 (란)

番號	部	變形部首	訓音	關聯 意味
141	虍		범 **호** 범가죽무늬 **호**	호랑이의 머리 부분을 본뜬 글자. 예 處 (처) 虛 (허) 號 (호)
142	虫		벌레 **충**	뱀의 모양을 본뜬 글자. '蟲(벌레 충)'과 동일한 글자.(작은 동물들과 관련) 예 蛇 (사) 蜂 (봉) 蝶 (접) 螢 (형)
143	血		피 **혈**	제사 때 제물의 피를 담아 놓은 그릇 모양. 예 衆 (중)
144	行		다닐 **행**	사방 네거리의 갈라진 길의 모양을 본뜬 글자. 예 術 (술) 街 (가) 衝 (충) 衛 (위) 衡 (형)
145	衣	衤 옷의변	옷 **의**	저고리의 동정과 옷고름을 동여맨 형상. (옷, 의지함의 뜻) 예 裏 (리=裡) 被 (피) 表 (표)
146	襾	西	덮을 **아**	천이나 보자기 등으로 물건을 덮어놓은 모양. 예 西 (서) 要 (요) 覆 (복)
147	見		볼 **견** · 보일 **현**	'目(눈 목)'과 사람이 무릎을 꿇고 앉아 있는 모습. 예 規 (규) 視 (시) 親 (친) 覺 (각) 覽 (람) 觀 (관)
148	角		뿔 **각**	뾰족한 짐승의 뿔 모양. 예 解 (해) 觸 (촉)
149	言		말씀 **언**	亠(머리 두)로 두 번(二) 생각하고 말(口)해야 한다. (말과 관련) 예 訂 (정) 計 (계) 訓 (훈) 警 (경) 變 (변)
150	谷		골짜기 **곡**	산 골짜기에서 물이 흘러내리는 모양. 예 谷 (곡)
151	豆		콩 **두**	제사를 지낼 때 제수(祭需)를 담아 올리던 받침이 높이 달린 나무그릇의 모양을 본뜬 글자. 예 豈 (기) 豊 (풍)
152	豕		돼지 **시**	돼지의 주둥이와 몸통, 다리, 꼬리 등의 모양. 예 豚 (돈) 象 (상) 豪 (호) 豫 (예)
153	豸		벌레 **치** · 해태 **치**	먹이를 잡기 위해 몸을 웅크리고 있는 모양. 예 貌 (모)

番號	部	變形部首	訓音	關聯 意味
154	貝		조개 **패**	조개가 껍질을 벌리고 있는 모양. (재물과 관련) 例 貞 (정) 財 (재) 貢 (공) 貪 (탐) 責 (책) 賴 (뢰)
155	赤		붉을 **적**	사람의 의미인 '大' + '火(불 화)'가 결합하여 '사람이 불을 쬔다'는 의미. 例 赤 (적) 赫 (혁)
156	走		달릴 **주**	팔을 흔들면서 달려가는 모습을 본뜬 글자. (달리거나 걸어가는 등의 동작과 관련) 例 赴 (부) 超 (초) 越 (월) 趣 (취)
157	足	⻊ 발족변	발 **족**	발 모양의 '止' 위에 정강이뼈(혹은 무릎)를 표시한 '口'를 함께 본뜬 글자. 例 距 (거) 跡 (적) 跳 (도) 踏 (답) 踐 (천)
158	身		몸 **신**	임신한 여자의 몸을 본뜬 글자.(신체와 관련) 例 躬 (궁)
159	車		수레 **거**·수레 **차**	수레의 몸체와 바퀴 모양. 例 軍 (군) 軌 (궤) 載 (재) 輝 (휘) 輿 (여)
160	辛		메울 **신**	서서(立 : 설 립) 십자가(十 : 열 십) 같은 형틀에 묶여 있는 죄인으로 즉, 고생이 많다하여 '맵다' 혹은 '큰 죄'의 뜻. 例 辨 (변) 辭 (사) 辯 (변)
161	辰		별 **진**·날 **신**	커다란 조개가 입을 벌리고 살을 드러낸 모양. 例 辱 (욕) 農 (농)
162	辵	⻌ 책받침	천천히 걸을 **착**	彳(끌 인)에 丶를 더 찍어 뛴다는 뜻. 彳(느린 걸음) ⻌(빠른 걸음) 例 迎 (영) 返 (반) 述 (술) 遙 (요) 遲 (지) 邊 (변)
163	邑	⻏ 우부방	고을 **읍**	사방을 두르고 있는 고을의 모양으로 ⻏이 우측에 붙으면 고을 읍, ⻏가 좌측에 붙으면 언덕 부. 例 那 (나) 邪 (사) 郊 (교) 郵 (우) 鄕 (향)
164	酉		닭 **유**·익을 **유**	술을 담아놓은 술 동이의 모양으로 십이간지에서는 열 번째로 술 마시는 시간. (술, 식초와 관계) 例 酌 (작) 酒 (주) 醜 (추) 醫 (의)

番號	部	變形部首	訓音	關聯 意味
165	采		분별할 **분**·나눌 **변**	짐승의 발톱이 갈라져 있는 모양을 본뜬 글자. (나누다, 분별하다) **예** 釋 (석)
166	里		마을 **리**	'田(밭 전)' + '土(흙 토)' 가 결합되어 '마을', '촌락' 의 의미가 됨. **예** 重 (중) 野 (야) 量 (량)
167	金		쇠 **금**	산(人)밑(一)흙(土)속에 묻힌 금을 뜻함. (돈 또는 금속을 나타내는 글자가 많다) **예** 針 (침) 錢 (전) 鐵 (철) 鑑 (감) 鑄 (주)
168	長	镸	길 **장**·어른 **장**	머리가 긴 노인이 지팡이를 짚고 있는 모습. (길다, 오래다, 멀다, 우두머리) **예** 長 (장)
169	門		문 **문**	두 짝으로 이루어진 문의 닫혀진 모양. **예** 閉 (폐) 閏 (윤) 閣 (각) 閱 (열) 關 (관)
170	阜	阝좌부방	언덕 **부**	흙이 쌓인 모양으로 산에 돌이 없는 것. (대지, 계단, 집, 굴, 막다의 뜻) **예** 防 (방) 降 (항) 陣 (진) 陷 (함) 際 (제) 隱 (은)
171	隶		미칠 **이**	손으로 꼬리를 잡는다는 의미. (잡는다, 도달하다) **예** 隸 (례)
172	隹		새 **추**	꽁지가 짧은 작은 새의 모양을 본뜬 글자. 鳥(새 조 : 꼬리가 긴 새) **예** 集 (집) 雅 (아) 雁 (안) 雙 (쌍) 難 (난)
173	雨		비 **우**	하늘(一)밑 구름(冂)에서 물방울(水)이 떨어지는 모양. (기상상태와 관련) **예** 雪 (설) 零 (령) 電 (전) 霧 (무) 靈 (령)
174	靑	속자: 青	푸를 **청**	싹이 돋아 나온다는 의미. **예** 靜 (정)
175	非		아닐 **비**	새가 하늘로 날아 오르는 모습을 본뜬 글자. (등지다, 반대하다, 아니다, 갈라지다) **예** 非 (비)
176	面	속자: 靣	낯 **면**	사람의 얼굴 모양을 본뜬 글자. **예** 面 (면)

番號	部	變形部首	訓音	關聯 意味
177	革		가죽 **혁**	짐승의 가죽을 손질하여 가공한 형태의 모양. 예 革 (혁)
178	韋		가죽 **위**	다듬은 가죽으로 손질한 가죽을 뜻한 글자. 둘레를 빙빙 도는 모양. (에우다, 두르다) 예 韓 (한)
179	韭		부추 **구**	땅[一]에서 자라고 있는 부추[非]의 모양. 예 韮 (구)
180	音		소리 **음**	'言(언)' 과 동일한 모양이었는데, 후에 'ㅁ' 안에 가로선[一]이 더해져 말이 입 밖으로 나올 때 성대를 울려 소리를 내는 부호로 표시. 예 韻 (운) 響 (향)
181	頁		머리 **혈**	목에서부터 머리 끝 모양을 본뜬 글자로 얼굴 모습이나 움직임을 뜻함. 예 頂 (정) 頃 (경) 順 (순) 頌 (송) 頻 (빈)
182	風		바람 **풍**	바람의 움직임을 나타낸 글자로 '바람' 의 뜻. 예 風 (풍)
183	飛		날 **비**	새가 양 날개를 펼치고 하늘을 나는 모양으로 升(오를 승)+羽(깃 우)를 합한 글자. 예 飜 (번)
184	食	飠 생략: 飠	먹을 **식**	음식을 담는 그릇에 뚜껑까지 덮은 모양. 예 飢 (기) 飯 (반) 養 (양) 餓 (아) 館 (관)
185	首		머리 **수** 우두머리 **수**	짐승의 머리 모양으로 우두머리를 의미. 예 首 (수)
186	香		향기 **향**	햇볕에 벼가 익어감. 즉, 벼의 향기를 말함. 예 香 (향)
187	馬		말 **마**	세로로 표현한 말의 모양을 본뜬 글자. 예 騎 (기) 騷 (소) 驅 (구) 驚 (경)
188	骨		뼈 **골**	살(月)속에 들어있는 골격모양을 본뜸. (뼈(몸)와 관련된 신체 명칭, 뼈로 만든 물건) 예 體 (체)

番號	部	變形部首	訓音	關聯 意味
189	高	속자: 髙	높을 **고**	높고 큰 문 위에 다시 높은 누각을 세워 놓은 모양. **예** 高 (고)
190	髟		터럭발 **삼** 긴머리털 **표**	긴(長)머리털(彡)이 예쁘게 늘어진 모양. (머리나 수염 등과 관련) **예** 髮 (발)
191	鬥		싸움 **투**	양쪽에서 두 사람이 주먹을 쥐고 싸우는 모습. **예** 鬪 (투)
192	鬯		울창주 **창** · 술 **창**	울창주라는 제사나 연회에 사용하는 향기로운 술을 만드는 의미. **예** 鬱 (울)
193	鬲		솥 **력**	불을 지피기 위해 다리가 셋 달린 솥의 모양. **예** 鬲 (격)
194	鬼		귀신 **귀**	머리 부분이 비대한 귀신의 모습을 본뜬 글자. **예** 魂 (혼)
195	魚		고기 **어**	물고기의 모양을 본뜬 글자. **예** 鮮 (선)
196	鳥		새 **조**	꼬리가 긴 새의 모양. (새나 작은 날짐승, 새의 행위와 관련) **예** 鳴 (명) 鴻 (홍) 鶴 (학) 鷄 (계)
197	鹵		소금밭 **로**	그릇에 소금이 담겨 있는 모양. 서쪽에 있는 소금밭의 의미로 표시함. (황무지, 거칠다, 노략질하다) **예** 鹽 (염)
198	鹿		사슴 **록**	머리 위의 뿔부터 네 발까지 숫사슴의 모양. **예** 麗 (려)
199	麥		보리 **맥**	보리의 싹으로부터 뿌리까지 모양을 본뜬 글자. (보리와 관련) **예** 麥 (맥)
200	麻	속자: 麻	삼 **마**	본래 마(林 : 수풀 림)가 삼이었으나 广(움 집)에서 기른다 하여 '삼'을 뜻함. **예** 麻 (마)

番號	部	變形部首	訓音	關聯 意味
201	黃	속자: 黄	누를 **황**	본래 사람이 허리에 둥근 옥을 두르고 있는 모양. 밭의 색깔이 누런데서 유래. **예** 黃 (황)
202	黍		기장 **서**	이삭이 흩어져 자라는 곡식인 '기장'을 의미. **예** 黍 (서)
203	黑		검을 **흑**	굴뚝에 연기가 나가거나 거멓게 그을린 모양. **예** 默 (묵) 點 (점) 黨 (당)
204	黹		바느질할 **치**	바늘에 꿴 실로 옷을 꿰매는 모양. **예** 黹 (치)
205	黽		맹꽁이 **맹**	맹꽁이의 모양을 본뜬 글자. **예** 黽 (맹)
206	鼎		솥 **정**	발 세 개와 귀 두 개 달린 솥의 모양. **예** 鼎 (정)
207	鼓		북 **고**	북과 북을 치는 채편(북채)을 합한 글자. **예** 鼓 (고)
208	鼠		쥐 **서**	쥐의 모양을 본뜬 글자. (쥐와 유사한 동물 명칭) **예** 鼠 (서)
209	鼻		코 **비**	코의 모양을 본뜬 글자. **예** 鼻 (비)
210	齊		가지런할 **제**	곡식의 낟알들이 가지런하게 자라 있는 모양. **예** 齋 (재)
211	齒		이 **치**	치아(齒牙)가 위아래로 나 있는 모양. **예** 齡 (령)
212	龍		용 **룡**	가상의 동물인 용의 모양을 본뜬 글자. **예** 龍 (룡)
213	龜		거북 **구** · 거북 **귀**	위에서 본 거북의 모양을 본뜬 글자. **예** 龜 (귀, 구)
214	龠		피리 **약**	대나무 통을 여러 개 엮어 만든 악기 모양. **예** 龠 (약)

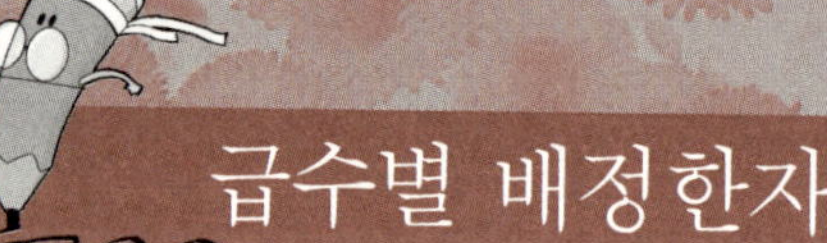

공인급수 인정 배정 한자 1~2급 | 고급 한자와 실용 한자를 위한 급수 단계

1~2급	배정 한자 3500자
ㄱ	可 加 佳 架 家 假 街 暇 歌 價 伽 哥 嘉 嫁 柯 呵 稼 苛 袈 賈
	軻 迦 駕 各 角 却 刻 脚 閣 覺 恪 殼 珏 干 刊 肝 看 姦 間 幹
	懇 簡 艮 墾 奸 揀 杆 澗 癎 竿 艱 諫 渴 葛 喝 竭 褐 鞨 甘 減
	敢 感 監 憾 鑑 勘 堪 柑 疳 邯 瞰 紺 甲 匣 岬 鉀 閘 江 降 剛
	康 强 綱 鋼 講 岡 姜 崗 彊 慷 疆 糠 腔 薑 介 改 皆 個 開 蓋
	慨 概 价 箇 凱 愷 塏 漑 芥 客 坑 羹 去 巨 車 居 拒 距 據 擧
	渠 倨 醵 件 建 健 乾 巾 腱 虔 鍵 乞 傑 桀 杰 儉 劍 檢 劫 怯
	揭 憩 偈 格 隔 激 擊 覡 檄 膈 犬 見 肩 牽 堅 遣 絹 甄 繭 譴
	鵑 決 缺 結 潔 訣 兼 謙 京 庚 徑 耕 竟 頃 景 卿 硬 敬 傾 經
	境 輕 慶 警 更 鏡 競 驚 儆 憬 梗 炅 璟 瓊 磬 痙 莖 頸 脛 勁
	鯨 系 戒 季 界 癸 契 係 計 桂 啓 械 階 溪 繫 繼 鷄 悸 古 考
	告 固 苦 姑 孤 枯 故 高 庫 雇 鼓 稿 顧 皐 呱 拷 敲 辜 叩 痼
	股 膏 袴 錮 曲 谷 哭 穀 鵠 梏 困 坤 昆 棍 袞 骨 汨 工 公 孔
	功 共 攻 空 供 恭 貢 恐 拱 鞏 串 戈 瓜 果 科 過 誇 寡 課 菓
	顆 郭 廓 槨 串 藿 官 冠 貫 款 寬 管 慣 館 關 觀 灌 棺 琯 刮
	括 光 狂 廣 鑛 匡 壙 曠 胱 掛 卦 罫 怪 傀 塊 愧 壞 乖 拐 槐
	魁 宏 肱 轟 巧 交 郊 校 敎 絞 較 僑 膠 橋 矯 咬 喬 嬌 攪 狡

1~2급	배정 한자 3500자
ㄱ	皎 蛟 轎 驕 九 口 久 丘 句 求 究 具 苟 拘 狗 俱 區 球 救 構 歐 舊 購 懼 驅 鷗 龜 仇 枸 駒 嘔 垢 寇 嶇 樞 毆 溝 灸 矩 臼 舅 衢 謳 軀 邱 鉤 玖 廐 鳩 局 菊 國 鞠 君 軍 郡 群 窘 屈 掘 窟 弓 宮 窮 穹 躬 券 卷 拳 圈 勸 權 顴 倦 眷 捲 厥 闕 蹶 軌 机 櫃 潰 詭 鬼 貴 歸 叫 糾 規 閨 圭 奎 揆 珪 硅 逵 窺 葵 均 菌 橘 克 極 劇 剋 戟 棘 隙 斤 近 根 筋 僅 勤 謹 槿 瑾 覲 饉 今 金 禽 琴 禁 錦 衾 擒 襟 及 急 級 給 扱 汲 肯 兢 矜 亘 己 企 忌 技 汽 奇 其 祈 紀 氣 豈 起 記 飢 基 寄 旣 棄 幾 棋 欺 期 旗 畿 器 機 騎 冀 嗜 伎 妓 岐 朞 杞 淇 崎 琦 琪 璣 箕 綺 畸 羈 耆 肌 譏 沂 騏 驥 麒 緊 吉 拮 喫
ㄴ	那 儺 懦 拏 拿 諾 暖 難 煖 捏 捺 涅 男 南 納 衲 娘 囊 乃 內 奈 耐 女 年 念 寧 奴 努 怒 弩 駑 農 濃 膿 惱 腦 尿 訥 紐 能 尼 泥 溺 匿
ㄷ	多 茶 丹 旦 但 段 單 短 團 端 壇 檀 斷 鍛 湍 簞 緞 蛋 達 撻 疸 淡 潭 談 擔 膽 痰 憺 澹 譚 曇 畓 答 踏 遝 唐 堂 當 糖 黨 塘 撞 棠 螳 大 代 垈 待 帶 貸 隊 臺 對 戴 擡 袋 德 悳 刀 到 度 挑 逃 島 倒 徒 途 桃 悼 陶 盜 渡 道 都 塗 跳 圖 稻 導 掉

ㄷ	堵 屠 搗 淘 萄 滔 濤 熹 睹 禱 賭 蹈 鍍 毒 督 篤 獨 讀 瀆 禿 豚 敦 惇 沌 燉 頓 突 乭 冬 同 東 洞 凍 桐 動 童 棟 銅 憧 疼 瞳 胴 董 斗 豆 頭 兜 杜 痘 屯 鈍 臀 遁 得 登 等 燈 膽 騰 藤 橙 鄧
ㄹ	裸 羅 懶 癩 邏 螺 洛 落 絡 樂 烙 酪 駱 卵 亂 蘭 欄 爛 鸞 瀾 刺 辣 藍 濫 覽 籃 拉 臘 蠟 浪 郎 朗 廊 狼 來 萊 冷 略 掠 良 兩 凉 梁 量 諒 糧 輛 亮 倆 樑 粱 旅 廬 勵 麗 侶 呂 盧 戾 濾 礪 閭 驪 黎 力 歷 曆 瀝 礫 連 蓮 煉 憐 練 聯 鍊 戀 漣 輦 劣 列 烈 裂 廉 斂 殮 濂 簾 獵 令 零 領 嶺 靈 囹 玲 鈴 齡 逞 例 禮 體 隸 老 勞 路 露 爐 撈 擄 盧 蘆 虜 魯 鷺 鹿 祿 綠 錄 碌 麓 論 弄 籠 壟 聾 瓏 雷 賴 磊 牢 僂 賂 了 料 僚 療 寮 燎 寥 瞭 聊 遼 龍 累 淚 屢 漏 樓 陋 壘 柳 留 流 硫 類 謬 劉 溜 琉 瘤 六 陸 戮 倫 輪 崙 綸 淪 律 栗 率 慄 隆 肋 勒 凜 陵 凌 稜 綾 菱 楞 里 理 利 離 裏 梨 履 李 吏 俚 釐 悧 痢 籬 罹 裡 隣 吝 鱗 躪 燐 麟 林 臨 淋 立 笠 粒
ㅁ	馬 麻 摩 磨 魔 痲 莫 幕 漠 膜 寞 萬 晚 滿 慢 漫 灣 蠻 娩 卍 彎 挽 瞞 饅 鰻 蔓 輓 末 抹 沫 靺 襪 亡 妄 忙 忘 罔 茫 望 網 芒 每 妹 埋 買 梅 媒 賣 魅 枚 昧 寐 煤 罵 邁 呆 脈 麥 貊 盲 孟 猛 盟 萌 覓 免 面 眠 勉 綿 冕 棉 沔 緬 眄 俛 麵 滅 蔑 名

1~2급	배정 한자 3500자
	命 明 冥 鳴 銘 酩 溟 皿 瞑 螟 袂 毛 母 矛 某 侮 募 帽 慕 暮 模 貌 謀 冒 摸 牟 牡 耗 茅 糢 謨 木 目 沐 牧 睦 穆 沒 歿 夢 蒙 卯 妙 苗 墓 廟 描 猫 昴 杳 渺 戊 茂 武 務 無 貿 舞 霧 畝 毋 巫 憮 拇 撫 蕪 誣 墨 默 文 門 問 聞 紊 汶 蚊 紋 勿 物 未 米 尾 味 美 眉 迷 微 媚 彌 薇 靡 民 敏 憫 悶 旻 玟 旼 珉 閔 密 蜜 謐
ㅂ	朴 泊 拍 迫 博 薄 舶 剝 搏 撲 樸 珀 箔 粕 縛 膊 駁 反 半 伴 返 叛 班 般 飯 搬 盤 拌 攀 斑 潘 磻 蟠 礬 畔 絆 頒 槃 拔 發 髮 勃 渤 潑 撥 跋 醱 鉢 魃 方 芳 妨 防 邦 房 放 倣 紡 訪 傍 坊 尨 幇 彷 旁 枋 榜 昉 肪 膀 謗 龐 杯 拜 背 倍 俳 配 培 排 輩 賠 徘 湃 胚 裵 陪 白 百 伯 柏 帛 魄 番 煩 繁 飜 蕃 藩 伐 罰 閥 筏 凡 犯 汎 範 帆 梵 氾 泛 范 法 碧 僻 壁 劈 擘 璧 癖 闢 辨 邊 辯 變 卞 弁 別 瞥 鼈 丙 兵 屛 竝 病 倂 昞 昺 柄 炳 甁 秉 餠 步 保 普 補 報 譜 寶 堡 洑 潽 甫 菩 輔 卜 伏 服 復 腹 福 複 覆 僕 匐 輻 馥 鰒 本 奉 封 峯 俸 逢 蜂 鳳 縫 捧 棒 烽 蓬 鋒 夫 父 付 否 扶 府 附 負 赴 浮 符 婦 部 副 富 腐 膚 賦 簿 敷 俯 剖 咐 埠 孵 斧 腑 芙 訃 賻 釜 阜 駙 傅 北 分 奔 粉 紛 憤 墳 奮 吩 噴 忿 扮 芬 焚 盆 糞 雰 不 弗 佛 拂 彿 朋 崩 棚 硼 繃 鵬 比 妃 批 非 肥 卑 飛 匪 祕 悲 費 備 婢 鼻 碑

1~2급	배정 한자 3500자
	憊 屝 毘 丕 妣 匕 庇 沸 琵 毖 痺 砒 秕 緋 脾 臂 蜚 裨 誹 翡 譬 鄙 貧 賓 頻 彬 嚬 嬪 殯 濱 瀕 氷 聘 憑
ㅅ	士 巳 四 史 司 仕 寺 死 似 沙 邪 私 舍 事 使 社 祀 査 思 唆 師 射 捨 蛇 斜 赦 絲 詐 詞 斯 飼 寫 賜 謝 辭 簑 些 嗣 奢 娑 徙 泗 瀉 獅 祠 紗 麝 削 朔 山 産 傘 散 算 酸 刪 珊 疝 殺 撒 煞 薩 三 森 蔘 滲 揷 澁 上 床 尙 狀 相 桑 商 常 祥 喪 象 想 傷 詳 裳 嘗 像 賞 霜 償 箱 孀 庠 爽 翔 觴 璽 塞 色 索 嗇 生 牲 甥 西 序 書 恕 徐 庶 敍 暑 署 瑞 誓 緖 嶼 抒 曙 棲 犀 胥 壻 舒 薯 逝 黍 鼠 夕 石 昔 析 席 惜 碩 釋 奭 晳 潟 錫 仙 先 宣 旋 船 善 選 線 禪 鮮 繕 扇 煽 瑄 璇 璿 羨 腺 膳 銑 舌 雪 設 說 卨 屑 洩 泄 渫 薛 纖 暹 殲 蟾 閃 陜 涉 攝 燮 成 性 姓 省 星 城 盛 聖 誠 聲 晟 醒 世 洗 細 稅 歲 勢 貰 小 少 召 所 昭 素 笑 消 掃 紹 疎 訴 蔬 燒 蘇 騷 塑 宵 疏 巢 搔 梳 沼 甦 瘙 簫 蕭 逍 遡 邵 束 俗 速 粟 屬 續 贖 孫 損 遜 松 送 訟 頌 誦 宋 悚 刷 鎖 灑 碎 衰 水 手 囚 守 收 秀 受 垂 首 帥 修 殊 授 搜 須 遂 愁 睡 需 壽 隨 誰 數 樹 輸 雖 獸 嫂 戍 洙 狩 瘦 穗 竪 粹 繡 羞 蒐 讐 袖 酬 銖 隋 髓 叔 宿 淑 孰 肅 熟 塾 夙 菽 旬 巡 盾 殉 純 脣 順 循 瞬 洵 淳 珣 荀 筍 舜 醇 馴 戌 述 術 崇 瑟 膝 拾 習 濕 襲 升 承 昇 乘 勝 僧 丞 繩 市 示 矢 侍

	始 是 屍 施 時 視 詩 試 匙 媤 弑 枾 柴 猜 諡 豺 式 食 息 植 殖 飾 識 拭 湜 熄 蝕 軾 申 臣 辛 身 伸 信 神 晨 腎 愼 新 紳 呻 娠 燼 薪 蜃 宸 訊 迅 失 室 實 悉 心 甚 深 尋 審 瀋 十 雙 氏
ㅇ	牙 芽 我 亞 兒 阿 雅 餓 俄 訝 啞 衙 岳 惡 握 顎 堊 愕 安 岸 案 眼 雁 顔 按 晏 鞍 謁 軋 斡 閼 巖 暗 癌 庵 闇 押 壓 鴨 央 仰 殃 怏 昂 秧 鴦 哀 涯 愛 碍 埃 曖 崖 艾 隘 靄 厄 液 額 扼 縊 腋 櫻 鶯 也 夜 耶 野 倻 冶 惹 揶 爺 若 約 弱 藥 躍 葯 羊 洋 揚 陽 楊 養 樣 壤 孃 讓 瘍 攘 襄 釀 恙 癢 於 魚 御 漁 語 圄 瘀 禦 抑 億 憶 臆 言 焉 堰 彦 諺 嚴 儼 奄 俺 業 予 汝 如 余 與 餘 輿 亦 役 易 逆 疫 域 譯 驛 繹 延 沿 宴 軟 研 然 硯 煙 鉛 演 燃 緣 燕 妍 捐 椽 淵 衍 撚 鳶 筵 悅 閱 熱 炎 染 厭 鹽 焰 艶 閻 葉 燁 永 迎 英 泳 映 詠 榮 影 營 暎 瑛 嬰 盈 預 銳 豫 藝 譽 裔 曳 濊 睿 穢 芮 詣 午 五 汚 吾 烏 悟 娛 梧 嗚 傲 誤 吳 奧 寤 塢 懊 伍 玉 屋 獄 沃 鈺 溫 穩 蘊 翁 擁 雍 甕 邕 雝 瓦 臥 渦 蝸 訛 完 緩 婉 宛 琓 腕 頑 莞 阮 曰 王 往 旺 枉 汪 歪 倭 矮 外 畏 猥 巍 妖 要 搖 遙 腰 謠 曜 僥 凹 拗 堯 夭 姚 撓 擾 窈 窯 耀 邀 饒 辱 浴 欲 慾 用 勇 容 庸 熔 傭 涌 溶 瑢 聳 茸 蓉 踊 鎔 鏞 又 于 友 尤 牛 右 宇 羽 雨 偶 遇 愚

郵 憂 優 嵎 佑 寓 祐 禹 虞 迂 隅 旭 昱 煜 郁 頊 云 雲 運 韻
殞 耘 芸 隕 鬱 蔚 雄 熊 媛 元 苑 怨 原 員 院 援 圓 園 源 遠
願 冤 猿 瑗 袁 鴛 月 越 危 位 委 胃 威 偉 尉 爲 圍 違 僞 慰
緯 謂 衛 渭 葦 韋 魏 由 幼 有 酉 乳 油 柔 幽 悠 唯 惟 猶 裕
遊 愈 維 誘 遺 儒 俞 喩 宥 庾 愉 揄 柚 楡 癒 諛 諭 踰 蹂 鍮
游 肉 育 閏 潤 允 尹 胤 鈗 融 戎 絨 恩 銀 隱 垠 殷 誾 乙 吟
音 淫 陰 飮 蔭 邑 泣 揖 凝 應 膺 鷹 擬 衣 矣 宜 依 意 義 疑
儀 醫 議 椅 毅 誼 二 已 以 而 耳 夷 異 移 貳 怡 痍 伊 姨 弛
爾 珥 餌 益 翼 翊 翌 人 刃 仁 引 因 印 忍 姻 寅 認 咽 湮 蚓
靭 一 日 逸 壹 佚 溢 鎰 佾 壬 任 賃 妊 入 剩 孕

| ㅈ |

子 字 自 姊 刺 者 玆 姿 恣 紫 慈 資 磁 雌 諮 仔 滋 炙 煮 瓷
疵 蔗 藉 作 昨 酌 爵 綽 勺 灼 炸 芍 嚼 鵲 雀 殘 棧 盞 暫 潛
蠶 箋 簪 雜 丈 壯 長 莊 章 帳 張 將 掌 葬 場 粧 裝 腸 奬 障
藏 臟 墻 仗 匠 庄 杖 檣 漿 獐 璋 蔣 薔 醬 才 在 再 災 材 哉
宰 栽 財 裁 載 滓 齋 爭 錚 低 底 抵 沮 著 貯 咀 狙 箸 猪 詛
躇 邸 觝 赤 的 寂 笛 跡 賊 滴 摘 適 敵 積 績 蹟 籍 嫡 狄 謫
迹 田 全 典 前 展 專 電 傳 殿 錢 戰 轉 剪 塡 奠 塵 悛 栓 氈
澱 煎 甸 癲 箋 箭 篆 纏 輾 銓 顚 顫 餞 切 折 竊 絶 節 截 占
店 漸 點 粘 霑 接 蝶 丁 井 正 呈 廷 定 征 亭 貞 政 訂 庭 頂

	停 偵 情 淨 程 精 整 靜 艇 幀 斑 挺 旌 晶 楨 汀 町 睛 碇 禎
	穽 鄭 酊 釘 錠 靖 鼎 弟 制 帝 除 第 祭 堤 提 齊 製 際 諸 劑
	濟 題 啼 悌 梯 蹄 弔 早 兆 助 造 祖 租 鳥 措 條 組 釣 彫 朝
	照 潮 調 操 燥 凋 嘲 曺 曹 棗 槽 漕 爪 眺 祚 稠 粗 糟 繰 藻
	詔 趙 躁 肇 遭 阻 足 族 簇 存 尊 卒 拙 猝 宗 從 終 種 綜 縱
	鍾 慫 琮 腫 踵 踪 左 坐 佐 座 挫 罪 主 朱 舟 州 走 住 周 宙
	注 洲 柱 奏 酒 株 珠 晝 週 駐 鑄 做 呪 嗾 廚 疇 紬 註 誅 躊
	輳 紂 胄 竹 俊 准 準 遵 埈 峻 晙 樽 浚 濬 竣 蠢 駿 中 仲 重
	衆 即 櫛 汁 葺 症 曾 蒸 增 憎 證 贈 之 止 支 只 至 旨 枝 池
	地 志 知 持 指 脂 紙 智 誌 遲 咫 址 摯 祉 肢 枳 芝 直 職 織
	稙 稷 辰 珍 津 眞 振 陣 陳 進 診 塵 盡 震 鎭 嗔 晋 疹 秦 姪
	疾 秩 窒 質 叱 帙 桎 膣 跌 迭 嫉 斟 朕 執 集 輯 什 徵 懲 澄
ㅊ	且 次 此 差 借 遮 叉 嗟 蹉 捉 着 錯 搾 窄 鑿 餐 贊 讚 撰 燦
	璨 瓚 簒 纂 鑽 饌 札 刹 察 擦 參 慘 慙 斬 僭 塹 懺 站 讒 讖
	昌 倉 窓 唱 創 蒼 滄 暢 彰 倡 娼 廠 愴 敞 昶 槍 漲 猖 瘡 脹
	艙 菖 菜 採 彩 埰 寨 蔡 采 債 冊 責 策 柵 妻 處 悽 凄 尺 斥
	拓 戚 隻 千 川 天 泉 淺 踐 賤 遷 薦 哲 撤 徹 鐵 擲 滌 瘠 脊
	陟 喘 擅 穿 闡 釧 凸 喆 澈 綴 轍 尖 添 僉 瞻 籤 諂 妾 諜 帖
	捷 牒 疊 貼 靑 淸 晴 請 聽 廳 逮 替 遞 滯 體 締 涕 諦 肖 抄

<table>
<tr><td>1~2급</td><td colspan="2">배정 한자 3500자</td></tr>
<tr><td rowspan="8">한자</td><td colspan="2">初 招 草 秒 哨 焦 超 礎 憔 梢 楚 樵 炒 硝 礁 稍 蕉 貂 醋 促 燭 觸 蜀 囑 寸 村 忖 銃 聰 總 叢 塚 寵 撮 最 催 崔 抽 秋 追 推 趨 醜 墜 楸 樞 芻 鄒 酋 鰍 椎 錐 錘 鎚 丑 畜 祝 逐 軸 蓄 築 縮 蹴 春 椿 出 黜 充 忠 衷 衝 蟲 沖 吹 悴 萃 贅 膵 取 臭 就 醉 趣 炊 娶 翠 聚 脆 側 測 惻 層 治 値 恥 致 置 稚 齒 雉 侈 峙 幟 熾 痔 嗤 癡 緻 馳 則 勅 親 七 漆 沈 枕 侵 浸 針 寢 砧 鍼 蟄 稱 秤</td></tr>
<tr><td>ㅋ</td><td>快</td></tr>
<tr><td>ㅌ</td><td>他 打 妥 墮 唾 惰 楕 舵 陀 駝 托 卓 託 琢 濁 濯 擢 鐸 炭 誕 彈 歎 呑 坦 憚 灘 綻 脫 奪 貪 探 耽 眈 塔 搭 湯 宕 蕩 太 怠 殆 胎 泰 態 颱 兌 台 汰 答 苔 跆 宅 澤 擇 撑 攄 土 吐 兎 討 通 痛 統 慟 桶 筒 退 堆 槌 褪 腿 頹 投 透 鬪 套 妬 特 慝</td></tr>
<tr><td>ㅍ</td><td>波 派 破 頗 罷 播 把 坡 婆 巴 爬 琶 芭 跛 愎 判 板 版 販 辦 阪 八 貝 敗 霸 佩 唄 悖 沛 牌 稗 彭 澎 膨 片 便 偏 遍 篇 編 扁 鞭 騙 貶 平 坪 評 萍 肺 閉 廢 蔽 弊 幣 斃 陛 布 包 抛 抱 怖 胞 浦 捕 砲 飽 鋪 匍 咆 哺 圃 庖 泡 疱 脯 葡 蒲 袍 褒 逋 鮑 幅 暴 爆 曝 瀑 表 票 漂 標 剽 杓 慓 豹 飄 品 稟 風 楓 豊 諷 馮 皮 彼 疲 被 避 披 匹 必 畢 筆 弼 疋 泌 乏 逼</td></tr>
<tr><td>ㅎ</td><td>下 何 河 夏 荷 賀 瑕 蝦 遐 霞 虐 學 鶴 瘧 謔 壑 汗 旱 恨 限</td></tr>
</table>

寒 閑 漢 翰 韓 澣 悍 罕 割 轄 含 咸 陷 艦 函 喊 檻 涵 緘 銜
鹹 合 盒 蛤 陜 抗 巷 恒 航 港 項 亢 沆 缸 肛 亥 害 奚 海 該
解 偕 咳 懈 楷 諧 邂 駭 骸 核 劾 行 幸 杏 向 享 香 鄕 響 嚮
饗 許 虛 噓 墟 軒 憲 獻 歇 險 驗 革 爀 赫 玄 弦 現 絃 賢 縣
懸 顯 峴 炫 眩 絢 衒 鉉 穴 血 嫌 協 脅 峽 俠 挾 狹 頰 兄 刑
亨 形 型 螢 衡 瀅 炯 荊 邢 馨 瑩 兮 惠 慧 彗 醯 戶 互 乎 好
虎 呼 胡 浩 毫 湖 號 豪 濠 護 壕 弧 扈 昊 晧 滈 狐 琥 瑚 皓
糊 鎬 祜 或 惑 酷 昏 混 婚 魂 渾 忽 笏 惚 弘 洪 紅 鴻 泓 虹
哄 訌 火 化 禾 花 和 華 貨 畵 話 靴 禍 嬅 樺 確 擴 穫 丸 幻
患 換 還 環 歡 喚 宦 桓 煥 鰥 驩 活 滑 猾 闊 況 皇 荒 黃 凰
煌 遑 徨 恍 惶 慌 晃 滉 灰 回 廻 悔 會 懷 恢 晦 檜 淮 繪 膾
徊 蛔 誨 賄 劃 獲 橫 孝 效 曉 哮 嚆 爻 酵 厚 侯 後 喉 候 后
吼 嗅 朽 逅 訓 勳 壎 熏 薰 暈 喧 毁 卉 喙 揮 輝 彙 徽 諱 麾
休 携 烋 恤 凶 胸 兇 匈 洶 黑 欣 痕 欠 歆 欽 吸 恰 洽 興 希
喜 稀 熙 噫 戲 姬 嬉 熹 憙 犧 禧 羲 詰

음	정 자	약자(속자)	음	정 자	약자(속자)
가	假(거짓 가)	仮	권	勸(권할 권)	勧
	價(값 가)	価	귀	歸(돌아갈 귀)	帰
각	覺(깨달을 각)	覚	기	氣(기운 기)	気
	却(물리칠 각)	卻		旣(이미 기)	既
간	姦(간사할 간)	奸(姧)	나	拏(붙잡을 나)	拿
감	監(볼 감)	监	뇌	惱(괴로워할 뇌)	悩
강	強(강할 강)	强		腦(뇌 뇌)	脳
개	蓋(덮을 개)	盖	단	斷(끊을 단)	断
	個(낱 개)	仴(个)		團(둥글 단)	団
거	擧(들 거)	拳		單(홑 단)	単
	據(의지할 거)	拠	담	擔(멜 담)	担
검	劍(칼 검)	剣		膽(쓸개 담)	胆
	儉(검소할 검)	倹	당	當(마땅할 당)	当
격	擊(칠 격)	畢		黨(무리 당)	党
견	堅(굳을 견)	坚	대	帶(띠 대)	帯
결	缺(이그러질 결)	欠		對(상대할 대)	対
경	經(지날 경)	経		臺(대 대)	台
	徑(지름길 경)	径	덕	德(큰 덕)	徳
	莖(줄기 경)	茎	도	圖(그림 도)	図
	輕(가벼울 경)	軽		稻(벼 도)	稲
	競(겨룰 경)	競	독	獨(홀로 독)	独
	卿(벼슬 경)	卿		讀(읽을 독)	読
계	溪(시내 계)	渓	등	燈(등잔 등)	灯
	繼(이을 계)	継	락	樂(즐거울 락)	楽
고	高(높을 고)	髙	란	亂(어지러울 란)	乱
관	關(빗장 관)	関		蘭(난초 란)	蘭
	觀(볼 관)	観	람	覽(볼 람)	覧
	灌(물댈 관)	潅	랑	朗(밝을 랑)	朗
광	廣(넓을 광)	広	래	來(올 래)	来
	鑛(쇳덩이 광)	鉱	량	兩(두 량)	両
괴	壞(무너질 괴)	壊		涼(서늘할 량)	涼
교	敎(가르칠 교)	教	려	勵(힘쓸 려)	励
구	舊(옛 구)	旧	력	歷(지낼 력)	歴(厂)
	區(구역 구)	区	련	戀(사모할 련)	恋
	歐(토할 구)	欧		練(익힐 련)	練
	毆(때릴 구)	殴	렵	獵(사냥 렵)	猟
	驅(몰 구)	駆	령	靈(신령 령)	霊
	龜(거북 구)	亀		齡(나이 령)	齢
국	國(나라 국)	国	레	禮(예도 레(예))	礼
권	權(권세 권)	権	로	勞(수고할 로)	労

음	정 자	약자(속자)	음	정 자	약자(속자)
로	爐(화로 로)	炉	비	祕(숨길 비)	秘
록	綠(푸를 록)	綠	빙	冰(얼음 빙)	氷
롱	瀧(젖을 롱)	滝	사	絲(실 사)	糸
뢰	賴(힘입을 뢰)	頼		辭(말씀 사)	辞
룡	龍(용 룡)	竜		寫(베낄 사)	写
루	樓(다락 루)	楼	삼	參(석 삼)	参
	壘(진칠 루)	塁	상	狀(모양 상,문서 장)	狀
릉	陵(언덕 릉)	陵		牀(평상 상)	床
리	離(떠날 리)	难	서	敍(차례 서)	叙
린	鄰(이웃 린)	隣		壻(사위 서)	婿
만	萬(일만 만)	万	석	釋(풀 석)	釈
	蠻(오랑캐 만)	蛮	선	選(뽑을 선)	選(选)
	滿(찰 만)	満		禪(고요할 선)	禅
	灣(물굽이 만)	湾	섬	纖(가늘 섬)	繊
매	每(매양 매)	毎	섭	攝(잡을 섭)	摂
	賣(팔 매)	売	성	聲(소리 성)	声
맥	麥(보리 맥)	麦	소	騷(시끄러울 소)	騒
	脈(맥 맥)	脈(脉)		巢(집 소)	巣
면	麪(밀가루 면)	麺		燒(사를 소)	焼
	面(낯 면)	面	속	續(이을 속)	続
모	侮(업신여길 모)	侮		屬(엮을 속)	属
	冒(무릅쓸 모)	冒	쇄	碎(부술 쇄)	砕
몰	沒(빠질 몰)	没		鎖(쇠사슬 쇄)	鎖
미	彌(두루 미)	弥	수	壽(목숨 수)	寿
민	敏(민첩할 민)	敏		獸(짐승 수)	獣
발	髮(터럭 발)	髪		粹(순수할 수)	粋
	拔(뺄 발)	抜		隨(따를 수)	随
	發(필 발)	発		數(셀 수)	数
배	拜(절 배)	拝		收(거둘 수)	収
	杯(잔 배)	盃		輸(나를 수)	輸
변	辯(판별할 변)	弁		搜(찾을 수)	捜
	變(변할 변)	変	숙	肅(고요할 숙, 엄숙할 숙)	粛
	邊(갓 변)	辺	습	濕(축축할 습)	湿
병	倂(합할 병)	併		習(익힐 습)	習
	竝(나란할 병)	並	승	乘(탈 승)	乗
	屛(병풍 병)	屏		僧(중 승)	僧
보	寶(보배 보)	宝	시	柿(감나무 시)	柿
봉	峯(봉우리 봉)	峰	신	愼(삼갈 신)	慎
불	佛(부처 불)	仏	실	實(열매 실)	実
	拂(떨칠 불)	払			

음	정 자	약자(속자)	음	정 자	약자(속자)
쌍	雙(쌍 쌍)	双	응	應(응할 응)	応
아	兒(아이 아)	児	의	醫(의원 의)	医
아	亞(버금 아)	亜	이	貳(두 이)	弐
악	惡(악할 악)	悪	익	益(더할 익)	益
악	嶽(큰산 악)	岳	인	刃(칼날 인)	刃
암	巖(바위 암)	岩	일	壹(한 일)	壱(一)
압	壓(누를 압)	圧	일	溢(넘칠 일)	溢
애	礙(꺼리길 애)	碍	잉	剩(남을 잉)	剰
애	愛(사랑 애)	愛	자	姊(손윗누이 자)	姉
앵	櫻(앵두 앵)	桜	작	勺(구기 작)	勺
약	藥(약 약)	薬	작	爵(벼슬 작)	爵
양	壤(흙덩이 양)	壌	잔	殘(남을 잔)	残
양	樣(모양 양)	様	잠	蠶(누에 잠)	蚕
양	孃(처녀 양)	嬢	잠	潛(잠길 잠)	潜
양	讓(사양할 양)	譲	잡	雜(섞일 잡)	雑
양	釀(술빚을 양)	醸	장	壯(씩씩할 장)	壮
엄	嚴(엄할 엄)	厳	장	莊(별장 장)	荘
여	與(줄 여)	与	장	將(장군 장)	将
여	餘(남을 여)	余	장	裝(꾸밀 장)	装
역	譯(번역할 역)	訳	장	奬(칭찬할 장)	奨
역	驛(역말 역)	駅	장	藏(감출 장)	蔵
염	豔(요염할 염)	艶	장	臟(오장 장)	臓
염	鹽(소금 염)	塩	쟁	爭(다툴 쟁)	争
영	榮(영화 영)	栄	저	猪(돼지 저)	猪
영	營(경영할 영)	営	전	專(오로지 전)	専
예	豫(미리 예)	予	전	傳(전할 전)	伝
예	譽(명예 예)	誉	전	轉(구를 전)	転
예	藝(재주 예)	芸	전	戰(싸울 전)	戦(战)
예	隸(종 예)	隷	전	錢(돈 전)	銭
오	奧(속 오)	奥	절	竊(훔칠 절)	窃
온	溫(따뜻할 온)	温	절	節(마디 절)	節
온	穩(평온할 온)	穏	점	點(점 점)	点
옹	甕(독 옹)	甕	정	淨(깨끗할 정)	浄
와	臥(누울 와)	卧	정	靜(고요할 정)	静
요	謠(노래 요)	謡	정	情(뜻 정)	情
요	曜(빛날 요)	曜	제	劑(약지을 제)	剤
울	鬱(답답할 울)	盃	제	齊(가지런할 제)	斉
원	圓(둥글 원)	円	제	濟(건널 제)	済
위	圍(둘레 위)	囲	조	條(조목 조)	条
위	爲(할 위)	為	종	從(따를 종)	従
위	僞(거짓 위)	偽	종	縱(세로 종)	縦
은	隱(숨을 은)	隠	종	鐘(종 종)	鍾

음	정 자	약자(속자)	음	정 자	약자(속자)
주	晝(낮 주)	昼	택	澤(못 택)	沢
즉	卽(곧 즉)	即	토	兎(토끼 토)	兎
증	證(증거 증)	証	투	鬪(싸울 투)	闘(鬪)
	增(더할 증)	増	파	派(물결 파)	派
	憎(미워할 증)	憎	폐	廢(폐할 폐)	廃
지	遲(더딜 지)	遅	포	飽(배부를 포)	飽
진	盡(다할 진)	尽		鋪(펼 포)	舗
	眞(참 진)	真	풍	豐(풍년 풍)	豊
	珍(보배 진)	珎	품	稟(줄 품)	禀
	晉(나아갈 진)	晋	학	學(배울 학)	学
찬	贊(찬성할 찬)	賛	함	陷(빠질 함)	陥
참	慘(비통할 참)	惨	항	港(항구 항)	港
	參(참여할 참)	参	해	解(풀 해)	觧
창	倡(여광대 창)	娼	향	鄕(시골 향)	郷
처	處(곳 처)	処		響(울릴 향)	響(響)
천	淺(얕을 천)	浅	허	虛(빌 허)	虚
	踐(밟을 천)	践	헌	獻(드릴 헌)	献
철	鐵(쇠 철)	鉄	험	險(험할 험)	険
첩	疊(겹쳐질 첩)	畳		驗(시험 험)	験
청	廳(관청 청)	庁	현	縣(고을 현)	県
	靑(푸를 청)	青		顯(밝을 현)	顕
	請(부를 청)	請		賢(어질 현)	賢
체	體(몸 체)	体(躰)	형	螢(반딧불 형)	蛍
	遞(차례로바꿀 체)	逓	협	峽(골짜기 협)	峡
	滯(막힐 체)	滞		狹(좁을 협)	狭
촉	觸(닿을 촉)	触	혜	惠(은혜 혜)	恵
총	總(모두 총)	総	호	號(부를 호)	号
	塚(무덤 총)	塚	화	畫(그림 화,그을 획)	画
추	樞(중심 추)	枢	확	擴(넓힐 확,채울 광)	拡
	芻(꼴 추)	蒭	환	歡(기뻐할 환)	歓
충	蟲(벌레 충)	虫	활	闊(트일 활)	濶
취	醉(취할 취)	酔	황	況(하물며 황)	况
치	齒(이 치)	歯		黃(누를 황)	黄
	恥(부끄러워할 치)	耻	회	會(모일 회)	会
	癡(어리석을 치)	痴		懷(품을 회)	懐
칠	漆(옻 칠)	柒	효	曉(새벽 효)	暁
침	寢(잠잘 침)	寝		效(본받을 효)	効
	針(바늘 침)	鍼	훈	勳(공 훈)	勲
칭	稱(일컬을 칭)	称	흑	黑(검을 흑)	黒
타	墮(떨어질 타)	堕	희	戲(희롱할 희)	戯
탄	彈(총알 탄)	弾		犧(희생할 희)	犠
택	擇(가릴 택)	択		姬(계집 희)	姫

49

한자	훈	음	예
覺	깨달을	각	覺醒(각성)
	꿈깰	교	覺眼(교안)
降	내릴	강	降雨(강우)
	항복할	항	投降(투항)
車	수레	거	自轉車(자전거)
	수레	차	汽車(기차)
乾	하늘	건	乾坤(건곤)
	마를	간	乾物(간물)
見	볼	견	見學(견학)
	뵐	현	謁見(알현)
頃	잠깐	경	頃刻(경각)
	반걸음	규	頃步(규보)
更	고칠	경	更張(경장)
	다시	갱	更生(갱생)
契	맺을	계	契約(계약)
	새길	결	契絕(결절)
	부족이름	글	契丹(글안=거란)
	사람이름	설	契(설)=卨(설)
	(은나라왕조의 시조)		
串	익힐	관	串柿(관시)
	곶	곶	長山串(장산곶)
	꿰미	천	串票(천표)
龜	땅이름	구	龜浦(구포)
	거북	귀	龜鑑(귀감)
	터질	균	龜裂(균열)
句	글귀	구	文句(문구)
	글귀	귀	句節(귀절)
金	쇠	금	金屬(금속)
	성	김	金氏(김씨)
豈	어찌	기	豈不(기불)
	이길	개	豈(凱)旋(개선)
奈	어찌	내	奈何(내하)
	지옥	나	奈落(나락)
內	안	내	內外(내외)
	여자관리	나	內人(나인)
茶	차	다	茶菓(다과)
	마실	차	茶禮(차례)
單	홀로	단	簡單(간단)

한자	훈	음	예
	오랑캐임금	선	單于氏(선우씨)
丹	붉을	단	丹靑(단청)
	꽃이름	란	牡丹(모란=목단)
糖	사탕	당	糖分(당분)
	달	탕	雪糖(설탕)
度	법도	도	制度(제도)
	헤아릴	탁	度支部(탁지부)
讀	읽을	독	讀書(독서)
	구절	두	吏讀(이두)
洞	고을	동	洞窟(동굴)
	통할	통	洞察(통찰)
屯	모일	둔	駐屯(주둔)
	어려울	준	屯險(준험)
樂	즐거울	락	樂園(낙원)
	좋아할	요	樂山(요산)
	풍류	악	音樂(음악)
率	비율	률	比率(비율)
	거느릴	솔	統率(통솔)
茫	아득할	망	茫茫(망망)
	황홀할	황	茫惚(황홀)
木	나무	목	樹木(수목)
	모과	모	木果(모과)
反	돌이킬	반	反復(반복)
	뒤칠	번	反沓(번답)
	팔	판	反貨(판화)
伯	맏	백	伯父(백부)
	두목	패	伯主(패주)
魄	넋	백	魂魄(혼백)
	넋잃을	탁(박)	落魄(낙탁)
否	아니	부	可否(가부)
	막힐	비	否塞(비색)
不	아니	불	不利(불리)
	아니	부	不當(부당)
	(ㄷ,ㅈ 위)		
父	아비	부	父親(부친)
	남자	보	尙父(상보)
復	다시	부	復興(부흥)
	회복할	복	回復(회복)

한자	훈	음	예
北	북녘	북	北方(북방)
	달아날	배	敗北(패배)
分	나눌	분	兩分(양분)
	푼	푼	分錢(푼전:푼돈)
沸	끓을	비	沸騰(비등)
	물용솟음칠	불	沸水(불수)
寺	절	사	寺刹(사찰)
	관청	시	司僕寺(사복시)
射	쏠	사	射擊(사격)
	맞힐	석	射中(석중)
	벼슬이름	야	僕射(복야)
索	쓸쓸할	삭	索莫(삭막)
	찾을	색	思索(사색)
殺	죽일	살	打殺(타살)
	빠를	쇄	殺到(쇄도)
	덜	쇄	減殺(감쇄)
狀	형상	상	狀態(상태)
	문서	장	賞狀(상장)
塞	변방	새	要塞(요새)
	막을	색	塞源(색원)
說	말씀	설	說敎(설교)
	달랠	세	遊說(유세)
	기쁠	열	說(悅)樂(열락)
誓	서약할	서	誓約(서약)
	맹세	세	盟誓(맹세)
省	살필	성	反省(반성)
	줄일	생	省略(생략)
屬	붙을	속	附屬(부속)
	부탁할	촉	屬望(촉망)
數	셀	수	數學(수학)
	자주	삭	頻數(빈삭)
	빽빽할	촉	數罟(촉고)
衰	쇠할	쇠	衰弱(쇠약)
	상복	최	衰服(최복)
宿	잘	숙	宿食(숙식)
	별자리	수	星宿(성수)
瑟	비파	슬	琴瑟(금슬)
	비파	실	琴瑟(금실)

漢字	訓	音	例
拾	주울	습	拾得(습득)
	열	십	拾萬(십만)
食	먹을	식	食事(식사)
	밥	사	簞食(단사)
識	알	식	知識(지식)
	기록할	지	標識(표지)
什	열	십	什長(십장)
	세간	집	什器(집기)
氏	성씨	씨	徐氏(서씨)
	나라이름	지	月氏國(월지국)
惡	악할	악	惡毒(악독)
	미워할	오	憎惡(증오)
若	같을	약	萬若(만약)
	절	야	般若經(반야경)
於	어조사	어	於是乎(어시호)
	감탄할	오	於乎(오호)
厭	싫어할	염	厭世(염세)
	누를	엽	厭然(엽연)
葉	잎사귀	엽	落葉(낙엽)
	성씨	섭	葉氏(섭씨)
六	여섯	육	六十(육십)
	유월	유	五六月(오뉴월)
易	쉬울	이	容易(용이)
	바꿀	역	交易(교역)
咽	목구멍	인	咽喉(인후)
	삼킬	열	嗚咽(오열)
佚	달아날	일	佚民(일민)
	방탕할	질	佚蕩(질탕)
刺	찌를	자	刺客(자객)
	찌를	척	刺殺(척살)
	수라	라	水刺(수라)
炙	고기구울	자	膾炙(회자)
	고기구울	적	散炙(산적)
場	마당	장	場所(장소)
	마당	량	道場(도량)
抵	막을	저	抵抗(저항)
	칠	지	抵掌(지장)
著	지을	저	著述(저술)
	붙을	착(着)	附著(부착)
切	끊을	절	切斷(절단)
	모두	체	一切(일체)
提	끌	제	提携(제휴)
	깨달을	리	菩提樹(보리수)
	떼지어날	시	提提(시시)
足	족할	족	滿足(만족)
	더할	주	足拱(주공)
尊	술통	준	尊酒(준주)
	높일	존	尊敬(존경)
則	곧	즉	則效(즉효)
	법칙	칙	規則(규칙)
辰	별	진	壬辰倭亂(임진왜란)
	때	신	生辰(생신)
斟	술따를	짐	斟酌(짐작)
	짐작할	침	斟酒(침주)
徵	부를	징	徵兵(징병)
	가락	치	徵音(치음)
差	어긋날	차	差別(차별)
	층질	치	參差(참치)
參	참여할	참	參加(참가)
	석	삼	參十(삼십)
拓	열	척	開拓(개척)
	박을	탁	拓本(탁본)
諦	살필	체	諦念(체념)
	살필	제	眞諦(진제)
推	밀	추	推測(추측)
	천거할	퇴	推敲(퇴고)
趨	달릴	추	趨進(추진)
	재촉할	촉	趨數(촉삭)
丑	소	축	丑時(축시)
	이름	추	公孫丑(공손추)
沈	잠길	침	沈着(침착)
	성씨	심	沈氏(심씨)
台	대감	태	台監(태감)
	나	이	台德(이덕)
宅	집	택	住宅(주택)
	집	댁	宅內(댁내)
跛	절뚝임	파	跛行(파행)
	기울	피	跛立(피립)
婆	할미	파	老婆(노파)
	범어	바	娑婆(사바)
罷	그만둘	파	罷業(파업)
	고달플	피	罷勞(피로)
八	여덟	팔	八十(팔십)
	여덟	파	初八日(초파일)
編	엮을	편	編輯(편집)
	땋을	변	編髮(변발)
便	편할	편	便利(편리)
	오줌	변	便所(변소)
布	펼	포	公布(공포)
	베풀	보	布施(보시)
暴	사나울	폭	暴行(폭행)
	모질	포	暴惡(포악)
皮	가죽	피	皮革(피혁)
	가죽	비	鹿皮(녹비)
閒	한가할	한	閒暇(한가)
	틈	간	閒接(간접)
合	합할	합	合同(합동)
	홉	홉	一合(일홉)
行	행할	행	旅行(여행)
	항렬	항	行列(항렬)
陜	좁을	협	山陜(산협)
	땅이름	합	陜川(합천)
亨	형통할	형	吉亨(길형)
	드릴	향	亨侑(향유)
	삶을	팽	亨熱(팽열)
畵	그림	화	畵廊(화랑)
	그을	획	畵順(획순)
滑	미끄러울	활	滑降(활강)
	어지러울	골	滑稽(골계)
噫	한숨쉴	희	噫乎(희호)
	트림할	애	噫氣(애기)

상대 및 반대의 뜻을 가진 한자

[ㄱ]

可決(가결) ↔ 否決(부결)
架空(가공) ↔ 實在(실재)
假像(가상) ↔ 實在(실재)
加熱(가열) ↔ 冷却(냉각)
加入(가입) ↔ 脫退(탈퇴)
却下(각하) ↔ 受理(수리)
干涉(간섭) ↔ 放任(방임)
間接(간접) ↔ 直接(직접)
減産(감산) ↔ 增産(증산)
感情(감정) ↔ 理性(이성)
減少(감소) ↔ 增加(증가)
剛健(강건) ↔ 軟弱(연약)
剛健(강건) ↔ 柔弱(유약)
强硬(강경) ↔ 宥和(유화)
個別(개별) ↔ 全體(전체)
開放(개방) ↔ 閉鎖(폐쇄)
開業(개업) ↔ 閉業(폐업)
開業(개업) ↔ 廢業(폐업)
客觀(객관) ↔ 主觀(주관)
客體(객체) ↔ 主體(주체)
巨大(거대) ↔ 微細(미세)
巨富(거부) ↔ 極貧(극빈)
拒絶(거절) ↔ 承諾(승낙)
建設(건설) ↔ 破壞(파괴)
乾燥(건조) ↔ 濕潤(습윤)
傑作(걸작) ↔ 拙作(졸작)
儉約(검약) ↔ 浪費(낭비)
缺乏(결핍) ↔ 豊富(풍부)
謙遜(겸손) ↔ 傲慢(오만)
謙虛(겸허) ↔ 傲慢(오만)
輕減(경감) ↔ 加重(가중)
經度(경도) ↔ 緯度(위도)
輕蔑(경멸) ↔ 尊敬(존경)
輕薄(경박) ↔ 愼重(신중)
輕傷(경상) ↔ 重傷(중상)
輕率(경솔) ↔ 愼重(신중)

輕視(경시) ↔ 重視(중시)
硬直(경직) ↔ 柔軟(유연)
繼續(계속) ↔ 中斷(중단)
高潔(고결) ↔ 低俗(저속)
古代(고대) ↔ 現代(현대)
高雅(고아) ↔ 卑俗(비속)
故意(고의) ↔ 過失(과실)
固定(고정) ↔ 流動(유동)
高調(고조) ↔ 低調(저조)
故鄕(고향) ↔ 他鄕(타향)
曲線(곡선) ↔ 直線(직선)
困難(곤란) ↔ 容易(용이)
公開(공개) ↔ 秘密(비밀)
攻擊(공격) ↔ 防禦(방어)
供給(공급) ↔ 需要(수요)
共鳴(공명) ↔ 反駁(반박)
空想(공상) ↔ 現實(현실)
共用(공용) ↔ 專用(전용)
公的(공적) ↔ 私的(사적)
空虛(공허) ↔ 充實(충실)
過去(과거) ↔ 未來(미래)
過激(과격) ↔ 穩健(온건)
寡默(과묵) ↔ 饒舌(요설)
過剩(과잉) ↔ 不足(부족)
官尊(관존) ↔ 民卑(민비)
光明(광명) ↔ 暗黑(암흑)
廣義(광의) ↔ 狹義(협의)
巧妙(교묘) ↔ 拙劣(졸렬)
拘禁(구금) ↔ 釋放(석방)
具象(구상) ↔ 抽象(추상)
拘束(구속) ↔ 釋放(석방)
拘束(구속) ↔ 放免(방면)
求心(구심) ↔ 遠心(원심)
具體(구체) ↔ 抽象(추상)
舊派(구파) ↔ 新派(신파)
國內(국내) ↔ 國外(국외)
歸納(귀납) ↔ 演繹(연역)

君子(군자) ↔ 小人(소인)
屈服(굴복) ↔ 抵抗(저항)
屈辱(굴욕) ↔ 雪辱(설욕)
權利(권리) ↔ 義務(의무)
勤勉(근면) ↔ 懶怠(나태)
僅少(근소) ↔ 過多(과다)
急性(급성) ↔ 慢性(만성)
急行(급행) ↔ 緩行(완행)
肯定(긍정) ↔ 否定(부정)
旣決(기결) ↔ 未決(미결)
奇拔(기발) ↔ 平凡(평범)
飢餓(기아) ↔ 飽食(포식)
緊密(긴밀) ↔ 疏遠(소원)
緊張(긴장) ↔ 弛緩(이완)
吉兆(길조) ↔ 凶兆(흉조)

[ㄴ]

懦弱(나약) ↔ 强勇(강용)
樂觀(낙관) ↔ 悲觀(비관)
落第(낙제) ↔ 及第(급제)
樂天(낙천) ↔ 厭世(염세)
暖流(난류) ↔ 寒流(한류)
亂調(난조) ↔ 諧調(해조)
濫用(남용) ↔ 節約(절약)
朗讀(낭독) ↔ 默讀(묵독)
朗誦(낭송) ↔ 默讀(묵독)
來生(내생) ↔ 前生(전생)
內容(내용) ↔ 形式(형식)
來日(내일) ↔ 昨日(작일)
內包(내포) ↔ 外延(외연)
冷却(냉각) ↔ 加熱(가열)
怒氣(노기) ↔ 和氣(화기)
努力(노력) ↔ 怠慢(태만)
老鍊(노련) ↔ 未熟(미숙)
濃厚(농후) ↔ 稀薄(희박)
訥辯(눌변) ↔ 達辯(달변)
能動(능동) ↔ 被動(피동)

能動(능동) ↔ 受動(수동)
凌蔑(능멸) ↔ 崇仰(숭앙)

[ㄷ]

多元(다원) ↔ 一元(일원)
單獨(단독) ↔ 共同(공동)
單手(단수) ↔ 複數(복수)
單純(단순) ↔ 複雜(복잡)
單式(단식) ↔ 複式(복식)
單一(단일) ↔ 複合(복합)
短縮(단축) ↔ 延長(연장)
唐慌(당황) ↔ 沈着(침착)
貸邊(대변) ↔ 借邊(차변)
對話(대화) ↔ 獨白(독백)
大乘(대승) ↔ 小乘(소승)
代筆(대필) ↔ 自筆(자필)
都市(도시) ↔ 農村(농촌)
都心(도심) ↔ 郊外(교외)
獨立(독립) ↔ 從屬(종속)
獨創(독창) ↔ 模倣(모방)
同居(동거) ↔ 別居(별거)
動機(동기) ↔ 結果(결과)
動物(동물) ↔ 植物(식물)
冬節(동절) ↔ 夏節(하절)
杜絶(두절) ↔ 開通(개통)
杜絶(두절) ↔ 連絡(연락)
鈍感(둔감) ↔ 敏感(민감)
登校(등교) ↔ 下校(하교)
登場(등장) ↔ 退場(퇴장)

[ㅁ]

漠然(막연) ↔ 確然(확연)
慢性(만성) ↔ 急性(급성)
滿潮(만조) ↔ 干潮(간조)
亡却(망각) ↔ 記憶(기억)
埋沒(매몰) ↔ 發掘(발굴)
滅亡(멸망) ↔ 興起(흥기)

名譽(명예) ↔ 恥辱(치욕)	服從(복종) ↔ 反抗(반항)	上昇(상승) ↔ 下降(하강)	昇進(승진) ↔ 左遷(좌천)
母音(모음) ↔ 子音(자음)	本業(본업) ↔ 副業(부업)	喪失(상실) ↔ 獲得(획득)	紳士(신사) ↔ 淑女(숙녀)
模糊(모호) ↔ 分明(분명)	富貴(부귀) ↔ 貧賤(빈천)	生家(생가) ↔ 養家(양가)	愼重(신중) ↔ 輕率(경솔)
無能(무능) ↔ 有能(유능)	部分(부분) ↔ 全體(전체)	生食(생식) ↔ 火食(화식)	實名(실명) ↔ 借名(차명)
無形(무형) ↔ 有形(유형)	副食(부식) ↔ 主食(주식)	省略(생략) ↔ 敷衍(부연)	實名(실명) ↔ 假名(가명)
文明(문명) ↔ 未開(미개)	不實(부실) ↔ 充實(충실)	生産(생산) ↔ 消費(소비)	失意(실의) ↔ 得意(득의)
文語(문어) ↔ 口語(구어)	敷衍(부연) ↔ 省略(생략)	生花(생화) ↔ 造花(조화)	實質(실질) ↔ 形式(형식)
文化(문화) ↔ 自然(자연)	富裕(부유) ↔ 貧窮(빈궁)	抒情(서정) ↔ 敍事(서사)	實踐(실천) ↔ 理論(이론)
物質(물질) ↔ 精神(정신)	否認(부인) ↔ 是認(시인)	序文(서문) ↔ 跋文(발문)	
微官(미관) ↔ 顯官(현관)	否定(부정) ↔ 肯定(긍정)	碩學(석학) ↔ 淺學(천학)	**[ㅇ]**
未備(미비) ↔ 完備(완비)	分擔(분담) ↔ 全擔(전담)	先輩(선배) ↔ 後輩(후배)	我軍(아군) ↔ 敵軍(적군)
敏感(민감) ↔ 鈍感(둔감)	分離(분리) ↔ 統合(통합)	善意(선의) ↔ 惡意(악의)	惡用(악용) ↔ 善用(선용)
密接(밀접) ↔ 疏遠(소원)	分斷(분단) ↔ 統一(통일)	先天(선천) ↔ 後天(후천)	安全(안전) ↔ 危險(위험)
密集(밀집) ↔ 散在(산재)	分析(분석) ↔ 綜合(종합)	成功(성공) ↔ 失敗(실패)	暗示(암시) ↔ 明示(명시)
	紛爭(분쟁) ↔ 和解(화해)	成熟(성숙) ↔ 未熟(미숙)	曖昧(애매) ↔ 明白(명백)
[ㅂ]	不運(불운) ↔ 幸運(행운)	洗練(세련) ↔ 粗雜(조잡)	曖昧(애매) ↔ 明瞭(명료)
反目(반목) ↔ 和睦(화목)	卑怯(비겁) ↔ 勇敢(용감)	小隙(소극) ↔ 積極(적극)	愛護(애호) ↔ 虐待(학대)
反駁(반박) ↔ 共鳴(공명)	悲劇(비극) ↔ 喜劇(희극)	所得(소득) ↔ 損失(손실)	語幹(어간) ↔ 語尾(어미)
反抗(반항) ↔ 服從(복종)	非番(비번) ↔ 當番(당번)	騷亂(소란) ↔ 靜肅(정숙)	逆境(역경) ↔ 順境(순경)
發達(발달) ↔ 退步(퇴보)	非凡(비범) ↔ 平凡(평범)	消費(소비) ↔ 生産(생산)	連結(연결) ↔ 斷絕(단절)
潑剌(발랄) ↔ 萎縮(위축)	悲哀(비애) ↔ 歡喜(환희)	疏遠(소원) ↔ 親近(친근)	連作(연작) ↔ 輪作(윤작)
跋文(발문) ↔ 序文(서문)	卑語(비어) ↔ 敬語(경어)	疏遠(소원) ↔ 親熟(친숙)	連敗(연패) ↔ 連勝(연승)
發車(발차) ↔ 停車(정차)	悲運(비운) ↔ 幸運(행운)	送信(송신) ↔ 受信(수신)	永劫(영겁) ↔ 刹那(찰나)
防水(방수) ↔ 漏水(누수)	貧困(빈곤) ↔ 富裕(부유)	衰退(쇠퇴) ↔ 興隆(흥륭)	榮轉(영전) ↔ 左遷(좌천)
放心(방심) ↔ 操心(조심)		收斂(수렴) ↔ 發散(발산)	靈魂(영혼) ↔ 肉體(육체)
放火(방화) ↔ 鎭火(진화)	**[ㅅ]**	守勢(수세) ↔ 攻勢(공세)	靈魂(영혼) ↔ 肉身(육신)
背恩(배은) ↔ 報恩(보은)	事實(사실) ↔ 虛僞(허위)	需要(수요) ↔ 供給(공급)	銳敏(예민) ↔ 愚鈍(우둔)
白髮(백발) ↔ 紅顔(홍안)	奢侈(사치) ↔ 儉素(검소)	收入(수입) ↔ 支出(지출)	誤報(오보) ↔ 眞相(진상)
繁榮(번영) ↔ 衰退(쇠퇴)	死後(사후) ↔ 生前(생전)	垂直(수직) ↔ 水平(수평)	沃土(옥토) ↔ 薄土(박토)
凡人(범인) ↔ 超人(초인)	削減(삭감) ↔ 添加(첨가)	淑女(숙녀) ↔ 紳士(신사)	夭折(요절) ↔ 長壽(장수)
凡人(범인) ↔ 聖人(성인)	削除(삭제) ↔ 追加(추가)	熟達(숙달) ↔ 未熟(미숙)	饒舌(요설) ↔ 寡默(과묵)
別居(별거) ↔ 同居(동거)	散文(산문) ↔ 韻文(운문)	瞬間(순간) ↔ 永遠(영원)	愚昧(우매) ↔ 賢明(현명)
別館(별관) ↔ 本館(본관)	酸化(산화) ↔ 還元(환원)	純粹(순수) ↔ 不純(불순)	優勢(우세) ↔ 劣勢(열세)
保守(보수) ↔ 進步(진보)	殺害(살해) ↔ 被殺(피살)	順坦(순탄) ↔ 險難(험난)	偶然(우연) ↔ 必然(필연)
保守(보수) ↔ 革新(혁신)	相剋(상극) ↔ 相生(상생)	巡行(순행) ↔ 逆行(역행)	憂鬱(우울) ↔ 明朗(명랑)
普遍(보편) ↔ 特殊(특수)	常例(상례) ↔ 特例(특례)	承諾(승낙) ↔ 拒絕(거절)	優越(우월) ↔ 劣等(열등)
複雜(복잡) ↔ 單純(단순)	詳述(상술) ↔ 略述(약술)	勝利(승리) ↔ 敗北(패배)	原告(원고) ↔ 被告(피고)

原因(원인) ↔ 結果(결과)	戰爭(전쟁) ↔ 平和(평화)	車道(차도) ↔ 步道(보도)	**[ㅍ]**
原型(원형) ↔ 模型(모형)	前進(전진) ↔ 後進(후진)	差別(차별) ↔ 平等(평등)	派遣(파견) ↔ 歸還(귀환)
違法(위법) ↔ 合法(합법)	前進(전진) ↔ 後退(후퇴)	着工(착공) ↔ 竣工(준공)	破婚(파혼) ↔ 約婚(약혼)
偉人(위인) ↔ 凡人(범인)	傳統(전통) ↔ 革新(혁신)	着陸(착륙) ↔ 離陸(이륙)	販賣(판매) ↔ 購買(구매)
輪廓(윤곽) ↔ 核心(핵심)	絕對(절대) ↔ 相對(상대)	刹那(찰나) ↔ 永劫(영겁)	敗北(패배) ↔ 勝利(승리)
恩惠(은혜) ↔ 怨恨(원한)	漸進(점진) ↔ 急進(급진)	斬新(참신) ↔ 陳腐(진부)	敗戰(패전) ↔ 勝戰(승전)
陰氣(음기) ↔ 陽氣(양기)	接受(접수) ↔ 却下(각하)	慘敗(참패) ↔ 完勝(완승)	閉幕(폐막) ↔ 開幕(개막)
義務(의무) ↔ 權利(권리)	正當(정당) ↔ 不當(부당)	創造(창조) ↔ 模倣(모방)	閉鎖(폐쇄) ↔ 開放(개방)
依他(의타) ↔ 自立(자립)	整頓(정돈) ↔ 亂雜(난잡)	淺學(천학) ↔ 碩學(석학)	暴露(폭로) ↔ 隱蔽(은폐)
理想(이상) ↔ 現實(현실)	精密(정밀) ↔ 粗雜(조잡)	添加(첨가) ↔ 削減(삭감)	暴騰(폭등) ↔ 暴落(폭락)
異端(이단) ↔ 正統(정통)	正常(정상) ↔ 異常(이상)	添加(첨가) ↔ 削除(삭제)	豊年(풍년) ↔ 凶年(흉년)
利得(이득) ↔ 損失(손실)	靜肅(정숙) ↔ 騷亂(소란)	超過(초과) ↔ 未達(미달)	豊饒(풍요) ↔ 貧困(빈곤)
裏面(이면) ↔ 表面(표면)	正午(정오) ↔ 子正(자정)	初面(초면) ↔ 舊面(구면)	
利益(이익) ↔ 損失(손실)	靜的(정적) ↔ 動的(동적)	初聲(초성) ↔ 終聲(종성)	**[ㅎ]**
離婚(이혼) ↔ 結婚(결혼)	定着(정착) ↔ 漂流(표류)	草食(초식) ↔ 肉食(육식)	賀客(하객) ↔ 弔客(조객)
益蟲(익충) ↔ 害蟲(해충)	弔客(조객) ↔ 賀客(하객)	聰明(총명) ↔ 愚鈍(우둔)	下車(하차) ↔ 乘車(승차)
人爲(인위) ↔ 自然(자연)	弔問(조문) ↔ 祝賀(축하)	縮小(축소) ↔ 擴大(확대)	虐待(학대) ↔ 優待(우대)
一部(일부) ↔ 全部(전부)	助長(조장) ↔ 抑制(억제)	稚拙(치졸) ↔ 洗鍊(세련)	合理(합리) ↔ 矛盾(모순)
立體(입체) ↔ 平面(평면)	尊敬(존경) ↔ 輕蔑(경멸)	親密(친밀) ↔ 疏遠(소원)	合法(합법) ↔ 不法(불법)
入港(입항) ↔ 出港(출항)	拙作(졸작) ↔ 傑作(걸작)	親熟(친숙) ↔ 疏遠(소원)	合法(합법) ↔ 違法(위법)
	縱斷(종단) ↔ 橫斷(횡단)	沈鬱(침울) ↔ 明朗(명랑)	幸福(행복) ↔ 不幸(불행)
[ㅈ]	綜合(종합) ↔ 分析(분석)		許多(허다) ↔ 稀少(희소)
自動(자동) ↔ 他動(타동)	左遷(좌천) ↔ 榮轉(영전)	**[ㅋ]**	現役(현역) ↔ 退役(퇴역)
自動(자동) ↔ 手動(수동)	主觀(주관) ↔ 客觀(객관)	快樂(쾌락) ↔ 苦痛(고통)	狹義(협의) ↔ 廣義(광의)
諮問(자문) ↔ 決議(결의)	重要(중요) ↔ 些少(사소)	快勝(쾌승) ↔ 慘敗(참패)	刑事(형사) ↔ 民事(민사)
自律(자율) ↔ 他律(타율)	增進(증진) ↔ 減退(감퇴)		好材(호재) ↔ 惡材(악재)
自意(자의) ↔ 他意(타의)	增便(증편) ↔ 減便(감편)	**[ㅌ]**	好戰(호전) ↔ 逆戰(역전)
子正(자정) ↔ 正午(정오)	遲延(지연) ↔ 促成(촉성)	妥當(타당) ↔ 不當(부당)	好評(호평) ↔ 惡評(악평)
長點(장점) ↔ 短點(단점)	直系(직계) ↔ 傍系(방계)	他殺(타살) ↔ 自殺(자살)	好況(호황) ↔ 不況(불황)
長篇(장편) ↔ 短篇(단편)	直線(직선) ↔ 曲線(곡선)	卓越(탁월) ↔ 平凡(평범)	和睦(화목) ↔ 反目(반목)
低俗(저속) ↔ 高尚(고상)	直接(직접) ↔ 間接(간접)	誕生(탄생) ↔ 死亡(사망)	擴大(확대) ↔ 縮小(축소)
詛呪(저주) ↔ 祝福(축복)	進步(진보) ↔ 退步(퇴보)	誕生(탄생) ↔ 消滅(소멸)	荒野(황야) ↔ 沃土(옥토)
貯蓄(저축) ↔ 浪費(낭비)	眞實(진실) ↔ 虛僞(허위)	彈壓(탄압) ↔ 獎勵(장려)	劃一(획일) ↔ 多樣(다양)
積極(적극) ↔ 消極(소극)	進取(진취) ↔ 退嬰(퇴영)	脫黨(탈당) ↔ 入黨(입당)	厚待(후대) ↔ 薄待(박대)
敵對(적대) ↔ 友好(우호)	秩序(질서) ↔ 混亂(혼란)	脫色(탈색) ↔ 染色(염색)	後退(후퇴) ↔ 前進(전진)
嫡子(적자) ↔ 庶子(서자)	質疑(질의) ↔ 應答(응답)	退步(퇴보) ↔ 進步(진보)	興奮(흥분) ↔ 安靜(안정)
赤字(적자) ↔ 黑字(흑자)	集合(집합) ↔ 解散(해산)	退院(퇴원) ↔ 入院(입원)	興奮(흥분) ↔ 鎭靜(진정)
前半(전반) ↔ 後半(후반)		退化(퇴화) ↔ 進化(진화)	稀貴(희귀) ↔ 許多(허다)
前生(전생) ↔ 來生(내생)	**[ㅊ]**	投手(투수) ↔ 捕手(포수)	希望(희망) ↔ 絕望(절망)
			稀薄(희박) ↔ 濃厚(농후)

[ㄱ]		
佳句 (O)가구, (×)가귀	壞滅 (O)괴멸, (×)회열	濫觴 (O)남상, (×)감상
可矜 (O)가긍, (×)가금	誇示 (O)과시, (×)오시	拉致 (O)납치, (×)입치
苛斂 (O)가렴, (×)가검	官衙 (O)관아, (×)관오	狼藉 (O)낭자, (×)낭적
恪別 (O)각별, (×)격별	刮目 (O)괄목, (×)활목	來往 (O)내왕, (×)내주
角逐 (O)각축, (×)각추	乖離 (O)괴리, (×)승리	內訌 (O)내홍, (×)내공
喀血 (O)각혈, (×)객혈	魁首 (O)괴수, (×)두수	鹿茸 (O)녹용, (×)녹이
看做 (O)간주, (×)간고	攪亂 (O)교란, (×)각란	鹿皮 (O)녹비, (×)녹피
姦慝 (O)간특, (×)간약	敎唆 (O)교사, (×)교준	壟斷 (O)농단, (×)용단
間歇 (O)간헐, (×)간흠	狡獪 (O)교쾌, (×)교회	賂物 (O)뇌물, (×)각물
減殺 (O)감쇄, (×)감살	交驩 (O)교환, (×)교관	漏泄 (O)누설, (×)누세
勘案 (O)감안, (×)심안	句讀 (O)구두, (×)구독	訥辯 (O)눌변, (×)납변
甘蔗 (O)감자, (×)감저	丘陵 (O)구릉, (×)구능	訥言 (O)눌언, (×)납언
降雨 (O)강우, (×)항우	拘碍 (O)구애, (×)구득	凜凜 (O)늠름, (×)품품
絳旨 (O)강지, (×)항지	句節 (O)구절, (×)귀절	凜然 (O)늠연, (×)품연
腔血 (O)강혈, (×)공혈	狗吠 (O)구폐, (×)구견	
概括 (O)개괄, (×)개활	救恤 (O)구휼, (×)구혈	
改悛 (O)개전, (×)개준	詭辯 (O)궤변, (×)위변	
改竄 (O)개찬, (×)개서	龜鑑 (O)귀감, (×)구감	[ㄷ]
坑道 (O)갱도, (×)항도	規矩 (O)규구, (×)규거	茶菓 (O)다과, (×)차과
坑木 (O)갱목, (×)항목	龜裂 (O)균열, (×)구열	茶店 (O)다점, (×)차점
更生 (O)갱생, (×)경생	琴瑟 (O)금실, (×)금슬	團欒 (O)단란, (×)단락
醵出 (O)갹출, (×)거출	旗幟 (O)기치, (×)기식	簞食 (O)단사, (×)단식
車馬 (O)거마, (×)차마	喫燃 (O)끽연, (×)계연	曇天 (O)담천, (×)운천
揭示 (O)게시, (×)계시		遝至 (O)답지, (×)환지
譴責 (O)견책, (×)유책		撞着 (O)당착, (×)동착
更張 (O)경장, (×)갱장	[ㄴ]	對峙 (O)대치, (×)대지
更迭 (O)경질, (×)갱질	奈落 (O)나락, (×)나락	宅內 (O)댁내, (×)택내
驚蟄 (O)경칩, (×)경첩	懦弱 (O)나약, (×)유약	島嶼 (O)도서, (×)도여
苦樂 (O)고락, (×)고악	內人 (O)나인, (×)내인	陶冶 (O)도야, (×)도치
高率 (O)고율, (×)고솔	裸體 (O)나체, (×)과체	跳躍 (O)도약, (×)조약
膏肓 (O)고황, (×)고맹	懶怠 (O)나태, (×)뢰태	淘汰 (O)도태, (×)도타
滑稽 (O)골계, (×)활계	拿捕 (O)나포, (×)합포	瀆職 (O)독직, (×)속직
汩沒 (O)골몰, (×)일몰	烙印 (O)낙인, (×)각인	獨擅 (O)독천, (×)독단
	難澁 (O)난삽, (×)난지	冬眠 (O)동면, (×)동민
	捺印 (O)날인, (×)나인	屯困 (O)둔곤, (×)순곤
		遁走 (O)둔주, (×)돈주

登攀 (O)등반, (×)등번	
[ㅁ]	[ㅂ]
滿腔 (O)만강, (×)만공	撲滅 (O)박멸, (×)복멸
蔓延 (O)만연, (×)만정	樸殺 (O)박살, (×)복살
媒介 (O)매개, (×)모개	剝奪 (O)박탈, (×)녹탈
罵倒 (O)매도, (×)마도	反駁 (O)반박, (×)반효
魅力 (O)매력, (×)괴력	
邁進 (O)매진, (×)만진	
驀進 (O)맥진, (×)막진	
盟誓 (O)맹세, (×)맹서	
萌芽 (O)맹아, (×)명아	
明晳 (O)명석, (×)명철	
明澄 (O)명징, (×)명증	
木瓜 (O)모과, (×)목과	
牡丹 (O)모란, (×)목단	
牡牛 (O)모우, (×)두우	
木履 (O)목리, (×)목이	
木鐸 (O)목탁, (×)목택	
夢寐 (O)몽매, (×)몽미	
杳然 (O)묘연, (×)향연	
巫覡 (O)무격, (×)무현	
無垢 (O)무구, (×)무후	
毋論 (O)무론, (×)모론	
無聊 (O)무료, (×)무류	
拇印 (O)무인, (×)모인	
彌滿 (O)미만, (×)이만	
未洽 (O)미흡, (×)미합	

反哺 (○)반포, (×)분포	索莫 (○)삭막, (×)색막	齷齪 (○)악착, (×)옥족	流暢 (○)유창, (×)유장
潑剌 (○)발랄, (×)발자	索然 (○)삭연, (×)색연	惡漢 (○)악한, (×)오한	隱匿 (○)은닉, (×)은약
拔萃 (○)발췌, (×)발졸	撒布 (○)살포, (×)산포	軋轢 (○)알력, (×)차락	吟味 (○)음미, (×)금미
拔擢 (○)발탁, (×)발요	三昧 (○)삼매, (×)삼미	斡旋 (○)알선, (×)간선	凝結 (○)응결, (×)의결
跋扈 (○)발호, (×)발읍	商賈 (○)상고, (×)상가	謁見 (○)알현, (×)알견	義捐 (○)의연, (×)의손
幫助 (○)방조, (×)봉조	相殺 (○)상쇄, (×)상살	哀悼 (○)애도, (×)애탁	以降 (○)이강, (×)이항
拜謁 (○)배알, (×)배갈	上梓 (○)상재, (×)상자	隘路 (○)애로, (×)익로	吏讀 (○)이두, (×)이독
背馳 (○)배치, (×)배야	省略 (○)생략, (×)성약	愛玩 (○)애완, (×)애원	罹炳 (○)이병, (×)나병
反田 (○)번전, (×)반전	逝去 (○)서거, (×)절거	冶金 (○)야금, (×)치금	移徙 (○)이사, (×)이도
範疇 (○)범주, (×)범수	棲息 (○)서식, (×)처식	惹起 (○)야기, (×)약기	弛緩 (○)이완, (×)지환
兵站 (○)병참, (×)병점	先塋 (○)선영, (×)선형	掠奪 (○)약탈, (×)경탈	已往 (○)이왕, (×)기왕
菩提 (○)보리, (×)보제	閃光 (○)섬광, (×)염광	濾過 (○)여과, (×)노과	罹患 (○)이환, (×)나환
報酬 (○)보수, (×)보주	葉氏 (○)섭씨, (×)엽씨	役割 (○)역할, (×)역활	翌年 (○)익년, (×)우년
布施 (○)보시, (×)포시	星宿 (○)성수, (×)성숙	軟弱 (○)연약, (×)나약	匿名 (○)익명, (×)약명
補塡 (○)보전, (×)보진	洗滌 (○)세척, (×)선조	厭惡 (○)염오, (×)염악	溺死 (○)익사, (×)약사
敷衍 (○)부연, (×)부행	遡及 (○)소급, (×)삭급	厭症 (○)염증, (×)염정	湮滅 (○)인멸, (×)연멸
復活 (○)부활, (×)복활	甦生 (○)소생, (×)갱생	領袖 (○)영수, (×)영유	一括 (○)일괄, (×)일활
分泌 (○)분비, (×)분필	騷擾 (○)소요, (×)소우	囹圄 (○)영어, (×)영오	一擲 (○)일척, (×)일정
不朽 (○)불후, (×)불구	蕭條 (○)소조, (×)숙조	誤謬 (○)오류, (×)오륙	一切 (○)일체, (×)일절(명사)
沸騰 (○)비등, (×)불등	贖罪 (○)속죄, (×)독죄	嗚咽 (○)오열, (×)명인	一切 (○)일절, (×)일체(부사)
飛翔 (○)비상, (×)비우	殺到 (○)쇄도, (×)살도	於乎 (○)오호, (×)어호	剩餘 (○)잉여, (×)승여
否塞 (○)비색, (×)부색	衰頹 (○)쇠퇴, (×)쇠번	惡寒 (○)오한, (×)악한	孕胎 (○)잉태, (×)내태
匕首 (○)비수, (×)니수	戍樓 (○)수루, (×)술루	訛傳 (○)와전, (×)화전	
譬喻 (○)비유, (×)벽유	睡眠 (○)수면, (×)수민	渦中 (○)와중, (×)과중	
頻數 (○)빈삭, (×)빈수	竪說 (○)수설, (×)견설	瓦解 (○)와해, (×)호해	[ㅈ]
嚬蹙 (○)빈축, (×)빈척	數爻 (○)수효, (×)수차	歪曲 (○)왜곡, (×)부곡	自矜 (○)자긍, (×)자금
憑藉 (○)빙자, (×)빙적	猜忌 (○)시기, (×)청기	外艱 (○)외간, (×)외난	佐飯 (○)자반, (×)좌반
	示唆 (○)시사, (×)시준	猥濫 (○)외람, (×)외감	藉藉 (○)자자, (×)적적
	十月 (○)시월, (×)십월	邀擊 (○)요격, (×)격격	綽綽 (○)작작, (×)탁탁
[ㅅ]	諡號 (○)시호, (×)익호	要塞 (○)요새, (×)요색	箴言 (○)잠언, (×)함언
詐欺 (○)사기, (×)작사	辛辣 (○)신랄, (×)신극	樂水 (○)요수, (×)낙수	暫定 (○)잠정, (×)참정
娑婆 (○)사바, (×)사파	訊問 (○)신문, (×)심문	窯業 (○)요업, (×)질업	將帥 (○)장수, (×)장사
些少 (○)사소, (×)차소	迅速 (○)신속, (×)빈속	凹凸 (○)요철, (×)요돌	裝塡 (○)장전, (×)장진
使嗾 (○)사주, (×)시주	呻吟 (○)신음, (×)신금	容喙 (○)용훼, (×)용탁	這間 (○)저간, (×)언간
社稷 (○)사직, (×)사목		遊說 (○)유세, (×)유설	詛呪 (○)저주, (×)조축
奢侈 (○)사치, (×)사다		六月 (○)유월, (×)육월	沮止 (○)저지, (×)조지
詐稱 (○)사칭, (×)작칭	[ㅇ]		傳播 (○)전파, (×)전번

截斷 (○)절단, (×)재단
點睛 (○)점정, (×)점청
接吻 (○)접문, (×)접물
正鵠 (○)정곡, (×)정고
靜謐 (○)정밀, (×)정일
稠密 (○)조밀, (×)주밀
造詣 (○)조예, (×)조지
措置 (○)조치, (×)차치
躊躇 (○)주저, (×)수저
蠢動 (○)준동, (×)춘동
浚渫 (○)준설, (×)준첩
櫛比 (○)즐비, (×)절비
憎惡 (○)증오, (×)증악
支撑 (○)지탱, (×)지장
眞摯 (○)진지, (×)진집
桎梏 (○)질곡, (×)질고
叱責 (○)질책, (×)비책
斟酌 (○)짐작, (×)심작
什物 (○)집물, (×)십물
執拗 (○)집요, (×)집유

[ㅊ]
茶禮 (○)차례, (×)다례
斬新 (○)참신, (×)점신
參差 (○)참치, (×)참차
慙愧 (○)참괴, (×)참귀
懺悔 (○)참회, (×)섬회
暢達 (○)창달, (×)양달
漲溢 (○)창일, (×)장익
刺殺 (○)척살, (×)자살
闡明 (○)천명, (×)단명
喘息 (○)천식, (×)서식
鐵槌 (○)철퇴, (×)철추
尖端 (○)첨단, (×)열단
貼付 (○)첩부, (×)첨부
諦念 (○)체념, (×)제념

帖文 (○)체문, (×)첩문
涕泣 (○)체읍, (×)제읍
憔悴 (○)초췌, (×)초졸
忖度 (○)촌탁, (×)촌도
寵愛 (○)총애, (×)용애
撮影 (○)촬영, (×)최영
追悼 (○)추도, (×)추탁
醜態 (○)추태, (×)귀태
秋毫 (○)추호, (×)추모
衷心 (○)충심, (×)애심
熾烈 (○)치열, (×)직열
沈沒 (○)침몰, (×)심몰
鍼術 (○)침술, (×)함술
蟄居 (○)칩거, (×)집거

[ㅌ]
拓本 (○)탁본, (×)척본
度支 (○)탁지, (×)도지
綻露 (○)탄로, (×)정로
彈劾 (○)탄핵, (×)탄효
眈溺 (○)탐닉, (×)탐약
耽讀 (○)탐독, (×)침독
攄得 (○)터득, (×)여득
慟哭 (○)통곡, (×)동곡
統帥 (○)통수, (×)통사
洞察 (○)통찰, (×)동찰
推敲 (○)퇴고, (×)추고
堆積 (○)퇴적, (×)추적
偸安 (○)투안, (×)유안
投擲 (○)투척, (×)투정
闖入 (○)틈입, (×)난입

[ㅍ]
派遣 (○)파견, (×)파유
破綻 (○)파탄, (×)파정
跛行 (○)파행, (×)피행

稗官 (○)패관, (×)비관
覇權 (○)패권, (×)파권
敗北 (○)패배, (×)패북
稗說 (○)패설, (×)비설
膨脹 (○)팽창, (×)팽장
平坦 (○)평탄, (×)평단
閉塞 (○)폐색, (×)폐새
曝白 (○)포백, (×)폭백
襃賞 (○)포상, (×)보상
暴惡 (○)포악, (×)폭악
捕捉 (○)포착, (×)포족
輻輳 (○)폭주, (×)복주
標識 (○)표지, (×)표식
漂渺 (○)표묘, (×)표사
分錢 (○)푼전, (×)분전
風磬 (○)풍경, (×)풍성
風靡 (○)풍미, (×)풍비
被拉 (○)피랍, (×)파립
跛立 (○)피립, (×)파립

[ㅎ]
虐政 (○)학정, (×)허정
旱魃 (○)한발, (×)간귀
汗衫 (○)한삼, (×)간삼
割引 (○)할인, (×)활인
緘口 (○)함구, (×)감구
含蓄 (○)함축, (×)금축
陝川 (○)합천, (×)협천
行列 (○)항렬, (×)행렬
肛門 (○)항문, (×)홍문
降伏 (○)항복, (×)강복
降將 (○)항장, (×)강장
偕老 (○)해로, (×)개로
楷書 (○)해서, (×)개서
解弛 (○)해이, (×)해야
諧謔 (○)해학, (×)개학

享樂 (○)향락, (×)형락
絢爛 (○)현란, (×)순란
孑孑 (○)혈혈, (×)자자
孑遺 (○)혈유, (×)자유
嫌惡 (○)혐오, (×)겸악
荊棘 (○)형극, (×)형자
好惡 (○)호오, (×)호악
豪宕 (○)호탕, (×)호석
忽然 (○)홀연, (×)총연
花瓣 (○)화판, (×)화변
花卉 (○)화훼, (×)화에
廓然 (○)확연, (×)곽연
滑走 (○)활주, (×)골주
恍惚 (○)황홀, (×)광홀
膾炙 (○)회자, (×)회적
劃數 (○)획수, (×)화수
橫暴 (○)횡포, (×)횡폭
嚆矢 (○)효시, (×)고시
嗅覺 (○)후각, (×)취각
麾下 (○)휘하, (×)마하
揮毫 (○)휘호, (×)군호
毁損 (○)훼손, (×)은손
恤兵 (○)휼병, (×)혈병
痕迹 (○)흔적, (×)근적
欣快 (○)흔쾌, (×)근쾌
恰似 (○)흡사, (×)합사
洽足 (○)흡족, (×)합족
詰難 (○)힐난, (×)길난

모양이 비슷한 한자

佳(아름다울 가)	伴(짝 반)	灸(구울 구)	狼(이리 랑)	謹(공경할 근)
住(살 주)	戴(일 대)	炙(고기구울 자)	競(다툴 경)	饉(흉년들 근)
往(갈 왕)	栽(심을 재)	到(이를 도)	兢(삼갈 긍)	槿(무궁화 근)
客(손님 객)	裁(마를 재)	倒(넘어질 도)	稻(벼 도)	僅(겨우 근)
容(얼굴 용)	載(실을 재)	暖(따뜻할 난)	榴(가나무 도)	短(짧을 단)
故(연고 고)	枯(마를 고)	曖(가릴 애)	蹈(밟을 도)	矩(법 구)
放(놓을 방)	括(헤아릴 괄)	媛(계집 원)	踏(밟을 답)	東(동녘 동)
久(오랠 구)	桔(도라지 길)	瞬(잠깐 순)	刊(책펴낼 간)	束(묶을 속)
夊(뒤져올 치)	狗(개 구)	干(방패 간)	刋(끊을 천)	柬(가릴 간)
基(터 기)	拘(잡을 구)	于(어조사 우)	貴(귀할 귀)	感(느낄 감)
墓(무덤 묘)	抱(안을 포)	千(일천 천)	責(꾸짖을 책)	惑(현란할 혹)
氏(성 씨)	枸(구기자 구)	堅(굳을 견)	年(해 년)	頃(잠깐 경)
民(백성 민)	各(각각 각)	竪(세울 수)	午(낮 오)	頂(이마 정)
苦(괴로울 고)	名(이름 명)	困(곤할 곤)	竟(마침내 경)	項(목덜미 항)
若(같을 약)	儉(검소할 검)	囚(가둘 수)	意(뜻 의)	瓜(오이 과)
待(기다릴 대)	險(험할 험)	因(인할 인)	幹(줄기 간)	爪(손톱 조)
侍(모실 시)	檢(검사할 검)	卷(책 권)	斡(구를 알)	端(단정할 단)
具(갖출 구)	祈(빌 기)	券(문서 권)	共(함께 공)	湍(여울 단)
見(볼 견)	析(쪼갤 석)	都(도읍 도)	兵(군사 병)	瑞(상서로울 서)
技(재주 기)	折(꺾을 절)	部(나눌 부)	鬼(귀신 귀)	敢(감히 감)
岐(갈림 기)	柝(쪼갤 탁)	圈(우리 권)	蒐(모을 수)	取(취할 취)
崎(기생 기)	閣(누각 각)	圖(그림 도)	奴(종 노)	寡(적을 과)
枝(가지 지)	閤(쪽문 합)	圓(둥글 원)	如(같을 여)	裏(속 리)
巨(클 거)	孤(외로울 고)	園(동산 원)	更(고칠 경)	襄(도울 양)
臣(신하 신)	弧(활 호)	圍(둘레 위)	吏(벼슬 리)	烙(지질 락)
加(더할 가)	狐(여우 호)	決(결단할 결)	曳(끌 예)	洛(물 락)
功(공 공)	刀(칼 도)	泱(물 앙)	同(한가지 동)	金(쇠 금)
貸(빌릴 대)	力(힘 력)	快(쾌할 쾌)	冏(빛날 경)	全(온전 전)
賃(품삯 임)	刃(칼날 인)	桃(복숭아 도)	竿(장대 간)	季(철 계)
貨(재화 화)	歐(토할 구)	挑(끌어낼 도)	芋(피리 우)	李(오얏 리)
祛(물리칠 거)	毆(때릴 구)	跳(뛸 도)	斤(도끼 근)	秀(빼어날 수)
袪(소매 거)	犬(개 견)	間(사이 간)	斥(물리칠 척)	甲(갑옷 갑)
考(상고할 고)	大(큰 대)	問(물을 문)	科(과정 과)	申(펼 신)
孝(효도 효)	丈(노인 장)	聞(들을 문)	枓(주두 두)	由(말미암을 유)
老(노인 로)	太(클 태)	汨(빠질 골)	料(헤아릴 료)	田(밭 전)
句(글귀 구)	殼(껍질 각)	泊(쉴 박)	腦(뇌 뇌)	旦(일찍 단)
旬(열흘 순)	穀(곡식 곡)	難(어려울 난)	胸(가슴 흉)	且(또 차)
筍(대순 순)	毅(굳셀 의)	離(떠날 리)	酪(타락 락)	亘(뻗칠 긍)
可(옳을 가)	款(두드릴 관)	功(공 공)	酩(단술 명)	卵(알 란)
司(맡을 사)	那(어찌 나)	切(끊을 절)	減(덜 감)	卯(토끼 묘)
棄(버릴 기)	邦(나라 방)	攻(칠 공)	滅(멸망할 멸)	官(벼슬 관)
葉(잎 엽)	稿(원고 고)	巧(공교로울 교)	卿(벼슬 경)	宮(궁궐 궁)
件(물건 건)	槁(마를 고)	娘(아가씨 랑)	鄕(시골 향)	今(이제 금)

令(명령할 령)	族(겨레 족)	蜜(꿀 밀)	辦(힘쓸 판)	試(시험할 시)
合(모을 합)	肯(즐길 긍)	犯(범할 범)	論(논의할 론)	査(조사할 사)
計(셈할 계)	背(등 배)	氾(넘칠 범)	諭(깨우칠 유)	杳(아득할 묘)
訃(부음 부)	階(섬돌 계)	史(역사 사)	詞(말씀 사)	矛(창 모)
剌(어그러질 랄)	陸(뭍 육)	吏(관리 이)	祠(사당 사)	予(나 여)
刺(찌를 자)	陛(섬돌 폐)	晳(밝을 석)	母(어미 모)	奉(받들 봉)
達(이를 달)	撞(칠 당)	哲(밝을 철)	毋(말 무)	泰(클 태)
逵(길 규)	瞳(눈동자 동)	使(부릴 사)	博(넓을 박)	奏(아뢸 주)
觀(볼 관)	憧(그리워할 동)	便(편할 편)	傅(펼 부)	林(수풀 림)
勸(권할 권)	幢(기 당)	領(거느릴 령)	傳(전할 전)	材(재목 재)
歡(기뻐할 환)	矯(바로잡을 교)	頒(나눌 반)	雪(눈 설)	反(되돌릴 반)
鋼(굳셀 강)	嬌(아리따울 교)	頌(칭송할 송)	雲(구름 운)	友(벗 우)
綱(벼리 강)	改(고칠 개)	明(밝을 명)	輪(바퀴 륜)	瀉(쏟을 사)
網(그물 망)	攻(칠 공)	朋(벗 붕)	輸(실어낼 수)	潟(개펄 석)
系(이을 계)	政(정사 정)	泊(배댈 박)	捨(버릴 사)	冒(무릅쓸 모)
糸(실 사)	慮(생각할 려)	拍(손뼉칠 박)	拾(주을 습)	胃(밥통 위)
汲(물길을 급)	虜(포로 로)	柏(측백나무 백)	暮(저물 모)	胄(투구 주)
吸(마실 흡)	膚(살갗 부)	伯(맏 백)	募(모을 모)	稅(세금 세)
辣(매울 랄)	盧(밥그릇 로)	先(먼저 선)	慕(사모할 모)	祝(빌 축)
辨(분별할 번)	己(몸 기)	充(채울 충)	說(말씀 설)	飯(밥 반)
疸(황달 달)	已(이미 이)	壁(바람벽 벽)	設(베풀 설)	飮(마실 음)
疽(종기 저)	巳(뱀 사)	璧(둥근옥 벽)	普(넓을 보)	痳(임질 림)
戒(경계할 계)	九(아홉 구)	師(스승 사)	晋(나라 진)	麻(삼 마)
戎(병장기 융)	丸(알 환)	帥(장수 수)	薄(엷을 박)	痲(저릴 마)
冠(갓 관)	屆(이를 계)	鳴(울 명)	簿(장부 부)	床(평상 상)
寇(도둑 구)	屈(굽을 굴)	嗚(탄식할 오)	栗(밤 률)	捧(받들 봉)
給(공급할 급)	届(구멍 전)	宣(베풀 선)	粟(조 속)	棒(몽둥이 봉)
絡(연락할 락)	開(열 개)	宜(마땅할 의)	社(모일 사)	唆(부추길 사)
終(마침 종)	閉(닫을 폐)	變(변할 변)	杜(막을 두)	悛(고칠 전)
兩(두 량)	閑(한가할 한)	燮(화할 섭)	祉(복 지)	貰(세낼 세)
雨(비 우)	代(대신할 대)	零(떨어질 령)	涉(건널 섭)	貫(꿸 관)
彊(지경 강)	伐(칠 벌)	雰(안개 분)	陟(오를 척)	半(조각 반)
彊(강할 강)	記(기록할 기)	思(생각 사)	復(돌아올 복)	平(평평할 평)
遝(뒤섞일 답)	紀(벼리 기)	恩(은혜 은)	復(배 복)	牡(수컷 모)
還(돌아올 환)	求(구할 구)	瞑(눈흐릴 명)	複(겹칠 복)	牧(기를 목)
遠(멀 원)	朮(삽주 출)	暝(저녁 명)	模(본뜰 모)	收(거둘 수)
桂(계수나무 계)	歷(지낼 력)	旋(돌 선)	摸(찾을 모)	夫(사내 부)
柱(기둥 주)	曆(책력 력)	施(베풀 시)	撲(두드릴 박)	夭(어릴 요)
壞(무너질 괴)	列(베풀 렬)	迫(핍박할 박)	樸(질박할 박)	失(잃을 실)
壤(흙 양)	別(나눌 별)	追(쫓을 추)	理(다스릴 리)	矢(화살 시)
腔(빈속 강)	綿(솜 면)	辯(판단할 변)	埋(묻을 매)	天(하늘 천)
控(당길 공)	線(실 선)	辨(분별할 변)	誠(정성 성)	娑(춤출 사)
旅(나그네 려)	密(비밀 밀)	瓣(외씨 판)	誡(경계할 계)	姿(모양낼 자)

績(길쌈 적)
贖(속죄할 속)
讀(읽을 독)
續(이을 속)
般(돌릴 반)
船(배 선)
魔(마귀 마)
摩(갈 마)
麾(대장기 휘)
徙(옮길 사)
徒(무리 도)
木(나무 목)
本(근본 본)
班(나눌 반)
斑(얼룩 반)
撒(뿌릴 살)
徹(관철할 철)
漠(사막 막)
謨(꾀 모)
孫(손자 손)
係(이을 계)
沐(목욕할 목)
休(쉴 휴)
体(몸 체)
拔(뺄 발)
跋(밟을 발)
副(버금 부)
剖(쪼갤 부)
詳(자세할 상)
評(평론할 평)
漫(질펀할 만)
慢(게으를 만)
損(덜 손)
捐(버릴 연)
方(모 방)
万(일만 만)
墳(무덤 분)
憤(분할 분)
苗(싹 묘)
笛(피리 적)
苗(소리쟁이 적)
象(코끼리 상)
衆(무리 중)
末(끝 말)

未(아닐 미)
抹(바를 말)
沫(물방울 말)
送(보낼 송)
迭(달아날 질)
奮(떨칠 분)
奪(빼앗을 탈)
傍(곁 방)
榜(패 방)
塞(변방 새)
寒(찰 한)
衰(쇠할 쇠)
哀(슬플 애)
衷(속마음 충)
貿(무역할 무)
賀(하례할 하)
佛(부처 불)
拂(떨칠 불)
防(막을 방)
妨(방해할 방)
坊(동네 방)
訪(찾을 방)
色(빛 색)
邑(고을 읍)
昧(새벽 매)
味(맛 미)
比(견줄 비)
此(이 차)
戊(무성할 무)
戍(지킬 수)
戌(개 술)
手(손 수)
乎(어조사 호)
牲(희생 생)
性(성품 성)
姓(성씨 성)
寐(잠잘 매)
寢(잘 침)
非(아닐 비)
悲(슬플 비)
倣(본뜰 방)
做(지을 주)
授(줄 수)
援(구원할 원)

默(잠잠할 묵)
點(점 점)
痺(저릴 비)
痺(새 비)
脈(줄기 맥)
派(물갈래 파)
書(글 서)
晝(낮 주)
畵(그림 화)
培(북돋을 배)
倍(곱 배)
隨(따를 수)
墮(떨어질 타)
門(문 문)
鬪(싸울 각)
貧(가난할 빈)
貪(탐할 탐)
孟(맏 맹)
盂(바리 우)
遂(이룩할 수)
逐(쫓을 축)
排(물리칠 배)
俳(배우 배)
暑(더울 서)
署(관청 서)
紋(무늬 문)
汶(물이름 문)
氷(얼음 빙)
水(물 수)
永(길 영)
搜(찾을 수)
嫂(형수 수)
盲(소경 맹)
育(기를 육)
賠(배상할 배)
陪(모실 배)
恕(용서할 서)
怒(성낼 노)
微(작을 미)
徵(부를 징)
徽(아름다울 휘)
孰(누구 숙)
執(잡을 집)
免(면할 면)

兎(토끼 토)
番(차례 번)
審(살필 심)
士(선비 사)
土(흙 토)
緒(실마리 서)
諸(모두 제)
熟(익을 숙)
熱(더울 열)
塾(글방 숙)
眠(쉴 면)
眼(눈 안)
民(백성 민)
氏(성씨 씨)
罰(벌줄 벌)
罪(죄 죄)
捿(살 서)
捷(이길 첩)
仕(벼슬 사)
任(맡길 임)
膝(무릎 슬)
勝(이길 승)
泳(헤엄칠 영)
詠(읊을 영)
遺(남길 유)
遣(보낼 견)
兆(조짐 조)
北(북녘 북)
追(따를 추)
退(물러갈 퇴)
肛(똥구멍 항)
肚(밥통 두)
訌(무너질 홍)
幼(어릴 유)
幻(변화할 환)
推(밀 추)
堆(언덕 퇴)
椎(쇠몽둥이 추)
營(경영할 영)
榮(영화 영)
瑟(거문고 슬)
琴(거문고 금)
早(일찍 조)
旱(가물 한)

楷(나무이름 해)
諧(갖출 해)
偕(함께 해)
揄(끌 유)
愉(즐거울 유)
照(비출 조)
熙(빛날 희)
時(때 시)
詩(시 시)
譽(명예 예)
擧(들 거)
樞(지도리 추)
柩(관 구)
凝(엉킬 응)
疑(의심 의)
燥(마를 조)
操(지조 조)
躁(성급할 조)
猜(시기할 시)
情(뜻 정)
請(청할 청)
誤(그르칠 오)
娛(즐거워할 오)
許(허락할 허)
訐(들추어낼 알)
蓄(쌓을 축)
畜(기를 축)
議(의논할 의)
儀(법도 의)
烏(까마귀 오)
鳥(새 조)
潮(조수 조)
湖(물 호)
現(나타날 현)
規(법 규)
硯(벼루 연)
識(알 식)
織(짤 직)
職(벼슬 직)
充(가득할 충)
允(믿을 윤)
人(사람 인)
入(들 입)
八(여덟 팔)

汚(더러울 오)	槽(구유 조)	嫱(계집 장)	叉(깍지낄 차)	卞(법 변)
汗(땀 한)	腎(콩팥 신)	鐘(쇠북 종)	低(낮을 저)	睛(눈동자 정)
租(구실 조)	賢(어질 현)	鍾(술병 종)	坻(무너질 저)	晴(맑을 청)
祖(조상 조)	豪(호걸 호)	坦(평평할 탄)	億(억 억)	延(이을 연)
萃(모일 췌)	蒙(어릴 몽)	但(다만 단)	憶(생각할 억)	庭(조정 정)
卒(군사 졸)	曰(가로 왈)	冶(쇠불릴 야)	凰(봉황새 황)	夭(일찍죽을 요)
神(귀신 신)	日(날 일)	治(다스릴 치)	鳳(새 봉)	天(하늘 천)
紳(큰띠 신)	浸(적실 침)	和(화할 화)	志(뜻 지)	威(위엄 위)
玉(구슬 옥)	侵(침노할 침)	私(사정 사)	忘(잊을 망)	咸(다 함)
王(임금 왕)	壯(장할 장)	宇(집 우)	弊(폐단 폐)	閒(한가할 한)
壬(북방 임)	莊(장중할 장)	字(글자 자)	幣(비단 폐)	聞(들을 문)
賢(어질 현)	裝(꾸밀 장)	栽(심을 재)	熊(곰 웅)	後(뒤 후)
資(재물 자)	奬(칭찬할 장)	裁(마를 재)	態(태도 태)	俊(준걸 준)
印(도장 인)	衙(마을 아)	佐(버금 좌)	沮(막을 저)	弟(아우 제)
卯(토끼 묘)	街(거리 가)	佑(도울 우)	狙(원숭이 저)	第(차례 제)
仰(우러를 앙)	稠(많을 조)	耽(즐길 탐)	掩(가릴 엄)	沿(좇을 연)
曹(마을 조)	椆(삿대 주)	眈(노려볼 탐)	俺(나 엄)	治(다스릴 치)
曺(성 조)	旺(성할 왕)	椰(야자나무 야)	爆(터질 폭)	徹(뚫을 철)
曾(거듭 증)	昭(밝을 소)	倻(땅이름 야)	瀑(폭포 폭)	撼(위태할 감)
惻(슬퍼할 측)	護(보호할 호)	話(말할 화)	差(어긋날 차)	衛(호위할 위)
測(잴 측)	穫(거둘 확)	語(말씀 어)	着(붙을 착)	衝(찌를 충)
伸(펼 신)	獲(얻을 획)	活(살 활)	羞(음식 수)	衡(저울 형)
仲(버금 중)	鐵(쇠 철)	右(오른쪽 우)	煌(빛날 황)	緘(봉할 함)
狹(좁을 협)	鍼(바늘 침)	古(옛 고)	惶(두려워할 황)	緘(옷솔기 역)
俠(호협할 협)	謁(아뢸 알)	哉(어조사 재)	遠(멀 원)	侯(제후 후)
瓦(질그릇 와)	揭(들 게)	或(혹 혹)	遙(멀 요)	候(기후 후)
互(서로 호)	存(있을 존)	則(곧 즉)	亭(정자 정)	帝(임금 제)
七(일곱 칠)	在(있을 재)	側(곁 측)	享(드릴 향)	常(항상 상)
匕(비수 비)	搖(흔들 요)	湯(끓일 탕)	亨(형통할 형)	緣(인연 연)
孕(아이밸 잉)	謠(노래 요)	渴(목마를 갈)	披(나눌 피)	綠(초록빛 록)
孚(믿을 부)	他(다를 타)	揚(날릴 양)	坡(언덕 파)	晴(갤 청)
措(둘 조)	池(못 지)	楊(버들 양)	波(물결 파)	請(청할 청)
借(빌 차)	地(땅 지)	陽(볕 양)	與(참여할 여)	唯(오직 유)
心(마음 심)	杖(지팡이 장)	牛(소 우)	興(일 흥)	惟(생각할 유)
必(반드시 필)	枚(줄기 매)	午(낮 오)	輿(수레 여)	維(맬 유)
形(형상 형)	厄(재앙 액)	齋(재계할 재)	會(모을 회)	合(합할 합)
刑(형벌 형)	危(위태할 위)	齊(엄숙할 제)	曾(일찍 증)	舍(집 사)
緩(느슨할 완)	尊(높을 존)	歡(기뻐할 환)	責(꾸짖을 책)	含(품을 함)
援(도울 원)	奠(드릴 전)	歎(탄식할 탄)	靑(푸를 청)	吸(마실 흡)
漆(옻 칠)	紅(붉을 홍)	胎(아이밸 태)	怨(원망할 원)	吹(불 취)
漆(물 태)	紆(얽힐 우)	貽(끼칠 이)	蒽(시들 원)	提(끌 제)
剩(남을 잉)	浴(목욕할 욕)	汁(진액 즙)	悔(뉘우칠 회)	堤(방죽 제)
乘(오를 승)	沿(따를 연)	什(열사람 십)	梅(매화나무 매)	鹽(소금 염)
糟(재강 조)	墻(담장 장)	又(또 우)	下(아래 하)	監(볼 감)

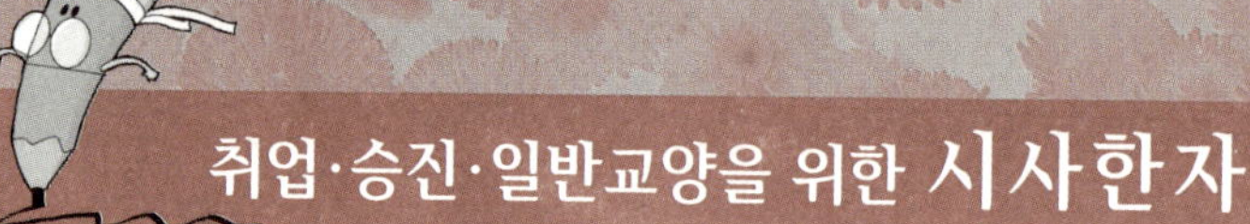

■ 街頭示威 가두시위

시가지(市街地)에 군중이 모이거나 거리를 행진하면서
자신들의 요구사항을 표시하며, 그것을 실현하기 위하
여 위력이나 기세를 나타내 보이는 것.

거리 **가** 머리 **두** 보일 **시** 위엄 **위**

■ 幹細胞 간세포

줄기세포라고 한다. 장차 어떤 장기로 성장할지 아직
결정되지 않은 세포를 말한다. 즉 뇌, 심장, 뼈, 근육 등
으로 전환될 수 있는 세포로서 대체조직 및 장기(臟器)
를 생산할 수 있다. 줄기세포의 이식을 통해 알츠하이
머병, 파킨슨병, 당뇨병, 심장질환 등 난치병의 치료와
치명적인 유전병을 출생 전에 치유할 수 있다고 한다.

줄기 **간** 가늘 **세** 세포 **포**

■ 改閣 개각

내각(內閣)을 개편함.

고칠 **개** 내각 **각**

- 內閣 내각

국무위원으로 조직되어 국가의 행정을 담당하는 행정중심기관

■ 輕水爐 경수로

본래의 명칭은 경수형 원자로(輕水型 原子爐, light-water
type power reactor)로서 경수를 감속재(減速材)와 냉각재
로 사용하는 동력용 원자로를 말한다. 처음에는 미국에
서 원자력 잠수함용으로 개발되었으나, 그 후에 원자력
발전소·원자력선 등을 위한 상용 원자로로 발전하여
동력용으로 이용되고 있다. 연료는 농축우라늄이지만
경수를 감속재·냉각재로 사용하기 때문에 이런 이름
이 붙었다. 세계에서 가동중인 발전용 원자로의 80%가
경수로이다.

가벼울 **경** 물 **수** 화로 **로**

- 輕水 경수, light water

수소와 산소로 이루어진 보통의 물. 중수소(重水素)와 산소로 이
루어진 중수(重水)와 구별하기 위해 쓰이는 말이다. 중수는 천연
수에 약 0.015% 함유되어 있다. 중성자의 감속재(減速材)로서 중
수를 이용하는 원자로를 중수형 원자로라고 하는 데 대해 보통의
물을 감속재로 이용하는 원자로를 경수형 원자로라고 한다.

- KEDO(Korean Peninsula Energy Development Organization, 한반도 에너지 개발기구)

북한이 흑연감속형 원자로 2기를 동결하는 대가로 미국이 제공하
기로 한 1천MW급 경수로 2기를 건설하기 위해 설립된 국제 컨소
시엄. 1994년 제네바에서 체결된 미국과 북한과의 합의문 이행과
북한에 대한 한국 표준형 경수로 지원 및 자금조달을 추진하기
위해 1995년 3월 9일 설립하였다.

■ 經濟特區 경제특구

경제특구(經濟特區)란 국내의 다른 지역보다 많은 인센
티브를 부여해 물류·교육·주거 환경을 우수하게 조
성, 국내외 기업들이 선호할 만한 여건을 만든 지역을
말한다. 각종 세제지원, 부담금 감면혜택을 받게 된다.
제주국제자유도시, 김포국제금융도시, 영종·무의·용
의도 항공물류기지, 송도신도시, 부산항만·광양만 배
후지역 등 경제특구에서는 미국 달러 같은 외국화폐를
자유롭게 사용할 수 있게 된다. 또 외국자본이 운영하
는 외국인 전용병원과 외국인 전용약국도 들어설 수 있
게 된다. 중국에는 심천(深圳), 주해(珠海), 산두(汕頭), 하
문(廈門), 해남도(海南島) 등 5개의 경제특구가 있으며,
북한에는 '라진·선봉경제무역지대'로 불리는 북한의
경제특구인 라선시가 있다.

- 송도신도시: 535만평, 국제업무·주거·관광·쇼핑·첨단산업
  중심
- 영종·무의·용유: 783만평, 항공물류·주거·관광·레저 중
  심

- 김포매립지: 542만평, 국제금융·주거·관광·화훼 중심
- 제주도(국제자유도시): 제주도 전체, 관광·업무·물류·금
  융·첨단과학 중심

다스릴 경 구제할 제 특별할 특 구역 구

■ 公的資金 공적자금

공적자금(公的資金, Public Fund)이란 대출금 회수가 어려워 위기에 처한 금융기관을 회생시키거나 정리하는 구조조정을 지원, 금융시스템을 정상화하기 위해 쓰이는 돈을 말한다. 따라서 공적자금은 부실기업에 직접 투입되는 것이 아니라 부실 금융기업에만 지원된다. 정부산하기관인 예금보험공사, 자산관리공사 등이 예금보험기금, 부실채권정리기금, 공공자금관리기금, 국유재산 등에서 자금을 조달, 채권을 발행하고 정부가 이에 대한 지급을 보증해 주기 때문에 '공적(公的)'이란 개념이 붙었다.

공변될 공 과녁 적 재물 자 쇠 금

■ 狂牛病 광우병

4~5세의 소에서 주로 발생하는 전염성 뇌질환인 광우병(Mad Cow Disease)의 정식 병명은 '소해면체성 뇌질환(BSE: Bovine Spongiform Encephalopathy)'이라고 한다. 프리온(prion)이라는 독성단백질에 의해서 일어나며, 신경 세포가 파괴되어 뇌에 구멍이 생기면서 뇌가 스펀지 모양이 되는 치사성 질병이다. 광우병이 영국에서 최초로 보고된 것은 1986년이며, 1992년~1993년은 극에 달하여 연간 3만 마리 이상의 소에 광우병이 발생하였다. 1996년 인간 광우병인 '변종 크로이츠펠트-야콥병'이 밝혀진 이래 현재까지 전 세계적으로 105건 발병했으며, 이 중 대부분은 영국에서 확인됐다. 많은 보건 전문가들은 인간이 광우병에 감염된 쇠고기를 먹었을 경우 이 병에 걸리는 것으로 추정하고 있다. 이 병에 감염된 사람도 신경 세포가 침범 당하여 마침내

죽게 된다. 치료법은 아직 없다.

미칠 광 소 우 병 병

■ 口蹄疫 구제역

구제역이란 소나 돼지, 염소, 사슴 등 발굽이 두개로 갈라진 동물에 감염되는 급성전염병으로 사료나 물, 공기, 감염 동물의 접촉을 통해 감염되는 1종 바이러스성 법정 전염병이다. 구제역에 걸린 소나 돼지의 치사율은 30~100%이며, 일단 발병하면 입, 혀, 발굽에 물집이 생긴다. 특별한 치료법은 없고, 만일 이 병이 발생했을 경우에는 검역을 철저히 해야 하며, 감염된 소와 접촉된 모든 소를 소각하거나 매장해야 한다. 구제역이 발생하는 나라에서는 조직배양 백신을 이용한 예방법이 이용되고 있다.

한국에서는 1934년 처음 발생했으며, 이후 66년만인 2000년 경기도 파주 지역에서 발생해 충청도 지역까지 확산되어 큰 피해를 입혔으며, 2001년에는 영국에서 발생하여 유럽·동남아·남미 등지로 번졌다. 인간 구제역 감염사례는 전 세계적으로 지금까지 40건이 보고됐으며 영국에서도 35년 전에 단 한번 발생한 적이 있을 정도로 희귀하다.

입 구 발굽 제 돌림병 역

■ 國家保安法 국가보안법

국가보안법은 대한민국정부가 수립된 지 4개월도 안된 1948년 12월 1일 공포·시행되었다. 1948년 11월 발생한 여순 사건을 계기로 남한의 좌익세력을 제거하려는 의도로 서둘러 제헌의회에서 제정한 것이다. 하지만 국가보안법은 일제의 치안유지법을 모체로 구성되었고 일제의 잔재를 청산하지 못한 채 반공, 반통일, 반민중적 성격을 그대로 가지고 있었다. 그 후 정권의 독재강화로 국가보안법은 확대, 강화되어 오늘에 이르게 된 것이다. 현재 국보법폐지를 위한 다양한 활동이 전

63

개 중이다.

나라 국 집 가 보호할 보 편안할 안 법 법

▪ 國務委員 국무위원

국무회의를 구성하는 정무직 공무원. 행정 각부의 장관과 처장으로 이루어짐.

나라 국, 일 무, 맡길 위, 사람 원

－ 政務職 정무직 공무원

선거에 의해 취임하거나 국회의 동의를 얻어 임명되는 공무원

▪ 國情院 국정원

국가정보원(國家情報院)은 국외정보 및 국내보안정보(대공 · 대정부 전복 · 방첩 · 대테러 및 국제 범죄조직)의 수집 · 작성 · 배포, 국가기밀에 속하는 문서 · 자재 · 시설 · 지역에 대한 보안업무, 국가안보관련 범죄수사(내란 · 외환 · 반란죄, 군사기밀보호법 · 국가보안법 위반범죄), 국정원 직원의 직무와 관련된 범죄수사, 정보 및 보안 업무의 기획조정 등에 관한 업무를 관장하고 있다.

나라 국 사실 정 집 원

▪ 群衆心理 군중심리

많은 사람이 모여 무리를 이루었을 때, 각 개인이 이성적 판단력이나 자제력을 잃고 평상시에는 전혀 하지 않을 행동을 하거나 다른 사람의 행동을 무비판적으로 따라 하는 일시적이고 충동적인 심리 상태를 말한다.

무리 군 무리 중 마음 심 이치 리

▪ 金利 금리

빌려준 돈이나 예금 등에 붙는 이자. 예를 들어 1,000만원을 1년짜리 정기예금으로 예치할 경우 금리가 5.5%이면 이자는 55만원. 여기에서 연 16.5%인 이자소득세(9만750원)와 4.3%인 물가상승률(43만원)을 제외하면 1,000만원을 1년 맡겨 얻는 실질 이자수입은 2만9,250원에 그치게 된다.

돈 금 이자 리

－ 콜(call) 시장(市場)

최단기 금융시장. 주로 금융기관 상호간에 일시적 유휴자금이 거래되는 금융시장을 말한다. call 시장에서 빌려주는 자금을 콜 론(call loan)이라 하고, 빌리는 쪽(수요자, 차입자)에서는 콜 머니[call money, 단자(短資)]라 한다. 이러한 자금의 수요와 공급 사이에서 형성되는 금리를 콜 금리(call rate)라 한대[단기자금(단자)의 금리]. 중앙은행인 한국은행이 민간은행에게 콜 시장을 통하여 돈을 빌려줄 때 적용되는 금리가 콜 금리이다.

▪ 禁書 금서

출판 · 판매 · 독서를 법적으로 금지한 책. 조선시대 사림의 영수 조광조가 희생된 기묘사화 이후 소학(小學)이 사회적인 금서가 되었고, 일제시대 때에는 구국계몽운동 관련 출판물, 민족운동 관련 출판물, 사회주의 관련 출판물 등이 금서가 되었다. '홍길동전' 과 '정감록' 도 한때 금서로 지정됐다. 소설 '임꺽정' 도 작가 홍명희가 월북하여 부수상을 지내면서 금서로 지정되었다.

금할 금 책 서

－ 己卯士禍 기묘사화

1519년(중종 14) 남곤 · 홍경주 등의 훈구파(勳舊派)에 의해 조광조 등의 신진사류(新進士類)가 죽임을 당한 사건.

－ 小學 소학

주자(朱子: 朱熹)가 제자 유자징(劉子澄)에게 소년들을 학습시켜 교화시킬 수 있는 내용의 서적을 편집하게 한 후 교열, 가필한 것.

▪ 機關投資家 기관투자가

주식시장에서 투자가들은 크게 개인투자가, 기관투자가, 외국인투자가로 나눌 수 있다. 이중 기관투자가들이란 개인 또는 법인으로부터 여유자금을 모아 주식과 채권에 전문적으로 투자하는 법인형태의 투자가를 말하며 은행, 증권사, 보험회사, 투자신탁회사, 연금 · 기금 · 공제조합 등이 있다.

틀 기 기관 관 던질 투 재물 자 집 가

■ 綠色長城 녹색장성

중국이 1978년부터 시작한 세계 최대의 환경생태 조림(造林) 공사. 몽골 지역에서 불어오는 황량한 모래 바람을 저지하고 내몽골 지역으로 확산되는 사막화 현상을 막기 위해 동서로 총 길이 4,480Km에 이르는 인공 방풍림을 조성하는 것을 말한다. 2050년까지 계속하여 이루어진다. 외세의 침입을 막기 위해 세웠던 거대한 만리장성처럼 60억 달러를 투입, 황사를 막기 위한 '녹색의 장벽'을 건설하는 것이다.

초록빛 녹(록) 빛색 길장 성성

- 萬里長城 만리장성

중국 동쪽 산해관(山海關)에서 서쪽 가욕관(嘉關)에 이르는 길이 5,000km의 성벽. 흉노(匈奴)에 대한 방어를 목적으로 축조되었다. 유네스코의 세계유산목록에 수록되어 있으며, 인공위성에서 지구를 촬영할 때 유일하게 보이는 인공 구조물이다.

■ 丹田呼吸 단전호흡

흔히 단전호흡을 단학수련의 전부라고 생각하기 쉽다. 하지만 단전호흡은 여러 단학과정 중 하나이다. 단학수련에는 근육·뼈·인대를 당기는 단학, 도인체조 뇌파를 알파파로 낮추면서 내면세계에 몰입하는 지감수련, 아랫배 하단전으로 기를 모으는 단전호흡, 여러 가지 형태의 동작으로 호흡을 하는 단학행공, 무의식 상태에서 몸의 고유한 기운을 타고 춤을 추는 단무, 마음으로 기를 조절·운용하는 운기심공 등이 있다. 또 뇌에 기를 불어넣으며 혈액·산소의 공급을 증가시키는 뇌호흡도 단학의 일종이다.

단학의 원리는 호흡과 근육운동으로 각 부분의 경락(經絡·기가 흐르는 길)을 자극하면 기혈의 흐름이 활발해진다. 그래서 근육·장기·관절에 머물러있던 어혈(瘀血·피가 제대로 돌지 못하고 뭉친 것)이나 노폐물을 효과적으로 내보낼 수 있다.

붉을 단 밭 전 숨 내쉴 호 숨 들이쉴 흡

- 丹田단전

배꼽 아래 약 3㎝ 되는 자리로 심신의 정기가 모이는 곳이라 한

다. 보통 하단전(下丹田)을 말하며, 기해(氣海)라고도 한다.

■ 丹學 단학

단학(丹學)은 명상과 호흡조절, 단전호흡과 도인체조 등을 통한 기 수련으로 마음을 닦고 몸을 수련하는 우리 고유의 수련법이다.

붉을 단 배울 학

■ 代物辨濟 대물변제

채권자의 승낙을 얻어 채무자가 부담하고 있는 본래의 급부에 갈음하여 다른 급부를 함으로써 채권을 소멸시키는 것. 돈을 빌렸으나 부동산으로 갚는 경우.

대신할 대, 물건 물, 분별할 변, 건널 제

■ 代案學校 대안학교

도시형 대안학교(代案學校, alternative school)란 기존 고등학교 교육에 적응하지 못하고 방황하는 학생들에게 적절한 교육환경을 제공해 학교를 떠나지 않고 학적을 유지하면서 대안교육을 통해 소속학교의 졸업장을 받게 하는 제도이다. 학생을 대안학교에 위탁한다고 해서 '위탁형 대안학교'라고도 불린다. 현재는 일반 고등학교가 아닌 평생교육시설에 위탁하고 있다. 다른 여느 학교와 다른 교육은 특성화 교과이다.

대신할 대 생각할 안 배울 학 학교 교

■ 代替醫學 대체의학

대체의학(代替醫學, alternative medicine)이란 의학교육을 통한 지식이 아니며 병원에서 일반적으로 사용하지 않거나 건강보험을 통해 의보수가가 지급되지 않는 치료나 진료를 말하며, 병원의 표준화된 치료 이외에 환자들이 이용하는 요법을 말한다. 의과대학에서 가르치는 현대의학을 제외한 모든 종류의 전통의학·민간요법 등을 서구에선 대체의학이라 부른다. 따라서 한의학·중의학도 대체의학으로 분류된다. 현대의학과의 '대립'보다 '공존'을 강조하기 위해 요즘엔 보완의학

(Complementary medicine), 통합의학(Intergrative medicine) 등의 용어가 더 많이 사용된다.

대신할 대 바꿀 체 치료할 의 학문 학

■ 大浦洞 대포동 2호

북한이 사거리(射距離) 1만km 이상, 탄두(彈頭)중량 수백Kg으로 미국 본토에 다다를 수 있는 다단계 대포동 2호 미사일의 시험발사를 실시할 가능성이 있다고 한다. 만일 북한이 지난 98년 시험발사한 대포동 1호와 유사한 3단계 추진시스템(본체를 세 부분으로 나누어 연료 소비가 끝난 부분은 떼어버리게 된 방식)을 사용할 경우 대포동 2호는 사거리가 1만5천km까지 확대돼 북미(北美) 전역(全域)을 사정권(射程圈)에 넣을 수 있다고 내다봤다.

큰 대 물가 포 마을 동

- 대륙간 탄도(大陸間 彈道) 미사일

대형의 핵폭탄을 적재(積載)하고 초음속으로 대륙간을 넘어서 공격할 수 있는 전략용 장거리 탄도 미사일. ICBM.

■ 陶瓷文化 도자문화

흙으로 빚은 토기(土器)는 불에 굽는 온도에 따라 도기(陶器, 오지그릇)와 자기(磁器 또는 瓷器, 사기그릇)로 나뉜다. 우리나라는 고려청자, 이조백자, 분청사기로 이어진 도자기 문화를 예술로 승화시켰으며, 세라믹은 로켓에까지 활용되고 있다. 생활 도자기로는 옹기와 항아리가 있다.

질그릇 도 사기그릇 자 글월 문 될 화

- 세라믹(ceramics)

고온으로 열처리하여 만든 비금속의 무기질 고체 재료를 통틀어 이르는 말. 내화성이 뛰어남. 유리·도자기·시멘트·내화물(耐火物) 등을 이름.

■ 迷宮 미궁

사람이 들어갈 수는 있으나 그 안이 아주 복잡하게 설계되어 나올 수 없는 장소. 미궁 속의 복잡한 길을 미로(迷路)라고 한다. 크레타의 왕 미노스가 미노타우로스(牛人 : 머리는 황소이고 몸은 사람인 괴물)를 가두기 위하여 다이달로스에게 명하여 만들었다. 후에 테세우스가 실타래를 이용하여 미궁 속의 미노타우로스를 죽이자 미노스 왕은 다이달로스와 그의 아들 이카로스를 미궁에다 가두었으나 깃털로 날개를 만들어 날아서 그 미궁을 빠져나온다. 그러나 이카로스는 욕심을 내 너무 높이 날아올라 깃털을 붙이고 있던 밀랍이 태양에 녹아 바다에 추락하여 죽고 만다.

미혹할 미 집 궁

■ 反面教師 반면교사

(따르거나 되풀이해서는 안 될)나쁜 본보기. 부정적인 측면에서 교훈을 얻어 긍정적인 것으로 만들고자 할 때 나쁜 본보기. 1960년대 중국 문화혁명 때 만들어진 말로 당시 「혁명에 위협이 되지만, 반면(反面)으로 사람들에게 교사(敎師)가 되는 계급·집단·개인」을 가리켰다.

반대할 반 낯 면 가르칠 교 스승 사

■ 胚芽複製 배아복제

성숙한 난자(卵子)에서 핵(核)을 제거해 내고, 복제하려는 체세포(體細胞 : 생식세포가 아닌 일반 세포)에서 떼어낸 핵을 대신 집어넣는 것을 말한다. 즉 모든 유전정보를 갖고 있는 핵을 바꿔치기 하는 것이다. 그 후 이 세포가 자라 배아가 되며, 이 배아 안에는 내부세포 덩어리가 형성된다. 이 덩어리는 나중에 심장, 근육, 신경 등 인체 모든 세포와 조직으로 성장할 잠재력을 갖는 곳이다. 이 내부세포 덩어리를 떼어내 실험실에서 키운 것이 줄기세포(幹細胞)다. 그러나 이 내부세포 덩어리를 떼어내지 않고 배아 상태를 그대로 자궁에 이식하면 인간 복제가 이루어진다.

아이 밸 배 싹 아 겹칠 복 지을 제

- 人間複製 인간복제

복제(複製)는 어원적으로 그리스어에서 유래됐으며 '섹스를 통하지 않은 생식(asexual reproduction)'을 의미한다. 인간복제는 치료목적의 복제와 생식목적의 복제라는 두 가지 유형으로 구분될 필요가 있다.

치료목적의 복제는 배아줄기세포의 생산을 가능하게 한다. 줄기세포는 두뇌세포, 간(肝)세포 등으로 분화될 수 있는 다기능세포이다. 이러한 줄기세포는 유전적으로 세포 기증자의 것과 일치하기 때문에 질병치료를 위한 유전적 적합성을 가진 인공분화세포, 나아가 인공장기까지도 생산할 수 있다.

생식목적의 인간복제는 새로운 인간에게 생명을 선사한다. 지금까지는 생식이 섹스나 IVF 같은 인공생식기술 만으로 가능했지만 생식목적의 복제는 세포 기증자의 일란성 쌍둥이에게 생명을 줄 수 있는 새로운 생식법을 제시한다.

■ 白色家電 백색가전

전통적으로 냉장고 · 세탁기 · 에어컨 등 가전제품의 색상을 흰색(白色)으로 디자인하여 백색가전이라 한다. 디지털TV와 캠코더, 디지털카메라, 디지털오디오, DVD 플레이어, 홈시어터 등은 디지털 가전이다.

흰 백　빛 색　집 가　전기 전

■ 犯則金 범칙금

쓰레기 방치 · 자연훼손 · 노상방뇨 · 담배꽁초 버리기 · 도로 무단횡단, 주차위반, 공공장소에서의 흡연, 공중에게 혐오감을 주는 행위 등 일상생활에서 흔히 일어나는 경미한 범죄행위를 행한 자에게 부과하는 벌금.

범할 범　법칙 칙　돈 금

■ 法治主義 법치주의

권력자의 자의(恣意)를 배제하고, 국가 권력의 행사는 반드시 법률에 근거해야 한다는 근대 입헌 국가의 정치원리.

법 법　다스릴 치　주인 주　옳을 의

- 三權分立 삼권분립

법치주의의 한 제도로, 국가권력의 작용을 입법(立法 · 국회) · 행정(行政 · 정부) · 사법(司法 · 법원)의 셋으로 나누어, 각각 별개의 기관에 이것을 분담시켜 상호간 견제 · 균형을 유지시킴으로서 국

가권력의 집중과 남용을 방지하려는 통치조직원리.

■ 兵風 병풍

이회창 대통령후보 아들의 병역면제 의혹 사건.

군사 병　바람 풍

- 총풍銃風

1997년 한국의 대통령 선거 직전에 당시 한나라당 이회창(李會昌) 후보측 관련자가 지지율을 높이기 위해 북한에 무력시위를 해달라고 요청한 사건.

- 노풍 盧風

민주당 대통령후보 경선 때의 노무현 바람.

- 세풍 稅風

국세청 대선자금 불법모금 사건.

■ 粉飾會計 분식회계

기업이 자금융통을 원활히 할 목적으로 고의로 자산이나 이익을 부풀려 계산하는 회계. 그 회사의 감사를 맡은 회계법인과 결탁해서 이뤄지는 장부조작. 기업이 회사의 실적을 좋게 보이려고 고의로 자산이나 이익을 부풀리는 경우를 말한다.

가루 분　꾸밀 식　모일 회　셈할 계

■ 社外理事 사외이사

주식회사의 이사회 구성인원 가운데 외부 인사를 말한다. 98년부터 상장사에 한해 사외이사를 의무적으로 두도록 했으며, 이런 규정에 따라 상장사는 다른 기업체 임직원 출신이나 교수 · 공무원 등을 사외이사에 임명했다. 사외이사는 이사회에 참여해 집행간부들이 제대로 일을 하는지 견제하는 기능을 갖는다. 대주주들의 횡포를 막기 위해서다. 이사회의 수장은 회장(Chairman)이고, 집행간부의 장은 사장(President) 또는 최고경영자(CEO)이다.

모일 사　밖 외　다스릴 리　일 사

■ 性戱弄 성희롱

사업주, 상급자 또는 근로자가 직장내의 지위를 이용하거나 업무와 관련하여 다른 근로자에게 성적인 언동 등으로 성적굴욕감 또는 혐오감을 느끼게 하거나 성적언동 그 밖의 요구 등에 대한 불응을 이유로 고용상의 불이익을 주는 것을 말한다. 남녀고용평등법에서 규정.

성 성 희롱할 희 희롱할 롱

■ 新聞告示 신문고시

신문업계의 과다경쟁을 막기 위해 1999년 폐지되었다가 부활됐다.

새 신 들을 문 알릴 고 보일 시

- 告示 고시

고시란 법률 또는 명령을 실현하기 위하여 제정하는 행정규칙으로서 이에 위반한 때에는 여러 가지 법적 불이익을 받게 된다.

■ 略式命令 약식명령

형사사건에서, 약식절차에 의하여 벌금·과료 또는 몰수형(沒收刑)을 선고하는 명령. 정식재판의 청구가 없을 때는 확정판결과 같은 효력을 가짐.

대략 략 법 식 명령 령 영 령

- 약식절차 略式節次

정식재판에 의하지 않고 서면심리(書面審理)만으로 벌금·과료 등의 형을 선고하는 간단한 형사재판 절차.

■ 兩岸關係 양안관계

중국과 대만 사이의 해안선을 따라 중국은 단거리 탄도미사일과 대(對) 레이더 무기들을 배치했고 대규모 군사훈련을 실시하고 있다. 이에 대하여 대만은 미국으로부터 첨단 무기들을 구입하고, 주위 나라들과 군사협력관계를 강화하고 있다. 중국과 타이완간의 양안관계는 1949년 중국공산당이 북경에 정권을 수립하고 중국국민당정권이 남경에서 광주로 다시 대만으로 이주하면서 시작되었다. 따라서 1949년 이후의 양안관계는 중국과 대만의 통일정책에 따라 변화 발전해 왔다. 양안관계의 갈등구조는 크게 대만을 통일시키려 하고 있는 중국의 대(對) 대만 정책과 대륙으로부터 분리 독립하려는 대만의 3분리 독립정책으로 대비할 수 있다.

두 량 언덕 안 관계할 관 관계할 계

■ 兩院制 양원제

의회(국회)가 2개의 합의체로써 구성되고, 원칙적으로 각 합의체가 각각 독립하여 결정한 의사가 일치하는 경우에 그것을 의회의 의사(議事)로 간주하는 의회제도. 이원제(二院制, bicameral system)라고도 한다. 양원제 채택은 단원제(單院制)의회의 단점인 전제(專制)·부패·경솔 등을 방지하려는 데 이유가 있다. 양원제는 의회제도의 모국(母國)인 영국에서 채택된 것으로 상원(House of Lords)과 하원(House of Commons)의 이원제에서 출발하였다. 단원제는 의회가 국민에 의하여 선출된 의원들로 구성되는 것이 원칙이지만, 양원제는 국민투표에 의해서 선출된 의원들로 구성되는 다수의 제1원(院)과 투표·임명·세습·직능(職能)대표로 구성되는 소수의 제2원으로 구성된다. 양원제는 오늘날 미국·영국·프랑스·이탈리아·일본 등 30여 개국에서 채택하고 있다.

두 량 집 원 규정 제

■ 諒解覺書 양해각서

양해각서(MOU : Memorandum of Understanding)란 사업의 이해 당사자들이 인수·합병·제휴 등에 관한 정식계약을 체결하기 전에 양측간에 양해된 사항을 확인, 기록할 때 사용하는 각서(覺書·어떤 일의 이행을 약속하는 뜻으로 상대에게 주는 문서). 정식계약이 아니기 때문에 합의한 내용이 깨지더라도 손해배상 등 법적 책임을 물을 수 없다. 당사자들의 의지(意志)만 표현하는 의향서(LOI : Letter of Intent)보다 한 단계 진전된 것이지만 법적 구속력이 없기는 마찬가지다. 그러나 국가간에 체결된 양해각서는 구속력이 따른다.

살필 량 풀 해 깨달을 각 글 서

■ 熱帶夜 열대야

열대야(熱帶夜)란 밤중 기온이 섭씨 25도 이상 올라가 더위를 느끼는 현상으로 고온 다습한 북태평양 고기압이 발달, 복사냉각 효과가 감소하면서 생긴다. 사람마다 차이는 있지만 섭씨 18~20도 정도면 숙면을 취할 수 있으나 이보다 대기 온도가 높을 경우 체내의 온도 조절을 위해 중추신경계가 흥분하게 되고 각성상태가 계속되면서 잠을 못 자거나 자더라도 숙면을 취하기 어렵게 된다.

더울 **열** 띠 **대** 밤 **야**

■ 獵奇 엽기

기괴한 것이나 이상한 일에 강한 흥미를 가지고 즐겨 쫓아다님. 한국의 엽기문화는 일본 '료우키(엽기)' 의 영향을 받았으나, 일본의 료우키가 외설, 호러, 폭력, 히로뽕 등과 관련된 일종의 변태문화라면 한국의 엽기는 기발하고 자극적이며 황당하고 웃기는 것을 말한다. '엽기즌(엽기를 좋아하는 네티즌), 엽기토끼, 엽기 발랄하다' 등의 신조어가 생겨났다.

사냥할 **렵** 기이할 **기**

■ 五輪旗 오륜기

올림픽기. 흰 바탕에 세계 오대륙을 상징하는 파랑·노랑·검정·초록·빨강의 다섯 고리가 아래위 두 줄로 그려져 있음.

다섯 **오** 바퀴 **륜** 기 **기**

■ 有機農産物 유기농산물

'친환경농산물(親環境農産物)' 로 불린다. 농약이나 화학비료, 사료첨가제 등을 전혀 사용하지 않았거나 최소량만을 사용한 농산물로 반드시 국립농산물 품질관리원에서 안전성검사를 마쳐야 한다. 가장 유의해야 할 점은 같은 친환경 농산물이라도 4가지로 분류된다는 것이다. 생산량이 일반 농산물의 2%에 불과한 유기농산물은 수요에 비해 공급이 부족해 '저농약 농산물' 이 '유기농산물' 로 둔갑하는 경우가 종종 있기 때문이다.

있을 유 틀 기 농사 농 낳을 산 물건 물

- 有機 유기

생명을 가지며 생활 기능이나 생활력을 갖추고 있음. 생물체처럼 전체를 구성하고 있는 각 부분이 서로 밀접하게 관련을 가지고 있음. ↔ 무기(無機)

■ 慰安婦 위안부

일제 식민지 시대에 일본군 위안소로 연행되어 강제로 성폭행당한 여성들을 일컫는 말이다.

국제적으로는 '성노예' 또는 '성폭력 피해자' 라는 표현이 쓰이는데, 이것이 가장 본질적인 면을 잘 표현하고 있는 단어이다. 우리는 현재 이들을 '일본군 위안부' 라고 부르고 있다. 일제 시기 일본군 위안부로 끌려간 조선인 여성들은 모두 20여만 명으로 추정된다. 이들 중에서 대다수가 사망했으며 1992년부터 한국 정부에 신고하기 시작한 일본군 위안부 출신 할머니들은 백여 명에 불과하다.

위로할 **위** 편안할 **안** 부녀자 **부**

■ 流動資本 유동자본

원료나 보조재료처럼 한 번 사용함으로써 그 가치의 전부가 생산물로 옮겨져 버리는 자본. 운전자본·경영자본 따위.

흐를 **류** 움직일 **동** 재물 **자** 근본 **본**

- 고정자본 固定資本

토지·건물·기계 등의 구입에 투자한 자본처럼 생산을 위하여 1년을 넘게 기업에 보유되는, 유통을 목적으로 하지 않는 자본. 설비자본.

- 유동자산 流動資産

현금, 또는 1년 이내에 현금화할 수 있는 자산. 현금·상품·미수금·외상매출금·재고상품 등.

- 고정자산 固定資産

토지·건물·기계·영업권·특허권·출자금(出資金) 등과 같이 기업이 사업 경영의 활동 수단으로서 기업 내부에 장기적으로 보유·사용·소모하는 재산.

■ 疑問死 의문사

① 정확한 진상이 은폐되었거나 밝혀지지 않은 죽음.
② 민주화 운동과 관련한 의문의 죽음으로서 그 사인이
밝혀지지 아니하고 위법한 공권력의 직·간접적인 행
사로 인하여 사망하였다고 의심할 만한 상당한 사유가
있는 죽음.

의심할 의 물을 문 죽을 사

- 의문사진상규명위원회

대통령소속의 의문사진상규명위원회는 지난 권위주의 통치에서
민주화 운동과 관련하여 공권력에 의하여 희생된 의문사의 진실
을 밝히기 위해 2000년 10월 17일에 출범하였다.

■ 議定書 의정서

국가 간에 의정(議定, 의논하여 결정)한 사항을 기록한 문
서, 또는 관계국의 대표가 의정한 외교 교섭이나 국제
회의의 의사(議事)를 기록하여 서명한 문서.

의논할 의 정할 정 글 서

■ 人事聽聞會 인사청문회

2000년 6월 제정된 인사청문회법에 따라 최초로 총리
인사청문회 절차를 밟은 사람은 장상 국무총리 서리[署
理 : 조직에 결원(缺員)이 생겼을 때 그 직무를 대신하는 사람]
였다. 현행 인사청문회법은 대법원장, 헌법재판소장,
국무총리, 감사원장 및 대법관, 헌법재판관, 중앙선관
위원에 한해 인사청문회를 열도록 규정하고 있다. 국회
는 임명동의안이 제출되면 즉각 13명 이내의 의원으로
인사청문회특위를 구성한 뒤 자료제출 요구, 서면질의
서 제출 등 12일간의 준비기간을 거쳐 3일 이내 기간
동안 청문회를 열 수 있게 되어 있다. 인사청문회를 마
치고 3일 내에 심사경과보고서가 제출되면 국회는 본
회의를 열어 무기명 비밀투표를 실시하는데, '재적의원
과반수 출석에 출석의원 과반수 이상'의 표를 얻으면
인준된다.

사람 인 일 사 들을 청 들을 문 모일 회

■ 自社株 買入 자사주 매입

회사가 자기의 재산으로 자기가 발행한 주식을 다시 취
득하여 금고주 형태로 소유하거나 소각하는 것을 말한
다. 현행 상법은 주식소각, 합병 및 영업양수, 권리행사
의 실행목적 및 단주처리를 제외하고는 자기주식의 취
득을 원칙적으로 금지하고 있다. 자사주 매입을 하는
경우는 일반적으로 해당 기업의 주가가 시장에서 저평
가 되어 있을 때, 내부자가 이를 시장에 알려 해당 기업
의 주식가치 하락을 방지하거나 지분율을 높여 기업매
수대상에서 벗어나려는 목적이 있다. 자사주 매입은 주
로 자기회사 주식의 주가부양(株價浮揚)을 위해 실시하
지만, 회삿돈으로 주식값을 올려놓은 후 회장·사장 등
대주주나 회사관계자가 이를 이용해 주식을 사고 파는
과정을 통하여 이익을 보는 '도덕적 해이(모럴 해저드)'
가 논란을 불러일으킬 수 있다.

자기 자 단체 사 주식 주 살 매 들 입

■ 紫外線 자외선

태양광선 스펙트럼의 보랏빛의 바깥쪽에 나타나는 파
장이 가시광선(可視光線)보다 긴, 눈에 보이지 않는 광
선.

자줏빛 자 밖 외 줄 선

- 적외선 赤外線

파장이 가시광선보다 길고, 마이크로파보다 짧은 전자파의 총칭.
눈에는 보이지 않지만, 열작용이 강하고 투과력도 강하므로 의
료·적외선 사진 등에 이용함. 열선(熱線).

- 가시광선 可視光線

맨눈으로 볼 수 있는 보통 광선. (준말)가시선

■ 自由貿易協定 자유무역협정

자유무역협정(FTA, Free Trade Agreement)이란 원칙적으
로 해당국 간의 교역을 저해하는 모든 무역 장벽을 제
거하는 무역협정으로, 협정 체결국 간 실질적으로 시장
이 통합되는 효과를 가져온다. 한국과 칠레 간 자유무
역협정(FTA) 협상이 타결되어 한국은 처음으로 FTA를

맺게 되었다. 칠레 측은 우리나라 공산품 중 승용차·화물차·휴대전화·컴퓨터 등에 대해 FTA 체결 직후부터 관세를 철폐하는 데 동의하고, 석유화학제품과 자동차 부속품 등에 대해서는 향후 5년 이내에 관세를 철폐하게 된다. 반면 우리측은 복숭아·키위·단감·돼지고기 등에 대해서는 FTA 발효 후 매년 균등비율로 관세를 줄여 10년 안에 관세를 철폐하게 된다.

스스로 자 따를 유 바꿀 무 바꿀 역 도울 협 정할 정

■ 財務諸表 재무제표

기업의 성적표. 일정 기간 동안 기업의 경제적 상태를 나타내는 회계상 보고서로 대차대조표·손익계산서·이익잉여금 처분계산서·현금흐름표의 네 가지로 구성되어 있다.

재물 재 힘쓸 무 여러 제 표 표

- 결합(結合)재무제표와 연결(連結)재무제표

결합재무제표란 재벌 총수가 사실상 지배하고 있는 국내외 모든 계열사(자산 70억원 미만은 제외)를 하나의 큰 기업군(群)으로 보고 작성한 재무제표를 말한다. 계열사 내부 거래 금액이 빠지기 때문에 해당 재벌의 순수한 실력을 파악할 수 있다. 이에 비해 연결재무제표는 모(母)회사가 지분을 투자한 여러 자(子)회사를 하나로 묶어 작성한 재무제표이다. 자산 2조원이상 기업집단의 결합재무제표 작성 의무화 됐으며 결합재무제표는 기업집단(그룹)을 단일회사로 보고 그룹내 모든 계열사의 자산 부채 내부거래 등 재무상황을 하나의 표에 요약한 것으로 기업들의 경영투명성을 높이기 위해 99년에 도입됐다.

■ 轉賣 전매

산 물건을 다시 다른 사람에게 팔아 넘기는 것

1. 분양권(分讓權)전매 : 아파트분양권을 투기꾼(떴다방)들이 사들여 프리미엄(웃돈)을 붙여 높은 가격에 되파는 것. 실수요자들이 아파트 분양에서 떨어지고 나중에 비싼 웃돈을 주고 아파트를 매입해야 하는 부작용이 발생한다.
2. 미등기(未登記)전매 : 탈세를 목적으로 주택, 건물, 토지 등을 소유권보존등기(새로 신축한 경우 등에 하는 등기) 또는 이전등기(매매 등으로 구입한 경우)를 하지 않고 타인에게 다시 되파는 것. 3년 이하의 징역이나 1억원 이하의 벌금에 처해진다.

구를 전 팔 매

■ 專業主婦 전업주부

특정 직업 없이 가사(家事)에만 전념하는 주부를 일컫는 말로 전업주부의 한달 평균 가사노동가치는 113만원이며 연간으로는 1359만원에 해당한다고 한다.

오로지 전 업 업 주인 주 아내 부

■ 電子政府 전자정부

전자정부(電子政府·e-government)는 민원업무, 결재·문서유통, 인사관리, 조달, 건강보험 등 4대 보험, 재정, 교육행정 등 11개 행정업무를 전자화하는 시스템을 말한다. 행정진산화가 되면 각종 문서가 줄게 돼 업무 효율성이 높아지며 업무 투명성이 높아진다.

전기 전 씨 자 정사 정 관청 부

■ 轉換社債 전환사채

전환사채(轉換社債, convertible bond. CB)란 기업이 사채로서 발행하였지만 일정기간 경과 후 소유자의 청구에 의하여 주식(보통주식)으로 전환할 수 있는 회사채(會社債)를 말한다.

구를 전 바꿀 환 단체 사 빚 채

- 신주인수권부사채(新株引受權附社債, bond with warrant. BW)

기업이 회사채를 발행할 때 신주를 정해진 가격에 살 수 있는 권리까지 부여해 발행되는 채권을 말한다. 신주인수권부사채는 대개 고정된 이자를 받을 수 있는 채권과 주식인수권리가 따로 매매될 수 있다. CB는 일정 기간에 정해진 가격에 주식으로 바꿀 수 있는 채권을 말하며, BW는 정해진 기간에 주식을 일정한 가격으로 살 수 있는 권리가 붙어 있는 채권이다.

71

■ 證券有關團體 증권유관단체

증시의 대표격인 증권거래소는 1956년 2월에 설립됐다. 증권사들로 구성된 회원제로 출발했다가 62년 '증권파동'을 겪으면서 이듬해 국영기업체(특수법인)로 바뀌었다. 그러다 88년 정부의 민영화 방침에 따라 다시 회원제로 환원돼 오늘에 이르고 있다. 증권거래법에 따라 특수법인으로 세워진 증권예탁원은 설립 당시 한국증권대체결제회사로 출발했으나 94년 지금의 이름으로 바뀌었다. 주식·채권 등 각종 유가증권 보관, 명의개설 등이 주업무다.

증거 **증** 문서 **권** 있을 **유** 관계할 **관** 모일 **단** 몸 **체**

■ 債權 채권

재산권의 한 가지로, 일정한 당사자 사이에서 한쪽이 다른 한쪽에게 재산상의 급부(給付·청구권의 목적이 되는 의무자의 행위)를 요구할 수 있는 권리. 채권과 채무의 관계.

빚 **채** 권세 **권**

- 債券 채권, bond

국가나 지방자치단체 또는 은행·회사 등이 필요한 자금을 빌릴 경우에 발행하는 공채(公債)나 사채(社債) 등의 유가증권. 일종의 차용증서. 채권은 주식과 함께 증권시장에서 매매되는 2대 증권의 하나이지만, 주식보다는 매매가 빈번하지 않고 시세의 기복도 적으며 거래소를 거치기보다는 증권회사 창구에서 직접 거래하는 경우가 많다.

■ 請求權 청구권

남에게 대하여 일정한 행위를 요구할 수 있는 권리.

청할 **청** 구할 **구** 권세 **권**

■ 追加更正豫算 추가경정예산

한 해의 예산을 작성한 후에 생긴 사유로 해서 이미 정해진 예산경비에 부족이 생겼을 경우, 이에 추가하여 작성된 예산. 줄여서 추경예산이라고 함.

쫓을 **추** 더할 **가** 고칠 **경** 바를 **정** 미리 **예** 셀 **산**

■ 親告罪 친고죄

고소권자의 고소가 있어야만 검사가 공소를 제기할 수 있는 범죄. 강간죄·간통죄·사자(死者)의 명예훼손죄·모욕죄·청소년 대상 강간·강제추행죄 등.

몸소 **친** 고소할 **고** 죄 **죄**

■ 彈劾 탄핵

죄상을 들어서 책망함. 일반 법원에 의해서는 소추(訴追)가 곤란한, 대통령·국무위원·법관 등의 신분이 보장되어 있는 공무원의 비행·위법에 대해 국회의 소추에 의해서 헌법 재판소의 심판으로 이를 처벌 또는 파면하는 제도.

탄핵할 **탄** 캐물을 **핵**

■ 統一連帶 통일연대

2001년 3월 15일 결성된 단체로 정식명칭은 6·15 남북공동선언 실현과 한반도 평화를 위한 통일연대로 많은 참가단체가 있다.

합칠 **통** 한 **일** 잇닿을 **연** 띠 **대**

■ 特別檢事制 특별검사제

고위 공직자의 비리나 위법 혐의가 발견되었을 때 수사와 기소를 행정부로부터 독립된 변호사로 하여금 담당하게 하는 제도. '권력형 비리사건'이나 검찰이 개입된 사건을 현재의 검찰조직이나 검찰의 수사관행으로는 제대로 처리할 수 없다고 생각될 경우 특별법에 의하여 임명된 특별검사(Independent Counsel)가 수사를 한다.

특별할 **특** 다를 **별** 검사할 **검** 일 **사** 규정 **제**

■ 韓流 한류

중국과 동남아시아에서 불고 있는 가수·탤런트 등 한국 대중문화에 대한 열풍으로 최근 겨울연가로 인해 일본에 한류열풍이 불고 있다.

나라 이름 **한** 흐를 **류**

■ 嫌惡食品 혐오식품

혐오감을 주는 식품으로, 보통 개·뱀·지렁이 등을 말한다.

싫어할 **혐** 미워할 **오** 먹을 **식** 품 **품**

- 嫌惡施設 혐오시설

지역 주민에게 공포감이나 고통을 주거나, 주변 지역의 쾌적성이 훼손됨으로써 집값이나 땅값이 내려가는 등 부정적인 외부효과를 유발하는 시설. 쓰레기 매립장, 원자력발전소, 소각장, 유류저장소 등.

■ 豪雨 호우

비가 내리는 시간과 관계없이 총강수량이 많은 것을 호우라고 하며, 단시간에 비가 많이 오는 현상을 폭우(暴雨) 또는 집중호우라고 한다. 그러나 국지성(局地性) 호우는 지형적인 특징과 강우전선상의 문제, 대기의 불안정과 수증기의 공급 등으로 인하여 특정 지역에만 국한되어 집중적으로 비가 내린다는 점에서 차이가 있으며 태풍에 수반하여 일어날 때도 있다.

성할 **호** 비 **우**

■ 換差損 환차손

환율변동으로 생긴 손해를 환차손, 이로 인해 생긴 이익을 환차익(換差益)이라고 한다. 예를 들어 환율변동으로 1달러당 1000원에서 1100원으로 되었을 때 수출대금은 달러당 100원씩 늘어나게 되는 셈이 된다. 단순하게 계산해 보면 100만 달러를 수출하였을 경우, 바이어(해외수입업자)로부터 수출대금이 입금되어 은행에서 원화로 환불할 때의 환율은 1달러당 100원씩 오른 1100원이므로 총금액은 10억원에서 11억원으로 1억원의 이익을 보게 된다. 반대로 수입을 하였을 경우에는 그만큼의 손해를 보게 되는 것이다. 즉 100만 달러를 전에는 10억원으로 달러를 구입하여 결제를 해 주었는데 환율변동으로 11억원에 구입해야 하므로 1억원의 환차손이 발생하는 것이다.

바꿀 **환** 어긋날 **차** 덜 **손**

■ 黃金比 황금비

황금 분할을 말하며 고대 이집트에서 측량할 때부터 사용되어 건축, 회화, 조각 등 조형예술에 사용되면서 아름다움의 극치를 이루어 내는데 이용되고 있다. 선분을 분할하여 큰 부분과 작은 부분의 비가 전체와 큰 부분의 비에 같도록 분할하는 것을 말한다. A:B=B:(A+B)의 관계로 A를 1로 가정하면 B는 1.61803399가 그 값이며, 흔히 약 3대5 혹은 5대8이라고 한다.

누를 **황** 쇠 **금** 견줄 **비**

■ 會社債 회사채

회사채 또는 사채(社債)라 하며 주식회사가 일반인들에게 자금을 모집하려고 발행하는 채권. 보통 회사채의 수익률이 정부가 발행하는 국고채보다 높은 것은 위험(회사의 부도 등)에 대한 프리미엄 때문이다. 회사채의 등급이 낮을수록 위험성이 높은 만큼 수익률은 높다. 즉 위험과 수익률은 비례한다.

모일 **회** 단체 **사** 빚 **채**

- 國債 국채

국가에서 세입(稅入)의 부족을 보충하기 위하여 발행하는 채권이며, 국고채(國庫債)는 정부가 필요한 자금을 마련하기 위해 발행하는 국채의 일종이다.

- 펀드(Fund)

주식이나 채권 등의 유가증권에 투자하기 위해 일반인으로부터 모금한 투자자금(기금).

■ 後順位債 후순위채

채권발행 기업이 파산이나 청산으로 문을 닫을 경우, 돈을 돌려 받을 권리(채권)가 일반채권보다 밀리는 채권을 말한다. 즉 일반채권이 선순위(先順位)가 되고 이 채권은 후순위가 된다. 이 같은 불리한 조건 때문에 비교적 높은 확정금리를 보장받을 수 있다.

뒤 **후** 이을 **순** 자리 **위** 빚 **채**

可觀 가관　① 볼 만함 ② 꼴불견임

架橋 가교　다리를 놓음.

假橋 가교　임시로 놓은 다리.

稼動 가동　사람이나 기계 등을 움직여 일하게 함 또는 일하게 하는 것.

假釋放 가석방　징역 및 금고형의 집행 중에 있는 사람이 개전(改悛)의 정이 있을 때, 형기만료 전에 조건부로 석방하는 일.

假飾 가식　거짓으로 꾸밈.

家臣 가신　세력가의 집에 딸려 그들을 섬기는 사람.

家屋 가옥　사람이 사는 집.

佳作 가작　꽤 잘된 작품.

價値 가치　값, 사물의 중요성.

價値觀 가치관　인간이 자기를 포함한 세계나 그 속의 만물에 대하여 가지는 평가의 근본적 태도나 보는 방법.

假稱 가칭　임시 또는 거짓으로 일컬음.

苛酷 가혹　매우 모질고 독함.

脚光 각광　① 무대의 전면 아래서 배우를 비추는 광선 ② 사회의 주목을 끄는 일

覺悟 각오　① 앞일에 대한 마음의 준비 ② 번뇌에서 벗어나 불교의 도리를 깨우침

角逐 각축　각(角)은 겨룬다는 뜻, 축(逐)은 쫓는다는 뜻으로 승리를 위하여 경쟁함.

却下 각하　청원이나 신청을 받지 않고 물리침. 소송에서 형식이 법규에 맞지 않다고 하여 소장이나 신청을 물리침, 또는 그 처분.

干戈 간과　창과 방패.

看過 간과　대강 보아 넘김.

間隙 간극　① 사물 사이의 틈 ② 사귀는 사이나 의견 등에서 생기는 틈

間斷 간단　계속되던 것이 한동안 끊김. 잠시 끊이는 동안.

簡單 간단　간편하고 단순함.

懇談 간담　정답게 차근차근히 이야기를 나눔.

懇談會 간담회　어떤 주제를 가지고 서로 터놓고 정답게 이야기를 나누는 모임.

干涉 간섭　① 남의 일에 참견함 ② 한 나라가 다른 나라의 내정·외교에 관하여 강제적으로 개입하는 일. 예 내정간섭(內政干涉)

干城 간성　방패와 성. 국가를 위하여 방패가 되고 성이 되어 외적을 막는 군인을 비유. 국군(國軍)은 국가의 간성(干城).

姦淫 간음　비도덕적인 성 관계.

簡易 간이　간단하고 쉬움. 예 간이영수증(簡易領收證)

懇切 간절　간곡하고 절실함.

看做 간주　상태, 모양, 성질 따위가 그와 같다고 봄. 또는 그렇다고 여김.

看板 간판　상점, 영업소, 기관 등에서 붙이는 표지.

葛藤 갈등　① 일이 까다롭게 뒤얽힘 ② 서로 화합하지 못해 다툼

渴症 갈증　목마름.

喝取 갈취　으름장을 놓아(겁을 주어) 억지로 빼앗음. 예 금품갈취(金品喝取)

監禁 감금　몸을 가두어 자유를 구속·감시함.

感染 감염　① 다른 풍습이 옮아서 물듦 ② 병원체가 몸 안에 들어옴

減員 감원　경제의 위축 등으로 회사에서 인원을 줄임. 반 증원(增員)

感電死 감전사　전기가 몸에 흘러 호흡이 중지되어 사망하거나 심장마비로 인한 사망을 말한다.

鑑定 감정　사물의 진위(眞僞 : 진짜와 가짜)와 좋고 나쁨을 감별하고 결정함.

監察 감찰 감시하고 감독함. 감시하고 감독하는 직무
　　　　　(職務).
監聽 감청 아군이나 적군의 통신 상황을 청취하고, 검
　　　　　토·기록하는 행위.
減縮 감축 덜고 줄여서 적게 함.
減刑 감형 형벌을 덜어 가볍게 함.
強硬 강경 굳세게 버티어 굽히지 않음.
強迫 강박 남의 뜻을 무리하게 꺾거나 자기 뜻에 억지
　　　　　로 따르게 함. 남에게 해를 끼칠 것 같은 언
　　　　　행으로 공포심을 일으키게 하는 일.
講師 강사 학원·학교 등에서 강의를 하는 사람, 강연
　　　　　회나 강습회 등에서 강연하는 사람.
鋼線 강선 강철로 만든 줄이나 선.
強小國 강소국 작지만(小國) 강한 나라. 국토와 인구
　　　　　가 작으면서도 선진국에 진입한 나라.
降水量 강수량 비·눈·우박 등이 지상에 내린 물의
　　　　　총 수량.
降雨量 강우량 내린 비의 총 수량.
剛柔 강유 강함과 부드러움.
改閣 개각 내각(內閣)을 개편함.
概括 개괄 어떤 개념의 외연(外延)으로 확대하여 보다
　　　　　많은 사물을 포괄하는 개념을 만드는 일.
概念 개념 ① 여러 관념 속에서 공통적인 요소를 뽑아
　　　　　종합하여 얻은 하나의 관념
　　　　　② 어떤 사물에 대한 대강의 뜻이나 내용
開途國 개도국 개발도상국(開發途上國)의 준말. 한
　　　　　창 개발이 진행되고 있어 발전해 가
　　　　　고 있는 나라.
開發 개발 ① 천연자원 등을 인간생활에 도움이 되게
　　　　　하는 것
　　　　　② 새로운 것을 생각해 내어 실용화하는 것
　　　　　③ 황무지 등을 개간하여 논밭이나 집터 등
　　　　　으로 만드는 일

　　　　　④ 잠재된 재능 등을 살리어 발달케 함
改善 개선 잘못됨을 고치어 잘 되게 함.
個性 개성 다른 사람과 구별되는 성질.
蓋然 개연 확실하지는 않으나 대개 그럴 것 같음.
介入 개입 사이에 끼어 듦.
改悛 개전 잘못을 뉘우치고 마음을 바르게 고쳐 먹음.
開拓 개척 ① 산야·황무지 등 거친 땅을 일구어 논밭
　　　　　을 만듦
　　　　　② 영토 따위를 확장함
開催 개최 모임·행사를 엶.
慨歎 개탄 분하게 여겨 탄식함.
改編 개편 ① 책 따위를 다시 고쳐 편집함
　　　　　② 조직 따위를 고쳐 편성함
改革 개혁 새롭게 고침. 정치체제나 사회제도 등을 합
　　　　　법적·점진적으로 새롭게 고쳐 나감.
更生 갱생 ① 다시 살아남
　　　　　② 신앙 등에 의해서 마음씨가 새로워짐
距離 거리 두 점을 잇는 직선의 길이.
拒否 거부 승낙하지 않고 물리침.
巨星 거성 위대한 사람을 비유.
居處 거처 일정하게 살고 있는 곳.
建兒 건아 건강하고 씩씩한 사나이.
建築 건축 건물, 구조물을 세움.
檢擧 검거 수사기관에서 범죄의 용의자를 잡아가는
　　　　　일.
揭記 게기 써서 붙이거나 걸어 두어서 여러 사람이 보
　　　　　게 함, 또는 그 기록.
激勵 격려 의욕을 북돋아 줌.
隔離 격리 다른 것과 통하지 못하도록 사이를 막거나
　　　　　떼어놓음.
隔地者 격지자 한 편의 의사표시를 다른 편이 알기
　　　　　까지 시간이 필요한 관계에 있는 사
　　　　　람. 🈺 대화자(對話者)

格差 격차　수준 · 품질 · 자격 · 가격의 차.

堅固 견고　굳세고 단단함.

肩章 견장　제복의 어깨에 붙여 계급이나 관직의 종류
　　　　　를 표시하는 것.

牽聯 견련　① 서로 얽혀 관련되는 것
　　　　　② 서로 끌어당겨 관련시킴

堅持 견지　주장이나 주의 따위를 굳게 지님.

決裂 결렬　회담 · 교섭 등에서 의견이 맞지 않아 서로
　　　　　그간의 관계를 끊고 갈라짐.

決裁 결재　아랫사람이 올린 안건을 책임자가 검토, 판
　　　　　단하여 승인함.

缺陷 결함　부족하고 불완전하여 흠이 되는 부분.

兼職 겸직　한 사람이 두 가지 직무를 겸함.

頃刻 경각　눈 깜짝할 동안.

景氣 경기　경제 활동의 상황.

競賣 경매　① 채권자의 신청에 의하여 법원 또는 집달
　　　　　관이 동산이나 부동산을 공매(公賣) 방법으
　　　　　로 파는 일
　　　　　② 민사집행법에 의하여 법원에서 소송절
　　　　　차의 일환으로 진행되는 강제집행절차.

輕罰 경벌　가벼운 벌.

傾斜 경사　비탈지거나 기울어진 상태.

梗塞 경색　막힘. 교섭이 진전되지 않음.

競選 경선　복수(複數)의 후보가 경쟁하는 선거.

經營 경영　① 사업이나 기업 등을 관리하고 운영하는
　　　　　것
　　　　　② (국가를) 다스려 보살피는 것

境遇 경우　어떤 조건 밑에 놓일 때. 처해 있는 사정이
　　　　　나 형편.

驚異 경이　놀랍고 이상스러움.

更迭 경질　어떤 직위의 사람을 갈고 딴 사람을 임용
　　　　　함.

傾聽 경청　다른 사람의 말을 귀 기울여 들음.

慶祝 경축　경사(慶事)를 축하함.

京鄕 경향　서울과 시골.

傾向 경향　마음이나 형세가 한 쪽으로 기울어져 쏠림.

硬化 경화　① 굳어서 단단하게 됨. 예 동맥경화(動脈
　　　　　硬化)
　　　　　② 주장이나 의견, 태도, 사고방식 따위가
　　　　　강경해짐

硬貨 경화　① 금속으로 주조한 화폐. 금화 · 백동화 따위
　　　　　② 금이나 외국의 통화와 항시 바꿀 수 있
　　　　　는 통화. 달러 · 마르크 따위. 반 연화(軟
　　　　　貨).

階段 계단　오르내리기 위한 층층대.

啓蒙 계몽　어린 아이나 무식한 사람을 깨우쳐 줌.

啓發 계발　슬기와 재능을 널리 열어 줌.

系譜 계보　① 조상 때부터 내려오는 혈통과 집안 역사
　　　　　를 적은 책
　　　　　② 혈통이나 학풍 · 사조(思潮) 등이 계승되
　　　　　어 온 연속성

繼承 계승　뒤를 받아 이음.

啓示 계시　나아갈 길을 가르쳐 알게 함. 사람의 지혜
　　　　　로는 알 수 없는 진리를 신의 영감(靈感)으
　　　　　로 알려 줌.

契約 계약　지킬 의무에 대한 약속. 사법상(私法上)의
　　　　　일정한 법률효과의 발생을 목적으로 두 사
　　　　　람 이상의 의사 합의에 따라 성립하는 법률
　　　　　행위.

計策 계책　무엇을 이루기 위한 계교(計巧)와 방책.

系統 계통　조직적인 체계나 순서.

計劃 계획　미리 생각해 보고 일의 가닥을 잡음.

顧客 고객　단골 손님.

苦待 고대　몹시 기다림. 예 학수고대(鶴首苦待)

孤立 고립　홀로 외따로 떨어져 있음. 남과 어울리지
　　　　　못하고 외톨이가 됨.

拷問 고문　죄를 진 혐의가 있는 자에게 자백을 강요하
　　　　　기 위하여 육체적 고통을 주며 신문함.

顧問 고문　어떤 분야에 대하여 전문적인 지식과 풍부
　　　　　한 경험을 가지고 자문에 응하여 의견을 제
　　　　　시하는 직책, 또는 그 사람.

告訴 고소　피해자 또는 고소권자가 검사나 사법 경찰

관에게 구두·서면으로 피해 사실을 신고
하여 범인의 공소(公訴)를 제기함.

高所恐怖症 고소공포증
높은 곳에 오르면 자기가 뛰어내리거나 떨
어지는 것이 아닌가 하여 무서워하는 강박
신경증.

雇傭 고용 삯을 받고 남의 일을 하여 줌. 당사자 일방
이 상대방에 대하여 노무를 제공할 것을 약
정하고 상대방이 이에 대하여 보수를 지급
할 것을 약정함으로써 성립하는 계약.

故障 고장 정상적 작용에 지장을 주는 탈.

考察 고찰 숙고하여 살펴봄.

苦衷 고충 괴로운 심정. 어려운 사정.

鼓吹 고취 북을 치고 피리를 붊. 용기를 북돋음.

曲折 곡절 복잡한 사연이나 내용. 까닭.

曲直 곡직 사리의 옳고 그름. **예** 불문곡직(不問曲直)

骨董品 골동품 ①오래 되고 희귀한 세간이나 미술품
②오래 되었을 뿐으로 가치도 없고
쓸모도 없게 된 물건, 또는 그러한 사
람.

公權力 공권력 국가 또는 공공 단체가 국민에 대하
여 명령하고 강제하는 권력.

功勞 공로 일에 애쓴 공적.

公賣 공매 법률의 규정에 의하여 국가기관이 강제적
으로 행하는 매각(賣却).

貢物 공물 세금으로 바치던 지방의 특산물.

共犯 공범 여럿이 공모하여 공동으로 저지른 범죄, 또
는 그 사람.

公僕 공복 국민에 대한 봉사자라는 뜻으로 '공무원'
을 달리 이르는 말.

攻勢 공세 공격하는 태세나 세력.

公訴 공소 검사가 형사사건에 관하여 법원에 재판을
청구하는 것.

公訴時效 공소시효
일정한 기간이 지나면 검사의 공소권이 소
멸되어 공소를 제기할 수 없는 시한(時限).

共榮 공영 서로 함께 번영함.

公營 공영 공적인 기관, 특히 지방 자치 단체가 경
영·관리하는 것. 또는 그 사업.

公認 공인 국가나 사회·정당이 어떤 행위나 물건에
대해 인정함. 공인중개사(公認仲介士)

貢租 공조 공물(貢物, 세금으로 바치던 지방의 특산
물)로 바치던 세금.

貢獻 공헌 이바지함.

恐慌 공황 ① 두려워서 어찌할 바를 모름
② 극도의 호경기 끝에 나타나는 혼란 상태.

果敢 과감 과단성이 있고 용감함.

過渡期 과도기 ① 한 단계에서 다른 단계로 넘어가
는 시기
② 사회의 사상과 제도·질서가 확립
되지 않고 인심이 불안정한 시기.

誇示 과시 자랑하여 보임.

過剩 과잉 예정한 수량이나 필요한 수량보다 많음.

寡占 과점 어떤 상품 시장의 대부분을 소수의 기업이
차지함.

課程 과정 과업(課業)의 정도.

過程 과정 일이 되어 가는 경로.

慣習 관습 사회적으로 인정된 질서나 습관.

慣用 관용 습관이 되어 늘 씀. 정한대로 늘 사용함.

寬容 관용 너그럽게 받아들이거나 용서하는 것.

管掌 관장 어떤 기관이나 단체, 직책을 가진 사람이
맡아서 처리함.

貫徹 관철 어려움을 뚫고 목적을 이룸.

廣告 광고 널리 알림.

掛鐘 괘종 일정한 시각이 되면 종을 치게 되어 있는
벽이나 기둥에 거는 시계.

橋脚 교각 다리 기둥.

攪亂 교란 어떤 대상을 뒤흔들어 어지럽게 하거나 혼
란에 빠지게 함.

交付 교부 ① 내어 줌 ② 물건의 인도(引渡)

教養 교양 ① 가르쳐 기름 ② 문화에 관한 광범한 지
식을 쌓아 길러지는 마음의 윤택함.

郊外 교외 들이나 논밭이 비교적 많은 도시의 주변.

校庭 교정 학교의 마당이나 운동장.

矯正 교정 틀어지거나 굽은 것을 바로잡음. 교도소나
　　　　　소년원 등에서 재소자(在所者)의 잘못된 품
　　　　　성이나 행동을 바로잡는 것.

交換 교환 당사자 쌍방이 금전 이외의 재산권을 서로
　　　　　이전할 것을 약정함으로써 성립하는 계약.

救急 구급 ① 급난을 구원함 ② 응급조처를 취함.

購讀 구독 책이나 신문·잡지 등을 사서 읽음.

口頭 구두 마주 대하여 입으로 하는 말.

丘陵 구릉 언덕.

購買 구매 물건을 사들이는 것.

驅迫 구박 못 견디게 다그치고 괴롭힘.

具備 구비 빠짐없이 모두 갖춤.

拘束 구속 ① 체포하여 신체를 속박함
　　　　　② 자유행동을 제한 또는 정지시킴

區域 구역 일정하게 구분된 지역

購入 구입 물건을 사들임.

救濟 구제 불행이나 재해를 만난 사람을 도와줌.

苟且 구차 매우 가난함. 버젓하지 못하고 옹졸함.

求刑 구형 형사재판에 있어서 피고에게 어떠한 형벌
　　　　　주기를 검사가 판사에게 요구함.

國庫 국고 ① 재산권의 주체로서의 국가
　　　　　② 나라의 수입, 지출을 관리하는 기관

國庫債 국고채 정부에서 필요한 자금을 마련하기 위
　　　　　해 발행하는 국채의 일종으로 공공자
　　　　　금관리기금이 상환의무를 지는 채권.

局面 국면 ① 어떤 일이 있는 경우의 그 장면
　　　　　② 사건이 변해 나가는 정황

國粹主義 국수주의
　　　　　자기 나라의 전통적 특수성만을 우수한 것
　　　　　으로 믿는 배타적이고 보수적인 주의.

國籍 국적 국가의 구성원이 되는 자격.

國債 국채 국가에서 세입(稅入)의 부족을 보충하기 위
　　　　　해 발행하는 채권.

局限 국한 범위를 일정한 부분에 한정함.

群衆 군중 한 곳에 떼를 지어 모여 있는 사람의 무리.

軍港 군항 군사 목적으로 설비한 항만.

屈指 굴지 ① 손가락을 꼽음
　　　　　② 손가락을 꼽아 셀 만큼 뛰어남

窮極 궁극 ① 극도에 달함 ② 마지막

權原 권원 권리의 원인. 어떤 행위를 정당화하는 법률
　　　　　적인 원인. 지상권(地上權)·임차권(賃借
　　　　　權) 등이 남의 땅에 물건을 부속시키는 원
　　　　　인이 되는 일 따위.

勸誘 권유 어떤 일을 하도록 권함.

勸獎 권장 잘 하도록 권하여 장려함

權座 권좌 권력, 특히 통치권을 가진 자리.

軌道 궤도 ① 행성·혜성·인공위성 등이 중력의 영
　　　　　향을 받아 다른 천체의 둘레를 돌면서 그리
　　　　　는 곡선의 길
　　　　　② 열차나 전차 등이 다닐 수 있도록 땅 위
　　　　　에 깔아 놓은 레일·침목 등의 구조물

龜鑑 귀감 행위의 기준이 되는 것. 거울로 삼아 본보
　　　　　기가 될만한 것.

歸屬 귀속 재산이나 권리, 또는 영토 같은 것이 어떤
　　　　　사람이나 단체·국가 등에 속하여 그의 소
　　　　　유가 됨.

歸順 귀순 더 이상 맞서거나 대항하지 않고 이쪽 세력
　　　　　에 동조하거나 속하게 되어 복종하는 것.

歸還 귀환 본디의 곳으로 돌아옴.

規範 규범 의무적으로 지켜야 할 질서.

規制 규제 ① 규정 ② 규율을 세워 제한함

糾彈 규탄 여럿이 모여 어떤 잘못을 조사하여 탄핵(彈
　　　　　劾)함.

克己 극기 자기의 욕심·충동·감정 등을 이성적인
　　　　　의지(意志)의 힘으로 눌러 이기는 것.

根幹 근간 뿌리와 줄기, 중요한 기본.

根據 근거 ① 사물의 토대
　　　　　② 의논 등에 그 근본이 되는 터전

勤勞 근로 일에 힘씀.

僅少 근소 아주 적음.

謹愼 근신 언행을 삼가서 조심함.

金塊 금괴 금덩이.

禽獸 금수 날짐승과 길짐승, 모든 짐승.

禁輸 금수 수출입을 금지함.

禁慾 금욕 욕망을 억제하고 금함.

金融 금융 ① 돈의 융통
② 경제상 자금의 수요와 공급의 관계

給付 급부 재물을 주는 것. 청구권의 목적이 되는 의무자의 행위.

肯定 긍정 그렇다고 인정하거나 옳다고 함.

棄却 기각 ① 버림
② 소송을 수리한 법원이 그 내용을 심리(審理)하여 이유가 없는 것으로 또는 부적법한 것으로 판단하여 배척하는 판결.

紀綱 기강 규율과 질서.

棄權 기권 자기의 권리를 버리고 행사하지 않음.

企圖 기도 일을 꾸며내려고 꾀함.

祈禱 기도 바라는 바가 이루어지기를 신에게 빎, 또는 그 의식.

氣道 기도 뭍 위에 사는 척추동물이 숨을 쉴 때 공기가 폐에 드나드는 통로.

欺瞞 기만 남을 그럴듯하게 속임. 기망(欺罔).

欺罔 기망 = 기만(欺瞞).

機密 기밀 대단히 중요하고 비밀스런 일.

起伏 기복 지세(地勢)가 높았다 낮았다 함. 세력이 성하였다 쇠하였다 함. 성쇠(盛衰).

羈束 기속 ① 얽어매어 묶는 일
② 강제로 얽어매어 자유를 빼앗음

飢餓 기아 굶주림.

技藝 기예 기술에 관한 재주.

記載 기재 기록하여 실음.

機制 기제 어떤 결과를 생기게 하는 또는 어떤 목적을 이루기 위한 작용, 수단.

寄贈 기증 어떤 물품을 단체 등에 유익하게 쓰라는 뜻으로, 또는 선물로 보내 주는 것.

基礎 기초 기본으로 되는 토대.

忌避 기피 꺼려서 피함.

畿湖 기호 서울을 중심으로 한 경기도 일대와 황해도 남부 및 충청남도 북부를 포함한 지역.

嗜好 기호 먹거나 마시거나 피우거나 하는 물질을 즐기고 좋아함. 기호식품(嗜好食品)

旣婚 기혼 이미 결혼함.

企劃 기획 일을 꾸미어 꾀함.

緊縮 긴축 바짝 줄임. 재정(財政)의 기초를 다지기 위하여 지출을 줄이는 일.

羅列 나열 죽 벌여 놓음.

樂觀 낙관 모든 사물의 형편을 좋게 봄.

烙印 낙인 ① 불에 달구어 찍는 쇠도장
② 씻기 어려운 불명예스러운 이름

難關 난관 ① 지나기가 어려운 길목
② 일을 해나가기 어려운 고비

爛漫 난만 꽃이 활짝 피어 아름다움.

亂舞 난무 ① 한데 뒤섞여 어지럽게 춤을 춤
② 함부로 나서서 마구 날뜀

難航 난항 항해하기 어려움, 어려운 항해. 어떤 일이 어려움에 부딪침.

濫發 남발 법령·지폐·탄환 등을 마구 발포·발행·발사함.

濫用 남용 마구 씀. 권리나 권력 등을 일정한 기준이나 한도를 넘어서 마구 행사하는 것.

納得 납득 남의 말이나 행동을 잘 알고 이해함.

納稅 납세 나라에 세금을 바침.

耐久性 내구성 오래 견디는 성질.

內紛 내분 집단이나 조직의 내부에서 자기들끼리 일으킨 분쟁.

來賓 내빈 모임·식장 등에 공식적으로 초대를 받고 찾아온 손님.

內需 내수 국내에서의 수요(需要). 민간과 정부에 의한 수요.

乃至 내지 얼마에서 얼마까지.

內包 내포 ① 한 개념이 포함하고 있는 성질의 전체
② 어떠한 뜻을 그 속에 포함함. 반 외연(外延)

內訌 내홍　집단이나 조직의 내부에서 자기들끼리 일으킨 분쟁. 내분(內紛).

冷却 냉각　① 더운 물건을 차게 함
　　　　② 아주 식어서 차게 됨

勞動 노동　마음과 몸을 써서 일함.

勞務 노무　① 임금을 얻기 위하여 하는 노동
　　　　② 회사 등에서 종업원의 작업 배치나 복지·후생 등에 관한 사무

奴婢 노비　남자 종과 여자 종.

勞賃 노임　품삯.

露店 노점　길바닥에 벌여 놓은 소규모의 가게. 난전. 노점상(露店商)

露出 노출　① 밖으로 드러나거나 드러냄
　　　　② 사진술에 있어서 감광면에 빛을 쐬는 일

農耕 농경　논밭을 갈아 농사를 지음.

濃淡 농담　짙음과 옅음.

弄談 농담　남을 웃기려고 우스갯소리를 하거나, 가볍게 놀리는 말을 하는 것, 또는 그 말.

籠城 농성　성문을 굳게 닫고 성을 지킴. 어떠한 목적을 위하여 한 자리에 줄곧 머물며 버티는 일.

賂物 뇌물　직권(職權)을 이용하여 특별한 편의를 보아 달라는 뜻으로 주는 부정한 금품.

腦炎 뇌염　뇌수에 염증이 생기는 병.

樓閣 누각　사방이 탁 트인 상태로 높다랗게 지은 집. 정자와 형태가 비슷하나 규모가 큼.

漏電 누전　전기가 새어 나감.

累進稅 누진세　과세 물건의 수량 또는 화폐 가치의 증가에 따라서 점점 높은 세율을 부과하는 조세.

能率 능률　일정한 동안에 이룰 수 있는 일의 비율.

多數決 다수결　회의에서 다수인의 찬성으로써 가부를 정함. 다수결의 원칙.

斷交 단교　① 교제를 끊음
　　　　② 국교를 끊음. 반 수교(修交)

單獨 단독　단 하나, 홀로, 단 한 사람.

端緒 단서　일의 처음, 일의 실마리.

斷續 단속　끊어졌다 이어졌다 함.

團束 단속　주의를 기울여 단단히 다잡거나 보살핌. 법률·규칙·명령 따위를 어기지 않게 통제함.

丹粧 단장　얼굴, 머리를 꾸밈.

但只 단지　다만.

擔當 담당　일을 맡음.

淡水 담수　짠맛이 없는 맑은 물.

擔保 담보　채무자가 채무를 이행하지 않을 경우 채무의 변제를 확보하는 수단으로서 미리 채권자에게 제공하는 것.

談合 담합　입찰(入札) 등에서 입찰 참가자들이 미리 의논하여 입찰 가격이나 낙찰자 등을 협정(協定)하는 것.

踏査 답사　실지로 현장에 가 조사함.

糖類 당류　단당류(單糖類)·소당류(少糖類)·다당류(多糖類) 등 당분의 총칭.

大權 대권　국가 원수가 국가를 통치하는 헌법상의 권한.

對等 대등　양쪽이 비슷함.

代辯 대변　어떤 개인이나 기관을 대신하여 그의 의견·태도 등을 책임지고 말함. 반 대변인(代辯人)

代償 대상　남을 대신하여 갚아줌. 상대편의 동의를 얻어 본래의 채무나 손해에 대한 보상 따위를 다른 물건으로 대신 물어주는 일.

大暑 대서　큰 더위.

大選 대선　대통령 선거.

大勢 대세　일이 진행되는 결정적인 형세.

對案 대안　기존의 방안을 대신할 만한 더 좋은 방안.

代位辨濟 대위변제
　　　　제3자가 채무자의 채무를 변제함으로써 종래 채권자가 가지고 있던 채권에 관한 권리가 제3자에게로 넘어가는 것.

大衆 대중　신분의 구별이 없이 한 사회의 대다수를 이

루는 사람.

對質 대질 말이 서로 어긋날 때, 소송 사건 관계자 쌍방을 대면시켜 질문·응답하게 하는 것. 면질(面質). 대질심문.

貸借 대차 꾸어줌과 꾸어 옴. 소비대차·사용대차·임대차의 총칭.

代替 대체 다른 것으로 바꿈.

陶工 도공 옹기를 만드는 사람.

都給 도급 당사자 일방이 어느 일을 완성할 것을 약정하고 상대방이 그 일의 결과에 대하여 보수를 지급할 것을 약정함으로써 성립하는 계약.

盜難 도난 도둑을 맞는 재난(災難).

盜聽 도청 몰래 엿듣는 일.

督勵 독려 감독하며 격려함.

獨先生 독선생 '가정교사'의 옛말.

獨裁 독재 독단으로 사물을 결정 처리한.

獨占 독점 특정 자본(기업)이 생산과 시장을 지배하고 이익을 독차지함.

瀆職 독직 직책을 더럽힘. 특히 공무원이 지위나 직무를 남용하여 비행을 저지름.

督促 독촉 빨리 서둘러 하도록 재촉함.

敦篤 돈독 인정이 두터움. 돈후함.

突入 돌입 막 뛰어듦. 갑자기 뛰어듦.

凍結 동결 ① 얼어붙음
② 자산·자금 등의 사용 및 이동을 금하는 일

同盟 동맹 개인·단체 및 국가가 어떤 목적을 이루기 위해 상호 동일한 행동을 취할 것을 맹세하여 맺는 약속.

動搖 동요 움직이고 흔들림. 불안한 상태에 빠짐.

動態 동태 움직이는 상태. 활동하는 상태.

同胞 동포 형제 자매. 민족에 속하는 사람.

頭角 두각 ① 머리나 머리 끝
② 뛰어난 학식·재능·기예

得失 득실 얻음과 잃음.

得票 득표 투표에서 표를 얻음.

等級 등급 신분·품질 등의 상하·우열 등을 나타내는 단계·구분.

登記 등기 권리 또는 사실을 널리 밝히기 위하여 관련되는 일정사항을 등기부에 적는 것. 또는 적어 놓은 기록.

登錄 등록 문서에 올림.

登庸 등용 인재를 골라 뽑아 씀.

登載 등재 신문이나 잡지, 장부 등에 어떤 사실을 올려 적거나 실음. 예 게재(揭載)

痲藥 마약 마취 작용을 하며 습관성을 가진 약으로 오래 복용하면 중독 증상을 나타내는 물질의 총칭.

摩擦 마찰 ① 의견이 맞지 않아 충돌하는 일
② 한 물체가 다른 물체에 닿았을 때 받는 저항

滿期 만기 정한 기한이 다 참, 또는 그 기한.

慢性 만성 ① 급히 악화되지도 않고 쉽사리 낫지도 않는 병의 성질
② 바람직하지 않은 상태나 현상이 오래 계속됨, 또는 계속되거나 반복되어 버릇이 되다시피 된 상태

蔓延 만연 널리 퍼지거나 번짐.

蠻勇 만용 앞뒤 가리지 않고 무모하게 부리거나 내는 의욕이나 용기.

滿潮 만조 가장 꽉 차게 들어왔을 때의 밀물. 예 고조(高潮). 반 간조(干潮).

漫畵 만화 ① 인물이나 동물, 또는 사물의 모습을 간결하고 생략된 선(線)으로 익살스럽게 그리거나 과장하여 나타낸 그림
② 과장되거나 익살스러운 그림에 짤막짤막한 글을 넣어, 유머나 풍자, 또는 일정한 줄거리를 담은 읽을거리

抹殺 말살 ① 있는 것을 뭉개어 없애 버림
② 남의 존재를 면목 없이 해 버림

抹消 말소 기록되어 있는 사실을 지워 없앰.

忘却 망각 ① 잊어버림 ② 기억에서 아주 사라진 상태

罔極 망극 은혜나 슬픔이 그지없음.

亡命 망명 혁명의 실패 또는 그 밖의 사정으로 제 나라에 있지 못하고 남의 나라로 몸을 피함.

妄言 망언 망녕된 말.

賣却 매각 물건을 팔아 버림. 예 매도(賣渡).

媒介體 매개체 둘 사이에서 어떤 일을 맺어주는 구실을 하는 것.

賣買 매매 물건을 팔고 사고 함. 당사자 일방이 재산권을 상대방에게 이전할 것을 약정하고 상대방이 그 대금지급을 약정함으로써 그 효력이 생기는 계약.

煤煙 매연 연료가 탈 때 나는 연기와 그을음. 특히, 불완전 연소로 발생하는 대기 오염물질.

埋葬 매장 시체나 유골을 땅에 묻음.

盲信 맹신 덮어놓고 믿음.

盲點 맹점 주의가 미치지 못하여 모순되어 있는 점.

勉勵 면려 힘써 함.

免職 면직 그 직(職)에서 물러나게 함.

免許 면허 특정한 일을 행하는 것을 행정기관이 허가하는 일.

明渡 명도 건물·토지·선박 등을 비우고 남에게 넘겨줌.

冥福 명복 죽은 뒤 저승에서 받는 복.

名譽 명예 훌륭하다고 인정되어 얻은 존엄이나 품위.

命題 명제 어떤 주장을 가진 하나의 판단 내용을 언어·기호·식(式) 등으로 나타낸 것.

謀叛 모반 반역을 꾀함.

模倣 모방 본뜨거나 본받음.

矛盾 모순 창과 방패. 말의 앞뒤가 서로 맞지 않음.

沒收 몰수 범죄행위에 사용 또는 사용하려고 한 물건이나 범죄행위의 결과 또는 그 보수로 얻은 물건의 소유권을 관청에서 박탈하는 행위.

沒我 몰아 자기를 잊고 있는 상태. 예 망아(忘我).

描寫 묘사 ① 사물을 있는 그대로 그려냄
② 객관적으로 표현하여 옮김

舞臺 무대 노래·춤·연극 등을 행하기 위하여 시설한 정면에 한층 높이 만든 단.

無謀 무모 ① 꾀와 수단이 없음 ② 깊은 사려가 없음

霧散 무산 안개가 개듯이 흔적 없이 흩어짐.

無償 무상 어떠한 행위에 대하여 그 대가나 보상이 없는 것. 반 유상(有償)

茂盛 무성 풀이나 나무가 우거짐.

貿易 무역 외국과의 상품의 유통 매매.

拇印 무인 지장(指章), 손도장.

默念 묵념 말없이 가만히 생각함.

默認 묵인 모르는 체하고 슬며시 승인함.

門外漢 문외한 전문적인 지식이 없거나 관계가 없는 사람.

文獻 문헌 문물 제도의 전거(典據, 근거가 되는 출처)가 되는 기록

勿論 물론 더 말할 것 없이.

微妙 미묘 뚜렷하지 않고 야릇하게 묘함.

彌縫 미봉 잘못된 것을 임시변통으로 이리저리 꾸며 대어 맞춤.

未遂 미수 ① 목적을 이루지 못함
② 범죄를 착수하여 그 목적을 이루지 못한 일

迷信 미신 ① 마음이 무엇에 홀려서 망령된 믿음에 집착함
② 종교적·과학적 견지에서 망령되다고 생각되는 신앙

美醜 미추 아름다움과 추악함.

迷惑 미혹 홀려서 정신을 못 차림.

民辯 민변 민주사회를 위한 변호사 모임.

民事 민사 ① 민간에 관한 일
② 사법상(私法上)의 법률 관계에 관련되는 사항. 반 형사(刑事)

敏活 민활 날쌔고 활발함.

密閉 밀폐 꼭 닫음. 꼭 막음.

拍手 박수 손뼉을 침.

博識 박식 학식이 많음. 견문이 넓음. 예 박학다식(博學多識)

剝奪 박탈 재물이나 권리를 빼앗음.

返納 반납 빌린 것을 돌려 줌.

半導體 반도체 전기를 전도하는 성질이 도체(導體)와 절연체(絕緣體)의 중간 성질을 갖는 물질.

反轉 반전 일의 형세가 뒤바뀜.

發掘 발굴 ① 땅속에 묻힌 물건을 파냄
② 알려지지 않거나 뛰어난 것을 찾아냄

發令 발령 ①명령을 발포함
②법령이나 사령을 발포하거나 공포함

發付 발부 증서, 영장 등을 발행함.

發着 발착 출발과 도착.

拔萃 발췌 글 가운데서 필요하거나 중요한 대목만을 가려 뽑음, 또는 그 글.

勃興 발흥 갑자기 기운을 얻어 성해짐.

傍觀 방관 나서서 돕거나 바로잡거나 상관하지 않고 그냥 내버려두는 것. 예 수수방관(袖手傍觀)

放生 방생 사람에게 잡혀죽게 된 산 물고기나 산 짐승을 놓아주는 것.

放恣 방자 갖추지 않거나 삼가는 태도가 없이 함부로 또는 멋대로 행동함.

妨害 방해 해를 주는 행동이나 작용을 하여, 제대로 하거나 이루지 못하게 함.

倍加 배가 갑절이 되게 더함.

配當 배당 ① 적당하게 나눔
② 밑천을 낸 사람에게 그 이익을 나누어줌

配慮 배려 여러모로 자상하게 마음을 씀. 염려해 줌.

賠償 배상 남의 권리를 침해하여 입힌 손해를 갚아 줌.

胚芽 배아 식물에서는 씨 속에서 자라 싹눈이 되는 부분(씨눈). 동물의 알 속에서 자라 새끼가 되는 부분. 인간은 각종 세포와 조직 등으로 분화되기 시작하는 태아를 말한다.

排斥 배척 반대하여 물리침, 물리쳐 내침.

背馳 배치 서로 반대가 되어 어긋남.

配置 배치 사람이나 물건 등을 적당한 자리나 위치에 나누어 두는 것.

配匹 배필 부부로 되는 짝. 예 배우(配偶)

煩惱 번뇌 마음이 시달려서 괴로움.

繁殖 번식 불고 늘어서 많이 퍼짐.

繁昌 번창 번화하고 창성함.

罰則 벌칙 법규에 대한 위반 행위의 처벌을 정해 놓은 규칙.

罰金 벌금 범죄의 처벌로서 부과하는 돈.

法廷 법정 법원이 소송 절차에 따라 송사를 심리하고 판결하는 곳.

僻村 벽촌 도시에서 멀리 떨어져 외부와 교류가 거의 없는 한적한 시골 마을.

變動 변동 변하여 움직임.

辨理士 변리사 특허 · 실용신안 · 의장 · 상표 등의 신청이나 출원 등의 대행을 업으로 하는 사람.

辨濟 변제 빚을 갚는 것.

變造 변조 손질하여 형태나 내용을 다르게 만듦.

變遷 변천 세월이 흐르는 동안 변하여 달라짐.

變通 변통 형편과 경우에 따라서 일을 융통성 있게 잘 처리함. 돈이나 물건 따위를 융통함.

辯協 변협 대한변호사협회.

辯護 변호 남의 이익을 위하여 변명하여 비호함. 예 변호사(辯護士)

病菌 병균 병을 일으키는 세균.

竝立 병립 나란히 함께 섬.

竝存 병존 둘 이상이 함께 존재함.

屛風 병풍 바람을 막거나 무엇을 가리기 위하여, 또는 장식용으로 방 안에 치는 물건.

保健 보건 건강을 지켜 나가는 일.

普及 보급 널리 퍼져 알도록 함.

補償 보상 남의 손해를 메워 갚아 줌.

保稅 보세 관세(關稅)의 부과(賦課)가 연기(延期)되는 상태.

保衛 보위 보호하고 방위함.

補佐 보좌　윗사람의 사업을 도와 줌.

保證金 보증금　임대인이 임차인의 차임지급의무, 목적물보관의무 등을 담보하기 위해 관행상 교부(交付)받는 금전.

復舊 복구　본래의 상태로 회복함.

伏線 복선　뒷일의 준비로서 미리 암암리에 베풀어 두는 것.

服役 복역　① 공역(公役)·병역에 종사함
② 징역을 살아나감

福祉 복지　행복과 이익·복리.

奉仕 봉사　남을 위하여 일함.

奉祀 봉사　조상의 제사를 받들어 지냄.

剖檢 부검　사망 원인을 밝히기 위해 시체를 해부하여 검사하는 일.

賦課 부과　세금이나 물릴 돈을 매겨서 부담하게 함.

副官 부관　일정한 중요 간부에게 딸려 호위하던 참모.

部署 부서　업무의 성격에 따라 나눈 조직의 단위.

副署 부서　법령이나 대통령의 국무에 관한 문서에 국무총리와 관계 국무위원이 함께 하는 서명.

浮揚 부양　가라앉은 것을 떠오르게 함. 침체(沈滯)된 경제에 활기를 줌.

扶養 부양　생활능력이 없는 사람의 생활을 돌봄.

賦與 부여　나누어 줌.

賦役 부역　국민에게 보수(報酬)없이 의무적으로 지우는 노역.

賻儀 부의　초상난 집에 부조(扶助)로 보내는 돈이나 물건.

赴任 부임　임명을 받아 근무할 곳으로 가는 것.

符籍 부적　악귀, 재앙을 물리친다고 하는 붉은 글씨 모양으로 그린 종이.

扶助 부조　남을 물질적으로 도와 줌.

浮沈 부침　물에 떴다 잠겼다 함. 성(盛)함과 쇠(衰)함 또는 시세의 바뀜을 가리키는 말.

腐敗 부패　미생물의 작용으로 단백질 및 유기물이 악취를 내면서 분해되는 현상. 썩음.

憤慨 분개　몹시 화를 냄. 매우 분하게 여김.

紛糾 분규　이해(利害)나 주장이 뒤얽혀서 말썽이 많고 시끄러운 것. 예 노사분규(勞使紛糾)

分斷 분단　여러 개로 나누어 끊음.

分擔 분담　여럿이 일이나 부담 등을 나누어서 맡음.

分裂 분열　갈라져 나뉨.

粉末 분말　가루.

奔忙 분망　매우 바쁨.

粉飾 분식　아름답게 또는 훌륭하게 보이기 위하여 겉을 꾸밈.

紛爭 분쟁　복잡하게 일그러진 다툼질.

不敏 불민　슬기롭지 못하고 둔함.

不法 불법　법령으로 규정된 것에 위반되는 것.

不服 불복　복종하지 아니함. 죄에 대해 규정된 형벌에 복종하지 아니함.

拂下 불하　관공서에서 일반인에게 공유물을 팔아 넘기는 일.

不況 불황　경기가 좋지 않아 산업의 경제 활동이 활발하지 못하게 된 상태. 예 불경기 반 호황(好況)

崩壞 붕괴　허물어져 무너짐.

比肩 비견　어깨를 나란히 함. 낫고 못함이 없이 서로 비슷함.

悲觀 비관　일이 뜻대로 되지 않아 슬퍼하거나 실망함. 인생은 괴로움과 악뿐이므로 바랄 것이 없다는 염세관(厭世觀).

比較 비교　서로 견주어 봄.

非難 비난　남의 결점(缺點)이나 잘못을 책잡아 나쁘게 말하는 것.

比例稅 비례세　과세 대상의 크기에 관계없이 일정한 세율로 부과하는 세.

肥料 비료　거름.

碑銘 비명　비석에 씌어 있는 글.

非命 비명　사람이 제 수명을 다 누리지 못한 상태. 뜻밖의 사고 등으로 갑자기 죽었을 때 그 죽음을 이르는 말.

悲鳴 비명　몹시 놀라거나 극심한 고통을 느끼거나 하는 순간 자기도 모르게 지르는 소리.

悲愁 비수 슬픔과 근심.

匕首 비수 날이 날카로운 단도.

悲哀 비애 슬픔이나 서글픔.

批准 비준 조약의 체결에 대한 당사국의 최종적 확
　　　　　인·동의의 절차.

批評 비평 사물의 좋고 나쁨, 옳고 그름 따위를 평가
　　　　　함.

庇護 비호 감싸 보호함. 편을 들거나 두둔하여 보호하
　　　　　는 것.

貧困 빈곤 살림살이가 어려움. 필요한 것이 없거나 모
　　　　　자람.

貧富 빈부 가난함과 넉넉함.

頻數 빈삭 횟수·도수가 매우 잦음.

事件 사건 사회적으로 물의를 일으키거나 충격을 주
　　　　　어 세상 사람들의 관심을 집중시키는 일.

邪見 사견 요사스럽고 바르지 못한 생각.

私見 사견 공적인 또는 공개적인 자리에서 개인의 사
　　　　　사로운 생각이나 의견을 이르는 말.

詐欺 사기 ① 나쁜 꾀로 남을 속임
　　　　　② 남을 속여 착오에 빠지게 하는 위법

謝禮 사례 언행이나 물품으로 상대자에게 고마운 뜻
　　　　　을 나타냄.

沙漠 사막 생물이 자라지 않는 모래 벌판.

寫本 사본 원본을 그대로 베껴 쓴 것.

社說 사설 신문이나 잡지 따위에서 그 사(社)의 주장
　　　　　으로서 싣는 논설.

私設 사설 개인이나 민간에서 설립함, 또는 그 기관이
　　　　　나 시설.

些少 사소 매우 적음. 하찮음.

事案 사안 법률적으로 문제가 되어 있는 안건.

社屋 사옥 회사의 건물.

思惟 사유 생각. 생각함.

謝恩 사은 받은 은혜에 대해 사례함.

史蹟 사적 역사상 중대한 사건이나 시설의 자취.

司正 사정 공직에 있는 사람의 규율과 질서를 바로잡
　　　　　는 일.

社稷 사직 나라 또는 조정.

司直 사직 법에 따라 일의 옳고 그름을 가리는 사람,
　　　　　즉 법관, 검사를 말함.

奢侈 사치 신분에 지나치게 치레함. 분수 없이 호사
　　　　　함.

射倖 사행 요행을 바람.

死活 사활 죽기와 살기.

削髮 삭발 머리털을 깎음.

山林 산림 산과 숲. 산에 있는 숲.

散逸 산일 한데 모은 책이나 자료, 또는 한 질로 된 책
　　　　　등이 일부가 빠져 없어지는 것.

山頂 산정 산의 정상. 산꼭대기.

傘下 산하 어떤 인물이나 조직 등의 세력 밑.

森林 삼림 나무가 많이 우거진 수풀.

滲透 삼투 ① 스며들어가는 것
　　　　　② 농도가 다른 두 액체를 반투막(半透膜)
　　　　　으로 막아 놓았을 때, 농도가 낮은 쪽에서
　　　　　높은 쪽으로 용매(溶媒)가 옮겨가는 현상

挿入 삽입 끼워 넣음. 꽂아 넣음.

相見禮 상견례 공식적으로 서로 만나 보는 예.

常規 상규 일상의 규칙, 일반적인 규칙.

想起 상기 지난 일을 다시 생각해 냄.

常備 상비 준비해 둠.

常設 상설 언제나 시설을 갖추어 두는 것.

詳說 상설 자세하게 설명하는 것, 또는 그 설명.

相續 상속 다음 차례에 이어 주거나 이어 받음.

商業 상업 상품의 매매로 생산과 소비를 연락하고 이
　　　　　익을 취하는 영업.

常任 상임 일정한 직무를 늘 계속해 맡음.
　　　　　🔢 常任理事

上場 상장 주식(株式)이나 어떤 물건을 매매 대상으로
　　　　　하기 위하여 거래소에 일정한 자격(資格)이
　　　　　나 조건(條件)을 갖춘 거래 물건으로서 등
　　　　　록(登錄)하는 일. 🔢 上場會社

賞狀 상장 상을 주는 뜻을 표하여 주는 증서.

償還 상환 ① 다른 것으로 대신하여 반환함

② 채무를 갚아서 없앰

色彩 색채 빛깔.

索出 색출 뒤져서 찾아냄.

生涯 생애 살아 온 한평생 동안.

庶民 서민 아무 벼슬이 없는 평민.

敍述 서술 차례를 따라 말하거나 적음.

書證 서증 문서로써 하는 재판상의 증거.

釋明 석명 사실을 설명하여 밝힘.

惜敗 석패 애석하게 짐.

先導 선도 앞에 서서 인도함.

善隣 선린 이웃과 사이 좋게 지냄. 예 선린외교(善隣
外交)

鮮明 선명 산뜻하고 또렷함.

宣揚 선양 드러내어 널리 떨치게 함. 예 국위선양(國
威宣揚)

船積 선적 짐을 배에 실음.

宣布 선포 선언하여 공포하는 일.

船荷 선하 배에 싣고 운송하는 짐.

閃光 섬광 ① 번쩍이는 빛 ② 순간적으로 비치는 광선

涉外 섭외 외부 특히 외국과 연락ㆍ교섭하는 일.
예 섭외사법(涉外私法)

城郭 성곽 내성과 외성.

省墓 성묘 조상의 산소를 찾아 돌봄.

性戲弄 성희롱 이성(異性)을 상대로 하여 성적(性的)
으로 희롱하는 일.

歲暮 세모 한 해의 마지막 때. 예 연말(年末)

洗濯 세탁 빨래.

世波 세파 파도처럼 거센 세상살이의 어려움.

騷亂 소란 시끄럽고 어수선함.

召命 소명 ①신하를 부르는 임금의 명령
② 사람이 하느님의 일을 하도록 하느님의
부름을 받음.

疏明 소명 ① 변명하는 것
② 재판에서 당사자가 주장하는 사실에 대
하여 법관에게 확실하다는 의식을 생기게
하는 일

消耗 소모 써서 없앰.

素朴 소박 꾸밈이 없이 순진함.

消費 소비 돈이나 물건 등을 써서 없앰.

昭詳 소상 자세하고 분명함.

蘇生 소생 죽어 가던 상태에서 살아남.

所屬 소속 어떤 기관이나 조직에 딸림, 또는 그 딸린
사람이나 물건.

訴訟 소송 판결을 법원에 요구하는 절차.

消息 소식 안부나 새 사실의 기별.

所信 소신 자기가 믿고 생각하는 바.

騷擾 소요 여러 사람이 떠들썩하게 들고일어남.

訴追 소추 ① 검사가 특정한 사건에 관하여 공소를 제
기하는 일
② 탄핵 발의를 하여 파면을 요구하는 행위

疏通 소통 막히지 않고서 통함.

疏忽 소홀 대수롭지 않고 예사로움.

速斷 속단 빨리(성급하게) 판단함.

俗字 속자 글자보다 획을 간단하게 하거나 아주 새로
만들어 세간에서 널리 쓰는 한자.

贖罪 속죄 물질적으로나 그 밖의 방법으로 죄ㆍ과오
등을 씻음.

損益 손익 손해와 이익.

損害 손해 ① 손상함 ② 해를 봄.
손해배상(損害賠償)

送迎 송영 가는 사람을 보내고 오는 사람을 맞이함.

刷新 쇄신 나쁜 폐단을 없애고 새롭게 함.
예 국정쇄신(國政刷新)

衰微 쇠미 쇠잔하고 미약함.

衰退 쇠퇴 쇠하여 약해짐.

修交 수교 나라간에 교제를 맺음.

需給 수급 수요와 공급.

受賂 수뢰 뇌물을 받는 것. 반 증뢰(贈賂)

修了 수료 일정한 학업이나 학년의 과정을 마치는 것.

受理 수리 받아서 처리함.

修理 수리 손보아 고침.

受侮 수모 남에게 모욕을 당함.

首班 수반 ① 반열 중의 수위 ② 행정부의 우두머리

搜査 수사 검사 또는 사법 경찰관이 공소(公訴)를 제
기 또는 유지하기 위하여 범인을 찾거나 범
죄에 관한 증거를 수집하는 것.

授受 수수 주고받고 함. ⓔ 금품수수(金品授受)

需要 수요 필요한 상품을 얻고자 함. ⓑ 공급(供給)

收支 수지 수입과 지출.

收集 수집 거두어 모으는 것.

蒐集 수집 어떤 물건이나 자료를 취미나 연구를 위하
여 여러 가지로 찾아 모으는 것.

收穫 수확 농작물을 거두어들임.

熟練 숙련 능숙하도록 익숙함.

塾舍 숙사 글방. 서당.

肅淸 숙청 엄하게 다스려 잘못이나 그릇된 일을 치워
없애는 것, 또는 그런 사람을 없애는 것.

瞬間 순간 눈 깜짝할 사이.

殉敎 순교 자기가 믿는 종교를 위하여 목숨을 바침.

巡視 순시 순회하면서 살핌.

循環 순환 주기적으로 반복하여 돎.

巡廻 순회 여러 곳을 차례로 돌아다님.

崇尙 숭상 높이어 소중하게 여김.

昇降 승강 오르고 내림.

承繼 승계 뒤를 이음. 남의 권리나 의무를 이어받음.
승계인(承繼人)

勝訴 승소 소송에 이김. ⓑ 패소(敗訴)

市街 시가 도시의 큰 길거리.

時流 시류 그 시대의 풍조·유행.

是非 시비 옳고 그름.

示唆 시사 미리 암시(暗示)하여 일러줌.

施設 시설 어떤 목적을 위해 건물, 기계 따위의 설비
를 하는 일.

是正 시정 잘못된 것을 바로잡음.

時效 시효 어떤 사실 상태가 일정한 기간 동안 계속됨
으로써 법률상으로 권리의 취득이나 소멸
이 일어나게 되는 제도.

植樹 식수 나무를 심음.

申告 신고 일정한 사실을 보고함.

訊問 신문 법원이나 수사기관 같은 데서 증인이나 피
고인 등을 불러다 놓고 구두(口頭)로 캐어
물어 조사하는 일.

神秘 신비 보통의 이론과 인식을 초월하는 일.
ⓔ 신비주의(神秘主義)

神仙 신선 속세를 떠나 선계(仙界)에 살며 늙지 않고
고통도 없이 산다는 사람.

迅速 신속 매우 빠름.

伸張 신장 물체·세력 따위를 늘여 넓게 퍼지나 뻗침.
ⓔ 국력신장(國力伸張)

申請 신청 신고하여 청구함.

伸縮 신축 늘고 줆. 늘이고 줄임.

新築 신축 새로 축조하거나 건축함.

實用新案 실용신안
물품의 모양이나 구조 따위를 개량(改良)하
여, 실용상·산입상 이용될 수 있는 것으로
고안한 것.

審理 심리 소송사건에 관하여 법관이 판결에 필요한
모든 일을 심사함.

審問 심문 자세히 따져서 물음.

審判 심판 ① 어떤 사건을 심리하여 옳고 그름에 대한
판단을 내림
② 운동 경기의 승부나 반칙 등을 판단하는
사람

亞流 아류 ① 으뜸가는 사람을 좇아 흉내낼 뿐 독창성
이 없는 것 또는 그런 사람
② 어떤 학설이나 주의 등에 찬성하여 뒤를
따르는 사람

阿附 아부 아첨하여 가까이하며 따름.

餓死 아사 굶어 죽음.

我執 아집 제 생각만 옳다고 믿고 고집하는 기질이나
성격.

亞太 아태 아시아태평양경제협력체(Asia Pacific
Economic Cooperation, APEC).

惡材 악재 시세를 하락시키는 원인이 되는 나쁜 조건.

案件 안건　토의하거나 조사해야 할 사실. 문제가 되어 있는 사실.

軋轢 알력　① 수레바퀴의 삐걱거림
② 의견이 서로 충돌이 됨

暗澹 암담　① 어두컴컴하고 쓸쓸함
② 희망이 없고 막연함

哀悼 애도　사람의 죽음을 슬퍼함.

隘路 애로　① 좁고 험한 길
② 어떤 일을 하는 데 가로막히는 장애

哀惜 애석　슬프고 아깝게 여김.

哀歡 애환　슬픔과 기쁨.

額面 액면　① 공채·주식·화폐 등의 표면
② 표면에 내세운 사물

惹起 야기　끌어 일으킴. 생기게 함.

揶揄 야유　남을 빈정거려 놀림.

約款 약관　법령·조약·계약 등에 정한 조항. 계약의 일방당사자가 다수의 상대방과 계약을 체결하기 위하여 일정한 형식에 의하여 미리 마련한 계약의 내용이 되는 것.

略歷 약력　간단히 적은 이력.

躍進 약진　① 껑충 뛰어 나아감
② 매우 빠르게 진보함

略取强盜 약취강도
폭력이나 협박 등으로 사람을 유괴하여 인질로 삼아 재물을 빼앗는 행위.

略取誘拐 약취유괴
폭력·협박·속임수 등으로 사람을 자기나 제3자의 지배 아래 두어 자유를 침해하는 행위.

掠奪 약탈　폭력을 써서 빼앗음.

糧穀 양곡　양식으로 쓸 곡식.

讓渡 양도　① 물건을 남에게 넘겨줌
② 권리·재산 및 법률상의 지위 등을 타인에게 이전함. 🔄 양수(讓受)

量産 양산　대량 생산의 준말.

🔄 호재(好材)

樣相 양상　사물, 현상의 모양이나 상태, 생김새.

養蠶 양잠　누에를 침.

諒解 양해　사정을 참작하여 잘 이해함. 사정을 잘 알아서 용서하거나 허용함.

量刑 양형　형벌의 정도를 정함.

漁獲 어획　수산물을 잡음.

抑留 억류　① 억지로 머무르게 함
②자유를 구속하여 억지로 붙잡아 둠

抑壓 억압　남의 자유를 강제로 누름.

臆測 억측　이유와 근거가 없는 추측.

嚴肅 엄숙　정중하고 위엄이 있음.

業績 업적　어떤 일을 하여 이룬 성과나 공적.

與件 여건　주어진 조건.

旅券 여권　외국 여행자의 신분·국적을 증명하고, 그 보호를 의뢰하는 문서.

輿論 여론　사회 대중의 공통된 의견. 세상 사람들의 의견.

輿望 여망　여러 사람들의 바람.

與信 여신　금융기관에서 고객에게 돈을 빌려주는 것. 담보대출, 신용대출 등.

餘韻 여운　가시지 않고 남아 있는 운치.

曆法 역법　천체의 주기적 현상을 기준하여 시간을 구분하고 날짜의 순서를 매기는 방법.

逆說 역설　일반적으로 진리라고 인정되는 것에 반하는 설.

逆調 역조　일의 진척(進陟)이 나쁜 방향으로 가는 상태.

年鑑 연감　어떤 사항에 관한 1년간의 사건·통계 등을 실은 연 1회의 정기 간행물.

軟禁 연금　정도가 너그러운 감금.

演壇 연단　연설자, 강연자가 서는 단.

連絡 연락　서로 관련을 가짐.

聯盟 연맹　동의 목적을 가진 단체나 개인이 같은 행동을 취할 것을 맹약함, 또는 그 조직체.

延面積 연면적　건축물 각층의 바닥면적의 합계.

戀慕 연모　사랑하여 그리워함.

憐憫 연민 불쌍히 여김.

聯邦 연방 둘 이상의 국가가 결합하여 공통의 주권을
　　　　　갖는 한 국가를 형성하는 것.

燃燒 연소 불이 탐.

沿岸 연안 바다, 강가로 잇닿은 지대.

軟弱 연약 부드럽고 약함.

緣由 연유 일의 까닭. **예** 사유(事由) **예** 연고(緣故).

硯滴 연적 벼룻물을 담는 그릇.

演製協 연제협 한국연예제작자협회.

軟着陸 연착륙 ① 연 착 륙 [소 프 트 랜 딩 (Soft
　　　　　 Landing)]이란 경기가 완만하게 하
　　　　　 강하는 것을, 경착륙(하드 랜딩)은 경
　　　　　 기가 급속히 냉각되는 상황을 말한다
　　　　　 ② 급작스런 붕괴가 아닌 점진적 변
　　　　　 화

延滯 연체 늦추어 지체함. 기한이 늘어 지체됨.

列强 열강 여러 강한 나라들.

閱覽 열람 도서관 등에서 책이나 신문 등을 죽 훑어
　　　　　봄. 문서나 공부(公簿) 등의 내용을 조사하
　　　　　면서 읽음.

烈士 열사 나라를 위하여 절의(節義, 절개와 의리)를
　　　　　굳게 지켜 죽은 사람.

鹽酸 염산 염화수소의 수용액. 염화수소는 염화 비닐
　　　　　의 원료가 됨.

厭世觀 염세관 세상이나 인생에 실망하여 이를 싫어
　　　　　하는 생각. 살아갈 만한 값어치가 없
　　　　　다고 하는 생각. **예** 염세주의(厭世主
　　　　　義) **반** 낙천주의(樂天主義)

鹽水 염수 소금물.

廉恥 염치 청렴하며 부끄러움을 앎. 남에게 신세를 지
　　　　　거나 페를 끼치거나 할 때 부끄럽고 미안한
　　　　　마음을 가지는 상태.

獵奇 엽기 기괴한 것이나 이상한 일에 강한 흥미를 가
　　　　　지고 즐겨 쫓아다님.

獵師 엽사 사냥꾼. 엽사들이 수확기 농작물에 막대한
　　　　　피해를 입히고 있는 유해 조수(鳥獸)퇴치에

한몫을 하고 있다.

靈感 영감 신의 계시를 받은 것같이 머리에 번득이는
　　　　　신묘한 생각.

令監 영감 영감. 나이든 남편, 지체 높은 사람, 나이가
　　　　　많은 사람을 일컫는 말.

領得 영득 자기나 제삼자의 소유로 할 목적으로 남의
　　　　　재물을 취득함.

領事 영사 외국에 있으면서 자국(自國)의 통상 촉진과
　　　　　자국민의 보호를 담당하는 사람.
　　　　　예 영사관(領事館)

零細 영 ① 작고 가늘어 변변하지 못함
　　　　　②수입이 적고 생활이 군색함.
　　　　　예 영세민(零細民)

領袖 영수 옷깃과 소매. 옷깃과 소매는 눈에 가장 띄
　　　　　는 곳이므로 여러 사람 중에서 의표(儀表,
　　　　　본받을 만한 모범)가 되는 사람, 또는 우두
　　　　　머리를 말함. **예** 영수회담(領袖會談)

囹圄 영어 감옥, 또는 감옥에 갇혀 있는 상태.

令狀 영장 ① 명령의 뜻을 기록한 서장(書狀)
　　　　　② 사람 또는 물건에 대하여, 강제 처분의
　　　　　명령 또는 허가를 내용으로 하여 법원 또는
　　　　　법관이 발부하는 서면(書面). 소환장 · 구속
　　　　　영장 · 압수수색영장 등

榮華 영화 귀하게 되어 몸이 세상에 드러나고 이름이
　　　　　빛남. **예** 부귀영화(富貴榮華)

豫算 예산 ① 미리 비용을 계산함
　　　　　② 국가 또는 지방자치단체의 한 해의 세입
　　　　　과 세출의 계획

禮儀 예의 예절과 몸가짐.

五感 오감 시각 · 청각 · 후각 · 미각 · 촉각의 다섯 감
　　　　　각. **예** 오각(五覺)

誤謬 오류 생각이나 지식 등이 그릇됨.

五倫 오륜 사람이 지켜야 할 다섯 가지 도리.

五輪 오륜 오륜기에 그려진 다섯 개의 고리 모양의 그
　　　　　림.

傲慢 오만 태도가 건방지고 거만함.

汚辱 오욕　더럽히고 욕되게 함.

奧地 오지　해안이나 도시에서 멀리 떨어진 대륙 내부
　　　의 땅.

午餐 오찬　잘 차린 점심.

玉篇 옥편　한자(漢字)를 모아서 일정한 순서로 늘어놓
　　　고 글자 하나하나의 뜻과 음을 풀이한 책.
　　　📄 자전(字典)

擁護 옹호　돕거나 감싸서 지킴.

臥龍 와룡　누워 있는 용. 초야(草野)에 묻혀 있는 큰
　　　인물. 와룡선생(臥龍先生)은 제갈량(제갈공
　　　명)을 말함.

婉曲 완곡　사람의 감정이 상하지 않도록 말이나 행동
　　　을 드러내지 않고 빙 돌려서 나타냄. 말씨
　　　가 곱고 차근차근함.

緩急 완급　늦음과 빠름.

完遂 완수　완전히 해냄. 📄 임무완수(任務完遂)

猥藝 외설　남녀간의 육욕상의 행위에 관한 추잡하고
　　　예의 없는 일.

外延 외연　어떤 개념이 적용되는 명제(命題)나 사물
　　　의 범위. 동물이란 개념의 외연이 개ㆍ물
　　　고기ㆍ인간이 되는 따위. 🔴 내포(內包)

外遊 외유　공부나 유람을 목적으로 외국에 여행함.

搖籃 요람　젖먹이를 태워 흔들도록 만든 바구니.

要覽 요람　중요한 것만 뽑아 보게 한 책.

要塞 요새　중요한 방어 시설.

用役 용역　생산과 소비에 필요한 노무(勞務)를 제공하
　　　는 일.

容認 용인　관용하여 인정함.

湧出 용출　물이 솟아남.

友邦 우방　서로 친교가 있는 나라.

郵送 우송　우편으로 보냄.

憂患 우환　근심과 걱정.

迂廻 우회　멀리 돌아서 감.

運輸 운수　화물, 여객 등을 실어 날음.

雲集 운집　구름처럼 많이 모임.

原稿 원고　인쇄하려고 종이에 써 놓은 글.

原告 원고　소송을 제기하여 재판을 청구한 사람.
　　　🔴 피고(被告)

元利金 원리금　원금과 이자를 합친 돈.

元首 원수　한 나라의 최고 통치권을 가진 사람.

元帥 원수　군인의 가장 높은 계급. 대장의 위.
　　　📄 오성 장군(五星將軍)

怨讐 원수　원한의 대상이 되는 사람.

援用 원용　자기의 주장에 도움이 되게 어떤 문헌이나
　　　사례, 판례 등을 인용함. 법률에서 어떤 사
　　　실을 들어 주장함.

原電 원전　원자력발전소.

原典 원전　기준이 되는 본디의 전거(典據).
　　　📄 원서(原書)

遠征 원정　① 멀리 정벌을 감
　　　　② 먼 데로 경기 따위를 하러 감

源泉 원천　물이 흘러나오는 근원. 사물의 근원.

援護 원호　도와주며 보살핌.

圓滑 원활　일이 거침이 없이 순조로움. 모나지 않고
　　　부드러움.

違法 위법　법령(법률과 명령)뿐만 아니라 관습이나 조
　　　리상 인정될 수 없는 행위를 하는 것.

衛戍令 위수령　군부대가 일정한 지역(위수지역)에
　　　주둔하여, 경비와 질서유지 및 군기
　　　(軍機)의 감시, 군에 딸린 시설물 등
　　　을 보호할 것을 규정한 대통령령.

慰安 위안　위로하여 안심시킴.

偉容 위용　뛰어난, 훌륭한 모습.

圍繞 위요　주위를 둘러쌈.

委任 위임　일이나 처리를 남에게 맡김. 당사자 일방이
　　　상대방에 대하여 사무의 처리를 위탁하고
　　　상대방이 이를 승낙함으로써 성립하는 계
　　　약.

胃腸 위장　위와 창자.

僞造 위조　가짜를 만듦.

僞證 위증　거짓 증거, 또는 거짓으로 증명함. 법원에
　　　서, 증인이 허위 진술을 함.

委託 위탁 맡기어 부탁함. 의뢰함.

威脅 위협 위세를 부리며 으르고 협박함.

有價證券 유가증권
　　　　어음이나 수표, 선하증권 등과 같이 사법상
　　　　(私法上)의 재산권을 표시한 증권.

有故 유고 탈이나 사고, 죽음이 있음.

悠久 유구 아득하게 길고 오래됨.

誘導 유도 일정한 방향으로 이끎.

遺漏 유루 필요한 것이 비거나 빠짐. 예 유탈(遺脫)

遺留品 유류품 죽은 뒤에 남겨 둔 물품. 잊어버리고
　　　　놓아 둔 물품.

誘發 유발 어떤 일이 원인이 되어 다른 일이 일어남.

留保 유보 뒷날로 미루어 둠.

維新 유신 묵은 제도를 새롭게 고침.

遺失物 유실물 잃어버린 물건.

猶豫 유예 시일을 미루거나 늦춤.

唯一 유일 오직 하나뿐임.

癒着 유착 사물이 깊은 관계가 있어 서로 떨어지지 않
　　　　게 결합된 상태를 말함.

幼稚 유치 나이나 수준이 어림.

儒學 유학 공자·맹자의 학설.

潤氣 윤기 윤택한 기운. 물체의 표면에 나타나는 반질
　　　　반질한 기운.

輪禍 윤화 자동차나 기차 따위의 육상 교통 수단으로
　　　　말미암아 입는 재난, 즉 교통사고.

隆盛 융성 매우 기운차게 일어나거나 대단히 번성함.

融資 융자 자금을 융통함.

融通 융통 필요한 물건이나 돈을 변통하여(돌려) 씀.

隱匿 은닉 싸서 감춤. 비밀로 함.

隱語 은어 어떤 계층이나 부류의 사람들이 다른 사람
　　　　들이 알아듣지 못하도록 자기네 구성원들
　　　　끼리만 빈번하게 사용하는 말. 상인·학
　　　　생·군인·노름꾼·부랑배 등이 사용.

隱蔽 은폐 덮어 감춤.

吟味 음미 시가(詩歌)를 읊조리며 그 깊은 뜻을 맛봄.
　　　　사물의 내용이나 속뜻을 깊이 새기어 맛봄.

陰陽 음양 음과 양. 낮과 밤, 불과 물, 해와 달 등과 같
　　　　이 서로 상반된 성질을 가진 두 가지 것.

義擧 의거 의(義)를 위하여 일으키는 거사.

依賴 의뢰 남에게 부탁하거나 의지함.

醫療 의료 의술로 병을 치료함.

衣裳 의상 저고리와 치마. 입는 옷. 특히, 예술적으로
　　　　표현된 옷을 이르는 말.

意慾 의욕 하고자하는 욕망.

醫院 의원 진료에 지장이 없는 시설을 갖추고 의사가
　　　　의료 행위를 하는 곳. 병원보다는 시설이
　　　　작음.

議員 의원 국회나 지방 의회 같은 합의체의 구성원으
　　　　로 의결권을 가진 사람.

議院 의원 국정을 심의하는 곳. 국회.

意匠 의장 물품의 겉에 시각적으로 아름다운 느낌을
　　　　주기 위하여 물품의 형상·모양·색채 또
　　　　는 이들을 결합한 장식적인 고안(考案)으로
　　　　서 의장권의 대상이 된다.

議會 의회 법률에 의해 조직되고 공선된 의원에 의해
　　　　국민의 의사를 대변·결정하는 합의제의
　　　　기관.

履歷 이력 지금까지 거쳐 온 학업·직업 등의 내력.

弛緩 이완 풀려 느슨해짐.

利潤 이윤 장사하여 남은 돈. 이익.

移轉 이전 장소나 주소 등을 옮김.

履行 이행 실제로 행함. 말과 같이 함.

因果 인과 원인과 결과.

忍耐 인내 어려움 등을 참고 견딤.

引渡 인도 물건이나 권리 따위를 남에게 넘겨줌.

印刷 인쇄 글이나 그림을 판에 박아냄.

仁慈 인자 어질고 자애로움.

引責 인책 잘못의 책임을 스스로 짐.

姻戚 인척 혼인관계로 맺어진 친척.

一覽 일람 한 번 봄, 또는 한 번 죽 훑어봄. 모든 내용
　　　　을 한눈에 볼 수 있도록 간단히 적은 작은
　　　　책이나 표.

逸脫 일탈 어떤 사상이나 조직 · 규범 등에서 벗어남. 빠져나감. 잘못하여 빠뜨림.

賃金 임금 근로자가 노동하여 받는 보수.

任意 임의 자기 의사대로 하는 일. 예 임의대리인(任意代理人)

任置 임치 남에게 돈이나 물건 따위를 맡겨 둠. 당사자 일방이 상대방에 대하여 금전 · 유가증권 기타 물건의 보관을 위탁하고 상대방이 이를 승낙함으로써 성립하는 계약.

立稻 입도 아직 논에서 자라고 있는 벼.

入札 입찰 매매 · 청부 등의 계약체결에 관해, 제일 유리한 내용을 표시한 사람과 계약할 조건으로 희망자에게 각자의 견적 가격을 써내게 하는 일.

剩餘 잉여 쓰고 난 나머지.

資格 자격 어떤 신분이나 지위를 가지는 데에 필요한 조건 또는 능력. 어떤 성원으로서의 지위나 권리.

雌雄 자웅 암컷과 수컷. 승부, 우열.

姿態 자태 사람, 특히 여자의 몸가짐과 맵시. 사물의 모습이나 모양.

殘留 잔류 남아 처져 있음.

殘骸 잔해 부서지고 남아 있는 물건의 뼈대.

暫時 잠시 짧은 시간, 잠깐. 예 수유(須臾), 삽시간, 편시(片時)

蠶食 잠식 남의 세력 범위나 영역을 조금씩 자기의 것이 되게 하는 것. 초잠식지(稍蠶食之)의 준말.

潛在 잠재 속에 잠겨 숨어 있음. 잠재의식(潛在意識)

暫定 잠정 우선 임시로 정함. 잠정결론.

壯觀 장관 굉장하여 볼만한 광경.

帳幕 장막 볕, 빛 등을 가리기 위해 둘러치는 막.

掌握 장악 ① 손안에 잡아 쥠 ② 권세 등을 온통 잡음

障碍 장애 ① 막혀서 거치적거림 ② 신체상의 이상

障害 장해 거치적거리며 해로움.

在來 재래 전부터 있어 내려온 것. 예 재래시장(在來市場)

再來 재래 다시 한번 옴. 재림(再臨)

栽培 재배 식물을 심어 가꿈.

財閥 재벌 재계에서 세력 있는 자본가 · 기업가의 대규모 기업 집단.

災殃 재앙 천재지변으로 말미암아 생긴 불행한 사고.

在位 재위 임금의 자리에 있음. 또는 그 동안.

再訂 재정 두 번째의 정정(訂正).

裁判 재판 옳고 그름을 살피어 판단함.

災害 재해 재앙으로 인해 받은 피해. 예 자연재해(自然災害)

爭議 쟁의 서로 제 의견을 주장하여 다툼. 예 노동쟁의(勞動爭議)

低減 저감 낮추어 줄임.

著述 저술 글을 지어 책을 만듦.

抵觸 저촉 위반되거나 거슬리는 것.

貯蓄 저축 모아 쌓아 둠.

赤道 적도 지축(地軸)의 중심을 지나고, 지축에 대하여 직각으로 자른 평면이 지표와 교차되는 선. 위도의 기준선이 됨.

賊徒 적도 도둑의 무리. 예 적당(賊黨)

摘示 적시 지적하여 보이는 것.

適時 적시 알맞은 때.

敵侵 적침 적의 침입.

典據 전거 말 · 문장 따위의 근거로 삼는 문헌상의 출처.

田畓 전답 밭과 논.

展覽 전람 진열해놓고 여럿에게 보임.

戰略 전략 ① 전쟁의 방법과 계략
② 정치 · 사회 운동 등에서의 책략

戰術 전술 작전의 수행방법이나 기술.

轉補 전보 동일한 직급 안에서 다른 자리로 옮김. 보직을 바꿈.

塡補 전보 부족한 것을 메워서 채움.

傳染 전염 병이 남에게 옮음.

前提 전제 어떤 사물을 의논할 때 먼저 내세우는 기본

이 되는 것.

專制 전제 국가 권력을 개인이 마음대로 처리함.

銓衡 전형 인물의 됨됨이나 재능을 시험하여 뽑음.

絕叫 절규 부르짖음.

折衷 절충 한 편으로 치우치지 않고 이것과 저것을 취
사(取捨, 취할 것은 취하고 버릴 것은 버림)
하여 알맞은 것을 얻음.

占領 점령 무력으로 일정 지역을 차지함.

占有 점유 물건 등을 자기의 지배 하에 두는 것.

漸進 점진 차차 나아감. 조금씩 나아감. 🔄 급진(急進)

漸次 점차 차례를 따라 점점.

停刊 정간 신문·잡지 따위의 정기 간행물의 간행을
감독 관청의 명령으로 한때 중지함.

淨潔 정결 맑고 깨끗함.

貞潔 정결 정조(貞操)가 굳고 행실이 깨끗함.

廷吏 정리 법정에서 잡무나 소송서류의 송달 등을 맡
아 하는 법원의 직원.

精誠 정성 힘을 다하는 진실된 마음.

貞淑 정숙 행실이 곧고 마음씨가 고움. 몸가짐이 조용
하고 부드러움.

靜肅 정숙 고요하고 엄숙함.

貞操 정조 여자의 곧고 깨끗한 절개. 성적(性的) 순결
을 지킴.

政策 정책 정치에 관한 방침과 그것을 이루기 위한 수
단.

提供 제공 가져다 주어 이바지함.

堤防 제방 물가에 쌓은 둑.

除斥 제척 물리쳐 없애는 것.

諸侯 제후 봉건시대에 천자로부터 받은 영토와 그 영
내에 사는 백성을 다스리던 사람.

提携 제휴 공동의 목적을 위하여 서로 도움.

組閣 조각 내각(內閣)을 조직함.

阻却 조각 배제하거나 물리침.

潮流 조류 조석 때문에 일어나는 바닷물의 수평 운동.

調書 조서 조사한 사실을 적은 문서. 소송 절차의 경
과 및 내용을 공증하기 위하여 법원 또는

그 밖의 기관이 작성하는 문서.

租稅 조세 국가나 지방자치단체가 그 필요한 경비를
쓰기 위해 국민으로부터 강제로 징수하는
수입.

遭遇 조우 우연히 만나거나 맞닥뜨림.

造作 조작 물건을 지어 만듦.

調節 조절 사물의 상태를 알맞게 조정하거나 균형이
잘 잡혀 어울리도록 함.

朝餐 조찬 모임 등에서의 아침식사.
🔄 만찬(晚餐·저녁식사)

措置 조치 상황이나 여건을 감안하여 어떻게 다룰 것
인지를 정하는 것.

組版 조판 활자로 인쇄판을 짜는 일.

組合 조합 2인 이상이 서로 출자(出資)하여 공동사업
을 경영할 목적으로 결합한 단체.

族譜 족보 집안의 혈통 관계를 적은 책.

拙速 졸속 서투르지만 빠름. 지나치게 서둘러 함으로
써 그 결과나 성과가 바람직하지 못함.
🔖 졸속행정(拙速行政)

從屬 종속 주(主)되는 것에 딸려 붙음.

縱橫 종횡 세로와 가로.

坐禪 좌선 조용히 앉아서 참선함.

罪囚 죄수 죄를 저질러 교도소에 갇힌 사람.

註釋 주석 뜻을 풀이함.

周旋 주선 ① 일이 잘 되도록 여러 가지 방법으로 두
루 힘을 써 주는 것
② 제삼국이 타국간의 분쟁을 평화적으로
해결하기 위하여 교섭을 진행시키는 일

株式 주식 주식회사의 자본 구성 단위. 🔖 주권(株券)

周圍 주위 둘레.

住宅 주택 살림살이를 하게 지은 집.

主筆 주필 신문사 등에서 기자의 상석에 앉아 중요 사
설·논설 등을 집필하는 사람.

俊秀 준수 재주와 슬기가 남달리 빼어남.

遵守 준수 규칙, 명령 등을 그대로 좇아서 지킴.

仲介 중개 제삼자로서 두 당사자 쌍방 사이에 서서 일

을 주선하는 일.

中毒 중독 생체가 음식물이나 약물의 독성에 의하여 기능 장애를 일으키는 일. 술이나 마약 따위를 지나치게 복용한 결과, 그것 없이는 견디지 못하는 병적 상태.

中媒 중매 혼인하도록 소개함.

重鎭 중진 병권(兵權)을 잡고 요지를 지키는 사람. 중요한 자리에 있거나 영향력을 가진 사람.

中樞 중추 사물의 중심이 되는 중요한 부분이나 자리. ※지도리 : 운전활동을 하게 되는 장치. 사물의 제일 중요한 곳.

重婚 중혼 배우자가 있는 사람이 이중으로 결혼함.

卽席 즉석 일이 진행되는 바로 그 자리.

增强 증강 더 늘려서 더욱 강력하게 함.

證券 증권 증명하는 법적 문권(文券). 재산상의 권리·의무에 관한 사항을 기재한 문권. 유가증권과 증거 증권이 있음. 예 증서(證書).

贈與 증여 당사자 일방이 무상(無償)으로 재산을 상대방에게 수여하는 의사를 표시하고 상대방이 이를 승낙함으로써 그 효력이 생기는 계약.

憎惡 증오 몹시 미워함.

地殼 지각 지구의 표면 중 단단한 부분.

智略 지략 슬기와 꾀.

指紋 지문 손가락 끝마디 안에 있는 피부의 무늬.

支拂 지불 돈을 치러줌.

知識 지식 어떤 대상을 연구하거나 배우거나 또는 실천을 통해 얻은 명확한 인식이나 이해.

智慧 지혜 삶의 경험이 풍부하거나 세상 이치나 도리를 잘 알아 일을 바르고 옳게 처리하는, 마음이나 두뇌의 능력.

地緣 지연 태어나거나 살고 있는 지역을 근거로 하는 사회적 연고 관계.

志操 지조 옳은 원칙과 신념을 지켜 끝까지 굽히지 않는 꿋꿋한 의지. 또는, 그러한 기개.

支持 지지 붙들어서 버팀. 개인이나 단체 등의 주의·

정책 등에 찬동하여 도와서 힘을 쓰는 것. 또는, 그 원조.

地震 지진 지각(地殼)의 내부에 자연적으로 일어나는 급격한 변화로 인해 지면이 흔들리고 갈라지는 현상.

指揮 지휘 단체의 행동을 통솔함.

陳腐 진부 케케묵고 낡음.

眞相 진상 잘 알려지지 않거나 잘못 알려지거나 감추어진, 사물의 참된 내용이나 사실. 예 진상파악(眞相把握)

陣營 진영 진을 친 구역. 서로 대립하는 세력의 어느 한쪽.

眞僞 진위 참과 거짓. 예 진부(眞否)

鎭痛 진통 아픔을 진정시켜 그치게 함. 예 진통제(鎭痛劑)

振幅 진폭 물체가 흔들리는 폭. 진동하는 폭의 절반임.

秩序 질서 정해져 있는 상호간의 절차.

集散 집산 모여듦과 흩어짐.

懲戒 징계 부정·부당한 행위에 대하여, 제재(制裁)를 가하는 것.

徵兆 징조 앞으로 어떤 일이 일어날 것인지를 미루어 알게 하는 일이나 현상. 조짐. 예 전조(前兆).

徵候 징후 겉으로 나타나는 낌새.

借款 차관 국제간에 일정한 협정에 따라 자금을 빌려주고 빌려 씀.

差額 차액 차이가 나는 액수.

着手 착수 어떤 일에 손을 대어 시작함.

錯誤 착오 착각으로 인한 잘못.

慙愧 참괴 부끄러워함.

參謀 참모 모의(謀議)에 참여함. 또는 그 사람.

參與 참여 어떤 일에 참가하여 관계함.

參酌 참작 참고하여 알맞게 헤아림. 예 참량(參量)

唱劇 창극 판소리 형식으로 꾸민 가극.

創業 창업 ① 나라를 처음으로 세움 ② 사업을 시작함

債權 채권 재산권의 하나. 한 특정인이 다른 특정인에게 재물의 지급을 청구할 수 있는 권리.

債務 채무 채권에 상응하여 채권자에게 일정한 행위를 부담하는 의무.

採算 채산 ① 수입 · 지출을 맞추어 보는 계산
② 수지(收支)가 맞는 일. 또는 이익이 있는 일

菜蔬 채소 온갖 푸성귀와 나물.

採用 채용 인재를 등용함.

處罰 처벌 ① 형벌에 처함
② 위법 행위에 대하여 고통을 줌

悽慘 처참 끔찍스럽게 참혹함.

尺度 척도 평가하거나 측정하는 기준.

滌除 척제 씻어 없앰.

遷都 천도 도읍을 옮김.

闡明 천명 사실 · 내막 또는 의사 따위를 분명하게 드러내거나 나타냄.

哲人 철인 인생이나 우주의 이치를 깊이 탐구한 사람.

尖端 첨단 ① 뾰족한 끝
② 시대 · 사조 · 유행 따위의 맨 앞장

添削 첨삭 첨가하거나 삭제함.

捷徑 첩경 어떤 일에 이르기 쉬운 방편. 지름길.

聽覺 청각 소리를 느끼는 감각. 오감(五感)의 하나.

聽講 청강 강의를 들음.

請求 청구 달라고 요구함.

廳舍 청사 공공 기관의 사무실 건물.

請託 청탁 청하며 부탁함.

淸濁 청탁 맑음과 흐림.

逮捕 체포 죄인을 쫓아가서 잡음.

初刊 초간 맨 처음의 간행.

招來 초래 불러옴. 그렇게 되게 함.

招聘 초빙 예를 갖추어 초청하여 부름.

肖像 초상 그림, 사진 따위에 나타낸 어떠한 사람의 얼굴과 모습.

總選 총선 국회의원 총선거.

催眠 최면 잠이 오게 함. 어떤 사람의 암시에 의해 빠져들게 되는 수면과 같은 상태.

追加 추가 더하여 첨가하는 것.

推尋 추심 ① 찾아내어 가지거나 받아 내는 것
② 은행이 수표나 어음을 소지한 사람의 의뢰를 받아, 지급인에게 제시하고 돈을 지급하게 하는 일

追越 추월 뒤에서 따라가 앞의 것을 앞지름.

推定 추정 추측하여 판정함.

追徵 추징 ① 부족한 것을 뒷날에 추가하여 징수하는 것
② 형법상 몰수해야 할 물건을 몰수할 수 없을 때, 몰수할 수 없는 부분에 해당하는 값의 금전을 징수하는 일

推薦 추천 적합한 자로 책임지고 소개함.

醜行 추행 더럽고 지저분한 행동. 강간이나 그와 비슷한 짓.

畜産 축산 가축을 쳐 생산해 내는 일.

春鬪 춘투 정식 명칭은 「춘계투쟁(春季鬪爭)」. 봄이 되면 벌어지는 임금협상을 위한 격렬한 노사 투쟁을 말함.

出庫 출고 물품을 창고에서 꺼냄. 🖭 입고(入庫)

出帆 출범 ① 배가 항구를 떠나는 것
② 단체가 새로 조직되어 일을 시작하는 것을 비유하여 이르는 말

出資 출자 자금을 내는 일. 특히, 회사나 조합 등 공공 사업을 수행하기 위하여 그 구성원이 자본을 내는 일.

出荷 출하 상품(商品)을 시장(市場)으로 내보내는 것. 🖭 입하(入荷)

出血競爭 출혈경쟁
희생이나 손해를 무릅쓰고 경쟁함.

充溢 충일 가득 차서 넘침.

取捨 취사 취할 것은 취하고 버릴 것은 버림.
🖭 취사선택(取捨選擇)

就航 취항 배나 비행기가 항해의 길에 나섬.

趣向 취향 어떤 사물에 대해 사람의 흥미나 관심이 쏠리는 방향이나 경향.

側近 측근 곁의 가까운 곳. 곁에서 가까이 모시는 사람.

測量 측량 기계를 써서 물건의 길이·넓이·거리·높이·깊이 등을 재어 헤아리는 것. 생각하여 헤아림.

致賀 치하 애쓰거나 잘했다고 칭찬하는 것. 주로 윗사람이 아랫사람에게 쓰는 말.

勅令 칙령 임금의 명령. 예 칙명(勅命)

親睦 친목 서로 친하여 화목함.

親熟 친숙 친하여 서로 허물이 없음.

漆器 칠기 옻칠한 그릇이나 기구.

沈沒 침몰 물에 빠져 잠김.

沈滯 침체 나아가지 못하고 그 자리에 머묾.

浸透 침투 속으로 스며 젖어듦. 어떤 곳에 몰래 숨어들어감.

稱讚 칭찬 높이 평가하거나 훌륭하다고 말함.

妥結 타결 두 편이 서로 좋도록 협의·절충하여 일을 마무리 함.

妥當 타당 사리에 맞아 마땅함.

打倒 타도 때리거나 쳐서 거꾸러뜨림.

墮落 타락 잘못된 길로 빠지거나 떨어짐.

他殺 타살 남에게 목숨을 빼앗김. 반 자살(自殺)

妥協 타협 서로 양보하여 협의함.

彈琴 탄금 거문고를 탐.

彈道 탄도 발사된 탄환이 공중을 날아가 목적물에 이르기까지의 길, 또는 그것이 그리는 곡선.

彈劾 탄핵 죄상을 들어서 책망함.

脫法 탈법 법의 규정을 교묘하게 피하는 것.

脫線 탈선 ① 기차·전차 등이 선로를 벗어남
② 언행이 상규(常規)를 벗어나 빗나감

探訪 탐방 어떤 일의 진상을 탐문하려고 찾아봄. 구경하기 위하여 찾는 것.

探索 탐색 이리저리 살피어 찾음.

搭乘 탑승 배·비행기 등에 올라탐.

土壤 토양 흙. 농작물을 잘 자라게 하는 땅.

討議 토의 토론하여 의논함.

通說 통설 ① 세상에 널리 알려지고 일반적으로 인정되어 있는 학설
② 매우 능통한 논설
③ 전반에 걸쳐 해석하는 것, 또는 그 해석

統制 통제 전체적인 목적을 달성하기 위하여 여러 부분을 한 원리로 제약하는 일.

通貨 통화 한 나라 안에서 통용되고 있는 돈.

投機 투기 기회를 엿보아 큰 이익을 보려는 행위.

妬忌 투기 강한 시샘, 질투.

投書 투서 드러나지 않은 사실이나 잘못을 몰래 관계 기관 등에 보냄.

投資 투자 사업 등에 자금을 댐. 주식이나 채권 등의 구입에 돈을 돌림.

特殊 특수 보통보다 특별히 다름.

特定 특정 특별히 지정하는 일, 또는 그 특별한 지정.

特許 특허 ① 특별히 허락함
② 어떤 사람의 고안으로 이루어진 공업적 발명의 전용권(專用權)을 그 사람 또는 승계인에게 부여하는 행정 행위

派遣 파견 일정한 임무를 주어 사람을 보냄.

破局 파국 어떤 일이나 사태가 그르치거나 잘못되어 돌이킬 수 없는 상태가 되는 것, 또는 그 판국.

波瀾 파란 작은 물결과 큰 물결. 어수선한 사건이나 사고, 심한 변화나 기복을 비유.
예 파란만장(波瀾萬丈)

波浪 파랑 물결, 파도.

罷免 파면 ① 어떤 직책에 있는 사람의 자격을 박탈하고 직장에서 내보내는 것
② 공무원의 징계 처분의 하나. 가장 무거운 징계로, 공무원의 신분을 박탈하고 연금 중 국가 기여분을 지급하지 않는 일

破門 파문 스승이 제자에 대하여 사제(師弟)의 의리를 끊고 그 문하(門下)에서 내쫓음.
반 입문(入門)

波紋 파문 물결 무늬의 모양. 어떤 일이나 주의를 동

요할 만한 영향.

派閥 파벌　출신지·학력이나 이해 관계에 의해 결합된 배타적 무리.

罷養 파양　양친(養親)과 양자의 관계를 끊음.
　　　　예 파계(罷繼)

播種 파종　논밭에 곡식의 씨앗을 뿌려 심음.

判決 판결　옳고 그름이나 선악을 판단하여 결정함. 소송사건에 대하여 법원이 법률에 따라 판단을 내림.

版權 판권　도서의 출판에 관한 이익을 독점하는 권리.

判例 판례　법원에서 소송 사건을 판결한 전례(前例).

販路 판로　상품이 팔려 나가는 길이나 방면.

覇權 패권　이긴 자의 권력.

悖倫 패륜　사람으로서 마땅히 지켜야 할 도리(인륜)에 어긋남.

敗北 패배　싸움에 짐. 져서 도망감.

偏見 편견　공정하지 못하고 한쪽으로 치우친 생각.

編隊 편대　대오를 편성함. 비행기 등이 짝을 지어 대형을 갖춘 것, 또는 그 대형.

遍歷 편력　널리 돌아다님. 여러 가지 일이나 대상을 삶 속에서 경험을 하는 것.

便宜 편의　생활하는데 편하고 좋음.
　　　　예 편의점(便宜店)

編纂 편찬　여러 자료를 수집하고 정리하여 책을 만들어 냄.

編綴 편철　문건·신문 따위를 정리하여 짜서 철하거나 엮는 것.

評論 평론　사물의 가치·선악 등을 비평하여 논함.

平凡 평범　뛰어나지 않고 예사로움. 반 비범(非凡)

廢棄 폐기　못쓰는 것을 내버림. 조약·법령 등을 무효로 함.

弊端 폐단　옳지 못한 경향이나 해로운 현상.

閉幕 폐막　행사, 공연 등을 마치고 막을 내림.

廢水 폐수　사용하고 내버린 물.

廢止 폐지　제도·법령 등을 그만 두거나 없앰.

浦口 포구　배가 드나드는 어귀. 항구보다 규모가 작

음.

捕捉 포착　기회를 놓치지 않고 붙잡음.

爆擊 폭격　폭탄을 떨어뜨려 하는 공격.

暴利 폭리　엄청나게 남기는 부당한 이익.

暴威 폭위　거칠고 사나운 위세.

表裏 표리　겉과 속. 예 표리부동(表裏不同)

表象 표상　상징. 철학에서의 이데아(idea).

剽竊 표절　남의 시가·문장 등의 글귀를 가져다가 자기 것으로 발표함.

標準 표준　사물의 정도·성격을 알기 위한 근거나 기준. 일반적인 것, 또는 평균적인 것.

諷刺 풍자　무엇에 빗대어 재치 있게 경계하거나 비판함.

風潮 풍조　① 바람의 방향과 조수의 간만
　　　　② 시대에 따라 변하는 세태

被檢 피검　검거되는 것. 검사를 받는 것.

被告 피고　민사 소송에서, 소송을 당한 사람. 반 원고(原告)

被告人 피고인　형사 소송에서 공소 제기를 받은 사람.

被疑者 피의자　범죄의 혐의는 받고 있으나, 아직 공소제기가 되지 않은 사람. 예 용의자(容疑者).

皮膚 피부　살갗. 몸을 싸고 있는 껍질.

避姙 피임　인위적으로 임신을 피하는 조치를 하는 일.

彼此 피차　저것과 이것. 서로.

畢竟 필경　끝장에 가서는 마침내.

筆寫 필사　(붓으로) 베껴 씀.

必須 필수　꼭 필요로 함.

逼迫 핍박　바싹 죄어서 괴롭게 함. 사태가 매우 절박함.

下降 하강　높은 데서 아래로 내려옴. 반 상승

荷重 하중　① 짐의 무게
　　　　② 물체에 작용하는 외력(外力), 또는 구조물 등이 받고 견딜 수 있는 무게.

虐待 학대　혹독한 짓으로 남을 괴롭히는 것.

虐殺 학살 참혹하게 죽임.

學緣 학연 같은 학교를 나온 관계로 하여 생기는 관계. 예 학맥(學脈)

韓流 한류 중국과 동남아시아에서 불고 있는 가수·탤런트 등 한국 대중문화에 대한 열풍.

閑寂 한적 한가하고 고요함.

汗蒸 한증 높은 열 속에서 몸에 땀을 내어 병을 치료하는 일.

寒波 한파 겨울철, 한랭전선의 급속한 이동으로 기온이 급격히 내려가는 현상.

割據 할거 땅을 나누어 차지하여 세력권을 이룩함.

割賦 할부 ① 분할하여 배당함
② 지급할 금액을 여러 번으로 나누어줌

緘口 함구 입을 다물고 말을 하지 않음. 겸구(箝口) 함묵(緘默) 반 개구(開口)

含蓄 함축 ① 속에 간직하여 드러나지 아니함
② 풍부한 내용이나 깊은 뜻이 들어있음

合邦 합방 둘 이상의 나라를 하나의 나라로 합침.

合併 합병 둘 이상의 기구나 단체, 나라 따위를 하나로 합침.

巷間 항간 보통 사람들 사이.

抗拒 항거 막아내기 위하여 대항함.

恒常 항상 늘.

該博 해박 다방면으로 학식이 넓음.

解析 해석 상세해 풀어서 이론적으로 연구함.

解約 해약 약속(계약)을 깨뜨림. '해지(解止)'의 옛 용어.

解除 해제 어떤 상태나 계약을 없애거나 취소함. 계약은 유효하게 성립하였는데 계약당사자 일방이 그 계약상 의무를 이행하지 않는 경우 상대방이 일정요건하에 그 계약을 처음부터 없었던 것으로 하는 것.

解止 해지 당사자 중 한쪽의 의사표시로 계약상의 법률관계를 장래에 대하여 소멸시키는 것. 예 해약(解約)

行廊 행랑 대문간에 붙어 있는 방.

享樂 향락 즐거움을 누림.

虛構 허구 사실이 아닌 일을 사실처럼 얽어 조작함. 실제로는 없는 이야기를 상상력으로 창작해 냄.

虛想 허상 쓸데없는 생각. 헛된 생각.

虛實 허실 거짓과 참.

虛榮 허영 자기 분수나 능력이나 수준에 넘치도록 화려하고 요란하게 겉치레를 함으로써, 남에게 자기가 부유하거나 지위가 높거나 품위가 있거나 한 사람으로 보이게 하고 싶어하는 상태.

獻金 헌금 돈을 바침. 또는 그 돈.

憲法 헌법 국가의 통치체제에 관한 근본 원칙을 정한 기본법.

險峻 험준 지세가 썩 높고도 가파름.

革命 혁명 어떤 상태가 급격하게 발전 변동하는 일. 비합법적 수단으로 정치 권력을 잡는 것, 또는 국가나 사회의 조직·형태 등을 급격하게 또는 폭력으로 바꾸는 것.

懸賞 현상 어떤 목적으로 조건을 붙여 상금이나 상품을 내거는 일.

懸案 현안 이전부터 의논하여 오면서도 아직 해결되지 아니한 문제나 의안.

現場 현장 일이 생긴 그 자리.

顯著 현저 드러난 것이 두드러져 분명함.

血緣 혈연 같은 핏줄로 이어진 인연.

血痕 혈흔 피를 흘리거나 묻힌 흔적.

嫌惡 혐오 싫어하고 미워함. 예 염오((厭惡).

刑事 형사 ① 형법의 적용을 받는 일 반 민사(民事)
② 주로 사복 차림으로 범죄를 수사하고 범인을 체포하는 따위의 일을 맡은 경찰관

亨通 형통 온갖 일이 뜻대로 잘 됨.

惠澤 혜택 자연이나 문명이나 단체 등이 사람에게 베푸는 이로움이나 이익.

好感 호감 좋게 여기는 감정.

糊口 호구 겨우 먹고 삶. 입에 풀칠을 함.

互讓 호양 서로 양보함. 피차 사양함.
戶籍 호적 호수(戶數)와 식구별로 기록한 장부. 한집 안의 호주를 중심으로 그 가족들의 신분에 관한 것을 적은 공문서.
呼唱 호창 높은 목소리로 부름.
呼出 호출 불러 냄.
護憲 호헌 헌법을 옹호함.
互換 호환 서로 교환함.
或時 혹시 어쩌다가 우연한 기회에. 그럴 리는 없겠지만 어쩌다가.
混成 혼성 서로 혼합되어 이루어짐.
混一 혼일 섞어서 하나로 만드는 것.
弘報 홍보 일반에게 널리 알림.
話頭 화두 말머리. 불교에서 참선하는 사람에게 도를 깨우치게 하기 위하여 내는 문제.
畫報 화보 세상에서 일어난 일을 그림이나 사진으로 보도하는 인쇄물.
和暢 화창 날씨가 온화하고 맑음.
貨幣 화폐 상품 교환의 매개물로서, 가치의 척도이자 지불의 방편으로 유통되는 재물. 돈.
和解 화해 당사자가 서로 양보하여 당사자간 분쟁을 종료할 것을 약정함으로써 성립하는 계약.
擴充 확충 넓히고 보태어 충실하게 함.
荒凉 황량 황폐하여 거칠고 쓸쓸함.
荒廢 황폐 거칠고 못쓰게 됨.
回顧 회고 지난 일을 돌이켜 생각함.
會同 회동 같은 목적으로 여럿이 모임.
懷疑 회의 의심을 품음.
懷抱 회포 마음 속에 품은 정, 생각.
悔恨 회한 뉘우치고 한탄함.
候補 후보 ① 어떤 지위나 신분에 나가기를 바람. 또 그 사람
② 장래에 어떤 지위에 나갈 자격이 있음. 또 그 사람
訓育 훈육 가르쳐서 기름.
燻製 훈제 소금에 절인 고기 등을 연기에 그을려 말린 것.
毀損 훼손 체면·명예를 손상함.
休憩 휴게 일을 하거나 길을 걷다가 잠깐 쉼.
携帶 휴대 손에 들거나 몸에 지님.
胸骨 흉골 가슴뼈. 양쪽 갈빗대를 연결하는 뼈.
凶器 흉기 ① 사람을 살상하는 도구
② 상사(喪事)에 쓰는 제구(祭具)
黑字 흑자 검은 빛의 글자. 세입과 세출을, 또는 수입이 지출을 초과하여 잉여와 이익이 생기는 일. 🔁 적자(赤字)
痕迹 흔적 뒤에 남은 자국.
欣快 흔쾌 기쁘고도 상쾌함.
興奮 흥분 감정이 북받쳐 일어남.
興行 흥행 관람료를 받고 연극·영화·서커스 등을 구경시키는 일.
希臘 희랍 '그리스'의 한자음 표기.
戲弄 희롱 말이나 행동으로 실없이 놀림.
喜捨 희사 남을 위하여 즐거운 마음으로 재물을 내놓음.
喜悅 희열 기쁨과 즐거움.

음과 뜻	쓰기					
可 옳을 가	一 丁 丁 叮 可	口-2획			可否(가부) 可決(가결) 可能(가능)		
加 더할 가	丁 力 力 加 加	力-3획			加減(가감) 加工(가공) 加害(가해)		
佳 아름다울 가(좋을 가)	亻 亻 亻 伫 佳 佳 佳	亻-6획			佳人(가인) 佳約(가약) 佳作(가작)		
架 시렁 가	丁 力 加 加 架 架 架	木-5획			架橋(가교) 架空(가공) 架構(가구)		
家 집 가	丶 宀 宀 宇 宇 家 家	宀-7획			家族(가족) 家計(가계) 家禽(가금)		
假 거짓 가	亻 亻 亻 作 作 假 假	亻-9획			假像(가상) 假說(가설) 假飾(가식)		
街 거리 가	丶 彳 彳 待 徍 街 街	行-6획			街頭(가두) 街販(가판) 街道(가도)		
暇 겨를 가	刀 日 旷 旷 旷 旷 暇	日-9획			暇隙(가극) 暇日(가일) 餘暇(해가)		
歌 노래 가	丁 丁 哥 哥 哥 歌 歌	欠-10획			歌曲(가곡) 歌風(가풍) 歌謠(가요)		
價 값 가	亻 亻 俨 俨 價 價 價	亻-13획			價格(가격) 價値(가치) 評價(평가)		

음과 뜻	쓰기				
伽 절 가	亻 亻 伽 伽 伽	亻-5획	伽藍(가람) 伽倻國(가야국) 伽陀(가타)		
哥 노래 가	一 丁 可 哥 哥	口-7획	哥禁(가금) 哥窯紋(가요문) 金哥(김가)		
嘉 아름다울 가	一 十 古 吉 壴 嘉 嘉	口-11획	嘉禮(가례) 嘉俳(가배) 嘉味(가미)		
嫁 시집갈 가	ㄴ 女 女 妒 娇 嫁 嫁	女-10획	嫁娶(가취) 嫁禍(가화) 嫁母(가모)		
柯 자루 가	一 才 木 术 柯 柯	木-5획	南柯一夢(남가일몽)		
呵 꾸짖을 가	口 叮 叮 呵	口-5획	呵呵大笑(가가대소)		
稼 심을 가	二 千 禾 稻 稻 稼 稼	禾-10획	稼事(가사) 稼動(가동) 稼得率(가득률)		
苛 매울 가	十 艹 芢 芐 苛	++-5획	苛重(가중) 苛評(가평) 苛性(가성)		
袈 가사 가	刁 力 架 架 袈	衣-5획	袈裟(가사) 架板(가판) 架設(가설)		
賈 값 가(앉은 장사, 상품 고)	一 ㅠ 襾 西 酉 賈 賈	貝-6획	賈島(가도) 賈山(가산) 賈竪(고수)		

한자	훈음	필순	부수	단어
軻	굴대 가	一 ㄇ 亘 車 軒 軻 軻	車-5획	軻峨(가아) 丘軻(구가)
迦	막을 가	ㄱ 力 加 迦 迦	辶-5획	釋迦牟尼(석가모니)
駕	멍에 가	力 加 智 智 駕 駕	馬-5획	駕轎(가교) 車駕(거가) 竝駕齊驅(병가제구)
各	각각 각	丿 ク 夂 冬 各 各	口-3획	各各(각각) 各界(각계) 各國(각국)
角	뿔 각	丿 ⺈ ⺅ 角 角 角 角	角-0획	角度(각도) 角立(각립) 角逐(각축)
却	물리칠 각	一 十 土 去 ま 却	卩-5획	却說(각설) 却下(각하) 棄却(기각)
刻	새길 각(시각 각)	一 亠 亥 亥 亥 亥 刻	刂-6획	刻苦(각고) 刻骨(각골) 刻薄(각박)
脚	다리 각	刀 月 肚 肚 脘 脚	月-7획	脚骨(각골) 脚光(각광) 脚色(각색)
閣	문설주 각(누각,내각)	⻖ ⻖ 門 閇 閇 閣 閣	門-6획	閣僚(각료) 閣筆(각필) 閣下(각하)
覺	깨달을 각	⺦ 臼 臼 與 嚳 嚳 覺	見-13획	覺得(각득) 覺書(각서) 覺醒(각성)
恪	삼갈 각	丶 忄 忄 忪 恪	忄-6획	恪虔(각건) 恪敏(각민) 恪別(각별)

한자	훈음	필순	부수-획수	단어
殼	껍질 각	一 十 士 声 討 殼 殼	殳-8획	殼膜(각막) 甲殼(갑각) 龜殼(귀각)
珏	쌍옥 각	二 王 王 珏 珏	玉-4획	崔珏圭(최각규)
干	방패 간	一 二 干	干-0획	干戈(간과) 干求(간구) 干滿(간만)
刊	책 펴낼 간	一 二 干 刑 刊	刂-3획	刊印(간인) 刊行(간행) 刊經(간경)
肝	간 간	丿 刀 月 月 肝 肝 肝	月-3획	肝氣(간기) 肝膽(간담) 肝要(간요)
看	볼 간	二 手 チ 看 看 看 看	目-4획	看過(간과) 看板(간판) 看儉(간검)
姦	간사할 간 (간음할 간)	ㄑ ㄴ 女 女 姦 姦 姦	女-6획	姦淫(간음) 姦通(간통) 姦凶(간흉)
間	사이 간 (閒의 俗字)	�尸 尸 門 門 門 問 間	門-4획	間隔(간격) 間隙(간극) 間歇(간헐)
幹	줄기 간	一 十 古 車 車 幹 幹 幹	干-10획	幹能(간능) 幹部(간부) 幹事(간사)
懇	정성 간 (간절할 간)	㇗ 多 豸 豸 狠 懇 懇	心-13획	懇曲(간곡) 懇談(간담) 懇篤(간독)
簡	대쪽 간 (간략할, 편지)	㇏ ㇏ ⺮ ⺮ 简 简 簡 簡	竹-12획	簡潔(간결) 簡擇(간택) 簡率(간솔)

한자	획순	부수	용례
艮 어긋날 간	ㄱ ㅋ ㅌ ㅌ 艮	艮-0획	艮卦(간괘) 艮方(간방) 艮坐(간좌)
墾 따비할 간	´ 彡 豸 豸 豸 墾	土-13획	墾談(간담) 開墾(개간) 耕墾(경간)
奸 범할 간	�팔 女 奸	女-3획	奸計(간계) 奸雄(간웅) 奸邪(간사)
揀 가릴 간	一 扌 扌 抈 抈 抻 揀	扌-9획	揀選(간선) 揀擇(간택) 分揀(분간)
杆 나무 이름 간	一 十 オ 木 杆 杆	木-3획	槓杆(공간) 操縱桿(조종간)
澗 산골물 간	氵 氵门 氵门 澗 澗 澗	氵-12획	澗谷(간곡) 澗川(간천) 谷澗(곡간)
癎 경풍 간(癇의 俗字)	一 广 疒 疒 疒 疒 癎 癎	疒-12획	癎癖(간벽) 癎病(간병) 癎疾(간질)
竿 장대 간	ㅅ 竺 竺 竿	竹-3획	幢竿(당간) 百尺竿頭(백척간두)
艱 어려울 간	十 廿 堇 艱 艱 艱 艱	艮-11획	艱難(간난) 艱禍(간화) 艱患(간환)
諫 간할 간	一 言 訂 訕 諫 諫 諫	言-9획	諫言(간언) 幾諫(기간) 司諫院(사간원)
渴 목마를 갈	氵 氵门 氵日 氵曷 渴 渴 渴	氵-9획	渴求(갈구) 渴望(갈망) 渴急(갈급)

한자	훈·음	필순	부수·획수	용례
葛	칡 갈	十 艹 芍 苩 莒 莴 葛 葛	++-9획	葛藤(갈등) 瓜葛(과갈) 葛巾(갈건)
喝	더위먹을 갈	口 吖 吗 喝 喝 喝	口-9획	喝采(갈채) 喝破(갈파) 恐喝(공갈)
竭	다할 갈	立 刡 玥 玥 竭 竭	立-9획	用之不竭(용지불갈) 盡心竭力(진심갈력)
褐	털옷 갈	二 才 衤 衦 稩 褐 褐	示-9획	褐斑(갈반) 褐色(갈색) 褐藻類(갈조류)
鞨	말갈 갈	十 廿 芇 革 鞪 鞨 鞨	革-9획	靺鞨族(말갈족)
甘	달 감	一 十 廿 廾 甘	甘-0획	甘藍(감람) 甘露(감로) 甘草(감초)
減	덜 감	冫 冫 氵 沰 減 減 減	氵-9획	減軍(감군) 減速(감속) 減殺(감쇄)
敢	감히 감	一 工 丐 耳 耴 耴 敢	攵-8획	敢然(감연) 敢行(감행) 敢請(감청)
感	느낄 감	厂 厈 咸 咸 咸 感 感	心-9획	感激(감격) 感謝(감사) 感歎(감탄)
監	볼 감(옥 감)	彐 彐 彐 臣 監 監 監	皿-9획	監督(감독) 監修(감수) 監察(감찰)
憾	한할 감	忄 忄 愧 愧 愧 憾	忄-13획	憾情(감정) 遺憾(유감)

한자	훈음	필순	부수-획수	예
鑑	거울 감(살필 감)	´ ⩊ ⾦ 釒 鉅 鑑 鑑 鑑	金-14획	鑑別(감별) 鑑定(감정) 鑑賞(감상)
勘	헤아릴 감	一 卄 甚 其 勘 勘	力-9획	勘案(감안) 輕勘(경감) 磨勘(마감)
堪	견딜 감	十 圵 圵 堪 堪 堪	土-9획	堪耐(감내) 堪當(감당) 難堪(난감)
柑	감자나무 감	一 十 オ 木 柑 柑	木-5획	柑子(감자) 金柑(금감) 蜜柑(밀감)
疳	감질 감	ㆍ 广 疒 疒 疔 疳	疒-5획	疳勞(감로) 疳瘻(감루) 疳疾(감질)
邯	땅 이름 감(고을 이름 한)	一 卄 甘 甘阝 邯	阝-5획	邯鄲之步(감단지보) 姜邯贊(강감찬)
瞰	볼 감	l ⼜ 盰 晰 盰 瞰	目-12획	鳥瞰圖(조감도) 俯瞰(부감)
紺	감색 감	ㄠ 糸 糸 紺 紺	糸-5획	紺色(감색) 紺靑(감청)
甲	첫째 천간 갑(갑옷 갑)	l ⼜ ⼞ 日 甲	田-0획	甲富(갑부) 甲殼(갑각) 甲冑(갑주)
匣	갑 갑	一 匚 匞 匝 匣	匚-5획	鏡匣(경갑) 文匣(문갑) 紙匣(지갑)
岬	산허리 갑	l ⼩ 山 屵 岬 岬	山-5획	岬角(갑각) 長山岬(장산갑)=長山串(장산곶)

鉀 갑옷 갑	ノ 𠂤 𠂤 釒 釦 鉀 鉀	金-5획	貫鉀上馬(관갑상마)
閘 물문 갑	｢ ｢ 門 門 閘 閘	門-5획	閘門(갑문) 閘夫(갑부) 閘頭(갑두)
江 강 강	` ` 氵 江 江 江	氵-3획	江南(강남) 江河(강하) 江湖(강호)
降 항복할 강(내릴 항)	｢ 阝 阝 降 降 降 降	阝-6획	降等(강등) 降雨(강우) 降伏(항복)
剛 굳셀 강	｜ 冂 冂 冈 岡 岡 剛 剛	刂-8획	剛健(강건) 剛烈(강렬) 剛直(강직)
康 편안할 강	亠 广 广 户 序 庚 康	广-8획	康年(강년) 康寧(강녕) 剛健(강건)
强 굳셀 강	⊃ 弓 弨 弨 弨 强 强	弓-9획	强調(강조) 富强(부강) 强豪(강호)
綱 벼리 강(대강 강)	｀ 幺 糸 紉 網 網 網 網	糸-8획	綱領(강령) 綱常(강상) 綱要(강요)
鋼 강철 강	ノ 𠂤 金 釣 鋼 鋼 鋼	金-8획	鋼玉(강옥) 鋼鐵(강철) 鋼板(강판)
講 익힐 강(강론할 강)	≧ 言 言 誚 誚 講 講	言-10획	講究(강구) 講演(강연) 講座(강좌)
岡 산등성이 강	｜ 冂 冂 冈 岡 岡	山-5획	岡陵(강릉) 岡曲(강곡)

한자	필순	부수-획수	용례
姜 성 강	`ᵈ ᵈ ᴊ 差 姜 姜`	女-6획	姜氏(강씨) 姜太公(강태공)
崗 산등성 강(岡의 俗字)	`ᵈ ᵈ ᴊ 片 岗 崗`	山-8획	花崗巖(화강암)
彊 굳셀 강	`ᵈ ᵈ 弓 弼 彊 彊`	弓-13획	彊土(강토) 自彊(자강)
慷 강개할 강	`丶 忄 忄 忙 忾 慷 慷`	忄-11획	悲憤慷慨(비분강개)
疆 지경 강	`ᵈ 弓 引 弼 彊 疆`	田-14획	萬壽無疆(만수무강)
糠 겨 강	`ᵈ 十 米 栌 榑 糠`	米-11획	糠粃(강비) 糟糠之妻(조강지처)
腔 빈 속 강	`丿 刀 月 肝 腔 腔`	月-8획	腔腸(강장) 口腔(구강)
薑 생강 강	`ᵈ 艹 苗 莒 萱 薑`	⧺-13획	薑板(강판) 薑汁(강즙) 薑粉(강분)
介 끼일 개	`丿 人 介 介`	人-2획	介潔(개결) 介意(개의) 介在(개재)
改 고칠 개	`ᵈ ᵈ 己 己 改 改 改`	攵-3획	改編(개편) 改善(개선) 改定(개정)
皆 다 개	`ᵇ 比 比 毕 皆 皆`	白-4획	皆勤(개근) 皆兵(개병) 皆濟(개제)

한자	필순	부수-획수	예시 단어
個 낱 개	亻 亻 们 個 個 個 個	亻-8획	個別(개별) 個性(개성) 個體(개체)
開 열 개	門 門 門 門 閂 開 開	門-4획	開墾(개간) 開幕(개막) 開天節(개천절)
蓋 덮을 개	艹 艹 芏 芏 荳 蓋 蓋	艹-10획	蓋壤(개양) 蓋瓦(개와) 蓋世(개세)
慨 분개할 개(슬퍼할 개)	忄 忄 忄 悁 悁 慨 慨 慨	忄-11획	慨世(개세) 蓋然(개연) 慨嘆(개탄)
槪 평미레 개(풍치,절개 개)	木 木 枦 枦 椰 槪 槪	木-11획	槪括(개괄) 槪要(개요) 槪論(개론)
价 착할 개	丿 亻 伫 价	亻-4획	价人(개인) 价川郡(개천군)
箇 낱 개	竹 竹 筥 筥 简 箇	竹-8획	箇當(개당) 箇數(개수) 箇條(개조)
凱 즐길 개	山 岂 岂 豈 凱	几-10획	凱歌(개가) 凱旋(개선) 凱樂(개악)
愾 성낼 개	忄 忄 忾 忾 愾 愾 愾	忄-10획	敵愾心(적개심) 憤愾(분개)
塏 높고 건조할 개	一 十 土 圵 塏 塏	土-10획	李塏(이개) 塏塏(개개)
漑 물댈 개	氵 氵 泹 泹 漑 漑	氵-11획	灌漑施設(관개시설)

한자	훈음	필순	부수	한자어
芥	겨자 개	艹 艹 艿 芥	++-4획	芥子(개자) 草芥(초개)
客	손 객(나그네 객)	宀 宀 宀 安 客 客 客	宀-6획	客氣(객기) 客死(객사) 客員(객원)
更	다시 갱(고칠 경)	一 一 曰 更 更	曰-3획	更生(갱생) 更新(경신) 更迭(경질)
坑	구덩이 갱	一 十 土 圹 坑	土-4획	坑內(갱내) 坑道(갱도) 坑木(갱목)
羹	국 갱	芏 芏 羔 羔 羹 羹	羊-13획	羊羹餅(양갱병) 羹粥(갱죽)
去	갈 거(버릴 거)	一 十 土 去 去	厶-3획	去來(거래) 去就(거취) 去勢(거세)
巨	클 거	一 厂 厣 戶 巨	工-2획	巨軀(거구) 巨視的(거시적) 巨匠(거장)
車	수레 거(수레 차)	一 丆 刀 冎 目 亘 車	車-0획	車駕(거가) 車馬(거마) 車庫(차고)
居	있을 거(살 거)	一 丁 尸 尸 厇 居 居	尸-5획	居留(거류) 居喪(거상) 居住(거주)
拒	막을 거(맞설 거)	扌 扌 扩 扫 拒 拒 拒	扌-5획	拒否(거부) 拒逆(거역) 拒絶(거절)
距	떨어질 거	丶 口 甼 呈 距 距 距	足-5획	距骨(거골) 距離(거리) 距戰(거전)

한자	훈음	필순	부수-획수	예어
據	웅거할 거 (의거할 거)	扌 扩 扩 拵 捸 據 據	扌-13획	據守(거수) 據實(거실) 據點(거점)
擧	들 거 (온통 거)	臼 乸 铫 舉 與 擧	手-14획	擧動(거동) 擧手(거수) 行動擧止(행동거지)
渠	도랑 거	氵 沪 泸 洰 淖 渠	氵-9획	渠水(거수) 川渠漲溢(천거창일)
倨	거만할 거	亻 伫 伊 伒 倨	亻-8획	倨慢(거만) 倨傲(거오)
醵	추렴할 거·갹 (술잔치 갹)	厂 西 酉 酻 酻 醵 醵	酉-13획	醵出(거출) 醵金(갹금) 醵飮(갹음)
件	사건 건	丿 亻 代 仁 件 件	亻-4획	件件(건건) 件名(건명) 件數(건수)
建	세울 건	一 ㄱ ㅌ 圭 聿 建	廴-6획	建國(건국) 建議(건의) 建艦(건함)
健	튼튼할 건 (굳셀 건)	丿 亻 仁 俨 伃 倖 健 健	亻-9획	健康(건강) 健忘(건망) 健鬪(건투)
乾	하늘 건 (마를 건)	一 十 古 古 卓 軩 乾	乙-10획	乾坤離坎(건곤감리) 乾濕(건습) 乾杯(건배)
巾	수건 건	丨 冂 巾	巾-0획	屈巾(굴건) 紅巾賊(홍건적)
腱	힘줄 밑둥 건	月 肜 胪 胆 腱 腱	月-9획	腱反射(건반사)

漢字	획순	부수	활용 어휘
虔 정성 건	ᅡ ᅩ 广 虍 虍 虔	虍-4획	恪虔(각건) 敬虔(경건)
鍵 열쇠 건	ᅩ ᅩ 金 鍵 鍵 鍵 鍵	金-9획	鍵盤(건반) 關鍵(관건)
乞 빌 걸	ノ ㇗ 乞	乙-2획	乞骸骨(걸해골) 求乞(구걸) 門前乞食(문전걸식)
傑 뛰어날 걸	ノ 亻 亻 伢 僳 傑 傑	亻-10획	傑句(걸구) 傑作(걸작) 傑出(걸출)
桀 홰 걸	ク タ 夘 舛 华 桀	木-6획	桀紂(걸주) 夏桀(하걸)
杰 뛰어날 걸(傑의 俗字)	一 十 木 杰	木-4획	豪傑(호걸) 女傑(여걸)
儉 검소할 검	亻 亻 伶 伶 俭 儉 儉	亻-13획	儉德(검덕) 儉素(검소) 儉約(검약)
劍 칼 검	人 스 合 슶 僉 僉 劍	刂-13획	劍客(검객) 劍戟(검극) 劍術(검술)
檢 봉함 검(검속할 검)	十 木 柠 柃 桧 檢 檢	木-13획	檢查(검사) 檢屍(검시) 檢診(검진)
劫 위협할 겁	一 十 土 去 劫 劫	力-5획	劫年(겁년) 劫煞(겁살) 劫奪(겁탈)
怯 겁낼 겁	ᆞ 忄 怗 怯	忄-5획	經怯(경겁) 虛怯症(허겁증)

한자	필순	부수-획수	단어
揭 들 게	扌 扩 押 揭 揭 揭	扌-9획	揭示(게시) 揭揚(게양) 揭載(게재)
憩 쉴 게	二 千 舌 刮 舌甘 憩 憩	心-12획	憩泊(게박) 休憩(휴게) 憩止(게지)
偈 중의글귀 게(쉴 게)	亻 亻 俏 偈 偈 偈	亻-9획	偈句(게구) 偈頌(게송)
格 바로잡을 격(품격 격)	十 才 术 杦 杦 格 格	木-6획	價格(가격) 格物致知(격물치지) 骨格(골격)
隔 사이 뜰 격(막힐 격)	阝 阝 阝 隔 隔 隔	阝-10획	間隔(간격) 隔世之感(격세지감)
激 물결 부딪쳐 흐를 격(심할 격)	氵 沙 泊 洎 漀 激 激	氵-13획	激怒(격노) 激勵(격려) 激昂(격앙)
擊 부딪칠 격(칠 격)	臼 車 軎 軗 毄 擊 擊	手-13획	擊毬(격구) 擊追(격추) 擊退(격퇴)
覡 박수 격	丁 巫 巫 覡 覡 覡	見-7획	男覡(남격) 巫覡(무격)
檄 격문 격	才 杦 杓 榜 楈 檄	木-13획	檄文(격문) 檄書(격서)
膈 흉격 격	丿 刀 肝 胛 膈 膈	月-10획	膈膜(격막) 橫膈膜(횡격막)
犬 개 견	一 ナ 大 犬	犬-0획	犬馬(견마) 犬猿(견원) 犬齒(견치)

한자	훈음	필순	부수	용례
見	볼 견(나타낼 현)	丨 冂 冃 月 目 貝 見	見-0획	見聞(견문) 見積(견적) 見謁(현알)
肩	어깨 견	丶 𠃍 ⺕ 户 户 肩 肩	月-4획	肩胛骨(견갑골) 肩章(견장) 肩膊(견박)
牽	끌 견(이을 견)	亠 玄 牽 牽 牽 牽	牛-7획	牽制(견제) 牽引(견인) 牽牛星(견우성)
堅	굳을 견	丨 𠂆 臣 臣 臤 臤 堅	土-8획	堅固(견고) 堅忍(견인) 堅持(견지)
遣	보낼 견	口 口 中 虫 冑 冑 遣	辶-10획	遣歸(견귀) 遣外(견외) 遣奠(견전)
絹	명주 견(비단 견)	𠃋 幺 糸 糸 糹 絹 絹	糸-7획	絹本(견본) 絹絲(견사) 絹織物(견직물)
甄	질그릇 견	币 西 甄 甄 甄 甄	瓦-9획	甄工(견공) 甄萱(견훤)
繭	고치 견	十 艹 芇 芇 繭 繭	艹-13획	繭絲(견사) 繭蠶(견잠)
譴	꾸짖을 견	二 言 訨 譴 譴 譴	言-14획	譴責(견책) 譴告(견고) 罪譴(죄견)
鵑	두견이 견	口 月 肙 肙 鵑 鵑	鳥-7획	杜鵑(두견) 杜鵑花(두견화)
決	터질 결(정할 결)	丶 冫 氵 氵 汀 決 決	氵-4획	決意(결의) 決議(결의) 決定(결정)

缺 이지러질 결(이빠질 결)	⺊ ⺀ 午 缶 鈤 缺 缺	缶-4획	缺禮(결례) 缺如(결여) 缺陷(결함)
結 맺을 결(엉길 결)	幺 糸 系 糸 紀 紅 結	糸-6획	結果(결과) 結緣(결연) 結婚(결혼)
潔 깨끗할 결	氵 沣 浐 潵 潔 潔 潔	氵-12획	潔白(결백) 介潔(개결)
訣 이별할 결	⺀ 言 訂 訣 訣	言-4획	訣別(결별) 口訣(구결) 土亭秘訣(토정비결)
兼 겸할 겸	八 今 今 乖 争 争 兼	八-8획	兼務(겸무) 兼備(겸비) 兼用(겸용)
謙 겸손할 겸	⺀ 言 訁 訃 詳 謙 謙	言-10획	謙恭(겸공) 謙遜(겸손) 謙虛(겸허)
京 서울 경	丶 ⺀ 六 古 亨 京	亠-6획	京城(경성) 京鄉(경향) 京劇(경극)
庚 일곱째 천간 경	亠 广 庐 庐 庐 庚 庚	广-5획	庚癸(경계) 庚方(경방) 庚帖(경첩)
徑 지름길 경	彳 彳 彳 徉 徑 徑 徑	彳-7획	徑路(경로) 徑遞(경체) 徑行(경행)
耕 밭갈 경	一 三 丰 丰 耕 耕	耒-4획	耕農(경농) 耕作(경작) 耕耘(경운)
竟 다할 경(마침내 경)	亠 ⺀ 立 咅 音 音 竟	立-6획	竟境(경경) 竟夕(경석) 竟夜(경야)

한자	필순	부수-획수	단어
頃 밭 넓이 단위 경(잠깐 경)	ー ヒ ヒ ヒ 圹 頃 頃	頁-2획	頃刻(경각) 頃步(경규) 頃日(경일)
景 볕 경(경치 경)	口 日 旦 몪 몸 景 景	日-12획	景觀(경관) 景氣(경기) 景況(경황)
卿 벼슬 경	イ ㄅ 卯 卯 卵 卵 卿	卩-10획	卿老(경로) 卿相(경상) 卿尹(경윤)
硬 굳을 경	ー ナ 石 石 砳 砨 硬	石-7획	硬口(경구) 硬度(경도) 硬水(경수) 硬直(경직)
敬 공경할 경	十 艹 芀 苟 苟 敬	攵-9획	敬禮(경례) 敬愛(경애) 敬聽(경청)
傾 기울 경	イ 亻 仵 佰 师 傾 傾	イ-11획	傾度(경도) 傾月(경월) 傾向(경향)
經 날 경	く 幺 辛 糸 紅 經 經	糸-7획	經過(경과) 經營(경영) 經驗(경험)
境 지경 경	十 土 圹 坮 培 培 境	土-11획	境界(경계) 境外(경외) 境遇(경우)
輕 가벼울 경	市 日 車 車 軣 輕 輕	車-7획	輕擧妄動(경거망동) 輕視(경시) 輕快(경쾌)
慶 경사 경	亠 广 庐 严 應 廖 慶	心-11획	慶事(경사) 慶祝(경축) 慶賀(경하)
警 경계할 경(깨우칠 경)	一 艹 芀 苟 敬 敬 警	言-13획	警覺(경각) 警備(경비) 警察(경찰)

漢字	訓音	筆順	部首-劃數	單語		
鏡	거울 경(안경 경)	ノ 牟 金 釒 釯 鐺 鏡	金-11획	鏡鑑(경감)	鏡臺(경대)	鏡面(경면)
競	겨룰 경(다툴 경)	` ニ 立 音 竟 競 競	立-15획	競馬(경마)	競賣(경매)	競爭(경쟁)
驚	놀랄 경	艹 芍 苟 敬 警 驚 驚	馬-13획	驚起(경기)	驚愕(경악)	驚蟄(경칩)
儆	경계할 경	亻 亻 仩 併 傄 儆	亻-13획	儆備(경비)	自儆(자경)	
憬	깨달을 경	' 忄 忄 悟 悍 憬	忄-12획	憬悟(경오)	憧憬(동경)	
梗	대개 경	十 木 枦 柯 梗 梗	木-7획	梗塞(경새)	生梗之弊(생경지폐)	
炅	빛날 경	` 冂 日 炅 炅	火-4획	趙炅(조경)	炅炅(경경)	
璟	옥빛 경(璄과 同字)	二 王 玾 琸 瑁 璟	王-12획	沈璟(심경)		
瓊	옥 경	二 王 玙 珦 瓊 瓊	王-15획	瓊音(경음)	瓊玉(경옥)	
磬	경쇠 경	士 声 声 殸 殸 磬 磬	石-11획	磬石(경석)	風磬(풍경)	室如懸磬(실여현경)
痙	심줄 땅길 경	亠 广 疒 疒 痙 痙	疒-7획	痙攣(경련)	胃痙攣(위경련)	

한자	훈음	필순	부수-획수	단어
莖	줄기 경	艹 莁 莖	艹-7획	球莖(구경) 根莖(근경) 包莖(포경)
頸	목 경	巠 頸	頁-7획	頸腺(경선) 頸椎(경추) 頸血(경혈)
脛	정강이 경	丿 月 脛	月-7획	脛巾(경건) 脛骨(경골)
勁	굳셀 경	巠 勁	力-7획	勁健(경건) 勁直(경직)
鯨	고래 경	魚 鯨	魚-8획	鯨戰蝦死(경전하사) 捕鯨(포경)
系	이을 계(혈통 계)	一 幺 系	糸-1획	系譜(계보) 系列(계열) 系統(계통)
戒	경계할 계	一 二 戒	戈-3획	戒嚴(계엄) 戒色(계색) 戒律(계율)
季	끝 계(철 계)	二 千 禾 季	子-5획	季刊(계간) 季節(계절) 季嫂(계수)
界	지경 계	口 田 界	田-4획	界尺(계척) 界標(계표) 界限(계한)
癸	열째 천간 계	癶 癸	癶-4획	癸方(계방) 癸水(계수) 癸酉(계유)
契	맺을 계	三 丰 契	大-6획	契約(계약) 契員(계원) 契會(계회)

한자	훈음	필순	부수-획수	예시 단어
係	걸릴 계(관계할 계)	亻 亻 亻 伍 係 係 係	亻-7획	係員(계원) 係長(계장) 關係(관계)
計	꾀 계(셈할 계)	丶 亠 言 言 言 言 計	言-2획	計略(계략) 計算(계산) 計劃(계획)
桂	계수나무 계	十 才 木 桂 桂 桂 桂	木-6획	桂皮(계피) 月桂樹(월계수)
啓	열 계(가르칠 계)	丶 丶 户 户 啟 啟 啓	口-8획	啓導(계도) 啓蒙(계몽) 啓發(계발)
械	형틀 계(기계 계)	十 才 木 杆 械 械 械	木-7획	械器(계기) 工作機械(공작기계) 機械(기계)
階	섬돌 계(차례 계)	阝 阝 阝 阞 陛 陛 階 階	阝-9획	階級(계급) 階段(계단) 階層(계층)
溪	시내 계	氵 氵 氵 涇 涇 溪 溪	氵-10획	溪谷(계곡) 溪流(계류) 溪邊(계변)
繫	맬 계(얽을 계)	申 車 軎 穀 擊 繫	糸-13획	長繩繫日(장승계일) 赤繩繫足(적승계족)
繼	이을 계	幺 爭 糸 糸 絲 絲 繼 繼	糸-14획	繼母(계모) 繼續(계속) 繼蹟(계적)
鷄	닭 계	爫 爫 奚 新 鷄 鷄 鷄	鳥-10획	鷄卵(계란) 鷄鳴(계명) 鷄冠花(계관화)
悸	두근거릴 계	丶 忄 忄 悸 悸 悸	忄-8획	動悸(동계) 心悸亢進(심계항진)

한자	훈음	필순	부수-획수	예시 단어
古	옛 고	一 十 十 古 古	口-2획	古今(고금) 古墳(고분) 古稀(고희)
考	상고할 고	一 十 土 耂 老 考	耂-2획	考慮(고려) 考試(고시) 考察(고찰)
告	알릴 고	ノ ㇏ 牛 牛 告 告	口-4획	告訴(고소) 告知(고지) 告解(고해)
固	굳을 고	冂 冂 冃 冏 固 固 固	口-5획	固陋(고루) 固有(고유) 固執(고집)
苦	쓸 고(괴로울 고)	一 十 ナナ ㅛ 芊 苦 苦	++-5획	苦惱(고뇌) 苦杯(고배) 苦楚(고초)
姑	시어미 고	ㄑ 女 女 妒 妒 姑 姑	女-5획	姑母(고모) 姑婦(고부) 姑息(고식)
孤	외로울 고	ㄱ 了 孑 扩 弧 孤 孤	子-5획	孤獨(고독) 孤陋(고루) 孤兒(고아)
枯	마를 고	十 才 木 朳 村 枯 枯	木-5획	枯渴(고갈) 枯松(고송) 枯葉(고엽)
故	옛 고(사고 고)	十 十 古 古 苫 故 故	攵-5획	故意(고의) 故障(고장) 故鄕(고향)
高	높을 고	丶 亠 亠 宀 高 高 高	高-0획	高潔(고결) 高齡(고령) 高手(고수)
庫	곳집 고	丶 广 广 庐 庐 庐 庫 庫	广-7획	庫間(고간) 庫門(고문) 庫直(고직)

한자	훈음	필순	부수-획수	단어
雇	품살 고(새 이름 호)	丿 广 户 户 雇 雇	隹-4획	雇傭(고용) 解雇(해고)
鼓	북 고(북돋을 고)	一 十 吉 壴 壴 鼓 鼓	鼓-0획	鼓動(고동) 鼓膜(고막) 鼓吹(고취)
稿	볏짚 고(원고 고)	千 禾 禾 秆 稿 稿 稿	禾-10획	稿料(고료) 稿本(고본) 稿草(고초)
顧	돌아볼 고	㇆ 户 扂 雇 顧 顧 顧	頁-12획	顧客(고객) 顧問(고문) 顧兔(고토)
皐	언덕 고(약자 :皋)	丿 宀 白 白 皇 皐	白-6획	皐比(고비) 皐虞(고우) 皐月(고월)
呱	울 고	丨 口 叮 呀 呱 呱	口-5획	呱呱之聲(고고지성)
拷	칠 고	扌 扩 拌 拷 拷 拷	才-6획	拷問(고문) 拷打(고타) 拷問致死(고문치사)
敲	문두드릴 고	㝏 亯 高 高 敲 敲	攵-10획	敲問(고문) 推敲(퇴고)
辜	허물 고	十 古 克 辜 辜	辛-5획	辜負(고부) 無辜(무고)
叩	두드릴 고	丨 口 叩 叩	口-2획	叩頭(고두) 叩門(고문)
痼	고질 고	丶 广 疒 疠 痼 痼	疒-8획	痼冷症(고랭증) 痼癖(고벽) 痼疾(고질)

한자	필순	부수-획수	어휘
股 넓적다리 고	ㅣ ㄇ 月 肝 股 股	月-4획	股間(고간) 股肱之臣(고굉지신)
膏 살찔 고	一 古 产 高 膏 膏	月-10획	膏血(고혈) 石膏像(석고상)
袴 바지 고·과(사타구니 과)	㇀ ㇂ ㇂ ㄤ 袕 袴 袴	衤-6획	袴衣(고의) 袴褶(고습) 袴下辱(과하욕)
錮 땜질할 고	㇀ ㇀ 金 釘 鋼 錮	金-8획	禁錮(금고) 禁錮刑(금고형)
曲 굽을 곡	ㅣ ㄇ 巾 曲 曲 曲	日-2획	曲調(곡조) 曲尺(곡척) 曲肱之樂(곡굉지락)
谷 골 곡(골짜기 곡)	㇀ ㄇ ㄅ 父 父 谷 谷	谷-0획	谷澗(곡간) 谷飮(곡음) 谷風(곡풍)
哭 울 곡	ㅣ ㅁ ㅁㅁ ㅁㅁ 罒 哭 哭	口-7획	哭聲(곡성) 哭泣(곡읍) 哭竹(곡죽)
穀 곡식 곡	土 吉 幸 幸 素 榖 穀	禾-10획	穀氣(곡기) 穀類(곡류) 穀酒(곡주)
鵠 고니 곡	㇀ 丬 告 告 鵠 鵠 鵠	鳥-7획	刻鵠類鶩(각곡류목) 正鵠(정곡)
梏 쇠고랑 곡	十 才 村 梏 梏 梏	木-7획	梏亡(곡망) 桎梏(질곡)
困 괴로울 곤(곤할 곤)	ㅣ ㄇ ㄇ 用 困 困 困	口-4획	困境(곤경) 困難(곤란) 困辱(곤욕)

한자	훈음	필순	부수-획수	한자어
坤	땅 곤	一 十 扣 坩 坤 坤 坤	土-5획	坤宮(곤궁) 坤輿(곤여) 坤殿(곤전)
昆	형 곤	口 日 日 尸 尺 昆	日-4획	昆蟲(곤충) 昆季(곤계) 玉昆金友(옥곤금우)
棍	몽둥이 곤(묶을 혼)	十 才 杒 桿 棍 棍	木-8획	棍杖(곤장) 棍棒(곤봉)
袞	곤룡포 곤	亠 产 夯 衮 袞 袞	衣-5획	袞龍袍(곤룡포) 袞服(곤복)
骨	뼈 골	丨 冂 冎 咼 咼 骨 骨	骨-0획	骨格(골격) 骨髓(골수) 骨折(골절)
汩	빠질 골	氵 汁 汩 汩	氵-4획	汩篤(골독) 汩沒(골몰)
工	장인 공	一 丁 工	工-0획	工業(공업) 工藝(공예) 工程(공정)
公	공변될 공(공 공)	丿 八 公 公	八-2획	公共(공공) 公約(공약) 公布(공포)
孔	구멍 공(성 공)	了 了 子 孔	子-1획	孔孟(공맹) 孔門(공문) 孔穴(공혈)
功	공 공	一 T 工 巧 功	力-3획	功勞(공로) 功夫(공부) 功績(공적)
共	함께 공	一 十 卄 世 共 共	八-4획	共同體(공동체) 共謀(공모) 共和(공화)

한자	획순	부수	단어
攻 칠 공	一 丁 工 丁 攻 攻 攻	攵-3획	攻擊(공격) 攻掠(공략) 攻駁(공박)
空 빌 공(하늘 공)	丶 宀 宀 空 空 空 空	穴-3획	空間(공간) 空念佛(공염불) 空乏(공핍)
供 이바지할 공	丿 亻 亻 仁 供 供 供	亻-6획	供給(공급) 供養(공양) 供託(공탁)
恭 공손할 공	一 艹 共 共 共 恭 恭	忄-6획	恭儉(공검) 恭敬(공경) 恭遜(공손)
貢 바칠 공	一 工 千 齐 音 貢	貝-3획	貢納(공납) 貢緞(공단) 貢獻(공헌)
恐 두려울 공	一 工 卫 巩 巩 恐 恐	心-6획	恐喝(공갈) 恐怖(공포) 恐慌(공황)
拱 두 손 맞잡을 공	扌 扌 扌 拱 拱	扌-6획	拱手(공수) 拱揖(공읍) 墓木已拱(묘목이공)
鞏 묶을 공	丮 丮 鞏 鞏 鞏 鞏	革-6획	鞏固(공고) 鞏鞏(공공) 鞏膜(공막)
戈 창 과	一 弋 戈 戈	戈-0획	戈劍(과검) 戈盾(과순) 戈甲(과갑)
瓜 오이 과	丿 厂 爪 瓜 瓜	瓜-0획	瓜滿(과만) 瓜葛(과갈) 瓜種(과종)
果 실과 과(결과 과)	丶 口 日 旦 甲 果 果	木-4획	果敢(과감) 果斷(과단) 果然(과연)

한자	훈음	필순	부수	예
科	과정 과(과목 과)	二 千 禾 禾 科 科	禾-4획	科擧(과거) 科目(과목) 科第(과제)
過	지날 과(허물 과)	冂 冎 咼 咼 咼 渦 過	辶-9획	過激(과격) 過勞(과로) 過剩(과잉)
誇	자랑할 과	二 言 言 計 誇 誇	言-6획	誇大妄想(과대망상) 誇示(과시) 誇張(과장)
寡	적을 과	宀 宀 宑 宣 寈 寡 寡	宀-11획	寡默(과묵) 寡婦(과부) 寡慾(과욕)
課	매길 과(부과할 과)	丶 言 言 評 評 課 課	言-8획	課稅(과세) 課外(과외) 課業(과업)
菓	과일 과	十 艹 芐 草 草 菓	艹-8획	菓子(과자) 茶菓(다과) 製菓店(제과점)
顆	낟알 과	旦 甲 果 界 顆 顆 顆	頁-8획	顆粒(과립) 顆粒子(과립자)
郭	성곽 곽(외성 곽)	二 古 享 享 享 享 郭 郭	阝-8획	郭索(곽삭) 城郭(성곽) 外郭(외곽)
廓	둘레 곽(클 확)	广 庐 庐 庐 廓 廓	广-11획	輪廓(윤곽) 廓大(확대) 廓然(확연)
槨	덧널 곽	木 柿 柿 椁 槨 槨	木-11획	石槨(석곽) 石槨墓(석곽묘)
藿	콩잎 곽	艹 芐 芐 萑 萑 藿 藿	艹-16획	藿羹(곽갱) 藿亂(곽란) 藿蠋(곽촉)

한자	훈음	필순	부수-획수	용례
串	익힐 관(곶 곶, 꿸 천, 고치 찬)	丨 口 吊 吕 串	丨-6획	串柿(관시) 長山串(장산곶) 串票(천표)
官	벼슬 관(기관 관)	丶 丶 宀 宁 官 官 官	宀-5획	官僚(관료) 官舍(관사) 官許(관허)
冠	갓 관	冖 冖 冖 元 冠 冠 冠	冖-7획	冠禮(관례) 冠詞(관사) 冠雀(관작)
貫	꿰뚫을 관	乚 口 毌 毌 毌 冒 冒 貫	貝-4획	貫瀆(관독) 貫徹(관철) 貫行(관행)
款	정성 관	十 士 圭 圭 款 款	欠-8획	款待(관대) 約款(약관) 借款(차관)
寬	너그러울 관	丶 宀 宀 宇 宇 實 寬	宀-12획	寬大(관대) 寬容(관용) 寬仁(관인)
管	주관할 관(대롱, 피리 관)	丿 ㅑ 竺 竺 竺 竺 管	竹-8획	管理(관리) 管樂器(관악기) 管制塔(관제탑)
慣	버릇 관(익숙할 관)	丶 忄 忄 忄 慣 慣 慣	忄-11획	慣性(관성) 慣習(관습) 慣行(관행)
館	객사 관(집 관)	丿 今 貪 館 館 館 館	食-8획	館舍(관사) 館儒(관유) 館長(관장)
關	빗장 관(관계할 관)	阝 阝 門 門 閉 關 關	門-11획	關鍵(관건) 關聯(관련) 關心(관심)
觀	볼 관	艹 苩 萑 萑 雚 觀 觀	見-18획	觀光(관광) 觀念(관념) 觀點(관점)

한자	훈음	필순	부수-획수	용례
灌	물 댈 관	氵 氵 灌 灌 灌 灌	氵-18획	灌漑(관개) 灌腸(관장)
棺	널 관	十 木 柣 柕 棺 棺	木-8획	木棺(목관) 石棺(석관) 剖棺斬屍(부관참시)
琯	옥피리 관	二 王 玗 珨 琯 琯	王-8획	白琯(백관) 玉琯(옥관)
刮	깎을 괄	丆 二 千 舌 刮	刂-6획	刮目(괄목) 刮目相對(괄목상대) 刮削(괄삭)
括	묶을 괄	十 扌 扗 扗 括	扌-6획	括約筋(괄약근) 括弧(괄호)
光	빛 광	丨 丨 丬 业 兴 光	儿-4획	光景(광경) 光線(광선) 光彩(광채) 光合成(광합성)
狂	미칠 광(사나울 광)	丶 丿 犭 犴 狂 狂	犭-4획	狂犬(광견) 熱狂(열광) 一陣狂風(일진광풍)
廣	넓을 광	亠 广 庐 庐 庨 庸 廣	广-12획	廣範(광범) 廣野(광야) 廣闊(광활)
鑛	쇳돌 광	乒 金 釒 鈩 鑴 鑛 鑛	金-15획	鑛物性(광물성) 鑛山(광산) 鑛業(광업)
匡	바를 광	一 匚 厓 匡 匡	匚-4획	匡矯(광교) 匡救(광구) 匡正(광정)
壙	광 광	圹 圹 圹 圹 壙 壙 壙	土-15획	壙中(광중) 壙內(광내)

漢字	필순	부수-획수	단어
曠 밝을 광	旷 旷 旷 旷 曠 曠 曠	日-15획	曠野(광야) 師曠之聰(사광지총)
胱 오줌통 광	刀 月 月' 肿 肿 胱	月-6획	膀胱(방광) 膀胱炎(방광염)
掛 걸 괘	扌 扌 扩 扩 挂 掛 掛	扌-8획	掛圖(괘도) 掛曆(괘력) 掛意(괘의)
卦 걸 괘	一 十 土 圭 卦 卦	卜-6획	卦鐘(괘종) 占卦(점괘) 八卦(팔괘)
罫 줄 괘	罒 罒 罒 罒 罣 罫	罒-8획	罫線(괘선) 罫紙(괘지)
怪 괴이할 괴	忄 忄 忄 怀 怀 怪 怪	忄-5획	怪談(괴담) 怪力(괴력) 怪變(괴변)
傀 클 괴	亻 伯 伯 傀 傀 傀	亻-10획	傀奇(괴기) 傀儡(괴뢰)
塊 흙덩이 괴(덩어리 괴)	土 圴 坿 塊 塊 塊	土-10획	塊狀(괴상) 塊石(괴석) 塊然(괴연)
愧 부끄러워 할 괴	忄 忄 怕 怕 愧 愧	忄-10획	愧忿(괴분) 愧色(괴색) 愧心(괴심)
壞 무너질 괴	土 圹 圹 壞 壞 壞	土-16획	壞滅(괴멸) 壞損(괴손) 壞血病(괴혈병)
乖 어그러질 괴	一 二 千 乖 乖	丿-7획	乖離(괴리) 乖僻(괴벽) 乖常(괴상)

한자	필순	부수-획수	단어
拐 속일 괴	扌 扌 护 拐 拐	扌-5획	誘拐(유괴) 誘拐犯(유괴범)
槐 홰나무 괴	十 才 杍 栯 槐 槐	木-10획	槐木(괴목) 槐安國(괴안국) 槐黃(괴황)
魁 으뜸 괴	白 由 兔 鬼 魁 魁	鬼-4획	魁奇(괴기) 魁首(괴수)
宏 클 굉	丶 宀 宁 宏 宏	宀-4획	宏傑(굉걸) 宏壯(굉장)
肱 팔뚝 굉	月 肍 肱 肱	月-4획	股肱之臣(고굉지신) 曲肱之樂(곡굉지락)
轟 울릴 굉	一 冂 車 車 轟 轟	車-14획	轟然(굉연) 轟音(굉음)
巧 공교할 교(교묘할 교)	一 丁 Ｊ Ｊ Ｆ 巧	工-2획	巧妙(교묘) 巧敏(교민) 巧態(교태)
交 사귈 교(바꿀 교)	丶 一 亠 六 㐅 交	亠-4획	交流(교류) 交涉(교섭) 交響曲(교향곡)
郊 성 밖 교(들 교)	亠 六 亣 交 交 交阝 郊 郊	阝-6획	郊外(교외) 郊原(교원) 郊締(교체)
校 학교 교	十 才 杧 村 柼 校 校	木-6획	校監(교감) 校閱(교열) 校正(교정)
教 가르칠 교(종교 교)	丿 乄 耂 耂 孝 孝 教	攵-7획	教授(교수) 教育(교육) 教室(교실)

絞 목맬 교	幺 糸 糸 糸 紡 絞	糸-6획	絞殺(교살) 絞首刑(교수형)
較 견줄 교	一 亓 亘 車 軻 軡 較	車-6획	較量(교량) 較藝(교예) 較著(교저)
僑 우거할 교	亻 仁 佧 佫 僑 僑	亻-12획	僑民(교민) 僑胞(교포) 華僑(화교)
膠 아교 교	月 月' 月" 胪 胮 膠	月-11획	膠着(교착) 阿膠質(아교질)
橋 다리 교	一 木 朾 栕 杤 橋 橋	木-12획	橋脚(교각) 橋頭堡(교두보) 橋梁(교량)
矯 바로잡을 교	丿 矢 矣 妖 矯 矯 矯	矢-12획	矯殺(교살) 矯正(교정) 矯風(교풍)
咬 새소리 교	丨 口 叮 咔 咬	口-6획	咬傷(교상) 咬裂(교열) 咬咬(교교)
喬 높을 교	丿 二 禾 禾 喬 喬	口-9획	喬木(교목) 喬松(교송) 喬嶽(교악)
嬌 아리따울 교	女 奵 奵 妖 嬌 嬌	女-12획	嬌聲(교성) 嬌態(교태)
攪 어지러울 교	扌 扌' 扩 攪 攪 攪	扌-20획	攪攪(교교) 攪亂(교란)
狡 교활할 교	丿 犭 犭 犷 狓 狡	犭-6획	狡智(교지) 狡猾(교활)

한자	훈음	필순	부수-획수	예문
皎	달빛 교	′ ′ 白 白 皎 皎	白-4획	皎月(교월) 皎皎月色(교교월색)
蛟	교룡 교	口 虫 虫 蛟 蛟 蛟	虫-6획	蛟龍(교룡) 蛟山(교산)
轎	가마 교	冂 亘 車 軒 轎 轎	車-12획	駕轎(가교) 玉轎奉導(옥교봉도)
驕	교만할 교	丨 厈 厈 馬 馬 驕 驕	馬-12획	驕奢(교사) 驕亢(교항)
九	아홉 구	ノ 九	乙-1획	九天(구천) 九竅(구규) 九德(구덕)
口	입 구(어귀 구)	丨 冂 口	口-0획	口腔(구강) 口蓋音(구개음) 口頭(구두)
久	오랠 구	ノ ク 久	ノ-2획	久仰(구앙) 久遠(구원) 永久(영구)
丘	언덕 구	′ 亻 斤 斤 丘	一-4획	丘陵(구릉) 丘首(구수) 丘壑(구학)
句	글귀 구(구절 구)	′ ク 勺 句 句	口-2획	句節(구절) 語句(어구) 文句(문구)
求	구할 구	一 寸 寸 才 求 求 求	水-3획	求乞(구걸) 求入(구입) 求婚(구혼)
究	궁구할 구	′ 宀 宀 宁 宛 究 究	穴-2획	究極(구극) 究明(구명) 究覈(구핵)

具

갖출 구

	八-6획	具象(구상) 具色(구색) 具現(구현)

一 冂 目 且 具

苟

진실로 구(구차할 구)

	++-5획	苟免(구면) 苟言(구언) 苟且(구차)

一 艹 艻 芍 苟 苟

拘

잡을 구(거릴낄 구)

	扌-5획	拘禁(구금) 拘束(구속) 拘引(구인)

一 十 扌 扪 扪 拘 拘

狗

개 구

	犭-5획	狗肉(구육) 狗竊(구절) 狗皮(구피)

犭 犭 犭 豹 豹 狗 狗

俱

함께 구(갖출 구)

	亻-8획	俱備(구비) 俱存(구존) 百骸俱痛(백해구통)

亻 伫 们 但 俱 俱

區

구역 구(나눌 구)

	匚-9획	區間(구간) 區別(구별) 區域(구역)

一 下 品 品 區

球

공 구

	王-7획	球根(구근) 球面(구면) 球狀(구상)

二 干 王 王 玗 玣 球

救

건질 구(구원할 구)

	攵-7획	救國(구국) 救援(구원) 救荒(구황)

一 十 寸 求 求 救 救

構

얽을 구(꾀할 구)

	木-10획	構想(구상) 構成(구성) 構築(구축)

木 术 栉 楼 構 構 構

歐

게워낼 구

	欠-11획	西歐(서구) 歐美(구미) 歐羅巴(구라파)

一 品 區 歐 歐

舊

예 구

	臼-12획	舊面(구면) 舊式(구식) 舊態依然(구태의연)

艹 莽 萑 萑 舊 舊 舊

한자	훈음	필순	부수-획수	용례
購	살 구	日 貝 貯 貯 購 購 購	貝-10획	購讀(구독) 購買(구매) 購入(구입)
懼	두려워할 구	忄 忄 懼 懼 懼 懼 懼	忄-18획	懼然(구연) 懼意(구의) 懼震(구진)
驅	몰 구(달릴 구)	丨 冂 厈 馬 馬 馬 駆 驅	馬-11획	驅迫(구박) 驅逐艦(구축함) 驅蟲劑(구충제)
鷗	갈매기 구	匸 品 區 區 區 區 鷗 鷗	鳥-11획	鷗鷺(구로) 鷗盟(구맹) 白鷗(백구)
龜	나라 이름 구(거북 귀, 틀 균)	厶 竹 龟 龜 龜 龜 龜	龜-0획	龜鑑(귀감) 龜卜(귀복) 龜裂(균열)
仇	원수 구	亻 仇 仇	亻-2획	與子同仇(여자동구) 恩反爲仇(은반위구)
枸	호깨나무 구	十 木 杧 枸 枸	木-5획	枸橘(구귤) 枸木(구목) 枸杞子(구기자)
駒	망아지 구	丨 厈 馬 馬 駒 駒	馬-5획	白駒過隙(백구과극)
嘔	토할 구(기뻐할 구)	口 口 嘔 嘔	口-11획	嘔逆(구역) 嘔吐(구토) 嘔吐泄瀉(구토설사)
垢	때 구	一 十 圩 圩 圬 垢	土-6획	垢衣(구의) 純潔無垢(순결무구)
寇	도둑 구	丶 宀 宀 完 完 寇	宀-8획	寇盜(구도) 寇賊(구적) 窮寇勿追(궁구물추)

한자	획순	부수-획수	예
嶇 험할 구	丨 屮 屮 嶇 嶇	山-11획	嶇路(구로) 崎嶇(기구)
柩 널 구	十 木 朽 柩 柩	木-5획	運柩(운구) 靈柩車(영구차)
毆 때릴 구	一 品 區 毆 毆	殳-11획	毆殺(구살) 毆打(구타)
溝 봇도랑 구	氵 氵 沣 溝 溝 溝	氵-10획	排水溝(배수구) 下水溝(하수구)
灸 뜸 구	丶 夂 夂 多 灸	火-3획	灸治(구치) 鍼灸術(침구술)
矩 곱자 구	丿 乞 矢 矢 矩 矩	矢-5획	規矩(규구) 規矩準繩(규구준승)
臼 절구 구	丨 丨 臼 臼 臼	臼-0획	臼頭深目(구두심목) 臼磨(구마) 臼齒(구치)
舅 시아비 구	丨 臼 臼 舅 舅 舅	臼-7획	舅家(구가) 舅姑(구고) 舅弟(구제)
衢 네거리 구	彳 徨 徨 衢 衢 衢	行-18획	街衢(가구) 街衢經行(가구경행)
謳 노래할 구	亠 言 訂 謳 謳	言-11획	謳歌(구가) 謳吟(구음)
軀 몸 구	丨 勹 身 身 軀 軀	身-11획	巨軀(거구) 老軀(노구) 體軀(체구)

漢字	획순	부수	예어
邱 땅 이름 구	丁 丘 丘 丘阝 邱	阝-5획	首邱初心(수구초심) 積如邱山(적여구산)
鉤 갈고랑이 구	人 스 牟 金 釣 鉤	金-5획	鉤鎌(구겸) 鉤曲(구곡) 鉤尺(구척)
玖 옥돌 구	一 二 王 玏 玖	王-3획	玖鏡(구경) 瓊玖(경구)
廐 마구 구 (廐의 俗字)	广 庁 庐 庐 廐 廐	广-11획	廐舍(구사) 失馬治廐(실마치구)
鳩 비둘기 구	丿 九 九 九` 鳩 鳩	鳥-2획	鳩首會議(구수회의) 傳書鳩(전서구)
局 판 국 (관청 국)	一 ` コ 尸 局 局 局	尸-4획	局面(국면) 局部(국부) 局限(국한)
菊 국화 국	丶 艹 芍 匊 菊 菊 菊	++-8획	菊判(국판) 菊花(국화) 菊花酒(국화주)
國 나라 국	冂 同 同 民 國 國 國	囗-8획	國家(국가) 國語(국어) 國會(국회)
鞠 공 국	一 廿 廿 莒 靲 靲 鞠	革-8획	鞠育(국육) 鞠衣(국의) 鞠躬盡瘁(국궁진췌)
君 임금 군 (남편 군)	丁 子 쿼 尹 君 君 君	口-4획	君臣(군신) 君子(군자) 君主(군주)
軍 군사 군	冖 冖 冔 官 宣 軍	車-2획	軍警(군경) 軍需品(군수품) 軍縮(군축)

漢字	訓音	筆順	부수-획수	單語
郡	고을 군	ㄱ ㅋ 尹 君 君' 君β 郡	阝-7획	郡守(군수) 郡邑(군읍) 郡縣(군현)
群	무리 군(羣의 俗字)	ㄱ ㅋ 尹 君 君' 群' 群	羊-7획	群落(군락) 群雄(군웅) 群衆(군중)
窘	막힐 군	宀 宓 穷 窈 窘 窘	穴-7획	窘塞(군색) 窘乏(군핍)
屈	굽을 굴	ㄱ ㄱ 尸 尺 屈 屈 屈	尸-5획	屈服(굴복) 屈性(굴성) 屈辱(굴욕)
掘	팔 굴	扌 扌 扩 抈 捆 掘	扌-8획	掘鑿(굴착) 採掘(채굴) 臨渴掘井(임갈굴정)
窟	굴 굴	宀 宀 穷 窜 窟	穴-8획	貧民窟(빈민굴) 石窟庵(석굴암)
弓	활 궁	ㄱ ㄱ 弓	弓-0획	弓手(궁수) 弓術(궁술) 弓矢(궁시)
宮	궁궐 궁(집 궁)	丶 丷 宀 宀 宮 宮 宮	宀-7획	宮闕(궁궐) 宮女(궁녀) 宮合(궁합)
窮	다할 궁(막힐 궁)	宀 宀 穷 窍 穹 穹 窮	穴-10획	窮極(궁극) 窮理(궁리) 窮乏(궁핍)
穹	하늘 궁	宀 宀 穷 穹 穹	穴-3획	穹窿(궁륭) 穹蒼(궁창)
躬	몸 궁	丿 冂 月 身 身' 躬	身-3획	非躬之節(비궁지절) 實踐躬行(실천궁행)

한자	훈음	필순	부수-획수	예
券	문서 권	丷 丷 半 尖 券 券	刀-6획	券契(권계) 券符(권부) 券書(권서)
卷	책 권(쇠뇌 권)	丷 半 尖 券 卷	巳-6획	卷髮(권발) 卷數(권수) 卷雲(권운)
拳	주먹 권	丷 半 尖 券 拳 拳	手-6획	拳法(권법) 拳銃(권총) 拳鬪(권투)
圈	우리 권	丨 冂 冃 圀 圂 圈	囗-8획	圈外(권외) 北極圈(북극권) 成層圈(성층권)
勸	권할 권	艹 苩 萉 萉 萉 藋 藋 勸	力-18획	勸農(권농) 勸善懲惡(권선징악) 勸誘(권유)
權	권세 권(저울추 권)	木 栌 栌 楛 樌 橷 權	木-18획	權能(권능) 權益(권익) 權限(권한)
顴	광대뼈 권(관)	艹 苩 萉 藋 藋 顴	頁-18획	顴骨(권골) 高顴(고관)
倦	게으를 권	亻 佇 佮 倦	亻-8획	倦怠(권태) 倦怠期(권태기)
眷	돌아볼 권	丷 半 尖 眷 眷	目-6획	眷率(권솔) 眷愛(권애) 妻子眷屬(처자권속)
捲	말 권	扌 扌 捗 捲 捲	扌-8획	捲土重來(권토중래) 雲捲天晴(운권천청)
厥	그 궐	厂 厂 戹 戹 厥 厥 厥	厂-10획	厥冷(궐랭) 厥者(궐자) 厥初(궐초)

闕 대궐 궐	ｒ ｐ 門 門 門 闕 闕	門-10획	闕內(궐내) 闕門(궐문) 闕如(궐여)
蹶 넘어질 궐	⻊ ⻊ 蹄 蹶 蹶 蹶	足-12획	蹶失(궐실) 總蹶起(총궐기)
軌 법 궤(바퀴굴대, 길 궤)	一 曰 亘 車 軌	車-2획	軌範(궤범) 無限軌道(무한궤도)
机 (几) 책상 궤(안석 궤)	十 才 机 机	木-2획	机床(궤상) 机案(궤안) 机下(궤하)
櫃 함 궤	十 才 柜 柜 櫃 櫃	木-14획	櫃封(궤봉) 金櫃(금궤)
潰 무너질 궤	氵 沪 沖 澅 潰	氵-12획	潰滅(궤멸) 胃潰瘍(위궤양)
詭 속일 궤	二 言 訐 訏 詝 詭	言-6획	詭計(궤계) 詭道(궤도) 詭辯(궤변)
鬼 귀신 귀	⺈ 勹 甶 甶 甶 鬼 鬼 鬼	鬼-0획	鬼哭(귀곡) 鬼神(귀신) 鬼才(귀재)
貴 귀할 귀	口 口 中 串 虫 昔 貴	貝-5획	貴族(귀족) 貴賓(귀빈) 貴下(귀하)
歸 돌아올 귀	⼔ 自 皀 皀 皈 歸 歸 歸	止-14획	歸路(귀로) 歸依(귀의) 歸趨(귀추)
叫 부르짖을 규	｜ 冂 口 叫 叫	口-2획	叫苦(규고) 叫天子(규천자) 叫喚(규환)

漢字	필순	부수	용례
糾 규명할 규(모을, 꼴 규)	ㅣ ㅣ ㅣ 糸 糾 糾	糸-2획	糾明(규명) 糾彈(규탄) 糾正(규정)
規 법 규	ニ ナ 夫 却 知 規 規	見-4획	規範(규범) 規模(규모) 規律(규율)
閨 도장방 규	ノ Ͷ Ͷ 門 門 門 閂 閏 閨	門-6획	閨房(규방) 閨範(규범) 閨秀(규수)
圭 홀 규	一 十 土 圭	土-3획	圭角(규각) 刀圭(도규)
奎 별 이름 규	一 大 太 本 本 奎	大-6획	奎文(규문) 奎章閣(규장각)
揆 헤아릴 규	扌 扌 扩 扷 拴 揆	扌-9획	其揆一也(기규일야) 道揆法守(도규법수)
珪 모서리 규	一 二 王 玡 珏 珪	王-6획	珪璽(규새) 珪石(규석) 珪幣(규폐)
硅 규소 규	ノ 石 砫 硅	石-6획	硅砂(규사) 硅素(규소)
逵 한길 규	土 杢 坴 逵 逵	辶-8획	逵路(규로) 九逵(구규) 八逵(팔규)
窺 엿볼 규	` 宀 灾 空 窋 窺	穴-11획	窺視(규시)
葵 해바라기 규	一 卝 芢 茫 苃 苃 葵	⺿-9획	葵傾(규경) 蜀葵花(촉규화)

한자	필순	부수-획수	어휘
均 고를 균	一 十 土 圴 均 均 均	土-4획	均排(균배) 均一(균일) 均衡(균형)
菌 버섯 균(곰팡이 균)	十 艹 节 茚 茵 菌 菌	++-8획	菌毒(균독) 菌傘(균산) 菌褶(균습)
橘 귤나무 귤	木 杧 栌 栌 橘 橘	木-12획	橘花爲枳(귤화위지)
克 이길 극	一 十 古 古 古 克	儿-5획	克己(극기) 克明(극명) 克復(극복)
極 다할 극(지극할, 끝 극)	十 木 朽 柯 柯 極 極	木-9획	極端(극단) 極秘(극비) 極讚(극찬)
劇 심할 극(연극 극)	十 广 卢 虏 虏 豦 劇	刂-13획	劇團(극단) 劇藥(극약) 劇場(극장)
剋 이길 극	一 十 古 克 剋	刂-7획	剋伐(극벌) 下剋上(하극상)
戟 창 극	十 古 直 車 戟 戟	戈-8획	戟盾(극순) 劍戟(검극) 刺戟(자극)
棘 멧대추나무 극	一 一 市 東 東 棘	木-8획	棘刺(극자) 荊棘(형극)
隙 틈 극	阝 阝 阼 階 隙 隙	阝-10획	暇隙(가극) 間隙(간극) 白駒過隙(백구과극)
斤 도끼 근(근 근)	一 厂 斤 斤	斤-0획	斤斤(근근) 斤數(근수) 斤秤(근칭)

한자	훈음	필순	부수-획수	단어
近	가까울 근	丿厂厂斤斤近近	辶-4획	近隣(근린) 近似(근사) 近況(근황)
根	뿌리 근(근본 근)	十 木 朾 柁 柘 根 根	木-6획	根據(근거) 根性(근성) 根絶(근절)
筋	힘줄 근	⺮ 竹 笁 笁 笁 筋	竹-6획	筋骨(근골) 筋力(근력) 筋肉(근육)
僅	겨우 근	亻 亻 俨 俨 俨 僅 僅 僅	亻-11획	僅可(근가) 僅僅(근근) 僅少(근소)
勤	부지런할 근	一 卄 廿 苩 革 堇 勤 勤	力-11획	勤儉(근검) 勤務(근무) 勤怠(근태)
謹	삼갈 근	亠 言 言 詩 詩 諱 謹	言-11획	謹身(근신) 謹拜(근배) 謹嚴(근엄)
槿	무궁화나무 근	木 木 杧 栌 檏 槿	木-11획	槿域(근역) 槿花(근화)
瑾	아름다운 옥 근	二 丰 玕 玨 瑨 瑾 瑾	王-11획	瑾瑜(근유) 瑾瑜匿瑕(근유닉하)
覲	뵐 근	一 卄 莄 堇 覲 覲	見-11획	覲參(근참) 覲親(근친) 覲見(근현)
饉	흉년들 근	夕 夲 食 飩 饉 饉	食-11획	饑饉(기근) 凶饉(흉근)
今	이제 금	丿 人 亼 今	人-2획	今番(금번) 今生(금생) 今歲(금세)

漢字	필순	부수	한자어
金 쇠 금(성 김)	ノ 人 스 수 수 全 金 金	金-0획	金庫(금고) 金婚式(금혼식) 金融(금융)
禽 날짐승 금	人 스 今 숙 숙 슘 禽 禽	内-8획	禽獸(금수) 禽鳥(금조) 禽獲(금획)
琴 거문고 금	二 千 王 珏 珏 珡 琴	王-8획	琴書(금서) 琴瑟(금슬) 琴韻(금운)
禁 금할 금	一 十 木 林 埜 埜 禁 禁	示-8획	禁忌(금기) 禁食(금식) 禁煙(금연)
錦 비단 금	人 乍 舎 金 釣 鈤 錦 錦	金-8획	錦鷄(금계) 錦囊(금낭) 錦繡(금수)
衾 이불 금	人 今 今 숙 숙 衾	衣-4획	衾枕(금침) 量衾伸足(양금신족)
擒 사로잡을 금	扌 扩 拎 擒 擒	扌-13획	生擒(생금) 七縱七擒(칠종칠금)
襟 옷깃 금	ラ ネ ネ ネ 裣 襟	衣-13획	襟帶(금대) 胸襟(흉금)
及 미칠 급	ノ ア 乃 及	又-2획	及其也(급기야) 及第(급제) 及落(급락)
急 급할 급(빠를 급)	ク ク 刍 刍 急 急 急	心-5획	急減(급감) 急迫(급박) 急派(급파)
級 등급 급	幺 幺 糸 糿 紉 級 級	糸-4획	級友(급우) 級長(급장) 級差(급차)

給 넉넉할 급(줄 급)	ㄴ ㄠ 糸 糸 紗 給 給	糸-6획	給料(급료) 給足(급족) 給食(급식)
扱 미칠 급	扌 扌 扨 扱 扱	扌-4획	取扱(취급) 取扱注意(취급주의)
汲 길을 급	氵 氵 汀 汲 汲	氵-4획	汲汲(급급) 汲水(급수)
肯 옳이 여길 긍(수긍할 긍)	卜 业 止 止 肯 肯	月-4획	肯諾(긍낙) 肯定(긍정) 肯志(긍지)
兢 삼갈 긍	一 十 古 克 兢	儿-12획	戰戰兢兢(전전긍긍)
矜 불쌍히 여길 긍	フ ヌ 予 矛 矜 矜	矛-4획	矜持(긍지) 矜恤(긍휼)
亘 걸칠 긍	一 丆 百 亘	二-4획	亘古(긍고)
己 몸 기	フ ㄱ 己	己-0획	己身(기신) 己出(기출) 己有(기유)
企 꾀할 기	ノ 人 个 仒 企 企	人-4획	企待(기대) 企圖(기도) 企劃(기획)
忌 꺼릴 기	フ ㄱ 己 忌 忌	心-3획	忌日(기일) 忌憚(기탄) 忌避(기피)
技 재주 기	一 十 扌 扌 扩 抃 技 技	扌-4획	技巧(기교) 技倆(기량) 技藝(기예)

汽 김 기	㇀ 氵 汽 汽 汽	氵-4획	汽管(기관) 汽機(기기) 汽船(기선)
奇 기이할 기	一 ナ 大 本 夺 夺 奇	大-5획	奇拔(기발) 奇緣(기연) 奇蹟(기적)
其 그 기	一 十 卄 甘 甘 其 其	八-6획	其間(기간) 其勢(기세) 其他(기타)
祈 빌 기	㇀ 二 于 示 衤 衦 祈 祈	示-4획	祈念(기념) 祈雨祭(기우제) 祈願(기원)
紀 벼리 기(해 기)	乚 幺 幺 糸 糽 紀 紀	糸-3획	紀綱(기강) 紀念(기념) 紀行文(기행문)
氣 기운 기	㇀ 乍 气 气 氕 氣 氣	气-6획	氣槪(기개) 氣溫(기온) 氣盡(기진)
豈 어찌 기(그 개)	丨 凵 屵 屵 岂 岂 豈	豆-3획	豈樂(개락) 豈弟(개제) 豈不成功(기불성공)
起 일어날 기	一 土 キ 走 赴 起 起	走-3획	起動(기동) 起床(기상) 起因(기인)
記 기록할 기	二 言 言 言 訂 訂 記	言-3획	記念(기념) 記錄(기록) 記號(기호)
飢 주릴 기(굶을 기)	㇒ ㇏ 乞 今 刍 刍 飠 飢	食-2획	飢死(기사) 飢餓(기아) 飢穰(기양)
基 터 기	一 卄 甘 其 其 其 基	土-8획	基督敎(기독교) 基盤(기반) 基礎(기초)

寄 줄 기(붙여살 기)	丶宀宁宇宩寄寄寄	宀-8획	寄稿(기고) 寄附金(기부금) 寄與(기여)
旣 이미 기	丶ㄅ白自自旣旣	牙-7획	旣決(기결) 旣得權(기득권) 旣婚(기혼)
棄 버릴 기	亠ㄊ云卒卒奄奄棄	木-7획	棄却(기각) 棄權(기권) 棄捐(기연)
幾 거의 기(기미, 몇 기)	丿幺幺幺幺丝丝丝幾幾	幺-9획	幾諫(기간) 幾微(기미) 幾何學(기하학)
棋 바둑 기	木 木 柑 棋 棋	木-8획	棋院(기원) 將棋(장기)
欺 속일 기	十卄廿其其欺欺	欠-8획	欺弄(기롱) 欺瞞(기만) 欺情(기정)
期 기약할 기(기간 기)	一廿其其期期期	月-8획	期待(기대) 期約(기약) 期必(기필)
旗 기 기	丶宀方方旂旂旗旗	方-10획	旗手(기수) 旗幟(기치) 旗幅(기폭)
畿 경기 기	幺幺幺幺畕畕畿畿畿	田-10획	畿內(기내) 畿甸(기전) 畿湖(기호)
器 그릇 기	丶口吅吅哭哭器	口-13획	器官(기관) 器具(기구) 器質(기질)
機 틀 기	木 杙 栉 榺 機 機	木-12획	機密(기밀) 機先(기선) 機智(기지)

騎 말탈 기	ㅣ ㅏ 馬 馬 駖 騎 騎		馬-10획		騎馬(기마) 騎兵(기병) 騎將(기장)
冀 바랄 기	ㅣ �734 뱀 뱀 뱀 冀		八-14획		冀圖(기도) 冀望(기망)
嗜 즐길 기	口 吀 吽 呀 呀 嗜		口-10획		嗜癖(기벽) 嗜酒(기주) 嗜好品(기호품)
伎 재주 기	亻 亻 仕 伎 伎		亻-4획		伎伎(기기) 伎倆(기량) 伎瘍(기양)
妓 기생 기	夕 女 女 妌 妓 妓		女-4획		妓女(기녀) 妓夫(기부) 妓生(기생)
岐 갈림길 기	ㅣ 山 屵 屵 岐 岐		山-4획		多岐亡羊(다기망양) 分岐點(분기점)
朞 돌 기	一 廾 其 其 朞		月-8획		朞年(기년) 朞年服(기년복)
杞 나무 이름 기	木 朾 朾 杞		木-3획		杞憂(기우) 拘杞子(구기자)
淇 강 이름 기	氵 汀 汼 淇 淇		氵-8획		淇水(기수) 淇溪(기계)
崎 험할 기	ㅣ 山 屺 崎 崎		山-8획		麥穗兩崎(맥수량기)
琦 옥 이름 기	二 王 玏 玙 琦		王-8획		琦珍(기진) 琦行(기행)

한자	필순	부수-획수	예
琪 옥 기	二 王 玨 珜 琪 琪	王-8획	琪樹(기수) 琪花瑤草(기화요초)
璣 구슬 기	二 王 璐 璣 璣 璣 璣	王-12획	璇璣玉衡(선기옥형)
箕 키 기	⺮ ⺮ ⺮ 笲 箕 箕	竹-8획	箕子朝鮮(기자조선) 箕帚(기추)
綺 비단 기	幺 牟 糸 紵 綺 綺	糸-8획	綺麗(기려) 綺羅星(기라성)
畸 떼기밭 기	丨 日 田 畔 畤 畸	田-8획	畸人(기인) 畸形兒(기형아)
羈 굴레 기	罒 罒 罜 罜 罪 羈 羈	罒-19획	羈絆(기반) 豪宕不羈(호탕불기)
耆 늙은이 기	土 耂 耂 老 耆	老-4획	耆年(기년) 耆老(기로)
肌 살 기	丿 刀 月 刖 肌	月-2획	肌膚(기부) 肌色(기색)
譏 나무랄 기	言 誹 誹 譏 譏 譏	言-12획	譏訕(기산) 譏笑(기소) 譏刺(기자)
沂 물이름 기	氵 氵 氵 沂 沂 沂	氵-4획	沂水(기수) 沂山(기산)
騏 털총이 기	丨 F 馬 駉 騏 騏	馬-10획	騏驥(기기) 騏麟(기린)

驥 천리마 기	｜ Ｆ 馬 馹 駪 駽 驥	馬-17획	渴驥奔泉(갈기분천) 使驥捕鼠(사기포서)
麒 기린 기	广 户 庐 鹿 麒 麒	鹿-8획	麒麟(기린) 麒麟兒(기린아)
緊 굳게 얽을 긴(움츠릴 긴)	一 丂 丐 臣 臤 臤 緊	糸-8획	緊縛(긴박) 緊張(긴장) 緊要(긴요)
吉 길할 길	一 十 士 吉 吉 吉	口-3획	吉夢(길몽) 吉運(길운) 吉凶(길흉)
拮 일할 길(결), (핍박할 갈)	扌 扌 打 扗 拮	扌-6획	拮据(길거) 拮抗作用(길항작용)
喫 마실 끽	口 吁 吁 吚 喫 喫	口-9획	喫煙(끽연) 喫破(끽파) 滿喫(만끽)
那 어찌 나	刁 刁 丮 尹 邢 那	阝-4획	那落(나락) 那中(나중) 那邊(나변)
儺 역귀 쫓을 나	亻 亻 仁 僅 傩 儺 儺	亻-19획	儺禮(나례) 儺者(나자) 驅儺(구나)
懦 나약할 나	忄 忄 忄 忡 愞 懦 懦	忄-14획	懦鈍(나둔) 懦夫(나부) 懦弱(나약)
拏 붙잡을 나	夕 夕 如 奴 孥 拏	手-5획	拏捕(나포) 拏攫(나확)
拿 잡을 나	入 合 솔 拿	手-6획	拿捕(나포) 漢拏山(한라산)

漢字	필순	부수	한자어
諾 대답할 낙(승낙할 락)	言 訁 訁 詳 諾 諾 諾	言-9획	輕諾寡信(경낙과신) 肯諾(긍낙) 許諾(허락)
暖 따뜻할 난	刂 日 日 晬 晬 晬 暖	日-9획	暇暖(가난) 飽食暖衣(포식난의)
難 어려울 난	一 廿 昔 莫 莫 薱 糞 難	隹-11획	難堪(난감) 難局(난국) 難航(난항)
煖 따뜻할 난	丶 灯 烂 炓 煐 煖	火-9획	壁煖爐(벽난로) 非帛不煖(비백불난)
捏 이길 날	扌 扌 护 捏 捏	扌-7획	捏詞(날사) 捏造(날조)
捺 누를 날	扌 扌 扙 拶 捺	扌-8획	捺印(날인) 捺糊(날호)
涅 앙금흙 날 (죽을, 개흙 열)	氵 沪 沪 涅	氵-7획	涅汚(날오) 涅槃(열반)
男 사내 남	丨 口 日 田 田 閈 男	田-2획	男女(남녀) 男裝(남장) 男便(남편)
南 남녘 남	十 古 内 内 南 南 南	十-7획	南極(남극) 南窓(남창) 南向(남향)
納 바칠 납(들입 납)	丶 幺 纟 糸 紉 納	糸-4획	納骨(납골) 納稅(납세) 納得(납득)
衲 기울 납	丿 礻 礻 礻 初 衲	礻-4획	衲衣(납의) 衲子(납자) 馬頭衲采(마두납채)

한자	훈음	필순	부수-획수	예시 단어
娘	어머니 낭 (각시 낭)	ㄑ ㄑ 女 女 妒 媢 娘	女-7획	娘家(낭가) 娘子(낭자)
囊	주머니 낭	一 巾 巾 甫 壷 囊 囊	口-19획	空囊(공낭) 錦囊(금낭) 囊中之錐(낭중지추)
乃	이에 내	ノ 乃	ノ-1획	乃公(내공) 乃祖(내조) 乃至(내지)
內	안 내	l 冂 内 內	入-2획	內閣(내각) 內在(내재) 內助(내조)
奈	어찌 내	一 ナ 大 太 杰 夲 奈	大-5획	奈落(내락) 奈何(내하)
耐	견딜 내	ア ア 乃 而 而 耐 耐	而-3획	耐久力(내구력) 耐空(내공) 耐熱(내열)
女	계집 녀 (여)	ㄑ 女 女	女-0획	女傑(여걸) 女流(여류) 女優(여우)
年	해 년 (나이 년)	ノ ㅆ ㅕ ㅕ 乍 年	干-3획	年金(연금) 年輪(연륜) 年輩(연배)
念	생각할 념 (염)	ノ 入 ㅅ 今 今 念 念	心-4획	念頭(염두) 念佛(염불) 念願(염원)
寧	편안할 녕 (영)	ㅗ 宀 宀 宵 宵 盗 寧	宀-11획	寧居(영거) 寧息(영식) 寧日(영일)
奴	사내종 노	ㄑ 女 女 奴 奴	女-2획	奴僕(노복) 奴婢(노비) 奴隷(노예)

한자	필순	부수-획수	용례
努 힘쓸 노	ㄥ ㄅ ㄅ 如 奴 努 努	力-5획	努力(노력) 努目(노목)
怒 성낼 노	ㄥ ㄅ ㄅ 如 奴 怒 怒	心-5획	怒氣(노기) 怒髮(노발) 怒蹴巖(노축암)
弩 쇠뇌 노	ㄅ 如 奴 弩 弩 弩	弓-5획	弩砲(노포) 弓弩(궁노)
駑 둔할 노	ㄅ ㄅ 如 奴 努 駑	馬-5획	駑鈍(노둔) 駑馬(노마)
農 농사 농	口 曲 曲 芦 芦 農 農	辰-6획	農耕(농경) 農器具(농기구) 農閒期(농한기)
濃 짙을 농	氵 沪 沪 浩 浩 濃 濃	氵-13획	濃度(농도) 濃縮(농축) 美濃半紙(미농반지)
膿 고름 농	月 肝 胖 膿 膿 膿 膿	月-13획	蓄膿症(축농증) 化膿(화농)
惱 괴로와할 뇌(번뇌할 뇌)	忄 忄 忦 恼 惱 惱 惱	忄-9획	惱殺(뇌쇄) 惱害(뇌해) 苦惱(고뇌)
腦 뇌 뇌	刀 月 肜 肜 膠 腦 腦	月-9획	腦裏(뇌리) 腦炎(뇌염) 腦震蕩(뇌진탕)
尿 오줌 뇨	ㄱ ㄱ 尸 月 屏 尿	尸-4획	尿道(요(뇨)도) 尿毒症(요(뇨)독증) 尿素(요(뇨)소)
訥 말 더듬을 눌	一 言 言 訥 訥	言-4획	訥辯(눌변) 大辯如訥(대변여눌)

한자	훈음	필순	부수-획수	용례
紐	끈 뉴(유)	幺 幺 糸 紅 紀 紐	糸-4획	紐帶(유(뉴)대)
能	능할 능	ム ム 育 育 育 能 能 能	月-6획	能動(능동) 能率(능률) 能通(능통)
尼	중 니(이)	ㄱ ㄱ 尸 尸 尼	尸-2획	尼入道(니입도) 尼房(이방) 尼僧(이승)
泥	진흙 니(이)	丶 氵 氵 沪 沪 沪 泥	氵-5획	雲泥之差(운니지차)
溺	빠질 닉	氵 氵 氵 汋 溺 溺	氵-10획	溺死(익(닉)사)
匿	숨을 닉	一 千 丐 严 若 匿	匚-9획	匿名(익(닉)명) 匿名投票(익명투표)
多	많을 다	ノ ク タ タ 多 多	夕-3획	多事多難(다사다난) 多方面(다방면)
茶	차 다(俗音 : 차)	十 艹 艹 艾 茶 茶 茶	++-6획	茶菓(다과) 茶禮(차례)
丹	붉을 단(원음:단, 란)	ノ 几 几 丹	丶-3획	一片丹心(일편단심) 丹粧(단장) 丹楓(단풍)
旦	아침 단	丨 冂 冂 日 旦	日-1획	元旦(원단) 平旦之氣(평단지기)
但	다만 단	ノ 亻 亻 伵 但 但 但	亻-5획	但書(단서) 但只(단지)

한자	뜻·음	필순	부수·획수	단어
段	층계 단(수단,구분 단)	丶 ㄱ ㅓ ㅓ 段 段 段	殳-5획	階段(계단) 常套手段(상투수단) 一段落(일단락)
單	홑 단	丶 丷 吅 甼 單 單	口-9획	單番(단번) 單純(단순) 單位(단위)
短	짧을 단	丿 ㄴ 矢 矢 短 短 短	矢-7획	短距離(단거리) 短折(단절) 短篇(단편)
團	모임 단(둥글 단)	冂 冂 同 同 團 團 團	口-11획	團結(단결) 團練(단련) 團束(단속)
端	실마리 단(바를 단)	丶 二 立 立 端 端 端	立-9획	端緖(단서) 端雅(단아) 端午(단오)
壇	단 단	土 圹 圹 坰 壇 壇 壇	土-13획	壇上(단상) 敎壇(교단) 劇壇(극단)
檀	박달나무 단	木 栌 栖 楅 檀 檀 檀	木-13획	檀君(단군) 檀君王儉(단군왕검) 檀像(단상)
斷	끊을 단	𢆶 𢆶 絶 䲰 斷 斷	斤-14획	斷熱(단열) 斷食(단식) 斷乎(단호)
鍛	쇠 불릴 단	金 釘 鈝 鈝 鍛 鍛	金-9획	鍛鍊(단련) 體力鍛鍊(체력단련)
湍	여울 단	氵 氵 沱 湍 湍	氵-9획	湍流(단류) 急湍(급단)
簞	대광주리 단	𥫗 𥫗 筲 簞 簞	竹-12획	簞食豆羹(단식두갱) 簞食瓢飮(단식표음)

漢字	훈음	필순	부수-획수	용례
緞	비단 단	乡 糸 糽 紆 紛 緞	糸-9획	貢緞(공단) 紬緞(주단) 綵緞(채단)
蛋	새알 단	一 丆 丆 疋 呑 蛋 蛋	虫-5획	蛋黃(단황) 蛋白質(단백질)
達	이를 달(통달할 달)	十 土 击 查 幸 達 達	辶-9획	達觀(달관) 達磨(달마) 達辯(달변)
撻	매질할 달	扌 扩 挂 捧 撻 撻	扌-13획	鞭撻(편달) 指導鞭撻(지도편달)
疸	황달 달	亠 广 疒 疖 疸	疒-5획	疸病(달병) 穀疸(곡달) 黃疸(황달)
淡	맑을 담	丶 氵 氵 汾 淡 淡	氵-8획	淡白(담백) 淡水(담수) 冷淡(냉담)
潭	못 담(깊을 담)	氵 氵 沪 澶 澶 潭 潭	氵-12획	潭水(담수) 白鹿潭(백록담)
談	이야기 담(말씀 담)	亠 言 言 訃 談 談 談	言-8획	談笑(담소) 談判(담판) 談合(담합)
擔	멜 담	十 扌 扩 护 护 擔 擔	扌-13획	擔當(담당) 擔保(담보) 擔任(담임)
膽	쓸개 담	月 胪 胪 胪 膽 膽	月-13획	肝膽(간담) 落膽傷魂(낙담상혼)
痰	가래 담	亠 广 疒 疒 疼 痰	疒-8획	痰結(담결) 痰泄(담설) 痰癰(담옹)

憺 편안할 담	` 忄 忄 忄 憺 憺	忄–13획	憺然(담연) 慘憺(참담) 故心慘憺(고심참담)
澹 담박할 담	氵 氵 氵 氵 澹 澹	氵–13획	澹味(담미) 澹泊(담박)
譚 이야기 담	言 言 言 譚 譚 譚	言–12획	奇譚(기담) 民譚(민담)
曇 흐릴 담	日 旦 早 暴 曇	日–12획	曇天(담천) 晴曇(청담)
畓 논 답	丿 氺 水 杏 쭘 畓 畓	水–4획	畓穀(답곡) 畓農(답농) 畓主(답주)
答 대답할 답(팥 답)	ノ メ 竹 炊 笂 答 答	竹–6획	答辯(답변) 答辭(답사) 答案(답안)
踏 밟을 답	吅 ロ 吊 跙 跞 踦 踏	足–8획	踏步(답보) 踏査(답사) 踏襲(답습)
遝 뒤섞일 답	口 四 甲 眔 遝 遝	辶–10획	遝至(답지) 誠金遝至(성금답지)
唐 당나라 당	一 广 户 庐 庐 唐 唐	口–7획	唐突(당돌) 唐鞋(당혜) 唐慌(당황)
堂 집 당	丨 ⺌ 尚 尚 告 堂 堂	土–8획	堂堂(당당) 堂叔(당숙) 堂室(당실)
當 일담당할 당(마땅할 당)	丨 ⺌ 尚 尚 告 常 當	田–8획	當代(당대) 當選(당선) 當爲性(당위성)

한자	필순	부수-획수	예
糖 사탕 당	丷 半 米 粐 粐 糖 糖	米-10획	糖尿病(당뇨병) 糖分(당분) 糖水肉(탕수육)
黨 무리 당	丷 쓰 當 當 當 黨 黨	黑-8획	黨論(당론) 黨閥(당벌) 黨爭(당쟁)
塘 못 당	士 圹 圹 坊 塘 塘	土-10획	塘池(당지) 盆塘(분당)
撞 칠 당	扌 护 �揞 搢 撞	扌-12획	撞球場(당구장) 自家撞着(자가당착)
棠 팥배나무 당	丷 쓰 씀 堂 掌 棠	木-8획	棠梨(당리) 海棠花(해당화)
螳 사마귀 당	口 虫 虬 虭 螳 螳	虫-11획	螳螂拳(당랑권) 螳螂拒轍(당랑거철)
大 큰 대	一 ナ 大	大-0획	大規模(대규모) 大膽(대담) 大衆(대중)
代 대신할 대	丿 亻 仁 代 代	亻-3획	代價(대가) 代辯人(대변인) 代替(대체)
垈 터 대	亻 亻 代 代 垈	土-5획	垈地(대지) 裸垈地(나대지)
待 기다릴 대(대할 대)	丿 彳 彳 彳 待 待 待	彳-6획	待望(대망) 待遇(대우) 待避(대피)
帶 띠 대	一 十 卅 卅 带 帶 帶	巾-8획	帶鉤(대구) 帶妻僧(대처승) 帶下症(대하증)

한자	필순	부수-획수	단어
貸 빌릴 대	ノ イ 化 代 伐 伐 貸 貸	貝-5획	貸與(대여) 貸出(대출) 貸用(대용)
隊 떼 대	ノ ３ ３ ３ ３ ３ 隊 隊	阝-9획	隊商(대상) 隊員(대원) 隊長(대장)
臺 돈대 대(대 대)	一 十 吉 亭 亭 臺 臺 臺	至-8획	臺灣(대만) 臺本(대본) 臺詞(대사)
對 대할 대	‖ ‖ 业 业 丵 對 對	寸-11획	對決(대결) 對等(대등) 對話(대화)
戴 일 대	士 吉 吉 責 戴 戴 戴	戈-14획	戴冠式(대관식) 推戴(추대) 男負女戴(남부녀대)
擡 들 대(약자 : 抬)	扌 扩 拮 擡 擡	扌-14획	擡擧(대거) 擡頭(대두)
袋 자루 대	ノ イ 化 代 代 伐 袋 袋	衣-5획	袋鼠(대서) 弓袋(궁대)
德 품행 덕(은혜,덕 덕)	彳 彳 徏 徳 徳 德 德	彳-12획	德談(덕담) 德望(덕망) 德行(덕행)
悳 덕 덕(德의 古字)	十 直 直 悳 悳	心-8획	德友(덕우) 德治(덕치)
刀 칼 도	フ 刀	刀-0획	刀鍊(도련) 刀刃(도인) 刀痕(도흔)
到 이를 도	一 工 互 至 至 到	刂-6획	到達(도달) 到着(도착) 到處(도처)

한자	획순	부수-획수	예시
度 정도 도(재다, 헤아릴 탁)	亠 广 户 庐 庐 庐 度	广-6획	度量(도량) 度外視(도외시) 度支(탁지)
挑 돋울 도(휠 도)	扌 扌 扚 扏 扠 挑 挑	扌-6획	挑發(도발) 挑戰(도전)
逃 달아날 도	丿 兆 兆 兆 逃 逃	辶-6획	逃亡(도망) 逃匿(도닉) 逃散(도산)
島 섬 도	户 白 自 鳥 鳥 島 島	山-7획	島民(도민) 島嶼(도서) 島配(도배)
倒 넘어질 도	丿 亻 亻 佢 佢 倕 倒	亻-8획	倒産(도산) 到着(도착) 倒置(도치)
徒 무리 도(걸어다닐 도)	彳 彳 彳 徏 徏 徏 徒	彳-7획	徒黨(도당) 徒步(도보) 無爲徒食(무위도식)
途 길 도	入 今 今 余 余 途 途	辶-7획	途上(도상) 途中(도중) 途次(도차)
桃 복숭아나무 도	十 才 朾 朴 机 桃 桃	木-6획	桃源境(도원경) 武陵桃源(무릉도원)
悼 슬퍼할 도	忄 忄 忄 忄 悼 悼	忄-8획	哀悼(애도) 追悼(추도)
陶 질그릇 도	阝 阝 阝 阝 阽 陶 陶	阝-8획	陶工(도공) 陶瓷器(도자기) 陶醉(도취)
盜 도둑 도(훔칠 도)	丶 氵 汸 次 盗 盜 盜	皿-7획	盜掘(도굴) 盜癖(도벽) 盜聽(도청)

한자	훈음	필순	부수-획수	용례
渡	건널 도	氵氵氵氵渡渡渡	氵-9획	過渡期(과도기) 賣渡證書(매도증서)
道	길 도	丷丷产芐首道道	辶-9획	道德(도덕) 道理(도리) 道中(도중)
都	도읍 도	土耂者者者都都	阝-9획	都買(도매) 都邑(도읍) 都會地(도회지)
塗	바를 도(진흙, 길 도)	氵氵氵涂涂塗	土-10획	塗料(도료) 塗說(도설) 塗炭(도탄)
跳	뛸 도	口口尹趴跳跳跳	足-6획	跳梁(도량) 跳舞(도무) 跳躍(도약)
圖	그림 도(꾀할 도)	丨冂門冏冔圖圖	口-11획	圖書(도서) 圖謀(도모) 圖形(도형)
稻	벼 도	二禾禾秏稻稻稻	禾-10획	稻苗(도묘) 稻作(도작) 稻稷(도직)
導	이끌 도	丷产芐首道道導	寸-13획	導達(도달) 導入(도입) 導火線(도화선)
掉	흔들 도	扌扩扩担掉	扌-8획	掉尾(도미) 尾大不掉(미대불도)
堵	담 도	土圵圵堵堵	土-9획	堵牆(도장) 安堵感(안도감)
屠	잡을 도	尸尸尸屋屠屠	尸-9획	屠殺(도살) 屠戮(도륙)

漢字	筆順	부수-획수	用例
搗 찧을 도	扌 扌 扩 捫 搗 搗	扌-10획	搗臼(도구) 搗精(도정)
淘 일 도	氵 氵 沟 沟 淘	氵-8획	純系淘汰(순계도태) 自然淘汰(자연도태)
萄 포도 도	⺍ 艹 荀 苟 萄	++-8획	乾葡萄(건포도) 山葡萄(산포도)
滔 물 넘칠 도	氵 氵 沪 滔 滔 滔	氵-10획	滔滔(도도) 滔天(도천)
濤 큰 물결 도	氵 氵 津 濤 濤 濤	氵-14획	怒濤(노도) 波濤(파도)
燾 비출 도(약자 : 燾)	⼟ ⼟ 霥 壽 壽 燾	灬-14획	燾育(도육) 燾載(도재)
睹 볼 도	刂 目 肚 眹 睹	目-9획	目睹(목도) 逆睹(역도)
禱 빌 도	示 礻 祛 禧 禱 禱	示-14획	祈禱(기도) 山川祈禱(산천기도)
賭 걸 도	貝 財 賕 賭 賭	貝-9획	賭博(도박) 賭地(도지)
蹈 밟을 도	昰 趵 趵 蹈 蹈 蹈	足-10획	蹈襲(도습) 舞蹈病(무도병) 赴湯蹈火(부탕도화)
鍍 도금할 도	釒 鈩 鈩 鋅 鋅 鍍	金-9획	鍍金(도금) 鍍金液(도금액) 眞金不鍍(진금불도)

한자	훈·음	필순	부수-획수	예
毒	해칠 독(독할 독)	一 十 土 キ 主 青 青 毒	毋-4획	毒弑(독시) 防毒面(방독면) 尿毒症(요독증)
督	재촉할 독(감독할,살펴볼 독)	ㆍ ㅗ 土 叔 柊 督 督	目-8획	督勵(독려) 督率(독솔) 督促(독촉)
篤	도타울 독	ㆍ ㅗ ㅆ 竺 笆 筐 篤 篤	竹-10획	篤實(독실) 篤學(독학) 篤志家(독지가)
獨	홀로 독	ノ 犭 犭 犳 犸 猥 獨	犭-13획	獨居(독거) 獨立(독립) 獨創(독창)
讀	읽을 독(구절 두)	三 言 計 詰 詰 讀 讀 讀	言-15획	讀經(독경) 讀書(독서) 讀心術(독심술)
瀆	도랑 독	氵 汢 澪 澪 瀆 瀆	氵-15획	瀆職(독직) 冒瀆(모독)
禿	대머리 독	二 千 禾 禿	禾-2획	禿巾(독건) 禿樹(독수) 禿筆(독필)
豚	돼지 돈	ノ 刀 月 肜 肜 豚 豚	豕-4획	豚舍(돈사) 豚兒(돈아) 豚肉(돈육)
敦	도타울 돈	二 亠 盲 亨 享 孰 敦	攵-8획	敦篤(돈독) 敦化門(돈화문) 敦厚(돈후)
惇	도타울 돈	ㆍ ㅐ 忄 忄 悙 惇 惇	忄-8획	惇厚(돈후) 惇篤(돈독)
沌	어두울 돈	氵 汇 沌 沌 沌	氵-4획	混沌(혼돈)

燉 이글거릴 돈	丷 火 灯 焞 燉 燉	火-12획	燉燉(돈돈)
頓 조아릴 돈	一 口 屯 頓 頓	頁-4획	頓嘠(돈끽) 頓智(돈지) 華盛頓(화성돈)
突 갑자기 돌(부딪칠 돌)	丶 宀 ㄇ 空 空 突 突	穴-4획	突擊(돌격) 突然(돌연) 突進(돌진)
乭 이름 돌	一 丁 石 乭	乙-5획	乭釗(돌쇠) 甲乭(갑돌)
冬 겨울 동	丿 ク 久 冬 冬	冫-3획	冬眠(동면) 冬至(동지) 冬寒(동한)

鷄 肋 (닭 계, 갈빗대 륵)

먹자니 먹을 것이 별로 없고 버리자니 아까운 닭갈비란 뜻으로
① 쓸모는 별로 없으나 버리기는 아까운 사물을 이르거나
② 닭갈비처럼 몹시 허약한 몸을 이르는 말이다.

삼국 시대로 접어들기 1년 전인 후한 말 위왕 조조(曹操)는 대군을 이끌고 한중으로 원정을 떠났다. 익주(益州)를 차지하고 한중으로 진출하여 한중왕 유비(劉備)를 치기 위해서였다. 유비의 군사는 제갈량의 계책에 따라 정면 대결을 피한 채 시종 보급로 차단에만 주력했다. 배가 고파 도망치는 군사가 속출하자 조조는 어느 날, 전군에 이런 명령을 내렸다.
"계륵(鷄肋)!"
"계륵?"
모두들 영문을 몰라 어리둥절하고 있는데 주부 벼슬에 있는 양수(楊修)만은 서둘러 짐을 꾸리기 시작했다. 한 장수가 그 이유를 묻자 양수는 이렇게 대답했다.
"닭갈비는 먹자니 먹을 게 별로 없고 버리자니 아까운 것이지요. 그런데 지금 전하께서는 한중 역시 그런 계륵으로 생각하고 철군을 결심하신 것이라오."
조조는 며칠 후 한중으로부터 전군을 철수시키고 말았다.

한자	훈음	획순	부수-획수	단어
同	한가지 동	丨冂冂同同	口-3획	同感(동감) 同僚(동료) 同意(동의)
東	동녘 동	一一一一一一東東	木-4획	古今東西(고금동서) 極東(극동) 近東(근동)
洞	고을 동(꿰뚫을 통)	氵氵氵汩汩洞洞	氵-6획	洞窟(동굴) 洞察(통찰) 洞燭(통촉)
凍	얼 동	冫冫冫冱洰凍凍	冫-8획	凍太(동태) 凍氷寒雪(동빙한설)
桐	오동나무 동	一十木机杤桐桐	木-6획	桐油(동유) 桐城派(동성파) 白桐(백동)
動	움직일 동	一二千旨重動動	力-9획	動産(동산) 動脈(동맥) 動態(동태)
童	아이 동	一立音音音童童	立-7획	童心(동심) 童貞女(동정녀) 童話(동화)
棟	용마루 동	十木柯柿棟	木-8획	棟梁(동량) 汗牛充棟(한우충동)
銅	구리 동	人丘牟金鈪釦銅	金-6획	銅像(동상) 銅錢(동전) 銅版(동판)
憧	그리워할 동	忄忄忄忄憧憧憧	忄-12획	憧憬(동경) 憧憧(동동)
疼	아플 동	一广广疒疚疼	疒-5획	疼腫(동종) 疼痛(동통)

한자	훈·음	필순	부수-획수	예어
瞳	눈동자 동	目 瞳 暗 瞳 瞳	目-12획	瞳孔(동공) 瞳焉(동언) 瞳子(동자)
胴	큰 창자 동	刀 月 肌 胴 胴	月-6획	侗胴(동동)
董	동독할 동	十 艹 芏 菫 菫 董	++-9획	骨董(골동) 骨董品(골동품)
斗	별이름 두(말 두)	丶 丷 二 斗	斗-0획	斗穀(두곡) 斗量(두량) 斗星(두성)
豆	콩 두(팥 두)	一 一 戸 戸 豆 豆	豆-0획	豆類(두류) 豆腐(두부) 豆乳(두유)
頭	머리 두	一 戸 豆 豆 頭 頭 頭	頁-7획	頭角(두각) 頭髮(두발) 頭痛(두통)
兜	투구 두	白 白 白 白 兜 兜	儿-9획	兜率天(두솔천)
杜	팥배나무 두	十 才 木 朴 杜	木-3획	杜撰(두찬) 防微杜漸(방미두점)
痘	천연두 두	一 广 疒 疸 痘	疒-7획	痘痂(두가) 痘疹(두진) 痘瘡(두창)
屯	진칠 둔(어려울 준)	一 亡 屯 屯	屮-1획	屯田(둔전)
鈍	둔할 둔	人 亼 亼 金 鈍 鈍 鈍 鈍	金-4획	鈍感(둔감) 鈍才(둔재) 鈍濁(둔탁)

한자	훈음	필순	부수-획수	단어
臀	볼기 둔	＇尸尸屏屍殿臀	月-13획	臀部(둔부) 臀肉(둔육) 臀腫(둔종)
遁	달아날 둔(뒤걸음질치다 준)	＇厂尸盾遁遁	辶-9획	遁走(둔주) 遁甲(둔갑)
得	얻을 득	＇彳彳彳得得得	彳-8획	得失(득실) 得點(득점) 得男(득남)
登	오를 등	ファ癶癶登登登	癶-7획	登校(등교) 登錄(등록) 登龍門(등용문)
等	가지런할 등(등급 등)	＇ᄼ竹竹竿等等	竹-6획	等級(등급) 等閒視(등한시) 等身(등신)
燈	등잔 등	＇火火燃燃燈燈	火-12획	燈臺(등대) 燈盞(등잔) 燈火(등화)
謄	베낄 등	刀月月ᄼ胖胖謄	言-10획	謄錄(등록) 謄本(등본)
騰	오를 등	月胖胖膦騰騰	馬-10획	骨騰肉飛(골등육비) 急騰(급등)
藤	등나무 등	艹疒疒萨萨藤	艹-15획	葛藤(갈등) 藤家具(등가구)
橙	등자나무 등	木术朴朴朴橙	木-12획	橙色(등색) 橙子(등자)
鄧	나라 이름 등	ファ癶癶登登阝鄧	阝-12획	鄧國(등국) 鄧小平(등소평)

한자	획순	부수	한자어			
裸 벌거벗을 라(나)	｀ ｽ ｵ ｵ ｵ ｼ ｼ ｷ ｼ ｱ ｯ ｱ ｯ ｱ ｯ	ネ-8획	裸體(나체)	裸葬(나장)	半裸(반라)	
羅 새그물 라(벌일 라)	罒 罒 罒 罒 罒 罒 罒 罒 罒	罒-14획	羅絡(나락)	羅扇(나선)	羅針盤(나침반)	
懶 게으를 라(原音 ;라, 뢰)	｀ 忄 忄 忄 忄 忄 懶	忄-16획	懶怠(나태)	懶性(나성)		
癩 약물 중독 라(原音 ;뢰)	｀ 广 广 疒 疒 癩	疒-16획	癩頭瘡(나두창)	癩病(나병)	癩漢(나한)	
邏 순행할 라(나)	罒 罒 羅 羅 邏	辶-19획	邏騎(나기)	邏吏(나리)	邏卒(나졸)	
螺 소라 라	口 虫 虯 螺 螺	虫-11획	螺角(나각)	螺絲(나사)	螺旋(나선)	
洛 강 이름 락(물 락)	｀ ｨ ｳ ｼ ｼ 洛 洛	氵-6획	洛陽(낙양)	京洛(경락)	洛東江(낙동강)	
落 떨어질 락	｀ ｳ ｳ 艻 茨 落 落	++-9획	落款(낙관)	落膽(낙담)	落潮(낙조)	落照(낙조)
絡 이을 락(헌솜 락)	｀ 糸 糸 糸 絞 絡 絡	糸-6획	絡頭(낙두)	絡束(낙속)	絡繹(낙역)	
樂 즐길 락(풍류 악, 좋아할 요)	白 絈 樂 樂	木-11획	樂園(낙원)	樂曲(악곡)	樂山樂水(요산요수)	
烙 지질 락(낙)	｀ ｨ 炒 炏 烙	火-6획	烙記(낙기)	烙印(낙인)		

酪 진한 유즙 **락**(낙)	厂 酉 酉 酌 酌 酪	酉–6획	酪農(낙농) 酪農業(낙농업)
駱 낙타 **락**(낙)	l F 馬 馬 馿 駱	馬–6획	駱馬(낙마) 駱駝(낙타)
卵 알 **란**(난)	´ C E 自 卵 卵 卵	卩–5획	卵細胞(난세포) 卵巢(난소) 卵黃(난황)
亂 어지러울 **란**(난)	´ 爫 鬥 爯 爲 爲 亂	乙–12획	亂離(난리) 亂髮(난발) 亂暴(난포)
蘭 난초 **란**(난)	艹 芦 門 蘭 蘭 蘭 蘭	++–17획	蘭客(난객) 蘭菊(난국) 蘭臭(난취)
欄 테두리 **란**(난간 란)	木 栌 栌 欄 欄 欄 欄	木–17획	欄干(난간) 空欄(공란)
爛 난만할 **란**(문드러질 란)	´ 火 炉 炉 燜 爛 爛	火–17획	爛漫(난만) 爛發(난발) 爛熟(난숙)
鸞 난새 **란**(난)	言 絲 絲 鸞 鸞 鸞	鳥–19획	鸞鳥(난조) 鸞鳳(난봉)
瀾 물결 **란**	氵 沪 沪 門 門 瀾 瀾	氵–17획	波瀾(파란) 波瀾重疊(파란중첩)
剌 어그러질 **랄**(날)	一 口 申 束 剌	刂–7획	潑剌(발랄) 剌謬(날류)
辣 매울 **랄**	立 立 辛 刺 辨 辣	辛–7획	辛辣(신랄) 惡辣(악랄)

漢字	필순	부수-획수	단어
藍 쪽빛 람(약자 :藍)	艹 艹 萨 蔛 藍 藍 藍	++-14획	藍縷(남루) 藍碧(남벽) 藍靑(남청)
濫 넘칠 람(약자 :濫)	氵 浐 浐 潀 潒 濫 濫	氵-14획	濫發(남발) 濫用(남용) 氾濫(범람)
覽 볼 람(남)	厂 臣 臤 臨 臨 臂 覽	見-14획	覽古(남고) 覽觀(남관) 覽勝(남승)
籃 바구니 람(남)	⺮ ⺮ 笹 笽 篏 籃	竹-14획	竹籃(죽람) 搖籃(요람)
拉 꺾을 랍(납)	扌 扌 拉 拉	扌-5획	拉致(납치) 拉北(납북) 被拉(피랍)
臘 납향 랍(납)	月 月 臘 臘 臘	月-15획	舊臘(구랍) 法臘(법랍) 希臘神話(희랍신화)
蠟 밀 랍(납)	虫 虫 蠟 蠟 蠟 蠟	虫-15획	蠟燭(납촉) 蜜蠟人形(밀랍인형)
浪 물결 랑(허망할 랑)	氵 氵 汸 浪 浪 浪 浪	氵-7획	浪漫(낭만) 浪說(낭설) 虛浪放蕩(허랑방탕)
郞 남편 랑(사내 랑)	㇇ ㇈ 良 良 良 郞 郞	阝-7획	郞君(낭군) 郞子(낭자)
朗 밝을 랑(낭)	㇈ 良 良 朗 朗 朗	月-7획	朗讀(낭독) 朗報(낭보) 朗誦(낭송)
廊 복도 랑(행랑 랑)	亠 广 庐 庐 庐 廊 廊	广-10획	廊下(낭하) 廊漢(낭한) 舍廊(사랑)

한자	필순	부수-획수	단어
狼 이리 랑(낭)	犭 犭 狉 狼 狼 狼	犭-7획	使羊長狼(사양장랑) 虎狼之心(호랑지심)
來 올 래(내)	厂 厅 刀 來 來 來 來	人-6획	來客(내객) 來歷(내력) 來賓(내빈)
萊 명아주 래(내)	十 艹 芏 苂 萊 萊	++-8획	老萊之戲(노래지희)
冷 찰 랭(냉)	丶 冫 冫 冸 冹 冷 冷	冫-5획	冷却(냉각) 冷待(냉대) 冷徹(냉철)
略 꾀 략(간략할, 다스릴 략)	冂 田 畊 畋 畋 略 略	田-6획	略圖(약도) 略歷(약력) 略取(약취)
掠 노략질할 략(약)	扌 扌 扩 拉 拉 掠 掠	扌-8획	掠盜(약도) 掠治(약치) 掠奪(약탈)
良 좋을 량(양)	丶 冫 ヨ ヨ 皀 良 良	艮-1획	良匠(양장) 良將(양장) 良質(양질)
兩 두 량(양)	厂 冂 兩 兩 兩 兩 兩	入-6획	兩極(양극) 兩棲(양서) 兩眼(양안)
凉 서늘할 량(凉의 俗字)	冫 冫 冸 냐 냥 涼 涼	冫-8획	炎凉主義(염량주의) 淸凉劑(청량제)
梁 뛸 량(들보 량)	汀 氻 沏 汹 沏 梁 梁	木-7획	橋梁(교량) 梁上君子(양상군자)
量 헤아릴 량(양)	冂 日 旦 昌 昌 量 量	里-5획	量子(양자) 量的(양적)

漢字	필순	부수	예시
諒 살필 량(믿을 량)	丶 言 訁 訇 詝 諒	言-8획	諒恕(양서) 諒知(양지) 諒解(양해)
糧 양식 량(양)	丶 半 米 粑 粗 糧 糧	米-12획	糧穀(양곡) 糧食(양식) 糧饌(양찬)
輛 수레 량(양)	一 亘 車 斬 輌 輛	車-8획	車輛(차량) 車輛番號(차량번호)
亮 밝을 량(양)	丶 古 亮 亮	亠-7획	諸葛亮(제갈량)
倆 재주 량(양)	亻 佀 倆 倆	亻-8획	技倆(기량) 才倆(재량)
樑 들보 량(양)	木 杧 杒 栶 栶 樑	木-11획	棟樑(동량) 棟樑之材(동량지재)
梁 뛸 량(들보, 기장량)	氵 氕 氿 汈 汲 泖 梁	米-7획	梁肉(양육) 高粱酒(고량주) 膏粱珍味(고량진미)
旅 나그네 려(군사 려)	丶 ㇉ 方 方 旂 旅	方-6획	旅客(여객) 旅館(여관) 旅券(여권)
慮 생각할 려(여)	丶 广 虍 虘 慮 慮	心-11획	慮無(여무) 慮外(여외) 斷無他慮(단무타려)
勵 힘쓸 려(여)	厂 厗 厝 厲 厲 勵	力-15획	勵精(여정) 勵志(여지) 勵行(여행)
麗 고울 려(여)	古 丽 严 严 麗 麗	鹿-8획	麗服(여복) 麗艶(여염) 美辭麗句(미사여구)

侶 짝 려(여)	亻 伊 伊 侶	亻-7획	僧侶(승려) 伴侶者(반려자)
呂 음률 려(여)	口 口 呂	口-4획	律呂(율려) 齒呂瓠犀(치려호서)
廬 오두막집 려(여)	亠 广 庐 庐 廬 廬	广-16획	廬山(여산) 三顧草廬(삼고초려)
戾 어그러질 려(여)	丶 亠 彐 户 戾 戾	戸-4획	反戾(반려) 悖戾(패려)
濾 거를 려(여)	氵 汁 沪 沪 濾 濾	氵-15획	濾過(여과) 濾過裝置(여과장치)
礪 거친 숫돌 려(여)	丁 石 矿 矿 礪 礪	石-15획	礪石(여석) 礪砥(여지) 礪行(여행)
閭 이문 려(여)	厂 阝 門 門 問 閭	門-7획	閭家奪入(여가탈입) 閭里(여리)
驪 가라말 려(여)	丨 𠃌 馬 驪 驪 驪 驪	馬-19획	驪山(여산) 驪州市(여주시)
黎 검을 려(여)	千 禾 利 利 黎 黎	黍-3획	黎明(여명) 黎元(여원) 黎獻(여헌)
力 힘 력(역)	𠃌 力	力-0획	力道(역도) 力量(역량) 力鬪(역투)
歷 다닐 력(지낼 력)	厂 厇 屏 厤 歷 歷 歷	止-12획	歷擧(역거) 歷官(역관) 歷覽(역람)

漢字	필순	부수	단어
曆 책력 력(역)	一 厂 厂 厈 麻 麻 曆 曆	日-12획	掛曆(괘력) 舊曆(구력) 西曆紀元(서력기원)
瀝 거를 력(역)	氵 氵 氵 沪 沫 瀝	氵-16획	瀝靑(역청) 瀝血(역혈)
礫 조약돌 력(역)	丆 石 矿 磻 礫	石-15획	礫石(역석) 礫岩(역암)
連 잇닿을 련(짝지을 련)	一 厂 百 亘 車 連 連	辶-7획	連結(연결) 連關(연관) 連帶(연대)
蓮 연 련(연)	艹 芦 芦 苩 萆 蓮 蓮	++-11획	蓮莖(연경) 蓮根(연근) 蓮房(연방)
煉 불릴 련(연)	丶 火 灯 灯 炵 煉	火-9획	煉瓦(연와) 煉炭(연탄)
憐 불쌍히 여길 련(가련할 련)	忄 忄 忙 忰 怜 燐 憐	忄-12획	憐憫(연민) 可憐(가련) 同病相憐(동병상련)
練 익힐 련(연)	乙 幺 糸 紅 絅 絅 練	糸-9획	練冠(연관) 練究(연구) 練磨(연마)
聯 잇달 련(연할 련)	「 耳 耶 聯 聯 聯 聯	耳-11획	聯關(연관) 聯隊(연대) 聯邦(연방)
鍊 단련할 련(연)	人 釒 釘 鉀 鋪 鍊 鍊	金-9획	鍊氣(연기) 鍊磨(연마) 鍊鐵(연철)
戀 사모할 련(연)	亠 言 結 結 絲 戀 戀	心-19획	戀慕(연모) 戀愛(연애) 戀敵(연적)

漣 물놀이 련(연)	氵 氵 渲 渲 漣	氵−11획	漣然(연연) 漣川郡(연천군)
輦 손수레 련(연)	二 夫 扶 輦 輦	車−8획	輦輿(연여) 輦下(연하)
劣 못날 렬(열)	丿 丬 小 少 劣 劣	力−4획	劣等(열등) 劣性(열성) 劣惡(열악)
列 벌릴 렬(열)	一 ㄔ ㄜ ㄞ 列 列	刂−4획	列强(열강) 列擧(열거) 列宿(열수)
烈 절개굳을 렬(세찰 렬)	一 ㄔ ㄜ ㄞ 列 列 烈	灬−6획	烈女門(열녀문) 烈節(열절) 烈祖(열조)
裂 흩어질 렬(찢을 렬)	一 ㄜ ㄞ 列 烈 裂 裂	衣−6획	裂開(열개) 裂光(열광) 裂指(열지)
廉 청렴할 렴(염)	丶 广 产 庐 庐 庸 廉	广−10획	廉價(염가) 廉潔(염결) 廉探(염탐)
斂 거둘 렴(염)	八 卜 命 僉 斂	攵−13획	斂出(염출) 斂聚(염취) 各出斂(각출렴)
殮 염할 렴(염)	ㄅ ㄞ 殀 殮 殮	歹−13획	殮襲(염습) 殮布(염포)
濂 내 이름 렴(염)	氵 氵 氵 汴 汴 濂 濂	氵−13획	濂溪(염계) 濂溪學派(염계학파)
簾 발 렴(염)	丷 竹 笁 笁 簾 簾	竹−13획	垂簾聽政(수렴청정) 珠簾(주렴)

獵 사냥할 렵(엽)	⺿ ⺿ ⺿ 獵 獵 獵	犭-15획	獵奇(엽기) 獵銃(엽총) 密獵(밀렵)
令 우두머리 령(명령 령)	ノ 人 ㅅ 今 令	人-3획	令達(영달) 令妹(영매) 令伯(영백)
零 조용히 오는 비 령(작을 령)	广 示 零 雯 雯 零 零	雨-5획	零度(영도) 零落(영락) 零點(영점)
領 거느릴 령(옷깃 령)	ㅅ ㅅ 令 令 領 領 領	頁-5획	領空(영공) 領率(영솔) 領收(영수)
嶺 재 령(영)	山 圹 圹 岺 嵿 嶺 嶺	山-14획	嶺南(영남) 嶺東(영동) 嶺樹(영수)
靈 신령 령(영)	广 示 雯 雯 霝 雫 靈	雨-16획	靈感(영감) 靈柩(영구) 靈爽(영상)
圄 옥 령(영)	冂 冈 圀 圄 圄	口-5획	囹圄(영어) 囹圄空虛(영어공허)
玲 옥 소리 령(영)	二 王 玖 玲 玲	王-5획	玲瓏(영롱) 五色玲瓏(오색영롱)
鈴 방울 령(영)	ㅅ ㅌ �805 鈴 鈴 鈴	金-5획	金鈴(금령) 猫頭懸鈴(묘두현령)
齡 나이 령(영)	圵 쌓 쌓 齒 齒 齡 齡	齒-5획	高齡(고령) 年齡(연령)
逞 굳셀 령(영)	口 므 모 모 逞 逞	辶-7획	不逞(불령) 不逞之徒(불령지도)

한자	필순	부수·획수	예
例 법식 례(예)	亻 亻 侈 俐 例	亻-6획	例擧(예거) 例題(예제) 例證(예증)
禮 예도 례(예)	二 示 示 禮 禮 禮	示-13획	禮貌(예모) 禮遇(예우) 禮誼(예의)
醴 단술 례(예)	冂 酉 酊 醴 醴 醴	酉-13획	醴酒(예주) 醴泉郡(예천군)
老 늙은이 로(노)	一 十 土 耂 耂 老	老-0획	老客(노객) 老境(노경) 老衰(노쇠)
勞 수고로울 로(노)	丷 丷 炏 烡 斧 勞	力-10획	勞苦(노고) 勞困(노곤) 勞賃(노임)
路 길 로(노)	口 甲 呈 趵 跋 路 路	足-6획	路傍(노방) 路邊(노변) 路程(노정)
露 드러날 로(이슬 로)	干 雪 雷 雫 雫 霞 露	雨-12획	露骨(노골) 露宿(노숙) 露積(노적)
爐 화로 로(노)	火 炉 炉 炉 爐 爐 爐	火-16획	爐邊(노변) 爐火(노화) 火爐(화로)
撈 잡을 로(노)	扌 扌 扩 扻 撈 撈	扌-12획	漁撈(어로) 漁撈水域(어로수역)
擄 사로잡을 로(노)	扌 扩 扩 擄 擄 擄	扌-13획	擄掠(노략)
盧 밥그릇 로(노)	广 广 卢 虎 虍 盧	皿-11획	盧生之夢(노생지몽)

漢字	획순	부수-획수	낱말
蘆 갈대 로(노)	艹 芦 芦 蔄 薗 蘆	++–16획	蘆岸(노안) 蘆原區(노원구)
虜 포로 로(노)	广 庐 虏 虏 虜	虍 –6획	虜掠(노략) 虜獲(노획) 捕虜(포로)
魯 노둔할 로(노)	夕 兔 魚 魚 魯	魚–4획	魯鈍(노둔) 魚魯不辨(어로불변)
鷺 해오라기 로(노)	足 政 路 鷺 鷺	鳥–12획	鷗鷺(구로) 白鷺(백로)
鹿 사슴 록(녹)	亠 广 庐 庐 鹿 鹿	鹿–0획	鹿車(녹거) 鹿獵(녹렵) 鹿柴(녹시)
祿 복 록(녹 록)	二 干 示 祚 祷 祷 祿	示–8획	祿俸(녹봉) 祿仕(녹사) 祿爵(녹작)
綠 초록빛 록(녹)	幺 糸 紆 紆 紆 綠 綠	糸–8획	綠茶(녹다) 綠瞳(녹동) 綠翠(녹취)
錄 기록할 록(녹)	人 牟 金 釚 鈩 錄	金–8획	錄寫(녹사) 錄音(녹음) 錄紙(녹지)
碌 돌 모양 록(녹)	石 矿 矿 碎 碌 碌	石–8획	碌碌(녹록) 碌靑(녹청)
麓 산기슭 록(녹)	木 林 梺 麓 麓 麓	鹿–8획	山麓(산록) 山麓帶(산록대)
論 논의할 론(논)	亠 言 言 訡 諭 論 論	言–8획	論講(논강) 論據(논거) 論駁(논박)

한자	필순	부수-획수	한자어
弄 희롱할 롱(농)	一 二 干 王 玉 弄 弄	廾-4획	弄奸(농간) 弄談(농담) 弄璋(농장)
籠 대그릇 롱(농)	竹 筲 筲 筲 筲 籠 籠	竹-16획	籠球(농구) 籠絡(농락) 籠檻(농함)
壟 언덕 롱(농)	肯 肯 靜 靜 龍 龍 壟	土-16획	壟斷(농단) 壟絆(농반)
聾 귀머거리 롱(농)	肯 龍 龍 龍 龍 聾 聾	耳-16획	聾啞(농아) 聾盲(농맹)
瓏 옥소리 롱(농)	王 珇 珇 瑢 瑢 瓏 瓏	王-16획	瓏瓏(농롱) 五色玲瓏(오색영롱)
雷 우뢰 뢰(뇌)	宀 干 雷 雪 雪 雷 雷	雨-5획	雷擊(뇌격) 雷管(뇌관) 雷震(뇌진)
賴 의지할 뢰(힘입을 뢰)	宀 中 束 軔 軔 賴 賴	貝-9획	賴德(뇌덕) 賴庇(뇌비) 無賴漢(무뢰한)
磊 돌무더기 뢰(뇌)	丁 石 磊 磊	石-10획	磊塊(뇌괴) 寬弘磊落(관홍뇌락)
牢 우리 뢰(뇌)	宀 宀 宍 牢	牛-3획	牢固(뇌고) 牢獄(뇌옥) 獄牢(옥뢰)
儡 영락할 뢰(뇌)	亻 佃 佃 儡 儡	亻-15획	傀儡(괴뢰) 傀儡軍(괴뢰군)
賂 뇌물줄 뢰(뇌)	日 貝 財 賂 賂	貝-6획	賂物(뇌물) 賂謝(뇌사) 賂遺(뇌유)

了

마칠 **료**(깨달을 료)

一 了 · 丿-1획 · 了然(요연) 了債(요채) 終了(종료)

料

감 **료**(헤아릴, 되질할 료)

丷 半 米 米 料 料 · 斗-6획 · 料得(요득) 料量(요량) 料率(요율)

僚

동료 **료**(관리 료)

亻 仁 伏 仲 倅 僚 · 亻-12획 · 僚官(요관) 僚屬(요속) 僚友(요우)

療

병 고칠 **료**(요)

一 广 疒 疒 疒 痔 療 · 疒-12획 · 療渴(요갈) 療飢(요기) 療法(요법)

寮

벼슬아치 **료**(요)

宀 宀 宀 宓 宓 寮 · 宀-12획 · 寮庶(요서) 同寮(동료)

燎

화톳불 **료**(요)

丷 丬 炉 炉 烓 燎 · 火-12획 · 燎亂(요란) 燎原(요원)

寥

쓸쓸할 **료**(요)

宀 宀 宎 寥 · 宀-11획 · 寥寥(요요) 寥闊(요활)

瞭

밝을 **료**(요)

目 旷 眝 睉 瞭 · 目-12획 · 簡單明瞭(간단명료) 一目瞭然(일목요연)

聊

귀울 **료**(요)

耳 耴 耵 聊 聊 聊 · 耳-5획 · 聊爾(요이) 無聊(무료)

遼

멀 **료**(요)

尢 尣 呑 尞 遼 遼 · ⻌-12획 · 遼隔(요격) 遼遼(요료) 遼遠(요원)

龍

용 **룡**(용)

立 竒 竒 竒 龍 龍 龍 · 龍-0획 · 龍宮(용궁) 恐龍(공룡) 登龍門(등용문)

累 여러 루(묶을 루)	` ｀ 口 田 罒 累 累 累	糸-5획	累計(누계) 累積(누적) 累進(누진)
淚 눈물 루(누)	` ｀ 氵 氵 沪 沪 沪 涙 淚	氵-8획	血淚(혈루) 孤臣冤淚(고신원루)
屢 창 루(여러 루)	` ｀ 尸 戶 屖 屑 屢 屢	尸-11획	屢空(누공) 屢代(누대) 屢次(누차)
漏 샐 루(누)	` ｀ 氵 沪 沪 渭 漏 漏 漏	氵-11획	漏泄(누설) 秘密漏泄(비밀누설)
樓 다락 루(누)	` ｀ 十 才 杧 杻 槴 槵 樓 樓	木-11획	樓閣(누각) 望樓(망루) 蜃氣樓(신기루)
陋 좁을 루(누)	` ｀ 阝 阝 阼 陋 陋	阝-6획	陋名(누명) 孤陋(고루) 簞瓢陋巷(단표누항)
壘 진 루(끌밋 뢰, 귀신이름 률)	` ｀ 口 田 甼 晶 壘	土-15획	盜壘(도루) 堡壘(보루) 一壘手(일루수)
柳 버들 류(유)	` ｀ 十 才 杧 札 柏 柳 柳	木-5획	路柳墻花(노류장화) 蒲柳之姿(포류지자)
留 머무를 류(유)	` ｀ 乒 乒 妁 妁 留 留 留	田-5획	留客(유객) 留念(유념) 留宿(유숙)
流 흐를 류(갈래 류)	` ｀ 氵 氵 泸 泸 泞 流 流	氵-6획	流竄(유찬) 曲水流觴(곡수유상) 貫流(관류)
硫 유황 류(유)	` ｀ 石 矿 砳 硫 硫	石-6획	硫黃(유황) 石硫黃(석류황)

類 무리 류(닮을 류)	`丷 半 米 类 籾 類 類`	頁-10획	類例(유례) 類型(유형) 種類(종류)
謬 그릇될 류(유)	`二 言 訓 訓 謬`	言-11획	謬說(유설) 誤謬(오류)
劉 죽일 류(유)	`𠂊 𠂊 罜 罜 罶 劉`	刂-13획	劉邦(유방) 劉備(유비)
溜 방울져 떨어질 류(유)	`氵 氵 氵 沥 沥 溜`	氵-10획	溜槽(유조) 蒸溜水(증류수)
琉 유리 류(유)	`王 玗 玗 玗 琉`	王-6획	琉璃瓶(유리병) 琉璃窓(유리창)
瘤 혹 류(유)	`亠 广 疒 疹 瘤 瘤`	疒-10획	瘤腫(유종) 靜脈瘤(정맥류)
六 여섯 륙(육)	`丶 亠 亣 六`	八-2획	六極(육극) 六根(육근) 六曹(육조)
陸 뭍 륙(육)	`阝 阝 阼 阡 陸 陸 陸`	阝-8획	陸橋(육교) 陸路(육로) 陸沈(육침)
戮 죽일 륙(육)	`羽 翏 翏 戮 戮`	戈-11획	屠戮(도륙) 殺戮(살륙)
倫 인륜 륜(윤)	`亻 伀 伀 伶 伶 倫 倫`	亻-8획	倫理(윤리) 倫常(윤상) 倫次(윤차)
輪 바퀴 륜(윤)	`冂 亘 車 軐 軡 輪 輪`	車-8획	輪轂(윤곡) 輪讀(윤독) 輪輿(윤여)

한자	뜻·음	필순	부수-획수	예
崙	산 이름 륜(윤)	山 屵 峇 崙	山—8획	崑崙山(곤륜산)
綸	낚싯줄 륜(윤)	幺 糸 糸 糹 綸 綸	糸—8획	經綸(경륜) 經綸之士(경륜지사)
淪	물놀이 륜(윤)	氵 沁 洽 淪	氵—8획	淪落(윤락) 沈淪(침륜)
律	음률 률(법 률)	彳 彳 彳 律 律 律 律	彳—6획	律格(율격) 律動(율동) 律呂(율려)
栗	밤 률(율)	一 宀 宀 覀 覀 覀 栗 栗	木—6획	栗殼(율각) 栗烈(율렬) 栗房(율방)
率	헤아릴 률(비율 율, 거느릴 솔)	亠 玄 玄 玄 玄 玆 率	玄—6획	統率(통솔) 能率(능률) 率直(솔직)
慄	두려워할 률(율)	忄 忄 忄 悜 悜 慄	忄—10획	慄烈(율렬) 慄慄(율률) 慄然(율연)
隆	성할 륭(높을, 클 륭)	阝 阝 阡 降 降 降 隆	阝—9획	隆盛(융성) 隆崇(융숭) 隆替(융체)
肋	갈비 륵(늑)	刀 月 肋 肋	月—2획	鷄肋(계륵)
勒	굴레 륵(늑)	一 卄 卄 끜 革 靯 勒	力—9획	勒奪(늑탈) 鉤勒法(구륵법) 彌勒(미륵)
凜	찰 름(늠)	冫 冹 凓 澶 澶 凜	冫—13획	凜凜(늠름) 凜然(늠연)

陵	阝阝阡陸陸陵陵	阝-8획	陵蔑(능멸) 陵侮(능모) 陵遲(능지)
언덕 릉(능 릉)			
凌	冫冫沪涛淩凌	冫-8획	凌駕(능가) 凌辱(능욕)
능가할 릉(능)			
稜	千禾秆秤稜稜	禾-8획	稜角(능각) 稜線(능선) 眉稜骨(미릉골)
모서리 릉(능)			
綾	糸紅紣綾綾	糸-8획	綾羅(능라) 綾扇(능선)
비단 릉(능)			
菱	丶艹艹芜菱	++-8획	菱形(능형) 菱狀(능상)
마름 릉(薐과 同字)			
楞	木朾柟楞楞	木-9획	楞角(능각) 楞嚴經(능엄경)
모 릉(능)			
里	丨口曰日旦甲里	里-0획	里落(이락) 里諺(이언) 里程(이정)
마을 리			
理	三王玑珇珄理理	王-7획	理髮(이발) 理想(이상) 理財(이재)
다스릴 리			
利	丿二千禾禾利利	刂-5획	利權(이권) 利器(이기) 利潤(이윤)
이로울 리(날카로울 리)			
離	亠离离劙離離	隹-11획	離隔(이격) 離散(이산) 離乳(이유)
떨어질 리(떠날 리)			
裏	一亠宣重裏裏裏	衣-7획	裏面(이면) 裏書(이서) 表裏不同(표리부동)
속 리(이)			

한자	훈음	필순	부수-획수	예
梨	배나무 리	´ ⌐ 千 禾 利 利 梨	木-7획	梨花(이화) 烏飛梨落(오비이락)
履	밟을 리	⌐ 尸 尸 尸 屧 屨 履	尸-12획	履歷書(이력서) 履氷(이빙) 履行(이행)
李	오얏 리(이)	一 十 才 木 本 李 李	木-3획	李桃(이도) 李父(이부) 張三李四(장삼이사)
吏	벼슬아치 리(아전 리)	一 ⌐ ⌐ 口 更 吏	口-3획	吏讀(이두) 吏房(이방) 吏屬(이속)
俚	속될 리(이)	亻 們 但 但 俚 俚	亻-7획	俚歌(이가) 俚諺(이언)
厘	다스릴 리(釐, 塵의 俗字)	厂 厂 厉 厍 厘 厘	厂-7획	割分厘(할분리 : 할푼리)
悧	영리할 리(이)	´ 忄 忄 忄 怀 悧	忄-7획	怜悧(영리)
痢	설사 리(이)	⌐ 广 疒 痢 痢	疒-7획	痢症(이증) 痢疾(이질)
籬	울타리 리(이)	⺮ 笁 篙 篱 籬 籬	竹-19획	籬菊(이국) 籬牆(이장) 籬楓(이풍)
罹	근심 리(이)	⌐ 罒 罒 罒 罪 罹	罒-11획	罹病(이병) 罹災民(이재민) 罹禍(이화)
裡	속 리(裏와 同字 隣의 俗字)	衤 衤 礽 祖 裡 裡	衤-7획	暗暗裡(암암리)

隣
이웃 린

| 隣 | ß-12획 | 隣家(인가) 隣境(인경) 隣接(인접) |

吝
아낄 린(인)

| 吝 | 口-4획 | 吝嗇(인색) 珍吝(자린) |

鱗
비늘 린(인)

| 鱗 | 魚-12획 | 鱗甲(인갑) 鱗紋(인문) 錦鱗玉尺(금린옥척) |

躪
짓밟을 린(인)

| 躪 | 足-20획 | 蹂躪(유린) 人權蹂躪(인권유린) |

燐
도깨비불 린(인)

| 燐 | 火-12획 | 燐酸(인산) 燐火(인화) |

麟
기린 린(인)

| 麟 | 鹿-12획 | 麒麟(기린) 牛毛麟角(우모인각) |

林
수풀 림(임)

| 林 | 木-4획 | 密林(밀림) 防潮林(방조림) 森林浴(삼림욕) |

臨
다다를 림(임할 림)

| 臨 | 臣-11획 | 臨觀(임관) 臨迫(임박) 臨況(임황) |

淋
물뿌릴 림(임)

| 淋 | ⺡-8획 | 淋疾(임질) 淋巴腺(임파선) |

立
설 립(입)

| 立 | 立-0획 | 立脚(입각) 立件(입건) 立候補(입후보) |

笠
우리 립(입)

| 笠 | 竹-5획 | 笠帽(입모) 笠飾(입식) 笠子(입자) |

한자	훈음	필순	부수-획수	예
粒	알 립(입)	丷 丷 半 米 粒 粒	米-5획	粒米(입미) 粒餌(입이) 粒子(입자)
馬	말 마	丨 厂 馬 馬	馬-0획	馬耕(마경) 馬廐(마구) 馬牌(마패)
麻	삼 마	亠 广 庁 庥 麻 麻 麻	麻-0획	麻姑(마고) 麻雀(마작) 麻醉(마취)
摩	갈 마	广 庁 庅 麻 麾 摩	手-11획	摩擦(마찰) 按摩(안마) 維摩經(유마경)
磨	갈 마	广 庁 庅 麻 麼 磨 磨	石-11획	磨勘(마감) 磨礪(마려) 磨琢(마탁)
魔	마귀 마	广 麻 麿 魔 魔	鬼-11획	斷末魔(단말마) 伏魔殿(복마전)
痲	저릴 마	广 疒 疒 痳 痲	疒-8획	痲木(마목) 痲痺(마비) 痲疹(마진)
莫	없을 막(저물 모, 고요할 맥)	艹 艹 莒 莒 莫 莫 莫	艹-7획	莫甚(막심) 莫逆(막역) 莫夜(모야)
幕	장막 막	艹 艹 莒 莒 莫 幕 幕	巾-11획	幕間(막간) 幕僚(막료) 幕舍(막사)
漠	사막 막(아득할 막)	氵 氵 沫 沫 漠 漠 漠	氵-11획	漠然(막연) 廣漠(광막) 砂漠(사막)
膜	막 막	月 月 肛 肛 胪 膜	月-11획	角膜(각막) 鼓膜(고막) 肋膜(늑막)

한자	필순	부수-획수	단어
寞 쓸쓸할 막	宀宀宓宓宯寞寞	宀–11획	寞寞(막막) 寂寞(적막)
萬 일만 만	艹 艹 莒 萬 萬 萬 萬	++–9획	萬感(만감) 萬頃(만경) 萬壑(만학)
晩 저물 만(늦을 만)	日 旷 晬 晬 晼 晼 晩	日–7획	晩成(만성) 晩鐘(만종) 晩餐(만찬)
滿 찰 만	氵 氵 泮 滞 滿 滿 滿	氵–11획	滿腔(만강) 滿則溢(만즉일)
慢 거만할 만(게으를 만)	忄 忄 忄 愠 愠 慢 慢	忄–11획	倨慢(거만) 自慢(자만) 怠慢(태만)
漫 찰 만(질펀할 만)	氵 氵 沪 浸 湯 漫 漫	氵–11획	浪漫(낭만) 散漫(산만) 天眞爛漫(천진난만)
灣 물굽이 만	氵 氵 潍 灣 灣 灣	氵–22획	灣流(만류) 灣泊(만박) 灣然(만연)
蠻 오랑캐 만	言 綜 綜 綜 綜 綜 蠻	虫–19획	蠻貊(만맥) 蠻方(만방) 蠻狄(만적)
娩 해산할 만	女 女 女 姬 娩 娩	女–7획	分娩(분만) 分娩室(분만실)
卍 만자 만	一 丁 乙 卐 卍 卍	十–4획	卍字(만자) 卍字窓(만자창)
彎 굽을 만	言 綜 綜 綜 彎	弓–19획	彎曲(만곡) 彎月(만월)

한자	훈음	필순	부수-획수	용례
挽	당길 만	扌 扌 扩 护 护 挽	扌-7획	挽留(만류) 挽回(만회)
瞞	속일 만	目 盰 盰 睄 睄 瞞	目-11획	瞞過(만과) 欺瞞(기만)
饅	만두 만	饣 饣 饣 饣 饅 饅	食-11획	饅頭(만두) 饅頭皮(만두피)
鰻	뱀장어 만	夕 夲 龟 魚 鰑 鰻	魚-11획	鰻絲(만사)
蔓	덩굴 만	丶 十 艹 苎 夢 蔓	++-11획	蔓延(만연) 蔓性植物(만성식물)
輓	끌 만	一 亘 車 軔 軔 輓	車-7획	輓近(만근) 輓歌(만가)
末	가루 말(끝 말)	一 二 + 才 末	木-1획	末伏(말복) 末梢(말초) 斷末魔(단말마)
抹	바를 말	丿 十 扌 抃 抹	扌-5획	抹消(말소) 抹殺(말살) 一抹(일말)
沫	거품 말	氵 氵 沫 沫	氵-5획	沫泣(말읍) 噴沫(분말) 泡沫(포말)
靺	오랑캐이름 말	一 艹 苹 革 靬 靺	革-5획	靺鞨(말갈) 靺鞨族(말갈족)
襪	버선 말	衤 衤 襪 襪 襪 襪	衤-15획	洋襪(양말)

한자	훈음	필순	부수	어휘
亡	도망할 망(망할 망)	、ㅗ亡	ㅗ-1획	亡靈(망령) 亡命(망명) 亡兆(망조)
妄	망령될 망(허망할 망)	、ㅗ亡亡妄妄	女-3획	妄念(망념) 妄發(망발) 妄想(망상)
忙	바쁠 망	、ㅏㅏㅏ忙	忄-3획	忙月(망월) 忙中閑(망중한)
忘	잊을 망	、ㅗ亡忘忘	心-3획	忘却(망각) 忘吾(망오) 忘恩(망은)
罔	없을 망(그물 망)	丨冂冂冈罔罔罔	四-3획	罔極(망극) 罔然(망연) 罔兮(망혜)
茫	넓을 망(아득할 망)	丷艹艹茫茫茫茫	++-6획	茫邈(망막) 茫漠(망막) 茫昧(망매)
望	바랄 망	ㅗ亡包切胡望望	月-7획	望臺(망대) 望拜(망배) 望鄕(망향)
網	그물 망	糸糸紀網網	糸-8획	網巾(망건) 網羅(망라) 網紗(망사)
惘	멍할 망	、忄忄忄惘惘	忄-8획	惘惘(망망) 惘然(망연)
芒	까끄라기망	丶艹艹芒芒	++-3획	芒種(망종) 竹杖芒鞋(죽장망혜)
每	매양 매	㇒ㄷ乍每每每	母-3획	每番(매번) 每樣(매양) 每週(매주)

妹 아래누이 매	ㄴ 女 女 女ㄱ 妌 妹 妹	女-5획	妹夫(매부) 妹氏(매씨) 妹弟(매제)
埋 묻을 매	十 土 圤 坦 坦 埋 埋	土-7획	埋沒(매몰) 埋伏(매복) 埋葬(매장)
買 살 매	丶 罒 罒 罒 罒 冒 買	貝-5획	買價(매가) 買臟(매장) 買辦(매판)
梅 매화나무 매	一 十 才 ォ 杧 梅 梅	木-7획	梅毒(매독) 梅蘭(매란) 梅實(매실)
媒 중매 매	ㄴ 女 女 妞 娷 媒 媒	女-9획	媒介(매개) 冷媒(냉매) 仲媒(중매)
賣 팔 매	一 士 声 击 靑 靑 賣	貝-8획	賣價(매가) 賣却(매각) 賣暑(매서)
魅 도깨비 매	白 白 鬼 鬼 魅 魅	鬼-5획	魅了(매료) 魅力(매력) 魅惑(매혹)
枚 줄기 매	十 才 杧 杦 枚	木-4획	枚擧(매거) 枚數(매수)

서식에 자주 쓰이는 갖은 자

갖은 자는 문서나 각 종 서식 등에 자주 사용되며 숫자나 금액을 고치는 일을 막기 위해 만든 글자이다.
1~10까지의 숫자 중에서 갖은 자와 일반 자는 다음과 같다.

壹(일) 貳(이) 參(삼) 四(사) 伍(오) 六(육) 七(칠) 八(팔) 九(구) 拾(십)
그 외 百(백) 阡(천) 萬(만) 億(억)

한자	뜻·음	필순	부수-획수	예시어
昧	새벽 **매**	⎯ ⎚ 日 昨 昒 昧	日-5획	蒙昧(몽매) 三昧境(삼매경) 曖昧(애매)
寐	잠잘 **매**	宀 宀 宀 寐 寐	宀-9획	夢寐間(몽매간) 寤寐不忘(오매불망)
煤	그을음 **매**	⎚ 火 灯 炉 炉 煤	火-9획	煤煙(매연) 煤炭(매탄)
罵	욕할 **매**	罒 罒 罵 罵 罵	罒-10획	罵倒(매도) 唾罵(타매)
邁	갈 **매**	艹 萬 萬 邁	辶-13획	邁進(매진) 高邁(고매)
呆	어리석을 **매**(지킬 보)	口 吕 呆 呆	口-4획	癡呆(치매) 癡呆老人(치매노인)
脈	맥 **맥**	⺆ 月 肕 肭 脈 脈 脈	月-6획	脈動(맥동) 脈絡(맥락) 脈搏(맥박)
麥	보리 **맥**	⎯ ⎚ 灰 巫 央 麥 麥	麥-0획	麥藁(맥고) 麥麴(맥국) 麥餅(맥병)
貊	북방 종족 **맥**	⎚ ⺈ 豸 豸 豹 貊	豸-6획	蠻貊(만맥) 濊貊(예맥)
盲	몽매할 **맹**(소경 맹)	亠 亡 亡 盲 盲 盲 盲	目-3획	盲聾(맹롱) 盲忘(맹망) 盲從(맹종)
孟	성 **맹**(맹랑할, 맏 맹)	了 子 孑 孟 孟 孟	子-5획	孟浪(맹랑) 孟秋(맹추) 孟夏(맹하)

한자	필순	부수-획수	예시 단어
猛 사나울 맹	ノ ィ ォ ォ 犭 狂 猛 猛	犭-8획	猛攻擊(맹공격) 猛烈(맹렬) 猛襲(맹습)
盟 맹세할 맹	冂 日 盯 明 眀 盟 盟	皿-8획	盟契(맹계) 盟邦(맹방) 盟誓(맹서)
萌 싹 맹	丶 十 艹 萌 萌 萌	++-8획	萌動(맹동) 萌芽(맹아)
覓 찾을 멱(약자 : 覔)	丶 丷 覍 覓	見-4획	木覓山(목멱산) 窮心覓得(궁심멱득)
免 내칠 면(면할 면)	ノ ㄠ ㄅ ㄅ 色 务 免	儿-5획	免無識(면무식) 免稅(면세) 免責(면책)
面 면 면(낯 면)	丆 丙 而 面 面	面-0획	面鏡(면경) 面縛(면박) 面接(면접)
眠 잠잘 면	冂 冂 日 盯 盺 眠 眠	目-5획	眠期(면기) 眠食(면식) 就眠運動(취면운동)
勉 힘쓸 면	ㄠ ㄅ ㄅ 色 免 兔 勉	力-7획	勉强(면강) 勉勵(면려) 勉從(면종)
綿 잇닿을 면(솜 면)	丶 幺 糸 糹 綿 綿 綿	糸-8획	綿篤(면독) 綿頓(면돈) 綿薄(면박)
冕 면류관 면	冂 日 見 冕 昺 冕	冂-9획	冕旒冠(면류관)
棉 목화 면	十 木 柞 柏 棉	木-8획	棉花(면화) 木棉(목면)

한자	필순	부수-획수	예시
沔 물 흐를 면 (머리 감을 목)	氵 氵 汀 沔 沔	氵-4획	沔水(면수) 淸沔(청면)
緬 가는 실 면	幺 糸 紀 紡 緬 緬	糸-9획	緬禮(면례) 緬延(면연)
眄 애꾸눈 면	丨 目 目 盯 盰 眄	目-4획	顧眄(고면) 左顧右眄(좌고우면)
俛 힘쓸 면	亻 亻 伫 伊 俛	亻-7획	俛首(면수) 俛仰亭(면앙정)
麵 밀가루 면 (麪과 同字)	十 夾 麥 麥 麵 麵	麥-9획	麵床(면상) 冷麵(냉면)
滅 멸망할 멸	氵 氵 汦 派 派 滅 滅	氵-10획	滅亡(멸망) 壞滅(괴멸) 破滅(파멸)
蔑 업신여길 멸	艹 芦 苜 蔑 蔑	艹-11획	蔑視(멸시) 輕蔑(경멸) 陵蔑(능멸)
名 이름 명	丿 夕 夕 夕 名 名	口-3획	名貫(명관) 名譽(명예) 名唱(명창)
命 분부 명 (목숨 명)	人 스 스 合 合 命 命	口-5획	命令(명령) 命脈(명맥) 命題(명제)
明 밝을 명	丨 刀 日 明 明 明 明	日-4획	明朗(명랑) 明晳(명석) 明澄(명징)
冥 저승 명 (어두울 명)	丶 冖 宁 宁 百 冥 冥	冖-8획	冥途(명도) 冥府(명부) 冥想(명상)

한자	필순	부수·획수	용례
鳴 울 명	丨 口 吖 吣 咱 鳴 鳴	鳥-3획	鳴鼓(명고) 鳴琴(명금) 鳴禽(명금)
銘 새긴글 명	丿 牟 金 釸 釸 銘 銘	金-6획	銘戒(명계) 銘記(명기) 銘心(명심)
酩 술 취할 명	丙 丙 酉 酌 酌 酩	酉-6획	酩酊(명정) 酩醉(명취)
溟 바다 명	氵 氵 沪 浧 溟	氵-10획	溟沐(명목) 溟洲(명주)
皿 그릇 명	丨 冂 皿 皿	皿-0획	器皿(기명) 大皿(대명)
暝 어두울 명	日 旷 盷 暝 暝	日-10획	暝暝(명명) 暝投(명투)
螟 마디충 명	口 虫 蚂 螟	虫-10획	螟蛉(명령) 螟蟲(명충)
袂 소매 몌	衤 衤 衭 袂 袂	衤-4획	袂口(몌구) 袂別(몌별)
毛 털 모	ノ 二 三 毛	毛-0획	毛孔(모공) 毛皮(모피) 毛筆(모필)
母 어머니 모	乚 母 母 母 母	毋-1획	母國(모국) 母性愛(모성애) 母慈(모자)
矛 창 모	乛 マ 乛 予 矛	矛-0획	矛戈(모과) 矛戟(모극) 矛櫓(모로)

한자	획순	부수-획수	단어
某 아무 모	一 十 卄 甘 苷 苷 某 某	木-5획	某處(모처) 誰某誰某(수모수모)
侮 업신여길 모(조롱할 모)	亻 亇 佗 佲 侮 侮	亻-7획	侮蔑(모멸) 侮辱(모욕)
募 모을 모	艹 艹 苩 莫 募 募	力-11획	募兵(모병) 募集(모집)
帽 모자 모	丨 冂 巾 帆 帽	巾-9획	角帽(각모) 中折帽子(중절모자)
慕 사모할 모(그리워할 모)	艹 苩 莫 莫 慕 慕	艹-11획	慕戀(모련) 慕心(모심) 慕華(모화)
暮 저물 모	艹 芍 苩 莧 莫 幕 暮	日-11획	暮春(모춘) 暮夏(모하) 朝令暮改(조령모개)
模 본뜰 모(법 모)	十 木 术 栏 柞 柞 楕 模	木-11획	規模(규모) 聲帶模寫(성대모사)
貌 모양 모(얼굴 모)	丶 丶 彡 豸 豹 豹 貌	豸-7획	貌襲(모습) 貌樣(모양) 貌形(모형)
謀 꾀할 모	亠 言 言 計 計 謀 謀	言-9획	謀略(모략) 謀利(모리) 謀策(모책)
冒 무릅쓸 모	丨 冂 冃 冐 冒	冂-7획	冒瀆(모독) 冒險(모험)
摸 찾을 모	十 扌 扩 扩 措 摸	扌-11획	暗中摸索(암중모색)

漢字	필순	부수-획수	例
牟 소 우는 소리 모	ᐟ ᐟ ᒻ 牟	牛-2획	牟麥(모맥) 釋迦牟尼(석가모니)
牡 수컷 모	ᐟ ᐟ 牛 牜 牡	牛-3획	牡瓦(모와) 牡痔(모치) 牡荊(모형)
耗 줄 모	ᐟ ᆖ 丰 耒 耓 耗	耒-4획	耗竭(모갈) 耗亂(모란) 耗悴(모췌)
茅 띠 모	艹 ᵗᵗ 艿 茅 茅	++-5획	茅屋(모옥) 茅草(모초)
糢 본뜰 모(模의 俗字)	米 米 米 米 糊 糢	米-11획	規模(규모) 聲帶模寫(성대모사)
謨 꾀 모	言 訁 訁 訐 諧 謨	言-11획	謨明(모명) 謨訓(모훈) 嘉謨(가모)
木 나무 목	一 十 才 木	木-0획	木工(목공) 木瓜(목과) 木鐸(목탁)
目 눈 목(조목 목)	ᛁ ᑎ ᑎ 目 目	目-0획	目擊(목격) 目睹(목도) 目禮(목례)
沐 머리감을 목	ᐟ ᐟ ᐟ 氵 汁 汁 沐 沐	氵-4획	沐浴(목욕) 沐浴湯(목욕탕)
牧 목동 목(다스릴, 칠 목)	ᐟ 牜 牜 牜 牧 牧	牛-4획	牧場(목장) 牧笛(목적) 牧畜(목축)
睦 화목할 목	ᑎ 目 睦 睦 睦 睦 睦	目-8획	睦崇(목숭) 睦族(목족) 睦親(목친)

한자	훈음	필순	부수-획수	단어
穆	화목할 목	千 禾 稆 稆 稆 穆	禾-11획	仁穆大妃(인목대비)
沒	빠질 몰(죽을, 가라앉을 몰)	沒	氵-4획	沒收(몰수) 埋頭沒身(매두몰신)
歿	죽을 몰	歿	歹-4획	戰歿(전몰) 戰歿將兵(전몰장병)
夢	꿈 몽	夢	夕-11획	夢寐(몽매) 夢想(몽상) 夢遊病(몽유병)
蒙	어릴 몽(입을 몽)	蒙	++-10획	蒙昧(몽매) 蒙汎(몽범) 蒙稚(몽치)
卯	토끼 묘(네째 지지 묘)	卯	卩-3획	卯金刀(묘금도) 卯方(묘방) 卯時(묘시)
妙	묘할 묘(젊을 묘)	妙	女-4획	妙境(묘경) 妙計(묘계) 妙技(묘기)
苗	싹 묘(모 묘)	苗	++-5획	苗脈(묘맥) 苗床(묘상) 苗板(묘판)
墓	무덤 묘	墓	土-11획	墓幕(묘막) 墓碑(묘비) 墓穴(묘혈)
廟	사당 묘	廟	广-12획	廟室(묘실) 廟謁(묘알) 廟廷(묘정)
描	그릴 묘	描	扌-9획	描寫(묘사) 對角描寫(대각묘사)

猫 고양이 묘	犭 犭 犭 犭 猫 猫	犭-9획	窮鼠齧猫(궁서설묘) 猫頭懸鈴(묘두현령)
昴 별자리 이름 묘	日 日 日 昂 昴 昴	日-5획	昴星(묘성) 昴宿(묘수)
杳 어두울 묘	一 十 木 杏 杳	木-4획	杳然(묘연) 行方杳然(행방묘연)
渺 아득할 묘	氵 沜 沜 渺 渺	氵-9획	渺茫(묘망) 渺漫(묘만) 渺然(묘연)
戊 천간 무(다섯째)	丿 厂 戊 戊 戊	戈-1획	戊夜(무야) 戊午士禍(무오사화)
茂 무성할 무	艹 艹 芊 芠 茂 茂	++-5획	茂林(무림) 茂盛(무성) 茂蔭(무음)
武 날랠 무(굳셀 무)	二 午 干 示 武 武	止-4획	武勇(무용) 文武兼備(문무겸비)
務 힘쓸 무(일 무)	マ ヌ 予 矛 矜 務 務	力-9획	務本(무본) 務實(무실) 務職(무직)
無 없을 무	一 二 無 無 無 無	灬-8획	無價(무가) 無缺(무결) 無垢(무구)
貿 무역할 무(바꿀 무)	丶 卬 卯 卯 留 留 貿	貝-5획	貿穀(무곡) 貿易(무역) 貿易港(무역항)
舞 춤출 무	一 二 無 無 舞 無 舞	舛-8획	舞歌(무가) 舞臺(무대) 舞躍(무약)

霧 안개 무	一 雨 雫 雺 霖 霧 霧	雨-11획	霧旦(무단) 霧露(무로) 霧散(무산)
畝 이랑 무(묘)	二 亠 亩 畂 畝	田-5획	壟畝(농무) 田畝(전무)
毋 말 무	乚 凵 毌 毋	毋-0획	毋論(무론)
巫 무당 무	一 丁 工 巫 巫	工-4획	巫山之夢(무산지몽) 生巫殺人(생무살인)
憮 어루만질 무	丶 忄 忙 憮 憮	忄-12획	憮然(무연) 懷憮(회무)
拇 엄지손가락 무	扌 扌 扒 扨 拇 拇	扌-5획	拇印(무인) 拇指(무지)
撫 누를 무	扌 扌 扩 撫 撫	扌-12획	群盲撫象(군맹무상) 愛撫(애무)
蕪 거칠어질 무	丶 十 艹 芏 蕪 蕪	++-12획	蕪菁(무청) 荒蕪地(황무지)
誣 무고할 무	二 言 訂 訂 誣 誣	言-7획	誣告(무고) 惑世誣民(혹세무민)
墨 먹 묵	口 田 田 里 黑 墨 墨	土-12획	墨家(묵가) 墨客(묵객) 墨畵(묵화)
默 말없을 묵(묵묵할 묵)	口 日 甲 里 黑 默 默	黑-4획	默契(묵계) 默考(묵고) 默過(묵과)

한자	훈음	필순	부수-획수	용례
文	글월 문(무늬 문)	`丶一ナ文	文-0획	文匣(문갑) 文盲(문맹) 文飾(문식)
門	집안 문(문 문)	丨丨丨門門門	門-0획	門間(문간) 門徒(문도) 門樓(문루)
問	물을 문	丨丨丨丨門門門問問	口-8획	問難(문난) 問答(문답) 問禮(문례)
聞	들을 문	丨丨門門門聞聞	耳-8획	聞達(문달) 聞道(문도) 聞識(문식)
紊	어지러울 문	一一ナ文奎奎紊	糸-4획	紊亂(문란) 紊樣(문양)
汶	내 이름 문	氵氵汋汶汶	氵-4획	汶山(문산) 派汶(파문)
蚊	모기 문	口虫虫蚊蚊蚊	虫-4획	蚊陣(문진) 見蚊拔劍(견문발검)
紋	무늬 문	幺幺糸糸紋紋	糸-4획	紋縠(문곡) 紋織(문직) 花紋席(화문석)
勿	말 물	丿勹勹勿	勹-2획	勿論(물론) 急擊勿失(급격물실)
物	물건 물(만물 물)	丿丨丨丨牜牜物物	牛-4획	物價(물가) 物件(물건) 物體(물체)
未	지지 미(아닐 미)	一二十才未	木-1획	未開(미개) 未納(미납) 未洽(미흡)

한자	훈음	필순	부수	예
米	쌀 미	丶丷丷半米米	米-0획	米穀(미곡) 米糧(미량) 米鹽(미염)
尾	꼬리 미	乛コ尸尸尼尾尾	尸-4획	尾羽(미우) 尾行(미행)
味	맛 미	丨口口旷叶味味	口-5획	味覺(미각) 味感(미감) 膏粱珍味(고량진미)
美	아름다울 미	丷一半羊羊美美	羊-3획	美感(미감) 美觀(미관) 美麗(미려)
眉	눈썹 미	乛乛尸尸尸眉眉	目-4획	眉間(미간) 眉斧(미부) 眉睫(미첩)
迷	미혹할 미	丶丷丷半米迷迷	辶-6획	迷界(미계) 迷宮(미궁) 迷路(미로)
微	묘할 미(작을 미)	彳彳徉徫徺微微	彳-10획	微動(미동) 微量(미량) 微妙(미묘)
媚	아첨할 미	女女妒妒妒媚	女-9획	媚態(미태) 明媚(명미)
彌	두루 미	弓弚弼弼彌彌	弓-14획	彌勒(미륵) 阿彌陀佛(아미타불)
薇	고비 미	丶艹艹荟薇薇	⺿-13획	薔薇(장미) 採薇(채미)
靡	쓰러질 미	广麻麻靡靡	非-11획	靡麗(미려) 風靡(풍미)

한자	훈음	필순	부수-획수	예
民	백성 민	⺊ ⺊ ⺕ ⺕ 民	氏-1획	民權(민권) 民俗(민속) 民俗學(민속학)
敏	민첩할 민	⺧ ⺧ 乍 乍 每 每 敏	攵-7획	敏感(민감) 敏速(민속) 敏腕(민완)
憫	가련할 민(근심할 민)	忄 忄 忛 憫 憫 憫 憫	忄-12획	憫忙(민망) 憐憫(연민)
悶	번민할 민	ㅣ ㄏ ㄐ 門 門 悶	心-8획	遣悶(견민) 苦悶(고민) 煩悶(번민)
旻	하늘 민	ㄇ 口 旦 旻 旻	日-4획	旻旻(민민) 旻天(민천)
玟	돌이름 민	三 王 玒 玦 玟	王-4획	玟塊(민괴) 安玟英(안민영)
旼	화락할 민	日 旷 旷 旼	日-4획	和旼(화민) 旼旼(민민)
珉	옥돌 민	三 玗 玗 玨 珏 珉	王-5획	珉珉(민민) 珉濠(서민호)
閔	위문할 민	ㄇ ㄐ 門 門 閈 閔	門-4획	閔免(민면) 閔閔(민민) 閔然(민연)
密	비밀할 밀(빽빽할 밀)	宀 宀 宓 宓 宓 密 密	宀-8획	密計(밀계) 密敎(밀교) 密接(밀접)
蜜	꿀 밀	宀 宀 宓 宓 宓 蜜 蜜	虫-8획	蜜柑(밀감) 蜜蠟(밀랍) 蜜蜂(밀봉)

한자	훈음	필순	부수-획수	용례
謐	고요할 밀	言 訂 謐 謐 謐 謐	言-10획	謐然(밀연) 靜謐(정밀)
朴	순박할 박(후박나무 박)	一 十 才 木 朴 朴	木-2획	儉朴(검박) 素朴味(소박미)
泊	떠돌 박(묵을, 배 댈 박)	丶 丶 氵 氵 泊 泊 泊	氵-5획	憩泊(게박) 民泊(민박) 宿泊(숙박)
拍	손뼉칠 박(장단 박)	扌 扌 扌 扣 拍 拍 拍	扌-5획	拍手(박수) 拍掌(박장) 拍車(박차)
迫	핍박할 박(닥칠 박)	丿 丿 白 白 泊 迫	辶-5획	迫劫(박겁) 迫擊(박격) 迫害(박해)
博	넓을 박	十 忄 恒 博 博 博	十-10획	博覽會(박람회) 博聞(박문) 博愛(박애)
薄	엷을 박	艹 艹 芦 菏 蒲 薄 薄	++-13획	薄曇(박담) 薄待(박대) 薄俸(박봉)
舶	큰 배 박	丿 刀 月 角 舶	舟-5획	舶來(박래) 船舶(선박)
剝	벗길 박	丶 口 午 身 象 剝	刂-8획	剝製(박제) 剝奪(박탈)
搏	잡을 박	扌 扣 搏 搏 搏	扌-10획	脈搏(맥박) 龍虎相搏(용호상박)
撲	칠 박	扌 扌 扩 扩 撲 撲	扌-12획	撲滅(박멸) 打撲傷(타박상)

한자	필순	부수-획수	단어
樸 통나무 박	木 木ˮ 木ˮˮ 桮 樸 樸	木-12획	樸直(박직) 質樸(질박)
珀 호박 박	二 王 王ˊ 珀 珀	王-5획	明珀(명박) 琥珀(호박) 花珀(화박)
箔 발 박	⺮ ⺮ 笒 笒 箔	竹-8획	金箔(금박) 銀箔(은박)
粕 지게미 박	ˋ ˎˎ 半 米 米ˊ 粕	米-5획	大豆粕(대두박) 糟粕(조박)
縛 묶을 박	糸 絎 縛 縛 縛 縛	糸-10획	結縛(결박) 緊縛(긴박) 自繩自縛(자승자박)
膊 포 박	月 胆 胂 膊 膊 膊	月-10획	肩膊(견박) 上膊(상박)
駁 얼룩말 박	丨 ⺊ 馬 馬 馼 駁	馬-4획	甲論乙駁(갑론을박) 攻駁(공박)
反 돌이킬 반 (반대할 반)	ˉ 厂 厅 反	又-2획	反駁(반박) 反芻(반추) 反哺(반포)
半 반 반	ˊ ˏ 八 ⺶ 半	丷-3획	半減(반감) 半球(반구) 半熟(반숙)
伴 짝 반 (모실 반)	ˊ 亻 伫 伫 伫 伴	亻-5획	伴侶(반려) 伴食宰相(반식재상)
返 돌이킬 반	ˉ 厂 厅 反 反 返 返	辶-4획	返却(반각) 返戾(반려) 返償(반상)

<table>
<tr><td>叛
배반할 반</td><td>丶 丷 ⺌ 半 叛 叛 叛</td><td>又-7획</td><td>叛徒(반도) 叛逆(반역) 叛賊(반적)</td></tr>
<tr><td>班
나눌 반</td><td>王 王 玨 玌 玣 班</td><td>王-6획</td><td>班脈(반맥) 班閥(반벌) 班指(반지)</td></tr>
<tr><td>般
일반 반(돌 반)</td><td>丿 刀 月 舟 舡 般 般</td><td>舟-4획</td><td>般樂(반락) 般若(반야) 般若湯(반야탕)</td></tr>
<tr><td>飯
밥 반</td><td>�147 今 𩙿 𩙿 飠 飯 飯</td><td>食-4획</td><td>飯羹(반갱) 飯囊(반낭) 飯饌(반찬)</td></tr>
<tr><td>搬
옮길 반</td><td>扌 扩 扮 捎 捎 搬</td><td>扌-10획</td><td>搬入(반입) 搬出(반출) 運搬(운반)</td></tr>
<tr><td>盤
큰돌 반(받침, 소반 반)</td><td>丿 月 舟 舡 般 般 盤</td><td>皿-10획</td><td>盤據(반거) 盤舞(반무) 盤還(반환)</td></tr>
<tr><td>拌
버릴 반</td><td>扌 扌 扩 拌 拌</td><td>扌-5획</td><td>拌蚌(반방) 攪拌(교반)</td></tr>
<tr><td>攀
더위잡을 반</td><td>𣏟 𣏟 𣏟 樊 攀 攀</td><td>手-15획</td><td>登攀(등반) 巖壁登攀(암벽등반)</td></tr>
<tr><td>斑
얼룩 반</td><td>二 亍 亍 𤤴 斑 斑</td><td>文-8획</td><td>斑馬(반마) 斑點(반점) 斑指(반지)</td></tr>
<tr><td>潘
뜨물 반</td><td>氵 氵 氵 潘 潘 潘</td><td>氵-12획</td><td>潘沐(반목) 潘楊之好(반양지호)</td></tr>
<tr><td>磻
강 이름 반</td><td>石 石 石 硤 磻 磻</td><td>石-12획</td><td>磻溪(반계) 磻溪隨錄(반계수록)</td></tr>
</table>

한자	훈음	필순	부수-획수	용례
蟠	서릴 반	虫 虸 虸 蚸 蟠 蟠	虫-12획	蟠踞(반거) 龍蟠鳳逸(용반봉일))
礬	명반 반	礻 礽 礻 樊 礬	石-15획	明礬(명반) 白礬(백반)
畔	두둑 반	冂 日 田 田' 畔 畔	田-5획	越畔之思(월반지사) 湖畔(호반)
絆	줄 반	幺 糸 糹 絆 絆	糸-5획	脚絆(각반) 羈絆(기반)
頒	나눌 반	八 分 分 分' 頒 頒	頁-4획	頒祿(반록) 頒布(반포)
槃	쟁반 반	力 月 舟 舟 般 槃	木-10획	槃盂(반우) 涅槃(열반)
拔	뺄 발	扌 扌 扌 扩 拔 拔	扌-5획	拔錨(발묘) 拔萃(발췌) 拔擢(발탁)
發	떠날 발(쏠 발)	丬 丬 丬 癶 癶 發 發	癶-7획	發掘(발굴) 發端(발단) 發疹(발진)
髮	머리털 발(터럭 발)	丨 丨 镸 髟 髟 髟 髮	髟-5획	髮膚(발부) 髮植(발식) 髮指(발지)
勃	우쩍 일어날 발	十 孛 孛 孛 勃 勃	力-7획	勃起(발기) 勃發(발발) 勃興(발흥)
渤	바다 이름 발	氵 氵 渤 渤 渤 渤	氵-9획	渤然(발연) 渤海(발해)

漢字	筆順	部首	用例
潑 뿌릴 발	氵 氵 氵 氵 潀 潑 潑	氵-12획	潑剌(발랄) 活潑(활발)
撥 다스릴 발	扌 扌 扩 扲 扲 撥 撥	扌-12획	反撥(반발) 擺撥馬(파발마)
跋 밟을 발	𧾷 𧾷 趴 趵 跋 跋	足-5획	跋文(발문) 跋涉(발섭) 跋扈(발호)
醱 술 괼 발	酉 酊 酘 酘 酘 醱	酉-12획	醱酵(발효) 醱酵食品(발효식품)
鉢 바리때 발	𠂉 𠂉 金 釬 鉢 鉢	金-5획	藥沙鉢(약사발) 托鉢僧(탁발승)
魃 가물귀신 발	鬼 鬼 鬼 魃 魃 魃	鬼-5획	老魃(노발) 旱魃(한발)
方 방위 방(모 방)	丶 一 亇 方	方-0획	方今(방금) 方物(방물) 方法(방법)
芳 꽃다울 방	丷 艹 艹 芀 芳 芳	++-4획	芳顔(방안) 芳艶(방염) 芳札(방찰)
妨 방해할 방	乚 乜 女 妅 妨 妨 妨	女-4획	妨害(방해) 安眠妨害(안면방해)
防 막을 방	乛 阝 阝 阝 阸 防 防	阝-4획	防空(방공) 防毒(방독) 防臭(방취)
邦 나라 방	一 二 三 丰 丯 邦 邦	阝-4획	邦國(방국) 邦禁(방금) 邦域(방역)

한자	훈음	필순	부수·획수	용례
房	방 방	ㄱ ㄱ 戶 戶 戶 房 房	戶-4획	房内(방내) 房子(방자) 房中(방중)
放	놓을 방	ㄱ ㄱ 方 方 方 放 放	攵-4획	放棄(방기) 放尿(방뇨) 放送(방송)
倣	본받을 방	亻 亻 亻 仿 仿 仿 倣	亻-8획	模倣(모방) 倣似(방사)
紡	자을 방	幺 糸 紅 紡 紡	糸-4획	紡績(방적) 紡織(방직)
訪	찾을 방	亠 亠 言 言 訪 訪 訪	言-4획	訪客(방객) 訪問(방문) 訪議(방의)
傍	곁 방	亻 亻 仸 傍 傍 傍 傍	亻-10획	傍觀(방관) 傍點(방점) 傍聽(방청)
坊	동네 방	一 十 土 圢 坊 坊	土-4획	坊坊曲曲(방방곡곡) 草坊院碑(초방원비)
尨	삽살개 방	一 ナ 尢 尨 尨	尢-4획	尨犬(방견) 尨大(방대)
幇	도울 방(幫과 同字)	土 丰 封 封 幇 幇	巾-9획	幇助(방조) 四人幇(사인방)
彷	거닐 방	彳 彳 行 彷	彳-4획	彷徨(방황) 彷佛(방불)
旁	두루 방(달릴 팽)	亠 产 产 旁 旁	方-6획	旁格(방격) 旁牌(방패) 旁旁(팽팽)

한자	훈음	필순	부수-획수	용례
枋	다목 방	木 枋 枋 枋	木-4획	界枋(계방) 蘇枋(소방)
榜	매 방	木 枋 梒 榜 榜 榜	木-10획	金榜(금방) 落榜(낙방) 標榜(표방)
昉	마침 방	日 日 昉 昉	日-4획	衆昉同疑(중방동의)
肪	기름 방	月 厈 肪 肪	月-4획	脂肪(지방) 脂肪質(지방질)
膀	쌍배 방	月 厈 胪 膡 膀 膀	月-10획	膀胱(방광) 膀胱炎(방광염)
謗	헐뜯을 방	言 訁 訝 謗	言-10획	誹謗(비방) 毀謗(훼방)
龐	클 방(찰 롱)	广 庐 庐 庐 龐 龐	龍-3획	龐錯(방착) 龐統(방통) 龐龐(농롱)
杯	잔 배	十 ナ 木 杯 杯 杯 杯	木-4획	乾杯(건배) 苦杯(고배) 苦酒一杯(고주일배)
拜	절 배	三 手 手 手 手 手 拜	手-5획	拜啓(배계) 拜禮(배례) 拜謁(배알)
背	등 배(어길 배)	컥 킉 北 背 背 背	月-5획	背景(배경) 背教(배교) 背叛(배반)
倍	곱 배(더할 배)	ノ イ 广 位 位 倍 倍	イ-8획	倍加(배가) 倍達(배달) 倍率(배율)

한자	훈음	필순	부수-획수	예어
俳	광대 배	亻 亻 俳 俳 俳	亻-8획	俳優(배우) 映畵俳優(영화배우)
配	짝 배(나눌, 아내 배)	一 厂 西 酉 酉 酉 配	酉-3획	配給(배급) 配達(배달) 配享(배향)
培	북돋울 배	十 扌 圵 圵 垃 培 培	土-8획	培養(배양) 培植(배식)
排	물리칠 배	十 扌 扪 扪 抖 挂 排	扌-8획	排擊(배격) 排球(배구) 排斥(배척)
輩	무리 배	非 非 非 非 輩 輩 輩	車-8획	輩流(배류) 輩出(배출) 輩行(배행)
賠	물어줄 배	日 貝 賠 賠	貝-8획	賠償金(배상금) 損害賠償(손해배상)
徘	노닐 배	亻 亻 徘 徘	彳-8획	徘優(배우) 徘徊(배회)
湃	물결 이는 모양 배	氵 氵 湃 湃 湃	氵-9획	湃湃(배배) 澎湃(팽배)
胚	아이 밸 배	月 肝 肝 胚 胚	月-5획	胚芽(배아) 胚葉(배엽) 胚囊(배낭)
裵	성 배(裴의 本字)	亠 衤 裵 裵 裵 裵	衣-8획	裵裵(배배) 裵克廉(배극렴)
陪	쌓아올릴 배	阝 阝 阝 陪 陪	阝-8획	陪席(배석) 陪審員(배심원)

漢字	필순	부수-획수	용례
白 흰 **백**	╵ ╵ 丆 白 白	白-0획	白駒(백구) 白鷗(백구) 白髮(백발)
百 일백 **백**	一 丆 丆 百 百 百	白-1획	百計(백계) 百穀(백곡) 百歲(백세)
伯 맏 **백**	ノ 亻 亻 伖 伯 伯 伯	亻-5획	伯叔(백숙) 伯爵(백작) 伯仲(백중)
栢 잣나무 **백**(柏의 俗字)	十 才 木 栌 栢	木-6획	冬栢(동백) 栢木(백목) 松栢(송백)
帛 비단 **백**	╵ 冖 白 帛 帛	巾-5획	絹帛(견백) 金帛(금백) 非帛不煖(비백불난)
魄 넋 **백**	白 白 白 魄 魄 魄	鬼-5획	氣魄(기백) 天奪其魄(천탈기백)
番 차례 **번**	╵ 丷 平 采 番 番 番	田-7획	番頭(번두) 番地(번지) 番號(번호)
煩 번민할 **번**(번거로울 번)	╵ ╵ 火 灯 炯 煩 煩	火-9획	煩惱(번뇌) 煩屑(번설) 煩數(번수)
繁 번성할 **번**	╵ 仁 毎 毎 敏 繁 繁	糸-11획	繁簡(번간) 繁昌(번창) 繁華(번화)
飜 번역할 **번**	平 采 番 番 翻 翻 飜	飛-12획	飜刻(번각) 飜譯(번역) 飜覆(번복)
蕃 우거질 **번**	艹 芏 菜 蕃 蕃	++-12획	蕃盛(번성) 蕃國(번국)

藩 덮을 번	艹 艻 萍 蕃 藩				++–15획	藩國(번국) 藩蘺(번리) 藩邦(번방)	
伐 칠 벌(벨 벌)	ノ ノ イ 亻 仁 代 伐 伐				亻–4획	伐氷(벌빙) 伐善(벌선) 伐採(벌채)	
罰 벌줄 벌(죄 벌)	罒 罒 罒 罒 罜 罰 罰				罒–9획	罰杯(벌배) 罰俸(벌봉) 罰則(벌칙)	
閥 공훈 벌	卩 門 閅 閥 閥 閥				門–6획	閥閱(벌열) 閥族(벌족)	
筏 떼 벌	𥫗 𥫗 筏 筏 筏 筏				竹–6획	筏橋(벌교) 筏夫(벌부)	
凡 범상할 범(무릇 범)	ノ 几 凡				几–1획	凡例(범례) 凡常(범상)	
犯 범할 범	ノ オ オ 犭 犯				犭–2획	犯禁(범금) 犯顔(범안) 犯罪(범죄)	
汎 넓을 범	丶 丶 氵 氵 汎 汎				氵–3획	汎濫(범람) 汎國民(범국민)	
範 법 범	𥫗 𥫗 笻 笵 範 範 範				竹–9획	範軌(범궤) 範圍(범위) 範疇(범주)	
帆 돛 범	口 巾 帄 帆 帆				巾–3획	帆船(범선) 出帆(출범)	
梵 범어 범	木 林 林 梵 梵				木–7획	梵語(범어) 梵鐘(범종)	

氾 넘칠 범	氵 氵 氾	氵-2획	氾濫(범람) 氾濫原(범람원)
泛 뜰 범	氵 氵 氵 氵 泛	氵-5획	泛讀(범독) 泛溢(범일) 泛舟(범주)
范 풀 이름 범	丶 艹 艹 艻 芶 范	++-5획	范蠡(범려) 范氏(범씨)
法 법 법	丶 氵 氵 沣 法 法	氵-5획	法度(법도) 法輪(법륜) 法則(법칙)
碧 푸를 벽	二 王 珀 珀 碧 碧 碧	石-9획	碧溪(벽계) 碧潭(벽담) 碧梧(벽오)
僻 후미질 벽	亻 亻 伊 伄 僻 僻	亻-13획	僻村(벽촌) 窮僻(궁벽) 島嶼僻地(도서벽지)
壁 바람벽 벽	尸 居 居 辟 辟 壁 壁	土-13획	壁觀(벽관) 壁報(벽보) 壁畵(벽화)
劈 쪼갤 벽	尸 居 辟 辟 劈 劈	刀-13획	劈開(벽개) 劈頭(벽두)
擘 엄지손가락 벽	尸 尸 居 辟 擘 擘	手-13획	擘指(벽지) 巨擘(거벽)
璧 둥근 옥 벽	尸 居 辟 辟 璧 璧	玉-13획	雙璧(쌍벽) 完璧(완벽) 白璧微瑕(백벽미하)
癖 적취 벽	广 广 疒 疒 痞 癖	疒-13획	癖痼(벽고) 癖病(벽병) 癖好(벽호)

漢字	획순	부수-획수	한자어
闢 열 벽	ア 門 門 門 閭 闢	門-13획	開闢(개벽) 後天開闢(후천개벽)
辨 분별할 변	亠 立 辛 剃 剃 辧 辨	辛-9획	辨告(변고) 辨難(변난) 辨惑(변혹)
邊 가 변	亻 宀 自 臬 臬 募 邊 邊	辶-15획	邊境(변경) 邊將(변장) 邊海(변해)
辯 말잘할 변	言 言 辪 辩 辯	辛-14획	辯巧(변교) 辯難(변난) 辯辭(변사)
變 변할 변	言 言 綪 綪 綸 綸 變	言-16획	變改(변개) 變故(변고) 變遷(변천)
卞 조급할 변	丶 亠 十 卞	卜-2획	卞急(변급) 卞氏(변씨)
弁 고깔 변	厶 厶 台 弁	廾-2획	弁韓(변한) 突而弁(돌이변)
別 헤어질 별(다를, 나눌 별)	丶 口 口 另 另 別 別	刂-5획	別居(별거) 別故(별고) 別離(별리)
瞥 언뜻 볼 별	丶 小 巾 巾 帗 敝 瞥	目-12획	瞥見(별견) 瞥眼間(별안간)
鱉 금계 별	丶 小 巾 巾 帗 敝 鱉	魚-12획	鱉甲(별갑) 鱉主簿傳(별주부전)
丙 천간 병(남녁 병)	一 一 厅 丙 丙	一-4획	丙科(병과) 丙時(병시) 丙種(병종)

兵 군사 병	ー ／ ｒ ｆ ｆ 丘 乒 兵	八–5획	兵車(병거) 兵權(병권) 兵器(병기)
屏 병풍 병	ᄀ ᄼ ᄼ 屏 屏 屏 屏 屏	尸–8획	屏居(병거) 屏藩(병번) 屏風(병풍)
竝 나란히설 병(아우를 병)	ᄼ ᅩ 立 立 竝 竝 竝	立–5획	竝記(병기) 竝唱(병창) 竝呑(병탄)
病 병 병	ᅳ 广 广 疒 疒 病 病 病	疒–5획	病暇(병가) 病家(병가) 病廢(병폐)
倂 아우를 병	／ 作 侔 倂	亻–8획	倂殺(병살) 兼倂(겸병) 合倂(합병)
昞 빛날 병	日 昞 昞 昞	日–5획	昞日(병일) 昞月(병월)
昺 밝은 병(昞과 同字)	冂 日 昺 昺 昺	日–5획	昺年(병년)
柄 자루 병	十 才 柄 柄 柄	木–5획	柄用(병용) 身柄(신병)
炳 밝을 병	ᆞ 火 炳 炳 炳	火–5획	炳然(병연) 炳如日星(병여일성)
瓶 병 병	ᆢ ᆍ 扸 瓶 瓶 瓶	瓦–6획	花瓶(화병) 守口如瓶(수구여병)
秉 잡을 병	ᅳ ᆖ ᆖ ᆖ 秉 秉	禾–3획	秉權(병권) 秉燭(병촉)

餅 떡 병	㇒ ㇗ 食 食 飦 飦 餅	食-6획	團子餅(단자병) 煎餅(전병) 畵中之餅(화중지병)
步 걸음 보	㇑ ㇑ 止 止 止 步 步	止-3획	步哨(보초) 步測(보측) 步行(보행)
保 지킬 보	㇑ ㇑ 伫 伊 侶 伻 保	亻-7획	保健(보건) 保菌(보균) 保溫(보온)
普 널리 보	㇚ ㇚ 꾸 芣 竝 普 普	日-8획	普及(보급) 普通(보통) 普遍(보편)
補 도울 보	㇔ ㇇ 衤 衤 衤 衤 補	衤-7획	補强(보강) 補缺(보결) 補闕(보궐)
報 알릴 보(갚을 보)	㇙ ㇙ 幸 郣 郣 報 報	土-9획	報告(보고) 報道(보도) 報施(보시)
譜 계보 보(악보 보)	言 訁 訌 訊 諩 諩 譜	言-12획	譜系(보계) 譜牒(보첩) 譜表(보표)
寶 보배 보	宀 宀 宝 寍 寍 寍 寶	宀-17획	寶鑑(보감) 寶庫(보고) 寶藏(보장)
堡 작은 성 보	亻 伫 伻 保 保 堡	土-9획	堡壘(보루) 堡砦(보채) 堡聚(보취)
洑 보 보(나루 복)	㇒ ㇗ 汁 汁 洑 洑	氵-6획	洑水稅(보수세) 洑流(복류)
潽 끓을 보	㇒ ㇗ 沣 涪 潽 潽	氵-12획	尹潽善(윤보선)

한자	훈음	필순	부수-획수	예시 어휘
甫	클 보	一 𠀇 𠀤 甫 甫	用-2획	甫田(보전) 杜甫(두보)
菩	보리 보(모사풀 배)	丶 艹 艾 荠 菩	++-8획	菩薩(보살) 菩提樹(보리수)
輔	덧방나무 보	一 亘 車 軥 輔 輔	車-7획	輔弼(보필) 輔佐(보좌)
卜	점 복	丨 卜	卜-0획	卜隣(복린) 卜術(복술) 卜債(복채)
伏	엎드릴 복	丿 亻 亻 仆 伏 伏	亻-4획	伏乞(복걸) 伏鷄(복계) 伏拜(복배)
服	옷 복(복종할 복)	丿 月 月 肜 朋 那 服 服	月-4획	服務(복무) 服役(복역) 服從(복종)
復	회복할 복(다시 부)	夕 彳 彳 衸 徨 徨 復	彳-9획	復舊(복구) 復讐(복수) 復職(복직)
腹	배 복	月 月 𦜝 胪 腤 膓 腹	月-9획	腹腔(복강) 腹筋(복근) 腹背(복배)
福	복 복	二 于 示 衤 衦 福 福	示-9획	福券(복권) 福祿(복록) 福祉(복지)
複	겹칠 복	丶 礻 礻 衤 裋 複 複	衤-9획	複權(복권) 複道(복도) 複製(복제)
覆	뒤집힐 복(덮을 부)	一 西 覀 覂 覈 覆	襾-12획	反覆(반복) 飜覆(번복) 顚覆(전복)

僕 종 복	亻 亻' 亻' 僕 僕 僕	亻-12획	僕婢(복비) 身兼奴僕(신겸노복)
匐 길 복	' 勹 勺 匐 匐	勹-9획	匐枝(복지) 怖匐(포복)
輻 바퀴살 복(폭)	一 亘 車 輻 輻	車-9획	輻射(복사) 輻輳(폭주)
馥 향기 복	二 千 禾 香 馣 馥	香-9획	馥烈(복렬) 馥郁(복욱)
鰒 전복 복	勹 鱼 魚 鮲 鰒	魚-9획	鰒魚(복어) 全鰒(전복)
本 책 본(근본 본)	一 十 才 木 本	木-1획	本質(본질) 刻本(각본) 脚本(각본)
奉 받들 봉	二 三 声 夫 表 峇 奉	大-5획	奉讀(봉독) 奉祿(봉록) 奉承(봉승)
封 쌓을 봉(봉할 봉)	十 土 圭 圭 圭 封 封	寸-6획	封建(봉건) 封泥(봉니) 封鎖(봉쇄)
峯 봉우리 봉	' 屮 山 屮 峇 峯 峯	山-7획	萬壑千峯(만학천봉)
俸 녹 봉	亻 仁 佉 倖 俸	亻-8획	俸給(봉급) 年俸(연봉) 初俸(초봉)
逢 만날 봉	ク 久 冬 冬 夆 逢 逢	辶-7획	逢變(봉변) 逢辱(봉욕) 逢着(봉착)

蜂 벌 봉	口 中 虫 虫 虯 蚊 蜂 蜂	虫-7획	蜂蠟(봉랍) 蜂蜜(봉밀) 蜂巢(봉소)
鳳 봉황 봉	ノ 几 几 凨 凬 鳳 鳳	鳥-3획	鳳德(봉덕) 鳳鸞(봉란) 鳳仙花(봉선화)
縫 꿰맬 봉	幺 糸 終 縗 縫 縫	糸-11획	縫製(봉제) 彌縫策(미봉책) 天衣無縫(천의무봉)
捧 받들 봉	扌 扜 扶 捧 捧	扌-8획	加捧女(가봉녀) 西施捧心(서시봉심)
棒 몽둥이 봉	才 杧 栱 棓 棒	木-8획	針小棒大(침소봉대) 平行棒(평행봉)
烽 봉화 봉	丶 火 炉 炐 烽 烽	火-7획	烽火(봉화) 烽火臺(봉화대)
蓬 쑥 봉	艹 芡 莑 莑 蓬	++-11획	蓬萊山(봉래산) 麻中之蓬(마중지봉)
鋒 칼끝 봉	金 釒 鈘 鉽 鋒	金-7획	戈鋒(과봉) 機鋒(기봉)
夫 남편 부(사내 부)	一 二 丰 夫	大-1획	夫權(부권) 夫婦(부부) 夫役(부역)
父 아버지 부	丶 丷 夕 父	父-0획	父系(부계) 父權(부권) 父親(부친)
付 붙일 부(줄 부)	ノ イ 仁 付 付	イ-3획	付書(부서) 付託(부탁) 申申當付(신신당부)

한자	훈음	필순	부수	단어
否	아니 부(막힐 비)	一 アオ不否	口-4획	否決(부결) 否塞(부새) 否運(비운)
扶	도울 부	一寸扌扌扌扶扶	扌-4획	扶養(부양) 扶育(부육) 扶助(부조)
府	고을 부(관청 부)	亠广广疒疒府府	广-5획	府庫(부고) 府院君(부원군) 府會(부회)
附	붙을 부	阝阝阝阝阼附附	阝-5획	附加稅(부가세) 附屬(부속) 附與(부여)
負	패할 부(짐질 부)	ク𠂊ク角負負負	貝-2획	負擔(부담) 負戴(부대) 負債(부채)
赴	다다를 부(나아갈 부)	十土土走走赴赴	走-2획	赴擧(부거) 赴任(부임) 赴敵(부적)
浮	뜰 부	丶氵氵氵浮浮浮	氵-7획	浮橋(부교) 浮浪(부랑) 浮生(부생)
符	부적 부	人ゲ竹竹竹符符	竹-5획	符應(부응) 符籍(부적) 符驗(부험)
婦	아내 부(며느리 부)	女女女妒妒婦婦	女-8획	婦功(부공) 婦德(부덕) 婦言(부언)
部	나눌 부(거느릴 부)	一立音音音部部	阝-8획	部隊(부대) 部類(부류) 部署(부서)
副	도울 부(버금 부)	一官官官官副副	刂-9획	副官(부관) 副詞(부사) 副應(부응)

한자	획순	부수-획수	예시 단어
富 넉넉할 부	宀宀宀宀宀宀富富富	宀-9획	富強(부강) 富饒(부요) 富豪(부호)
腐 썩을 부	广广府府府腐腐	肉-8획	腐索(부삭) 腐鼠(부서) 腐蝕(부식)
膚 살갗 부	广广虐虐膚膚膚	月-11획	膚飢(부기) 膚敏(부민) 膚受(부수)
賦 거둘 부(줄 부)	冂冂貝貯貯賦賦	貝-8획	賦課(부과) 賦性(부성) 賦與(부여)
簿 장부 부	竹竹竹篙箇簿簿	竹-13획	簿錄(부록) 簿籍(부적) 簿牒(부첩)
敷 펼 부	一亓甫甫尃敷	攵-11획	敷設(부설) 敷衍(부연)
俯 구부릴 부	亻亻亻伫俯俯	亻-8획	仰俯(앙부) 一俯一仰(일부일앙)
剖 쪼갤 부	丶亠音剖	刂-8획	剖決(부결) 剖折(부절)
咐 분부할 부	口叮叮咐咐	口-5획	咐囑(부촉) 吩咐(분부)
埠 선창 부	土圵圹埠埠埠	土-8획	埠頭(부두)
孵 알깔 부	孚孚卵卵卵孵	子-11획	孵卵(부란) 孵化(부화)

한자	훈음	필순	부수	용례
斧	도끼 부	ハ ゾ 父 斧 斧 斧	斤-4획	斧柯(부가) 斤斧(근부) 得斧失斧(득부실부)
腑	장부 부	月 月 胪 腑 腑	月-8획	肺腑(폐부) 五臟六腑(오장육부)
芙	부용 부	丶 十 艹 芏 芋 芙	++-4획	芙蓉(부용) 芙蓉山(부용산)
訃	부고 부	二 言 訃 訃	言-2획	訃告(부고) 訃音(부음)
賻	부의 부	貝 賏 賻 賻 賻 賻	貝-10획	賻儀(부의) 賻儀金(부의금)
釜	가마 부	ハ ゾ 父 冬 釜 釜	金-2획	釜山(부산) 魚遊釜中(어유부중)
阜	언덕 부	亻 户 自 皀 阜	阜-0획	高阜(고부)
駙	곁마 부	丨 F 馬 馬 駙 駙	馬-5획	駙馬(부마) 駙馬都尉(부마도위)
傅	스승 부	亻 俥 傅 傅 傅 傅	亻-10획	師傅(사부) 爲虎傅翼(위호부익)
北	북녘 북 (달아날 배)	一 十 屮 北 北	匕-3획	北歐(북구) 北極(북극) 北緯(북위)
分	나눌 분	丿 八 分 分	刀-2획	分揀(분간) 分擔(분담) 分離(분리)

한자	필순	부수-획수	예
奔 분주할 분(달릴 분)	一 ナ 大 本 杢 奔 奔	大-6획	奔忙(분망) 奔走(분주) 無事奔走(무사분주)
粉 가루 분	丶 丷 半 米 粉 粉 粉	米-4획	粉起(분기) 粉碎(분쇄) 粉塵(분진)
紛 어지러울 분	乚 幺 糸 糸 糺 紛 紛	糸-4획	紛糾(분규) 紛亂(분란) 紛繞(분요)
憤 분할 분	丷 忄 忄 忰 忰 惜 憤 憤	忄-12획	憤慨(분개) 憤激(분격) 憤怒(분노)
墳 무덤 분	十 圠 圹 圹 培 增 墳	土-12획	墳墓(분묘) 古墳(고분)
奮 떨칠 분	一 六 奔 奞 奮 奮	大-13획	奮激(분격) 奮發(분발) 奮鬪(분투)
吩 분부할 분(뿜을 분)	口 叮 叭 吩 吩	口-4획	吩咐(분부)
噴 뿜을 분	口 口 吽 吽 噴 噴	口-12획	噴氣(분기) 噴沫(분말) 噴火口(분화구)
忿 성낼 분	丿 八 分 分 忿 忿	心-4획	愧忿(괴분)
扮 꾸밀 분	扌 扌 扑 扮 扮	扌-4획	扮飾(분식) 扮裝(분장)
芬 향기로울 분	丶 屮 艹 芇 芬 芬	++-4획	芬芬(분분) 芬皇寺(분황사)

同病相憐(동병상련): 같은 병에 걸린 자가 서로 불쌍히 여긴다 는뜻 어려운 처지에 있는 사람끼리 서로 가엾게 여김.

한자	훈음	필순	부수-획수	단어
焚	불사를 분	木 林 林 焚	火-8획	焚書坑儒(분서갱유) 焚身(분신)
盆	동이 분	八 分 分 分 盆 盆	皿-4획	鼓盆之痛(고분지통) 金盆(금분)
糞	똥 분	丷 半 米 糞 糞 糞	米-11획	馬糞紙(마분지) 嘗糞之徒(상분지도)
雰	안개 분	一 一 币 雷 雰 雰	雨-4획	雰虹(분홍) 雰圍氣(분위기)
不	아니 불(아닐 부, 클 비)	一 プ 不 不	一-3획	不斷(부단) 不潔(불결) 不朽(불후)
弗	달러 불(아니 불)	一 ヲ 弓 弗 弗	弓-2획	弗豫(불예) 弗鬱(불울) 弗貨(불화)
佛	부처 불	ノ イ イ 仴 侚 俤 佛	亻-5획	佛經(불경) 佛滅(불멸) 佛陀(불타)
拂	털 불	十 扌 扌 护 护 拂 拂	扌-5획	拂亂(불란) 拂拭(불식) 拂塵(불진)
彿	비슷할 불	彳 彳 彷 彿 彿	彳-5획	彷彿(방불) 訪彿(방불)
朋	벗 붕	ノ 刀 月 月 朋 朋 朋	月-4획	朋黨(붕당) 朋友有信(붕우유신)
崩	무너질 붕	' 山 屵 峁 崩 崩 崩	山-8획	崩壞(붕괴) 崩落(붕락) 崩御(붕어)

棚 시렁 붕	一 十 オ 机 柳 棚	木-8획	棚棧(붕잔) 大陸棚(대륙붕)
硼 붕산 붕 (돌 이름 평)	一 丁 石 矿 矿 硼	石-8획	硼砂(붕사) 硼素(붕소) 硼酸(붕산)
繃 묶을 붕	幺 糸 糾 絎 繃	糸-11획	繃帶(붕대) 壓迫繃帶(압박붕대)
鵬 대붕새 붕	月 朋 肵 朋 鵬 鵬	鳥-8획	鵬程萬里(붕정만리)
比 견줄 비	一 上 匕 比	比-0획	比較(비교) 比等(비등) 百分比(백분비)
妃 왕비 비	く 女 女 妃 妃 妃	女-3획	王大妃(왕대비) 王世子妃(왕세자비)
批 비평할 비	一 十 扌 扌 扫 抄 批	扌-4획	批難(비난) 批點(비점) 批准(비준)
非 그를 비	丿 ナ 扌 刲 非 非 非	非-0획	非公開(비공개) 非金屬(비금속)
肥 거름 비 (살찔 비)	刀 刀 月 月 肌 肌 肥	月-4획	肥甘(비감) 肥料(비료) 肥沃(비옥)
卑 낮을 비	丿 白 白 向 电 鱼 卑	十-6획	卑怯(비겁) 卑屈(비굴) 卑劣(비열)
飛 날 비	乙 飞 伐 飛 飛 飛 飛	飛-0획	飛禽(비금) 飛散(비산) 飛躍(비약)

匪 대상자 비	一 丁 丮 圹 菲 匪	匚-8획	匪徒(비도) 匪賊(비적)
祕 귀신 비	禾 禾 利 秘 秘 祕	示-5획	祕閣(비각) 祕訣(비결) 祕籍(비적)
悲 슬플 비	丿 킈 非 非 非 悲 悲	心-8획	悲鳴(비명) 悲憤(비분) 悲愁(비수)
費 쓸 비	一 弓 弗 弗 费 費 費	貝-5획	費耗(비모) 費隱(비은) 費財(비재)
備 갖출 비	亻 亻 仕 併 俗 備 備	亻-10획	備考(비고) 備忘錄(비망록) 備置(비치)
婢 계집종 비	ㄴ 女 女 女 如 娷 娷 婢	女-8획	官婢(관비) 久遠奴婢(구원노비)

慶弔文(경조문) 書式

결혼식	회갑연	축하	사례	초상	대소상
祝結婚	祝回甲	祝優勝	薄禮	賻儀	奠儀
祝華婚	祝壽宴	祝榮轉	略禮	謹弔	香奠
祝聖婚	祝禧筵	祝當選	微衷	奠儀	薄儀
祝盛典	祝儀	祝入選	薄謝	弔儀	菲儀
賀意	壽儀				

한자	훈음	필순	부수-획수	어휘
鼻	처음 비(코 비)	⸍ 自 鳥 畠 鼻 鼻 鼻	鼻-0획	鼻腔(비강) 鼻塞症(비색증) 鼻笑(비소)
碑	비석 비(돌기둥 비)	⼀ 石 矿 矿 碑 碑 碑	石-8획	碑刻(비각) 碑閣(비각) 碑碣(비갈)
憊	고달플 비	⼂ ⼂ 俏 備 備 憊	心-12획	憊色(비색) 困憊(곤비)
扉	문짝 비	⼂ ⼂ ⼂ 戶 扉 扉	戶-8획	扉扃(비경) 扉戶(비호)
毘	도움 비(毗와 同字)	日 毗 毗 毗 毘	比-5획	毘益(비익) 毗輔(비보) 毗贊(비찬)
丕	클 비	⼀ ⼂ 才 不 丕	一-4획	丕業(비업) 丕子(비자)
妣	죽은 어미 비	⼂ ⼂ 女 妣 妣	女-4획	顯妣(현비) 皇妣(황비)
匕	비수 비	⼂ 匕	匕-0획	匕首(비수)
庇	덮을 비	⼂ 广 广 庀 庇 庇	广-4획	庇護(비호) 庇護勢力(비호세력)
沸	끓을 비	⼂ 汀 沪 沸 沸	⺡-5획	沸騰(비등) 沸騰點(비등점)
琵	비파 비	⼂ 王 珏 珏 琵 琵	王-8획	琵琶(비파) 琵蟲(비충)

한자	훈음	필순	부수-획수	용례
毖	삼갈 비	比 比 步 毖 毖 毖	比-5획	毖湧(비용) 懲毖錄(징비록)
痺	저릴 비	广 疒 痹 痹 痺 痺	疒-8획	痺疳(비감) 痺病(비병)
砒	비상 비	ノ 石 砒 砒 砒	石-4획	砒霜(비상) 砒素(비소)
秕	쭉정이 비	二 千 禾 秕 秕	禾-4획	秕政(비정) 秕糠(비강)
緋	붉은빛 비	幺 糺 緋 緋	糸-8획	緋緞(비단) 緋玉(비옥)
脾	지라 비	刀 月 脾 脾 脾 脾	月-8획	脾臟(비장) 脾胃(비위)
臂	팔 비	ユ 尸 启 辟 辟 臂	月-13획	肩臂(견비) 肩臂痛(견비통)
蜚	바퀴 비	ノ 킈 非 蜚 蜚	虫-8획	蜚語(비어) 流言蜚語(유언비어)
裨	도울 비	礻 衤 袢 裨 裨 裨	衤-8획	裨將(비장) 補裨(보비)
誹	헐뜯을 비	二 言 訂 誹 誹	言-8획	誹謗(비방) 誹譽(비예)
翡	물총새 비	ノ 킈 非 非 非 翡	羽-8획	翡翠(비취) 翡翠玉(비취옥)

譬	゜ ゜ 尸 R 辟 辟 譬	言-13획	譬說(비설) 譬喻(비유)
비유할 비			
鄙	゜ 另 啚 啚 ゜啚` 鄙	ß-11획	鄙見(비견) 鄙陋(비루) 鄙吝(비린)
마을 비(천하다, 더럽다)			
貧	ノ 八 分 分 谷 貧 貧	貝-4획	貧困(빈곤) 貧窮(빈궁) 貧乏(빈핍)
가난할 빈			
賓	宀 宀 宀 宀 宕 宭 賓	貝-7획	賓客(빈객) 賓服(빈복) 賓辭(빈사)
손 빈			
頻	⼘ ⽌ ⽌ 步 斯 頻 頻	頁-7획	頻度(빈도) 頻發(빈발) 頻煩(빈번)
자주 빈			
彬	⼗ ⽊ 林 彬	彡-8획	彬彬(빈빈) 彬蔚(빈울)
빛날 빈			
嚬	口 口 口卜 口卜 哕 嚬	口-16획	嚬笑(빈소) 嚬蹙(빈축)
찡그릴 빈			
嬪	⼥ 女 女宀 女宀 妙 嬪	女-14획	嬪宮(빈궁) 嬪妾(빈첩)
아내 빈			
殯	歹 歹 歹宀 歹宀 歹炒 殯	歹-14획	殯所(빈소) 殯殿(빈전)
염할 빈			
濱	氵 氵 氵宀 沙 濱	氵-14획	濱涯(빈애) 濱塞(빈새)
물가 빈			
瀕	氵 氵 氵宀 沣 涉 瀕	氵-16획	瀕海(빈해) 瀕死(빈사)
임박할 빈(물가 빈)			

氷 얼음 빙	ㅣ ㅓ ㅓ 氷 氷				水-1획	結氷(결빙) 冬氷可折(동빙가절)
聘 부를 빙(장가들 빙)	ㄷ ㅌ 耳 耵 聃 聘 聘				耳-7획	聘禮(빙례) 聘招(빙초) 聘宅(빙택)
憑 기댈 빙	ㆍ ㅓ ㅓ 馮 馮 憑				心-12획	憑藉(빙자) 信憑(신빙) 證憑(증빙)
士 선비 사	一 十 士				士-0획	士官(사관) 士君子(사군자) 士禍(사화)
巳 뱀 사(여섯째 지지 사)	ㄱ ㄱ 巳				巳-0획	巳方(사방) 巳時(사시) 巳初(사초)
四 넉 사	ㅣ 冂 冂 四 四				口-2획	四角(사각) 四端(사단) 四維(사유)
史 역사 사	ㆍ 口 口 史 史				口-2획	史庫(사고) 史劇(사극) 史蹟(사적)
司 맡을 사	ㄱ ㄱ 司 司 司				口-2획	司諫院(사간원) 司令(사령) 司祭(사제)
仕 섬길 사	ㆍ 亻 亻 什 仕				亻-3획	仕途(사도) 仕路(사로) 仕退(사퇴)
寺 절 사(내시 시)	一 十 土 土 寺 寺				寸-3획	寺觀(사관) 寺畓(사답) 寺院(사원)
死 죽을 사	一 ㄦ ㄌ 歹 死 死				歹-2획	死生涯(사생애) 客死(객사) 枯死(고사)

한자	훈음	필순	부수-획수	예어
似	같을 사	ノ イ 亻 化 化 似 似	亻-5획	似而非(사이비) 非夢似夢(비몽사몽)
沙	모래 사	丶 丶 氵 氵 氵 沙 沙	氵-4획	白沙場(백사장) 沙上樓閣(사상누각)
邪	간사할 사(어조사 야)	一 匚 牙 牙 牙' 牙阝 邪	阝-4획	邪見(사견) 邪巧(사교) 邪虐(사학)
私	사사 사	丶 二 千 千 禾 私 私	禾-2획	私感(사감) 私企業(사기업) 私債(사채)
舍	집 사	人 스 合 全 全 舍 舍	舌-2획	舍監(사감) 舍館(사관) 舍廊(사랑)
事	일 사	一 丆 戸 戸 写 写 事	亅-7획	事件(사건) 事故(사고) 事端(사단)
使	벼슬이름 사	亻 亻 仁 伫 佀 使 使	亻-6획	使徒(사도) 使嗾(사주) 使喚(사환)
社	단체 사(토지의 신 사)	一 二 亍 示 示 社 社	示-3획	社稷(사직) 社債(사채) 社會(사회)
祀	제사 사	二 亍 亍 示 祀 祀 祀	示-3획	祀孔(사공) 祀孫(사손)
査	사실할 사	十 木 木 杏 杏 杳 査	木-5획	査丈(사장) 檢査(검사) 考査(고사)
思	생각할 사	冂 田 田 思 思 思	心-5획	思考(사고) 思過(사과) 思惟(사유)

漢字	획순	부수	한자어
唆 부추길 사	口 吖 吖 吩 唆 唆	口-7획	唆弄(사롱) 唆嗾(사주)
師 스승 사(군사 사)	′ ′ ′ ′ 自 師 師	巾-7획	師團(사단) 師旅(사려) 師弟(사제)
射 쏠 사(궁술 사)	′ 竹 身 身 身 射 射	寸-7획	射擊(사격) 射殺(사살) 射程(사정)
捨 버릴 사	扌 扲 拴 拴 捨 捨	扌-8획	四捨五入(사사오입) 喜捨(희사)
蛇 뱀 사	口 中 虫 虫 虵 蛇 蛇	虫-5획	蛇蝎(사갈) 蛇毒(사독) 蛇龍(사룡)
斜 비낄 사	′ 二 キ 余 余 斜 斜	斗-7획	斜面(사면) 斜線(사선) 斜視(사시)
赦 용서할 사	土 耂 赤 赦 赦	赤-4획	赦免(사면) 特赦(특사)
絲 실 사	′ 幺 糸 糸 絲 絲	糸-6획	絲繭(사견) 絲毬體(사구체) 絲禽(사금)
詐 속일 사	二 三 言 言 訮 訐 詐	言-5획	詐巧(사교) 詐欺(사기) 詐取(사취)
詞 글 사(말씀 사)	′ 二 ㅌ 言 訂 訶 詞	言-5획	詞伯(사백) 詞韻(사운) 詞藻(사조)
斯 이 사	十 廿 世 其 斯 斯 斯	斤-8획	斯界(사계) 斯道(사도) 斯世(사세)

한자	필순	부수-획수	어휘
飼 먹일 사	ケ 今 飠 飠 飼 飼	食-5획	飼料(사료) 飼育(사육)
寫 베낄 사	丶 宀 宁 宮 宮 寫 寫	宀-12획	寫象(사상) 寫眞(사진) 寫眞帖(사진첩)
賜 줄 사	冂 日 貝 貯 貯 賜 賜	貝-8획	賜藥(사약) 鵲巢賜第(작소사제)
謝 사례할 사	二 言 言 訂 謝 謝 謝	言-10획	謝過(사과) 謝禮(사례) 謝恩會(사은회)
辭 말 사(사양할 사)	爫 爫 爲 爲 爲 辭 辭	辛-12획	辭讓(사양) 辭絶(사절) 辭退(사퇴)
簑 누역 사(蓑와 同字)	竹 竹 笁 箮 簑	竹-10획	簑笠(사립) 簑蓑(사사) 簑衣(사의)
些 적을 사	丶 卜 止 此 此 些	二-5획	些少(사소) 些些(사사)
嗣 이을 사	口 厈 厈 册 嗣 嗣	口-10획	嗣續(사속) 嗣王(사왕) 嗣子(사자)
奢 사치할 사	大 杏 夺 夺 奢	大-9획	奢侈(사치) 奢侈品(사치품)
娑 춤출 사	氵 沪 沙 沙 娑 娑	女-7획	娑婆(사바) 婆娑(파사)
徙 옮길 사	彳 彳 徙 徙 徙	彳-8획	移徙(이사) 曲突徙薪(곡돌사신)

泗 물이름 사	氵 汀 泗 泗	氵-5획	泗沘城(사비성)
瀉 쏟을 사	氵氵 浐 渲 渲 瀉	氵-15획	瀉血(사혈) 泄瀉(설사) 一瀉千里(일사천리)
獅 사자 사	犭犭 犷 狆 獅 獅	犭-10획	獅子(사자) 獅子吼(사자후)
祠 사당 사	二 亍 示 祀 祠	示-5획	祠堂(사당) 神祠(신사)
紗 깁 사	幺 糸 糸 紗 紗	糸-4획	面紗布(면사포) 粉壁紗窓(분벽사창)
麝 사향노루 사	庐 庐 鹿 鹿 麝 麝	鹿-10획	麝香(사향) 麝香水(사향수)
削 깎을 삭	丨 ⺍ ⺌ 肖 肖 削 削	刂-7획	削減(삭감) 削髮(삭발) 削奪(삭탈)
朔 초하루 삭(북쪽 삭)	亠 丷 屰 屰 朔 朔	月-6획	朔望(삭망) 八朔童(팔삭동)
山 뫼 산	丨 屵 山	山-0획	山間(산간) 山影(산영) 山菜(산채)
産 낳을 산(생산할 산)	亠 亠 立 产 产 産 産	生-6획	産卵(산란) 産褥(산욕) 産婆(산파)
傘 우산 산	入 㐅 傘 傘 傘 傘	人-10획	菌傘(균산) 落下傘(낙하산)

한자	필순	부수	어휘
散 흩을 산(한가할 산)	艹 艹 昔 昔 昔 散 散	攵-8획	散開(산개) 散亂(산란) 散炙(산적)
算 셈할 산	⺮ ⺮ 笁 笆 筲 算 算	竹-8획	算數(산수) 算術(산술) 算筒(산통)
酸 실 산(초 산)	一 酉 酉 酌 酸 酸 酸	酉-7획	酸味(산미) 酸性(산성) 酸楚(산초)
刪 깎을 산	丨 冂 冊 冊 刪	刂-5획	刪削(산삭) 刪定(산정)
珊 산호 산	二 王 玑 珊 珊	王-5획	珊瑚(산호) 珊瑚礁(산호초)
疝 산증 산	一 广 广 疒 疝	疒-3획	疝氣(산기) 疝症(산증) 疝痛(산통)
殺 죽일 살(감할 쇄)	乂 羊 杀 杀 殺 殺 殺	殳-7획	殺伐(살벌) 殺傷(살상) 殺戮(살육)
撒 뿌릴 살	扌 扌 扩 撒 撒	扌-11획	撒水(살수) 撒布(살포)
煞 죽일 살	⺈ ⺈ 夅 夅 敎 煞	灬-9획	劫煞(겁살) 急煞(급살)
薩 보살 살	艹 艹 萨 萨 薩 薩 薩	艹-14획	觀音菩薩(관음보살) 文殊菩薩(문수보살)
三 석 삼	一 二 三	一-2획	三角形(삼각형) 三綱(삼강) 三昧(삼매)

漢字	필순	부수-획수	단어
森 빽빽할 삼	一 十 木 木 木 森 森 森	木-8획	森林(삼림) 森嚴(삼엄)
蔘 인삼 삼	艹 艹 茲 莢 蔘	++-11획	苦蔘(고삼) 童子蔘(동자삼)
滲 스밀 삼	氵 氵 氵 渙 滲	氵-8획	滲透(삼투) 滲透壓(삼투압)
揷 꽂을 삽(약자:挿)	扌 扌 扌 挿 挿 挿	扌-9획	揷入(삽입) 揷畫(삽화) 軟地揷抹(연지삽말)
澁 껄끄러울 삽(澀과 同字)	氵 氵 氵 澁 澁 澁	氵-12획	乾澁(건삽) 硬澁(경삽)
上 위 상	丨 卜 上	一-2획	上級(상급) 上樑(상량) 上疏(상소)
床 평상 상(牀의 俗字)	丶 广 广 庀 庅 床 床	广-4획	鑛床(광상) 交子床(교자상) 起床(기상)
尙 숭상할 상(오히려 상)	丨 丬 小 尙 尙 尙 尙	小-5획	尙武(상무) 尙書(상서) 尙佯(상양)
狀 형상 상	丨 爿 爿 狀 狀	犬-4획	狀啓(상계) 狀達(상달) 狀況(상황)
相 서로 상	十 オ 末 机 机 相 相 相	目-4획	相關(상관) 相剋(상극) 相連(상련)
桑 뽕나무 상	フ ㄱ 무 桑 桑 桑 桑	木-6획	桑根(상근) 桑田碧海(상전벽해)

한자	훈음	필순	부수-획수	용례
商	장사 상(헤아릴 상)	丶 亠 亠 产 产 商 商	口-8획	商街(상가) 商標(상표) 商號(상호)
常	항상 상	丨 丷 䒑 尚 常 常 常	巾-8획	常軌(상궤) 常規(상규) 常識(상식)
祥	상서로울 상	二 丁 亍 礻 礻 祥 祥 祥	示-6획	祥瑞(상서) 吉祥(길상)
喪	죽을 상(잃을 상)	一 十 艹 艹 喪 喪 喪	口-9획	喪家(상가) 喪服(상복) 喪制(상제)
象	코끼리 상(형상 상)	⺈ ⺈ 色 夕 夕 象 象	豕-5획	象膽(상담) 象牙(상아) 象徵(상징)
想	생각할 상	十 木 相 相 想 想 想	心-9획	想起(상기) 想念(상념) 想像(상상)
傷	상할 상	亻 亻 亻 俥 傷 傷 傷	亻-11획	傷創(상창) 傷處(상처) 傷痕(상흔)
詳	자세할 상	二 亠 言 言 言 詳 詳	言-6획	詳計(상계) 詳考(상고) 詳細(상세)
裳	치마 상	丷 丷 尚 尚 堂 裳 裳	衣-8획	裳裳(상상) 裳繡(상수) 裳衣(상의)
嘗	맛볼 상	丷 丷 尚 尚 嘗 嘗 嘗	口-11획	嘗膽(상담) 嘗糞(상분) 嘗新(상신)
像	형상 상	亻 亻 俜 俜 像 像 像	亻-12획	假像(가상) 群像(군상) 石膏像(석고상)

한자	필순	부수-획수	용례
賞 상 상	丶 ⺌ 尚 尚 常 賞 賞	貝-8획	賞給(상급) 賞杯(상배) 賞與金(상여금)
霜 서리 상	⺈ 币 雨 雫 霏 霜 霜	雨-9획	霜降(상강) 霜菊(상국) 霜露(상로)
償 갚을 상	亻 亻' 仯 償 償 償 償	亻-15획	償債(상채) 償還(상환)
箱 상자 상	⺈ ⺮ 竿 笄 箱	竹-9획	箱子(상자) 百葉箱(백엽상)
孀 과부 상	女 女 女' 妒 媍 孀	女-17획	孀閨(상규) 靑孀寡婦(청상과부)
庠 학교 상	亠 广 庄 庠	广-6획	庠生(상생) 庠序(상서)
爽 시원할 상	一 丆 爻 爽 爽	爻-7획	爽達(상달) 爽德(상덕) 爽凉(상량)
翔 빙빙 돌아 날 상	⺌ 羊 羊 翔 翔	羽-7획	翔集(상집) 飛翔(비상)
觴 잔 상	⺈ 角 角 觴 觴 觴	角-11획	觴詠(상영) 曲水流觴(곡수류상)
璽 옥새 새(도장 새)	𠂉 亓 丙 爾 璽 璽	玉-14획	國璽(국새) 玉璽(옥새) 御璽(어새)
塞 요새 새(막을 색)	宀 宀 宑 寒 寒 塞 塞	土-10획	塞翁之馬(새옹지마) 四塞(사색) 塞責(색책)

色 빛 색	ノ ク ク 夕 孕 色	色-0획	色覺(색각) 色盲(색맹) 色彩(색채) 色漆(색칠)
索 찾을 색(동아줄 삭)	十 古 古 去 索 索 索	糸-4획	索居(삭거) 索莫(삭막) 索引(색인)
嗇 아낄 색	一 ㅉ 夾 夾 李 嗇	口-10획	吝嗇(인색)
生 살 생(날 생)	ノ 广 屮 牛 生	生-0획	生薑(생강) 生怯(생겁) 生涯(생애)
牲 희생 생	ノ 广 屮 牜 牲 牲	牛-5획	犧牲(희생) 犧牲打(희생타)
甥 생질 생	ㄴ 生 畀 畀 甥 甥	生-7획	甥姪(생질) 外甥(외생)
西 서녘 서	一 ㄒ 冂 冂 丙 西	西-0획	西歐(서구) 西曆(서력) 西便(서편)
序 차례 서	丶 一 广 序 序 序	广-4획	序論(서론) 序幕(서막) 序列(서열)
書 책 서(글 서)	フ ㅋ ㅋ 聿 書 書 書	曰-6획	書籍(서적) 覺書(각서) 見積書(견적서)
恕 용서할 서	ㄴ 夊 女 如 如 恕 恕	心-6획	恕諒(서량) 恕免(서면) 恕直(서직)
徐 천천할 서	ノ ㄅ ㅕ 彳 徐 徐 徐	彳-7획	徐看(서간) 徐羅伐(서라벌) 徐行(서행)

한자	훈음	필순	부수-획수	단어
庶	여러 서	亠广户庐庶庶	广-8획	庶幾(서기) 庶務(서무) 庶孽(서얼)
敍	쓸 서	ノ人스수余斜敍	攴-7획	敍景(서경) 敍情(서정) 敍勳(서훈)
暑	더위 서	冂日早昇暑暑暑	日-9획	暑氣(서기) 暑炎(서염) 暑退(서퇴)
署	관청 서(쓸 서)	冂罒罒罗署署署	罒-9획	署理(서리) 署員(서원) 署置(서치)
瑞	상서 서	二王王'珊瑞瑞	王-9획	瑞光(서광) 瑞雪(서설) 吉瑞(길서)
誓	맹세할 서	扌扣折哲誓誓	言-7획	誓約(서약) 宣誓(선서)
緒	실마리 서	幺糸糺紗緒緒緒	糸-9획	緒論(서론) 緒業(서업) 緒風(서풍)
嶼	섬 서	山山屿屿峄峄嶼	山-14획	島嶼(도서) 連嶼(연서)
抒	풀 서	扌扌扩扩抒抒	扌-4획	抒情(서정) 抒情詩(서정시)
曙	새벽 서	旷旷曙曙曙曙	日-14획	曙光(서광) 曙星(서성)
棲	깃들일 서(살다, 쉬다)	扌栖栖棲棲	木-8획	棲息(서식) 兩棲類(양서류)

한자	필순	부수	단어
犀 무소 서	ᄀ 尸 尸 犀 犀 犀	牛-8획	犀角(서각) 齒呂瓠犀(치려호서)
胥 서로 서	ᄀ ᄀ ᄀ 疋 疋 胥	月-5획	胥吏(서리) 胥失(서실) 華胥之夢(화서지몽)
壻 사위 서(婿와 同字)	土 圵 圵 坿 壻	女-9획	壻郎(서랑) 姪壻(질서)
舒 펼 서	㇒ ㇀ 舍 舍 舒 舒	舌-6획	舒慢(서만) 舒舒(서서) 舒情(서정)
薯 마 서	卝 苉 萝 葽 薯	⧺-14획	薯類(서류) 薯蕷(서여)
逝 갈 서(죽을 서)	扌 扌 折 折 浙 逝	辶-7획	逝去(서거) 急逝(급서)
黍 기장 서	二 千 禾 禾 秂 黍	黍-0획	黍民(서민) 黍稷(서직) 黍離之歎(서리지탄)
鼠 쥐 서	㇒ 臼 臼 臼 鼠 鼠 鼠	鼠-0획	鼠遁(서둔) 鼠疫(서역) 鼠肝蟲臂(서간충비)
夕 저녁 석	㇒ ク 夕	夕-0획	夕刊(석간) 夕陽(석양) 夕餐(석찬)
石 돌 석	一 ㄧ 厂 石 石	石-0획	石澗(석간) 石橋(석교) 石窟庵(석굴암)
昔 옛 석	一 卝 丗 芇 芇 昔 昔	日-4획	昔年(석년) 昔時(석시) 昔者(석자)

	필순	부수	예
析 나눌 석	十 才 木 析 析 析 析	木-4획	析出(석출) 精神分析(정신분석)
席 자리 석	亠 广 广 庐 庐 席 席	巾-7획	席卷(석권) 席次(석차) 缺席(결석)
惜 아까울 석	忄 忄 忄 忙 忙 惜 惜	忄-8획	惜賣(석매) 惜別(석별) 惜福(석복)
碩 클 석	丆 石 矵 碩 碩	石-9획	碩士(석사) 碩學(석학) 碩座(석좌)
釋 풀 석	亠 平 禾 釋 釋 釋 釋	禾-13획	釋放(석방) 釋然(석연) 釋奠(석전)
奭 성할 석	一 ナ 大 夾 奭	大-12획	奭懌(석역) 李範奭(이범석)
晳 밝을 석	木 析 析 析 晳	日-8획	晳白(석백) 明晳(명석)
潟 개펄 석	氵 沪 沪 泻 潟 潟	氵-12획	潟流(석류) 干潟地(간석지)
錫 주석 석	亼 仐 金 鈤 錫	金-8획	錫鑛(석광) 朱錫(주석)
仙 신선 선	丿 亻 仁 仙 仙	亻-3획	仙家(선가) 仙境(선경) 仙術(선술)
先 먼저 선	丿 亻 生 先 先	儿-4획	先覺(선각) 先考(선고) 先唱(선창)

漢字	필순	부수-획수	예
宣 펼 선	`丶宀宀宁宁宣宣`	宀-6획	宣敎(선교) 宣誓(선서) 宣戰(선전)
旋 돌릴 선	`二才方扩扩旃旋旋`	方-7획	旋盤(선반) 旋律(선율) 旋回(선회)
船 배 선	`ノ 刀 月 舟 舢 船 船`	舟-5획	船客(선객) 船渠(선거) 船便(선편)
善 착할 선	`丷 关 羊 羊 盖 善 善`	口-9획	善價(선가) 善果(선과) 善哉(선재)
選 뽑을 선	`ㄱ 巳 뿌 뿌 巽 巽 選`	辶-12획	選擧(선거) 選良(선량) 選擇(선택)
線 줄 선	`幺 糸 約 絈 約 線 線`	糸-9획	線路(선로) 線縷(선루) 線審(선심)
禪 선 선	`于 示 禾 礻 禪 禪 禪`	示-12획	禪家(선가) 禪讓(선양) 禪話(선화)
鮮 고울 선	`�... 久 魚 魚 鮮 鮮 鮮`	魚-6획	鮮潔(선결) 鮮明(선명) 鮮美(선미)
繕 기울 선	`幺 糸 結 縒 繕`	糸-12획	繕補(선보) 修繕(수선)
扇 사립문 선	`ㄱ 戶 戶 扇 扇`	戶-6획	端午扇(단오선) 冬扇夏爐(동선하로)
煽 부칠 선	`丶 火 灯 炉 煏 煽`	火-10획	煽動(선동) 煽情(선정)

瑄 도리옥 선	二 千 珒 瑄	王-9획	瑄玉(선옥)
璇 별이름 선	二 王 玓 玓 璇 璇	王-11획	璇臺(선대) 璇璣玉衡(선기옥형)
璿 아름다운 옥 선	二 王 玓 珸 琜 璿	王-14획	璿宮(선궁) 璿璣(선기)
羨 부러워할 선	゛ ⸺ 羊 羊 羨	羊-7획	羨望(선망) 羨慕(선모)
腺 샘 선	刀 月 胪 肜 腺 腺	月-9획	耳下腺(이하선) 前立腺(전립선)
膳 반찬 선	刀 月 胖 胖 膳 膳	月-12획	膳物(선물) 問安視膳(문안시선)
銑 끌 선	스 车 金 釒 鉾 銑	金-6획	銑鐵(선철) 銑鉉(선현)
舌 혀 설	ノ 二 千 千 舌 舌	舌-0획	舌根(설근) 舌端(설단) 舌鋒(설봉)
雪 눈 설(씻을 설)	一 千 雨 雨 雪 雪 雪	雨-3획	雪景(설경) 雪髮(설발) 雪辱(설욕)
設 베풀 설	二 言 言 言 訳 設 設	言-4획	設計(설계) 設備(설비) 設置(설치)
說 말씀 설(달랠 세, 기뻐할 열)	二 言 言 言 訆 訡 說	言-7획	說敎(설교) 說得(설득) 說客(세객)

한자	훈음	필순	부수-획수	용례
卨	사람 이름 설	` ` 卜 占 占 卨 卨	卜-9획	李相卨(이상설)
屑	가루 설	` ` 尸 尸 屑 屑	尸-7획	屑鐵(설철) 閑談屑話(한담설화)
洩	흘러나올 설	氵 氵 洩 洩	氵-6획	洩瀉(설사) 排洩(배설)
泄	샐 설	氵 氵 泄 泄 泄	氵-5획	嘔吐泄瀉(구토설사) 天機漏泄(천기누설)
渫	칠 설	氵 泄 泄 泄 渫 渫	氵-9획	浚渫工事(준설공사) 浚渫機(준설기)
薛	맑은 대쑥 설	` ` 艹 艹 薛 薛	艹-13획	薛聰(설총)
纖	가늘 섬	糸 絆 絆 纖 纖 纖	糸-18획	纖細(섬세) 合纖(합섬)
暹	해 돋을 섬	口 日 昇 暹 暹	辶-12획	暹羅(섬라) 暹(섬 : 태국)
殲	멸할 섬	歹 殲 殲 殲 殲 殲	歹-17획	殲滅(섬멸) 殲敵(섬적)
蟾	두꺼비 섬	虫 蚧 蚧 蟾 蟾 蟾	虫-13획	蟾蛇(섬사) 玉兎銀蟾(옥토은섬)
閃	번쩍할 섬	l 门 門 門 門 閃	門-2획	閃光(섬광) 閃閃(섬섬) 閃火(섬화)

한자	훈음	필순	부수-획수	예어		
陝	고을 이름 섭	㇆ ㇇ ㇏ 阝 陝 陝	阝-7획	陝西省(섬서성)		
涉	건널 섭(관계할 섭)	氵 氵 氵 沙 沙 沙 涉	氵-7획	干涉(간섭) 經涉(경섭) 關涉(관섭)		
攝	당길 섭(대신할, 겸할 섭)	扌 扩 押 捏 攝 攝	扌-18획	攝政(섭정) 攝理(섭리)		
燮	불꽃 섭(약자 : 変)	言 信 熖 燮 燮 燮	火-13획	燮理(섭리) 燮和(섭화)		
成	이룰 성	丿 厂 厈 成 成 成	戈-3획	成功(성공) 成熟(성숙) 成敗(성패)		
性	성품 성	丶 忄 忄 忄 忄 性 性	忄-5획	性格(성격) 性急(성급) 性徵(성징)		
姓	백성 성	乂 女 女 女 如 姓 姓	女-5획	姓名(성명) 姓氏(성씨) 姓銜(성함)		
省	살필 성(덜 생)	丿 小 少 少 省 省 省	目-4획	省略(성략) 省墓(성묘) 省察(성찰)		
星	별 성	冂 日 臼 臼 厗 星 星	日-5획	星霜(성상) 星宿(성숙) 星座(성좌)		
城	재 성	十 土 圹 圹 坊 城 城	土-7획	城郭(성곽) 城壘(성루) 城壁(성벽)		
盛	성할 성	厂 厈 成 成 成 盛 盛	皿-7획	盛怒(성노) 盛衰(성쇠) 盛饌(성찬)		

한자	획순	부수-획수	단어		
聖 성인 성(성스러울 성)	厂 巨 耳 耵 聖 聖 聖	耳-7획	聖潔(성결)	聖經(성경)	聖廟(성묘)
誠 정성 성	一 三 言 訂 訪 誠 誠	言-7획	誠感(성감)	誠敬(성경)	誠實(성실)
聲 소리 성	士 吉 声 殸 殸 聲 聲	耳-11획	聲價(성가)	聲帶(성대)	聲量(성량)
晟 밝을 성	日 尸 尽 晟 晟 晟	日-7획			晟氣(성기)
醒 깰 성	一 丁 酉 酉 醒 醒	酉-9획	覺醒(각성)	警醒(경성)	獨淸獨醒(독청독성)
世 세상 세	一 十 卅 卅 世	一-4획	世界(세계)	世襲(세습)	世態(세태)
洗 씻을 세	丶 氵 氵 洴 浐 汫 洗	氵-6획	洗練(세련)	洗禮(세례)	洗濯(세탁)
細 가늘 세	乚 幺 糸 糽 絧 細 細	糸-5획	細故(세고)	細管(세관)	細胞(세포)
稅 세금 세(기쁠 열, 추복 태)	一 千 禾 禾 秽 秒 稅	禾-7획	稅穀(세곡)	稅務(세무)	稅率(세율)
歲 해 세	卜 止 广 广 芹 歲 歲	止-9획	歲時(세시)	去歲(거세)	經年閱歲(경년열세)
勢 기세 세	士 去 幸 圶 執 執 勢	力-11획	勢道(세도)	勢力(세력)	權勢(권세)

漢字	필순	부수	단어
貰 세낼 세	一 卅 卅 卅 貰 貰	貝-5획	朔月貰(사글세) 傳貰(전세) 房貰(방세)
小 작을 소	亅 亅 小	小-0획	小康(소강) 小計(소계) 小鼓(소고)
少 적을 소(젊을 소)	亅 亅 小 少	小-1획	少年犯(소년범) 少數(소수) 少時(소시)
召 부를 소	刁 刀 刀 召 召	口-2획	召集(소집) 召喚(소환) 召還(소환)
所 바 소	丶 丿 尸 尸 所 所 所	戶-4획	所感(소감) 所屬(소속) 所願(소원)
昭 밝을 소	丨 冂 日 旫 昭 昭 昭	日-5획	昭詳(소상) 前鑑昭然(전감소연)
素 본디 소	一 土 丰 丰 素 素 素	糸-4획	素交椅(소교의) 素粒子(소립자)
笑 웃을 소	人 竹 竹 竺 竺 竿 笑	竹-4획	笑談(소담) 笑病(소병) 笑聲(소성)
消 다할 소(끌 소)	丶 氵 氵 氵 消 消 消	氵-7획	無消息(무소식) 雲消霧散(운소무산)
掃 쓸 소	扌 扌 扌 扫 扫 掃 掃	扌-8획	掃滅(소멸) 掃灑(소쇄) 掃除(소제)
紹 이을 소	幺 糸 紅 紹 紹	糸-5획	紹介(소개) 紹介狀(소개장)

疎 성길 소 (疏와 同字)	⁊ ⁊ ⁊ ⁊ ⁊ ⁊ 疎	疋-7획	疎薄(소박) 外諂內疎(외첨내소)
訴 송사할 소	⁻ ⁼ 言 言 訂 訴 訴	言-5획	訴訟(소송) 訴願(소원) 訴冤(소원)
蔬 나물 소	⁺ 艹 萨 萨 蔬 蔬 蔬	++-11획	蔬果(소과) 蔬飯(소반) 菜蔬(채소)
燒 불사를 소	⁺ 火 炉 炉 焼 焼 燒	火-12획	燒却(소각) 燒滅(소멸) 燒餠(소병)
蘇 깨어날 소	艹 艹 苗 蔬 蔬 蘇 蘇	++-16획	蘇塗(소도) 蘇復(소부) 蘇息(소식)
騷 시부 소 (시끄러울 소)	�ꞓ 馬 馿 馿 駱 駱 騷	馬-10획	騷客(소객) 騷動(소동) 騷亂(소란)
塑 토우 소	⁻ ⁺ 朔 朔 塑	土-10획	塑像(소상) 塑性(소성) 塑造(소조)
宵 밤 소	⁺ 宀 宀 宵 宵	宀-7획	春宵(춘소) 通宵不寐(통소불매)
疏 트일 소	⁊ ⁊ ⁊ ⁊ 疏 疏	疋-7획	疏隔(소격) 疏決(소결) 疏達(소달)
巢 집 소	⁗ 甾 單 巢	巛-8획	巢窟(소굴) 卵巢(난소) 鵲巢賜第(작소사제)
搔 긁을 소	扌 扝 扠 扠 搔 搔	扌-10획	搔爬(소파) 隔靴搔痒(격화소양)

한자	훈음	필순	부수-획수	예
梳	빗 소	木 朾 梳 梳	木-7획	梳髮(소발) 梳洗(소세)
沼	늪 소	氵 沪 汋 沼	氵-5획	沼湖(소호) 沼澤地(소택지)
甦	소생할 소 (穌의 俗字)	一 曰 更 更 甦 甦	生-7획	甦生(소생) 甦息(소식)
瘙	종기 소	广 疒 疒 疼 瘙 瘙	疒-10획	瘙瘍(소양) 瘙癢(소양)
簫	퉁소 소	竹 笁 笁 笁 簫 簫 簫 簫	竹-13획	玉洞簫(옥통소) 太平簫(태평소)
蕭	맑은 대쑥 소	艹 芦 茓 茓 萧 萧 萧 蕭	++-13획	蕭冷(소랭) 蕭瑟(소슬)
逍	거닐 소	小 肖 肖 消 消 逍	辶-7획	消息(소식) 終無消息(종무소식)
遡	거슬러 올라갈 소	丷 屰 朔 朔 遡	辶-10획	遡及(소급) 不遡及(불소급)
邵	고을 이름 소	刁 刀 召 召 邵 邵	阝-5획	邵邑(소읍)
束	묶을 속 (약속할 속)	一 一 一 日 申 束 束	木-3획	束縛(속박) 拘束(구속)
俗	속될 속 (풍속 속)	亻 亻 俗 俗 俗 俗 俗	亻-7획	俗談(속담) 俗物(속물) 俗謠(속요)

漢字	획순	부수	단어
速 빠를 속	一 口 申 束 束 涷 速	辶−7획	速決(속결) 速攻(속공) 速記(속기)
粟 조 속	一 両 西 亜 栗 栗 粟	米−6획	粟豆(속두) 粟粒(속립) 粟米(속미)
屬 무리 속(붙을 속, 이을 촉)	尸 尸 屪 屬 屬 屬 屬	尸−18획	屬官(속관) 屬望(속망) 屬託(속탁)
續 이을 속	幺 糸 紵 績 績 續 續	糸−15획	續刊(속간) 續開(속개) 續斷(속단)
贖 속 바칠 속	日 貝 貯 贖 贖 贖	貝−15획	贖罪(속죄) 代贖(대속)
孫 손자 손	乛 子 孑 孖 孫 孫 孫	子−7획	孫婦(손부) 孫壻(손서) 孫枝(손지)
損 잃을 손	十 扌 扩 护 捐 捐 損	扌−10획	損傷(손상) 損失(손실) 損害(손해)
遜 겸손할 손	了 孑 孫 孫 孫 遜	辶−10획	謙遜(겸손) 恭遜(공손)
松 소나무 송	十 才 オ 木 杪 松 松	木−4획	松柏(송백) 枯松(고송) 喬松(교송)
送 보낼 송	八 业 并 关 关 送 送	辶−6획	送球(송구) 送達(송달) 送呈(송정)
訟 송사할 송	二 言 言 言 訃 訟 訟	言−4획	訟理(송리) 訟辯(송변) 訟獄(송옥)

한자	훈음	필순	부수-획수	예시
頌	칭송할 송	ㅅ 公 公 公頁 頌 頌 頌	頁-4획	頌德碑(송덕비) 頌辭(송사) 頌庭(송정)
誦	읽을 송	ㆍ ㆍ 言 訂 訥 誦 誦	言-7획	誦經(송경) 誦讀(송독) 誦奏(송주)
宋	송나라 송	ㆍ 宀 宀 宁 宋	宀-4획	宋氏(송씨) 宋襄之仁(송양지인)
悚	두려워할 송	ㆍ ㆍ 忄 忬 悚	忄-7획	悚懼(송구) 罪悚(죄송) 惶悚(황송)
刷	박을 쇄	ㄱ 尸 尺 𡰪 吊 刷 刷	刂-6획	刷新(쇄신) 印刷所(인쇄소) 縮刷版(축쇄판)
鎖	자물쇠 쇄	ㅅ ㅌ 金 釒 鎖 鎖 鎖	金-10획	鎖骨(쇄골) 鎖國(쇄국) 鎖愁(쇄수)
灑	뿌릴 쇄	氵 氵 澀 澀 灑 灑	氵-19획	灑落(쇄락) 灑掃(쇄소) 灑塵(쇄진)
碎	부술 쇄	丆 石 石 碎 碎 碎	石-8획	碎鑛(쇄광) 分碎(분쇄)
衰	쇠할 쇠 (상복 최)	亠 亠 亠 亯 亯 亯 衰	衣-4획	衰減(쇠감) 衰困(쇠곤) 衰殘(쇠잔)
水	물 수	亅 氺 水 水	水-0획	水道(수도) 水路(수로) 水陸(수륙)
手	손 수	ㆍ 二 三 手	手-0획	手匣(수갑) 手巾(수건) 手帖(수첩)

한자	필순	부수	단어
囚 죄수 수(가둘 수)	丨 冂 冈 囚 囚	口-2획	囚車(수거) 囚禁(수금) 囚役(수역)
守 지킬 수	丶 丷 宀 宁 守 守	宀-3획	守舊(수구) 守歲(수세) 守護(수호)
收 거둘 수	丨 丩 丩 収 收 收	攵-2획	收監(수감) 收納(수납) 收拾(수습)
秀 빼어날 수	一 二 千 禾 禾 秀 秀	禾-2획	秀麗(수려) 秀眉(수미) 秀敏(수민)
受 받을 수	丶 丷 爫 爫 受 受 受	又-6획	受講(수강) 受檢(수검) 受難(수난)
垂 거의 수(드리울 수)	一 二 丢 岳 垂 垂	土-5획	垂髮(수발) 垂範(수범) 垂楊(수양)
首 머리 수	丷 丷 艹 产 首 首 首	首-0획	首級(수급) 首肯(수긍) 首腦(수뇌)
銖 무게 단위 수	乍 牟 金 釮 銖 銖	金-6획	銖兩(수량) 銖分(수분) 銖績寸累(수적촌루)

잘못 사용하기 쉬운
한자성어

부개공사(覆蓋工事) – 복개공사(X)
성대모사(聲帶模寫) – 성대묘사(X)
안주일체(按酒一切) – 안주일절(X)
야반도주(夜半逃走) – 야밤도주(X)
풍비박산(風飛雹散) – 풍지박산, 풍지박살(X)
혈혈단신(孑孑單身) – 홀홀단신(X)

한자	훈음	필순	부수-획수	예제
帥	장수 수	丨 亻 亻 乪 自 帥 帥	巾-6획	帥先(수선) 帥乘(수승) 帥臣(수신)
修	닦을 수	亻 亻 伩 伩 修 修 修	亻-8획	修交(수교) 修鍊(수련) 修習(수습)
殊	뛰어날 수	歹 歹 歺 歼 殊 殊 殊	歹-6획	特殊鋼(특수강) 特殊敎育(특수교육)
授	줄 수	扌 扌 扩 扩 护 护 授	扌-8획	授受(수수) 授業料(수업료) 授與(수여)
搜	찾을 수(어지러울 소)	扌 扌 扩 护 押 搜	扌-10획	搜査(수사) 搜索(수색) 搜所聞(수소문)
須	모름지기 수	丿 彡 彡 彳 纩 須 須	頁-3획	須彌山(수미산) 須髮(수발) 須要(수요)
遂	이룰 수	丷 丷 兌 兌 豕 豙 遂	辶-9획	遂事(수사) 遂誠(수성) 遂行(수행)
愁	근심 수	丿 千 禾 秒 秋 愁 愁	心-9획	愁困(수곤) 愁亂(수란) 愁眉(수미)
睡	잠잘 수	丨 目 盽 肟 睡 睡 睡	目-8획	睡蓮(수련) 睡眠(수면) 睡臥(수와)
需	구할 수	宀 币 币 需 需 需 需	雨-6획	需給(수급) 需要(수요) 需用(수용)
壽	목숨 수	十 壬 圭 圭 壴 壽 壽	士-11획	壽命(수명) 壽眉(수미) 壽福(수복)

漢字	필순	부수	예
隨 따를 수	ﾃ ﾃﾞ ﾃﾞﾞ 隋 隋 隨 隨	阝-13획	隨感(수감) 隨想(수상) 隨筆(수필)
誰 누구 수	一 ﾃﾞﾞ 言 訁 詳 誰 誰	言-8획	誰何(수하) 誰得誰失(수득수실)
數 셀 수(자주 삭)	吕 婁 婁 婁 數 數	攵-11획	數窮(수궁) 數量(수량) 數尿症(삭뇨증)
樹 나무 수(세울 수)	木 杧 桔 桔 植 樹 樹	木-12획	樹林(수림) 暮雲春樹(모운춘수)
輸 실어낼 수	亘 車 軩 軩 輪 輪 輸	車-9획	輸送(수송) 輸運(수운) 輸血(수혈)
雖 비록 수	口 吕 虽 쇪 雖 雖 雖	隹-9획	雖然(수연)
獸 길짐승 수	嚠 嚠 單 嘼 獸 獸 獸	犬-15획	獸面(수면) 獸性(수성) 獸醫(수의)
嫂 형수 수	女 女 女 女 娉 嫂	女-10획	季嫂(계수) 嫂不爲炊(수불위취)
戍 지킬 수	厂 厈 戍 戍 戍	戈-2획	衛戍兵(위수병) 衛戍地(위수지)
洙 강 이름 수	氵 汿 沬 洙	氵-6획	洙泗(수사)
狩 사냥 수	丿 犭 犭 犷 狩 狩	犭-6획	狩獵(수렵) 巡狩碑(순수비)

한자	필순	부수-획수	용례
瘦 파리할 수	亠 广 疒 疒 疒 瘦	广-10획	瘦贏(수리) 瘦面(수면) 瘦瘠(수척)
穗 이삭 수	禾 和 種 穗	禾-12획	麥穗兩崎(맥수량기)
竪 설 수(세울 수)	一 耳 臣 臣 臣 臤 竪	立-8획	竪立(수립) 횡설수설(橫說竪說)
粹 순수할 수	丷 半 米 粋 粒 粹	米-8획	粹靈(수령) 粹美(수미) 粹集(수집)
繡 수 수	糸 絲 絲 縚 縄 縄 繡	糸-13획	錦繡(금수) 錦繡江山(금수강산)
羞 바칠 수	丷 羊 羌 羞 羞 羞	羊-5획	羞恥(수치) 珍羞盛饌(진수성찬)
蒐 꼭두서니 수	艹 苎 苗 蒐 蒐	艹-10획	蒐集(수집)
讐 원수 수	亻 什 隹 雔 雔 讐	言-16획	怨讐(원수) 血怨骨讐(혈원골수)
袖 소매 수	衤 衤 衤 袖 袖 袖	衤-5획	袖手傍觀(수수방관)
酬 잔돌릴 수(갚을 수)	冂 西 酉 酌 酬 酬	酉-6획	酬酌(수작) 應酬(응수)
隋 수나라 수(제사 고기 나머지 타)	丿 阝 阝 阡 阵 隋	阝-9획	隋煬帝(수양제)

髓 골수 수	⺣ ⺣ ⺣ 骨 骨 骨 骨 骨 髓	骨-13획	骨髓(골수) 病入骨髓(병입골수)
叔 아재비 숙	卜 上 구 才 未 叔 叔	又-6획	叔妹(숙매) 叔伯(숙백) 叔姪(숙질)
宿 잘 숙(별자리 수)	⺦ ⺦ ⺦ 疒 疒 宿 宿	宀-8획	宿泊(숙박) 宿怨(숙원) 宿醉(숙취)
淑 맑을 숙	氵 汁 汁 汁 沫 沏 淑	氵-8획	窈窕淑女(요조숙녀)
孰 누구 숙	亠 亩 亨 享 享 孰 孰	子-8획	孰是孰非(숙시숙비) 孰若(숙약)
肅 엄숙할 숙	肀 尹 肀 肃 肅 肅 肅	聿-6획	肅敬(숙경) 肅啓(숙계) 肅拜(숙배)
熟 익숙할 숙	亠 亩 享 孰 孰 熟 熟	灬-11획	熟考(숙고) 熟達(숙달) 熟練(숙련)
塾 글방 숙	亨 享 享 孰 孰 塾	土-11획	塾堂(숙당) 義塾(의숙)
夙 일찍 숙	丿 几 凡 夙 夙	夕-3획	夙成(숙성) 夙夜(숙야) 夙悟(숙오)
菽 콩 숙	艹 艹 茅 菽 菽 菽	⺾-8획	菽麥(숙맥) 菽水(숙수)
珣 옥 이름 순	二 三 王 珒 珣 珣	王-6획	珣玉(순옥)

한자	훈음	필순	부수-획수	용례
旬	열흘 순 (십년 순)	ノ 勹 勹 甸 旬 旬	日-2획	四旬祭(사순제) 三旬九食(삼순구식)
巡	돌 순	〈 巛 巛 巛 巛 巡 巡	巛-4획	巡警(순경) 巡邏(순라) 巡廻(순회)
盾	방패 순	厂 厂 严 盾 盾 盾 盾	目-4획	盾鼻(순비) 矛盾槪念(모순개념)
殉	바칠 순	一 歹 歹 殉 殉 殉 殉	歹-6획	殉國(순국) 殉職(순직) 殉愛(순애)
純	순수할 순	〈 幺 幺 糸 紅 純 純	糸-4획	純潔(순결) 純固(순고) 純厚(순후)
脣	입술 순	厂 厂 厈 辰 脣 脣 脣	月-7획	脣輕音(순경음) 脣吻(순문) 脣齒(순치)
順	좇을 순 (순할 순)	丿 川 川 川 順 順 順	頁-3획	順逆(순역) 順應(순응) 順坦(순탄)
循	두루돌 순 (좇을 순)	ク 彳 彳 彳 彳 循 循	彳-9획	循行(순행) 循環(순환) 循環器(순환기)
瞬	눈 깜짝할 순	目 目 瞬 瞬 瞬 瞬 瞬	目-12획	瞬膜(순막) 瞬視(순시) 瞬息(순식)
洵	참으로 순	氵 氵 洵 洵	氵-6획	洵美(순미) 洵訏(순우) 洵泣(순읍)
淳	순박할 순	氵 氵 氵 淳 淳 淳	氵-8획	淳朴(순박) 淳厚(순후)

한자	쓰기 순서	부수-획수	예시 단어
荀 풀 이름 순	艹 艹 艻 荀	++–6획	荀蕨(순궐) 荀輿(순여)
筍 죽순 순	竹 筍 笱 筍	竹–6획	雨後竹筍(우후죽순) 竹筍(죽순)
舜 순임금 순	一 㕞 爭 舜 舜 舜	舛–6획	舜華(순화) 堯舜時代(요순시대)
醇 진한 술 순	丆 丙 酉 醇 醇 醇	酉–8획	醇化(순화) 言語醇化(언어순화)
馴 길들 순	丨 厂 馬 馬 馴 馴	馬–3획	馴鹿(순록) 馴致(순치)
戌 개 술	丿 厂 厂 戌 戌 戌	戈–2획	戌年(술년) 戌時(술시)
述 지을 술	十 才 朮 求 朮 述 述	辶–5획	述語(술어) 述懷(술회) 著述(저술)
術 재주 술(꾀 술)	丿 彳 彳 彳 術 術 術	行–5획	術客(술객) 術計(술계) 術策(술책)
崇 높을 숭	屮 屮 屮 岩 岢 崇 崇	山–8획	崇拜(숭배) 崇仰(숭앙) 崇嚴(숭엄)
瑟 큰 거문고 슬	王 玨 玝 瑟 瑟 瑟	王–9획	鼓瑟(고슬) 琴瑟(금슬) 琴瑟相和(금슬상화)
膝 무릎 슬	月 胖 胖 胖 膝 膝	月–11획	膝下(슬하) 奴顔婢膝(노안비슬)

拾 주울 습(열 십)	亅 扌 扲 扲 拾 拾	扌-6획	拾得(습득) 拾遺(습유) 拾集(습집)
習 익힐 습	刁 羽 羿 羿 習 習 習	羽-5획	習慣(습관) 習得(습득) 習作(습작)
濕 젖을 습	氵 沪 沪 湿 濕 濕 濕	氵-14획	濕氣(습기) 濕疹(습진) 乾濕(건습)
襲 엄습할 습	立 音 背 龍 龍 襲 襲	衣-16획	襲擊(습격) 襲踏(습답) 襲殺(습살)
升 되 승	丿 二 千 升	十-2획	五穀不升(오곡불승)
承 받들 승	了 子 手 承 承 承	手-4획	承繼(승계) 承諾(승낙) 承認(승인)
昇 오를 승	冂 曱 日 昮 旦 昇 昇	日-4획	昇降(승강) 昇啓(승계) 昇遐(승하)
乘 탈 승	二 千 千 乖 乖 乘 乘	丿-9획	乘客(승객) 乘馬(승마) 乘勢(승세)
勝 이길 승	刀 月 肚 朕 朕 勝 勝	力-10획	勝算(승산) 勝勢(승세) 勝敗(승패)
僧 중 승	亻 伫 伫 僧 僧 僧 僧	亻-12획	僧堂(승당) 僧帽(승모) 僧舞(승무)
丞 도울 승	乛 了 丞 丞 丞 丞	一-5획	丞相(승상) 禪門水丞(선문수승)

繩	줄 승	紀 紀 紀 紀 紀 紀 繩 繩	糸-13획	結繩(결승) 自繩自縛(자승자박)
市	도시 시	丶 亠 亣 亣 市	巾-2획	市街(시가) 市場(시장) 市廳(시청)
示	보일 시	一 二 亍 示 示	示-0획	示達(시달) 示範(시범) 示唆(시사)
矢	화살 시	亠 二 生 矢	矢-0획	矢服(시복) 矢數(시수) 矢壺(시호)
侍	모실 시	亻 亻 亻 伫 侍 侍 侍	亻-6획	侍童(시동) 侍婢(시비) 侍坐(시좌)
始	처음 시	乚 女 女 女 女 始 始	女-5획	始末書(시말서) 始作(시작) 始終(시종)
是	옳을 시	丨 日 旦 早 旱 昇 是	日-5획	皆是(개시) 空卽是色(공즉시색)
屍	주검 시	⁊ 尸 屄 屄 屄 屍	尸-6획	屍體(시체) 檢屍(검시) 馬革裹屍(마혁리시)
施	베풀 시	亠 亍 方 扩 扸 施 施	方-5획	施賞(시상) 施設(시설) 施策(시책)
時	때 시	刀 日 旷 旰 昨 時 時	日-6획	時機(시기) 時期(시기) 時勢(시세)
豺	승냥이 시	亠 亠 亍 豸 豺 豺	豸-3획	豺狼(시랑) 蜂目豺聲(봉목시성)

한자	획순	부수	예시
視 볼 시	二 丁 亓 利 泇 祖 視	見-5획	視覺(시각) 視線(시선) 視察(시찰)
詩 시 시	二 三 言 詰 詰 詩 詩	言-6획	詩客(시객) 詩經(시경) 詩壇(시단)
試 시험할 시	三 言 計 試 試 試 試	言-6획	試掘(시굴) 試案(시안) 試驗(시험)
匙 숟가락 시	日 旦 문 是 是 匙	匕-9획	十匙一飯(십시일반) 銀匙箸(은시저)
媤 시집 시	女 女 妇 妪 媤	女-9획	媤家(시가) 媤姑母(시고모) 媤父母(시부모)
弑 죽일 시	乂 杀 杀 弒 弑 弑	弋-9획	弑逆(시역) 弑害(시해)
柿 감나무 시(柿의 俗字)	木 木' 杧 杧 柿 柿	木-5획	乾柿(건시) 熟柿主義(숙시주의) 軟柿(연시)
柴 섶 시	卜 止 此 此 些 柴	木-5획	柴糧(시량) 柴扉(시비)
猜 새암할 시	犭 犭 犭 狟 猜 猜	犭-8획	猜忌(시기) 猜忌心(시기심)
諡 시호 시	二 言 訃 諡 諡 諡	言-9획	諡法(시법) 諡號(시호)
式 법 식	一 二 于 于 式 式	弋-3획	式年(식년) 式辭(식사) 式場(식장)

漢字	필순	부수	예
食 밥 식(먹일 사)	人 入 今 今 今 食 食	食-0획	食困症(식곤증) 食鹽(식염) 食醯(식혜)
息 숨쉴 식(자식 식)	丿 自 自 自 息 息 息	心-6획	息脈(식맥) 息民(식민) 息錢(식전)
植 심을 식	十 木 杧 杧 枯 植 植	木-8획	植林(식림) 高山植物(고산식물) 腐植土(부식토)
殖 번성할 식	一 歹 歹 歼 殖 殖	歹-8획	生殖器(생식기) 胞子生殖(포자생식)
飾 꾸밀 식	人 夕 夕 食 飠 飾 飾	食-5획	飾辯(식변) 飾緒(식서) 飾僞(식위)
識 알 식(기록할 지)	言 言 言 語 語 識 識	言-12획	識見(식견) 識達(식달) 識別(식별)
拭 닦을 식	十 才 扎 拭 拭	扌-6획	拭拂(식불)
湜 물 맑을 식	氵 汩 汩 湜 湜	氵-9획	湜湜(식식)
熄 꺼질 식	丶 火 炬 熄	火-10획	終熄(종식) 外亂終熄(외란종식)
蝕 좀먹을 식	夕 夕 角 負 飭 蝕	虫-9획	皆旣蝕(개기식) 皆旣月蝕(개기월식)
軾 수레 앞턱 가로나무 식	一 亘 車 転 軾 軾	車-6획	軾車(식거) 蘇軾(소식)

한자	훈·음	필순	부수·획수	예시
申	알릴 신(아홉째 지지 신)	⼁ ⼝ ⼞ 日 申	田-0획	申警(신경) 申聞鼓(신문고) 申請(신청)
臣	신하 신	⼀ ⼧ ⼧ ⼧ ⼧ 臣	臣-0획	臣僚(신료) 臣僕(신복) 臣妾(신첩)
辛	천간 신(매울 신)	⼀ ⼧ ⼧ 立 辛 辛	辛-0획	辛艱(신간) 辛苦(신고) 辛勤(신근)
身	몸 신	⼅ ⼧ ⼧ 自 自 身 身	身-0획	身計(신계) 身貌(신모) 身邊(신변)
伸	펼 신	⼃ ⼧ ⼧ ⼧ 但 伸	亻-5획	伸張(신장) 伸展(신전) 伸縮(신축)
信	믿을 신	⼃ ⼧ ⼧ 信 信 信 信	亻-7획	信念(신념) 信賴(신뢰) 信託(신탁)
神	신선 신	⼆ ⼧ 示 ⽰ 祀 祀 神	示-5획	神格(신격) 神奇(신기) 神速(신속)
晨	새벽 신	⼝ 日 尸 辰 辰 晨 晨	日-7획	昏定晨省(혼정신성)
腎	콩팥 신	⼀ 臣 臣 臣 臤 腎	月-8획	腎臟(신장) 肝腎(간신) 羊腎粥(양신죽)
愼	삼갈 신	⼃ ⼧ ⼧ ⼧ 愼 愼 愼 愼	忄-10획	愼獨(신독) 愼慮(신려) 愼節(신절)
新	새 신	⼀ ⼧ 立 亲 亲 新 新	斤-9획	新刊(신간) 新穀(신곡) 新築(신축)

漢字	필순	부수-획수	예
紳 큰 띠 신	幺 糸 細 紳	糸-5획	紳士(신사) 紳士道(신사도)
呻 끙끙거릴 신	口 呻 呷 呻	口-5획	呻吟(신음) 呻呼(신호)
娠 애 밸 신	女 奵 妌 娠 娠 娠	女-7획	姙娠(임신)
燼 깜부기불 신	火 炉 炉 炸 燼 燼	火-14획	燼滅(신멸) 灰燼(회신)
薪 섶나무 신	卝 茅 薪 薪 薪	++-13획	臥薪嘗膽(와신상담)
蜃 무명조개 신	厂 尸 辰 辰 唇 蜃	虫-7획	蜃氣樓(신기루) 蜃蛤(신합)
宸 집 신	宀 宀 宧 宸 宸	宀-7획	宸襟(신금) 宸宴(신연)
訊 물을 신	亠 言 訊 訊 訊	言-3획	訊問(신문) 誘導訊問(유도신문)
迅 빠를 신	乁 乀 刊 汛 訊 迅	辶-3획	迅雷(신뢰) 迅速(신속)
失 잃을 실	丿 丿 二 失 失	大-2획	失脚(실각) 失格(실격) 失策(실책)
室 방 실	宀 宀 宧 宏 室 室 室	宀-6획	室內(실내) 室外(실외) 宮室(궁실)

漢字	필순	부수-획수	예
實 열매 실	宀 宀 宙 宙 寍 富 實	宀-11획	實感(실감) 實例(실례) 實踐(실천)
悉 갖출 실(다 실)	丿 亚 采 采 悉	心-7획	悉心(실심) 究悉(구실) 知悉(지실)
心 마음 심	丶 心 心 心	心-0획	心境(심경) 心悸(심계) 心筋(심근)
甚 심할 심	十 卄 甘 甘 其 其 甚	甘-4획	甚急(심급) 甚難(심난) 甚深(심심)
深 깊을 심	氵 氵 氵 浑 浑 深 深	氵-8획	深海(심해) 九重深處(구중심처)
尋 찾을 심	彐 彐 彐 큶 큶 尋 尋	寸-9획	尋訪(심방) 尋思(심사) 尋常(심상)
審 살필 심	丶 宀 宀 宋 宋 審 審	宀-12획	審理(심리) 審查(심사) 審判(심판)
瀋 즙 심	氵 氵 浐 浑 深 瀋	氵-15획	瀋陽(심양) 瀋液(심액)
十 열 십	一 十	十-0획	十誡命(십계명) 十字架(십자가) 十進法(십진법)
什 열사람 십(세간 집)	丿 亻 亻 什	亻-2획	什襲(십습) 什長(십장) 什器(집기)
雙 쌍 쌍	亻 隹 隹 雔 雙 雙	隹-10획	雙駕馬(쌍가마) 雙劍(쌍검) 雙肩(쌍견)

氏	`ノ ┌ ┞ 氏`	氏-0획	氏名(씨명) 氏譜(씨보) 氏族(씨족)
성 씨(각시 씨)			
牙	`一 二 于 牙`	牙-0획	牙口瘡(아구창) 牙箏(아쟁) 牙齒(아치)
어금니 아			
芽	`一 十 艹 芒 苎 芽 芽`	++-4획	芽甲(아갑) 芽生(아생) 芽榕(아접)
싹 아			
我	`ノ 二 于 手 我 我 我`	戈-3획	我執(아집) 無我境(무아경)
나 아			
亞	`一 一 干 引 弼 亞 亞`	二-6획	亞流(아류) 亞聖(아성) 亞鉛(아연)
버금 아			
兒	`ノ 亻 ㇠ 白 白 臼 兒`	儿-6획	兒女子(아녀자) 兒童(아동) 兒名(아명)
아이 아			
阿	`ㄱ ㅏ ㅏ 阿 阿 阿 阿`	ß-5획	阿膠(아교) 阿堵(아도) 阿諂(아첨)
아첨할 아(언덕 아)			
雅	`一 于 牙 犴 雅 雅 雅`	隹-4획	雅歌(아가) 雅號(아호) 雅懷(아회)
아담할 아(메까마귀 아)			
餓	`ノ ㅅ 今 食 食 飢 餓 餓`	食-7획	餓鬼(아귀) 餓死(아사) 餓虎(아호)
굶을 아			
俄	`亻 仁 伄 伃 俄 俄 俄`	人-7획	俄頃(아경) 俄館(아관) 俄然(아연)
갑자기 아			
訝	`一 言 言 訂 訶 訝`	言-4획	怪訝(괴아) 訝郎當(아랑당)
맞을 아			

한자	훈음	필순	부수-획수	단어
啞	벙어리 아	口 口 叩 叩 啞 啞 啞 啞	口-8획	啞然(아연) 聾啞(농아) 盲啞(맹아)
衙	마을 아	彳 彳 彳 衍 衙 衙 衙	行-7획	官衙(관아) 衙門(아문) 衙參(아참)
岳	큰 산 악	丶 斤 斤 岳 岳 岳 岳	山-5획	岳母(악모) 岳頭(악두) 岳丈(악장)
惡	악할 악	一 亞 亞 亞 亞 亞 惡	心-8획	惡果(악과) 惡筆(악필) 惡貨(악화)
握	쥘 악	扌 扌 扩 护 捉 握	扌-9획	握力(악력) 握髮(악발) 握手(악수)
顎	얼굴 높을 악	口 吅 咢 咢 顎 顎	頁-9획	顎骨(악골) 顎板(악판) 舌柱上顎(설주상악)
堊	백토 악	一 丂 亞 亞 亞 亞 堊	土-8획	堊塗(악도) 堊漫(악만) 白堊紀(백악기)
愕	놀랄 악	丶 忄 忄 愕 愕 愕	心-9획	愕視(악시) 愕然(악연) 愕胝(악치)
安	편안할 안	丶 丶 宀 宀 安 安	宀-3획	安寧(안녕) 安堵(안도) 安息(안식) 安着(안착)
岸	언덕 안	丷 屵 屵 屵 岸 岸 岸	山-5획	岸壁(안벽) 岸獄(안옥) 岸忽(안홀)
案	안건 안 (책상 안)	丶 丶 宀 安 安 宰 案	木-6획	考案(고안) 供案(공안) 擧案齊眉(거안제미)

眼 눈 안	丨 目 目 目 目 眼 眼 眼	目-6획	眼角(안각) 眼瞼(안검) 眼鏡(안경)
雁 기러기 안	一 厂 厃 厔 雁 雁 雁	厂-4획	雁帛(안백) 雁夫(안부) 雁序(안서)
顔 얼굴 안	立 产 彦 彦 顔 顔 顔	頁-9획	顔料(안료) 顔面(안면) 顔貌(안모)
按 누를 안	扌 扌 扩 按 按 按	扌-6획	按摩(안마) 按舞(안무) 按察(안찰)
晏 늦을 안	丶 冂 日 晏 晏 晏	日-6획	晏駕(안가) 晏眠(안면) 晏朝(안조)
鞍 안장 안	一 廿 廿 苦 革 鞍	革-6획	鞍匣(안갑) 鞍具(안구)
謁 뵈올 알(아뢸 알)	二 言 訁 訂 謁 謁 謁	言-9획	謁廟(알묘) 謁舍(알사) 謁聖(알성)
軋 삐걱거릴 알	一 亘 車 軋	車-1획	軋轢(알력) 軋芴(알물) 謁奢(알사)
斡 관리할 알	十 直 卓 斡 斡 斡	斗-10획	斡旋(알선) 斡運(알운) 斡維(알유)
閼 가로막을 알(한가할 어)	丨 冖 冖 門 門 閼	門-8획	閼逢(알봉) 閼塞(알색) 閼與(알여)
岩 바위 암(巖의 俗字)	丶 屵 山 屵 屵 岩	山-20획	岩窟(암굴) 岩鹽(암염) 巖壁(암벽)

한자	훈음	필순	부수-획수	예시
暗	어두울 암	⺆ 日 旷 晓 晬 暗 暗	日-9획	暗記(암기) 暗殺(암살) 暗室(암실)
癌	암 암	⺊ 广 疒 癌 癌	疒-12획	癌腫(암종) 肝癌(간암) 肺癌(폐암)
庵	암자 암	⺊ 广 庆 唇 庵	广-8획	庵裏(암리) 庵子(암자) 石窟庵(석굴암)
闇	닫힌 문 암	⺆ ⺆ 門 門 閅 闇	門-9획	闇鈍(암둔) 闇昧(암매) 闇市場(암시장)
押	누를 압(도장찍을 압)	一 扌 扫 护 扣 押	扌-5획	押署(압서) 押送(압송) 押收(압수)
壓	누를 압	厂 厈 厈 厭 厭 壓 壓	土-14획	壓卷(압권) 壓倒(압도) 壓迫(압박)
鴨	오리 압	日 甲 甲 鸭 鸭 鴨 鴨	鳥-5획	鴨爐(압로) 鴨黃(압황)
央	가운데 앙	⼁ ⼌ 口 ⺃ 央 央	大-2획	央瀆(앙독) 中央(중앙)
仰	우러를 앙	ノ 亻 ⺅ 化 仰 仰	亻-4획	仰望(앙망) 仰慕(앙모) 仰臥(앙와)
殃	재앙 앙	⼂ 歹 歹 殃 殃 殃 殃	歹-5획	殃慶(앙경) 殃咎(앙구) 殃禍(앙화)
怏	원망할 앙	⺀ ⺁ ⺖ 怏 怏 快	忄-5획	怏心(앙심) 怏鬱(앙울) 怏悒(앙읍)

한자	필순	부수-획수	한자어
昂 오를 앙	日 旦 昂 昂	日-4획	昂貴(앙귀) 昂騰(앙등) 昂聳(앙용)
秧 모 앙	千 禾 秆 秧 秧 秧	禾-5획	秧稻(앙도) 秧苗(앙묘) 秧針(앙침)
鴦 원앙 앙	口 央 央 杏 鴦 鴦	鳥-5획	鴛鴦(원앙) 靑鴦(청앙)
哀 슬플 애	一 亠 古 卢 古 京 哀	口-6획	哀歌(애가) 哀悼(애도) 哀戀(애련)
涯 물가 애	氵 汀 沪 浐 浐 涯 涯	氵-8획	涯岸(애안) 涯坻(애지) 涯限(애한)
愛 사랑 애	一 戶 戶 恶 恶 爭 愛	心-9획	愛敬(애경) 愛國(애국) 愛讀(애독)
碍 막을 애(거리낄 애)	一 石 碍 碍 碍	石-8획	碍子(애자) 拘碍(구애) 障碍(장애)
埃 티끌 애	土 圹 埒 埃	土-7획	埃及(애급) 埃霧(애무) 埃塵(애진)
曖 가릴 애	日 日 昈 暗 曖	日-13획	曖昧(애매) 曖然(애연) 映曖(영애)
崖 벼랑 애	一 屵 屵 崖 崖	山-8획	崖脚(애각) 崖略(애략) 崖壁(애벽)
艾 쑥 애(다스릴 예)	一 卝 艾 艾 艾	++-2획	艾年(애년) 艾老(애로) 艾安(예안)

한자	훈음	필순	부수-획수	단어		
隘	좁을 애(막을 액)	⻖ ⻖ ⻖ 陜 隘	阝-10획	隘路(애로)	隘巷(애항)	隘守(액수)
靄	아지랭이 애	一 帀 霏 雩 靄 靄	雨-16획	靄靄(애애)	蒼靄(창애)	野靄(야애)
厄	재앙 액	一 厂 厅 厄	厂-2획	厄難(액난)	厄運(액운)	厄禍(액화)
液	진 액	氵 氵 沪 沴 液 液	氵-8획	液化(액화)	血液型(혈액형)	
額	수효 액(현판, 이마 액)	宀 安 客 客 額 額 額	頁-9획	額面(액면)	額數(액수)	額字(액자)
扼	누를 액	扌 扌 扩 扼 扼	扌-4획	扼據(액거)	扼殺(액살)	扼喉(액후)
縊	목 맬 액	幺 幺 糸 糸 糸 縊	糸-10획	縊死(액사)	縊殺(액살)	
腋	겨드랑이 액	月 肜 肜 腋 腋	肉(月)-8획	腋芽(액아)	腋臭(액취)	腋汗(액한)
櫻	앵두나무 앵	木 棹 櫻 櫻	木-17획	櫻桃(앵도)	櫻月(앵월)	櫻花(앵화)
鶯	꾀꼬리 앵	⺌ ⺌⺌ 丵 丵 鶯 鶯	鳥-10획	鶯哢(앵롱)	鶯燕(앵연)	鶯喉(앵후)
也	어조사 야	丨 也 也	乙-2획	也有(야유)	也矣(야의)	也哉(야재)

한자	필순	부수-획수	용례
夜 밤 야	一 亠 疒 疒 夕 夜 夜	夕-5획	夜間(야간) 夜景(야경) 夜光(야광)
耶 어조사 야	一 F E 耳 耳 耵 耶 耶	耳-3획	耶蘇敎(야소교) 耶枉(야왕) 耶華和(야화화)
野 들 야(분야 야)	口 日 甲 里 野 野 野	里-4획	野客(야객) 野景(야경) 野球(야구)
惹 이끌 야	㇏ 十 艹 芋 若 惹	心-9획	惹起(야기) 惹鬧(야료)
倻 땅 이름 야	亻 亻 伫 伹 倻 倻	亻-9획	伽倻(가야) 伽倻琴(가양금)
冶 불릴 야	冫 冶 冶	冫-5획	冶金(야금) 冶金(야금)
揶 희롱짓거리할 야(挪와 同字)	扌 扩 护 捎 揶 揶	扌-9획	揶揄(야유)
爺 아비 야	八 公 夂 爷 爺 爺	父-9획	爺爺(야야) 爺孃(야양) 老爺(노야)
若 같을 약(만약 약)	十 艹 艻 芊 芊 若 若	++-5획	若干(약간) 若箇(약개) 若年(약년)
約 약속할 약(묶을 약)	幺 幺 糸 糸 約 約 約	糸-3획	約款(약관) 約束(약속) 約條(약조)
弱 약할 약	丁 弓 弓 弱 弱 弱	弓-7획	弱冠(약관) 弱勢(약세) 弱點(약점)

漢字	필순	부수-획수	단어
藥 약**약**	艹 艹 蕕 蕤 藥 藥	++–15획	藥菓(약과) 藥局(약국) 藥效(약효)
躍 뛸**약**	𠯛 𧾷 跗 跳 躍 躍	足–14획	躍進(약진) 距躍(거약) 跳躍(도약)
葯 구리때 잎**약**(동여맬 적)	丶 艹 艹 芍 葯 葯	++–9획	葯胞(약포)
羊 양**양**	丶 丷 丷 半 羊 羊	羊–0획	羊皮(양피) 九折羊腸(구절양장)
洋 서양**양**(바다 양)	丶 氵 氵 汀 泮 洋 洋	氵–6획	太平洋(태평양) 玉洋木(옥양목)
揚 올릴**양**	扌 扌 押 押 押 揚 揚	扌–9획	揚力(양력) 揚名(양명) 揚水(양수)
陽 볕**양**	阝 阝 阝 阝 陽 陽 陽	阝–9획	陽刻(양각) 陽莖(양경) 陽曆(양력)
楊 버들**양**	十 木 杧 桿 楊 楊 楊	木–9획	楊貴妃(양귀비) 楊柳(양류) 楊地(양지)
養 기를**양**	丷 兰 羊 荠 蓁 養 養	食–6획	養鷄(양계) 養殖(양식) 養護(양호)
樣 모양**양**	木 杧 样 样 样 樣 樣	木–11획	樣相(양상) 樣式(양식) 各樣(각양)
壤 땅**양**	土 圵 圹 壿 壤 壤 壤	土–17획	壤界(양계) 蓋壤(개양) 擊壤歌(격양가)

嬢 계집애 양	女 嬢 嬢 嬢 嬢 嬢	女-17획	令孃(영양) 貴孃(귀양)
讓 사양할 양	言 訁 譚 譚 謹 謹 讓	言-17획	讓渡(양도) 讓步(양보) 讓受(양수)
瘍 종기 양	亠 广 疒 疒 疸 瘍	广-9획	潰瘍(궤양) 腫瘍(종양) 胃潰瘍(위궤양)
攘 물리칠 양	扌 扩 掮 攮 攘	扌-17획	攘伐(양벌) 攘夷(양이) 攘斥(양척)
襄 도울 양	亠 吅 审 宯 襄 襄 襄	衣-11획	襄羊(양양) 襄陽(양양)
釀 빚을 양	酉 酉 酉 酫 醸 醸 釀	酉-17획	釀成(양성) 釀造(양조) 釀酒(양주)
恙 근심 양	丷 ⺶ 羊 美 恙	心-6획	恙憂(양우) 無恙(무양)
癢 가려울 양	亠 广 疒 疾 瘆 瘆 癢	广-15획	癢心(양심) 癢癢(양양) 癢痛(양통)
於 어조사 어	亠 ナ 方 方 於 於 於	方-4획	於腹點(어복점) 於心(어심) 於焉間(어언간)
魚 물고기 어	丿 夕 各 角 魚 魚 魚	魚-0획	魚群(어군) 魚卵(어란) 魚雷(어뢰)
御 어거할 어	丿 彳 彳 袢 徣 御 御	彳-8획	御駕(어가) 御覽(어람) 御命(어명)

漢字	필순	부수-획수	한자어
漁 고기 잡을 어	丶 氵 氵 氿 泹 渔 漁 漁	氵-11획	漁場(어장) 遠洋漁船(원양어선)
語 말씀 어	亠 言 言 訝 語 語 語	言-7획	語幹(어간) 語感(어감) 語彙(어휘)
圄 옥 어	冂 冂 冏 周 周 圄	囗-7획	圄空(어공) 圄囹(어령) 囹圄(영어)
瘀 병 어	亠 广 疒 疜 瘀 瘀	疒-8획	瘀傷(어상) 瘀血(어혈)
禦 막을 어	彳 彳 徂 徉 徍 御 禦	示-11획	禦侮(어모) 禦戰(어전) 禦寒(어한)
抑 누를 억	一 才 扌 扚 扚 抑 抑	扌-4획	抑留(억류) 抑壓(억압) 抑揚(억양)
億 억 억	亻 亻 伫 倍 倍 億 億	亻-13획	億劫(억겁) 億代(억대) 億兆(억조)
憶 생각할 억	丶 忄 忄 忷 憶 憶 憶	忄-13획	憶念(억념) 憶說(억설)
臆 가슴 억	月 肝 臆 臆	月-13획	臆見(억견) 臆斷(억단) 臆測(억측)
言 말씀 언	丶 一 一 言 言 言 言	言-0획	言及(언급) 言端(언단) 言動(언동) 言約(언약)
焉 어조사 언(어찌 언)	一 下 正 正 焉 焉 焉	灬-7획	焉敢(언감) 焉烏(언오) 焉哉乎也(언재호야)

堰	土 圵 垣 堨 堰	土－9획	堰瀦(언저) 堰堤(언제) 堰堹(언태)
방죽 언			
彦	亠 立 产 彦	彡－6획	彦士(언사) 彦聖(언성) 彦俊(언준)
선비 언			
諺	亠 言 訁 訐 諺	言－9획	諺文(언문) 諺譯(언역) 諺解(언해)
상말 언			
嚴	吅 尸 尸 巖 巖 巖 嚴	口－17획	嚴格(엄격) 嚴禁(엄금) 嚴選(엄선)
엄숙할 엄			
儼	亻 伊 俨 俨 儼 儼	亻－20획	儼恪(엄각) 儼雅(엄아) 儼然(엄연)
의젓할 엄			
奄	一 ナ 大 夲 奄	大－5획	奄留(엄유) 奄然(엄연) 奄遲(엄지)
가릴 엄			
俺	亻 仸 俉 俺	亻－8획	俺俺(엄엄 : 암암)
나 엄(나 암)			
業	丨 业 业 业 芈 丵 業	木－9획	業苦(업고) 業務(업무) 業績(업적)
업 업			
予	乛 マ 子 予	亅－3획	予寧(여녕) 予一人(여일인) 予奪(여탈)
나 여			
汝	丶 丶 氵 氿 汝 汝	氵－3획	汝等(여등) 汝輩(여배) 汝曹(여조)
너 여			
如	乚 夂 女 妁 如 如	女－3획	如干(여간) 如來(여래) 如意珠(여의주)
같을 여			

한자	필순	부수-획수	예시 단어
余 나 여	ノ 人 ㅅ 今 今 余 余	人-5획	余等(여등) 余輩(여배) 余子(여자)
與 참여할 여(줄 여)	ィ F 臼 臼 臾 舁 與	臼-7획	與黨(여당) 與受(여수) 與奪(여탈)
餘 남을 여	ノ 人 今 俞 食 飮 餘	食-7획	餘暇(여가) 餘穀(여곡) 餘興(여흥)
輿 여럿 여(수레 여)	F 匝 軍 車 車 輿 輿	車-10획	輿駕(여가) 輿論(여론) 輿薪(여신)
亦 또 역	丶 亠 广 亣 亦 亦	亠-4획	亦可(역가) 亦各(역각) 亦是(역시)
役 부릴 역(일 역)	ノ ク イ 彳 役 役 役	彳-4획	役軍(역군) 役割(역할) 役刑(역형)
易 바꿀 역(쉬울 이)	冂 日 日 月 昜 易 易	日-4획	簡易(간역) 交易(교역) 貿易商(무역상)
逆 거스를 역	丶 丷 屰 逆	辶-6획	逆境(역경) 逆徒(역도) 逆謀(역모) 逆轉(역전)
疫 염병 역	亠 广 疒 疒 疫 疫 疫	疒-4획	疫鬼(역귀) 疫痢(역리) 疫疾(역질)
域 지경 역	十 土 圠 圻 域 域	土-8획	域內(역내) 域中(역중) 槿域(근역)
譯 번역할 역	言 訂 譯 譯 譯 譯	言-13획	譯述(역술) 譯註(역주) 譯解(역해)

驛 역역	甼 馬 馬 馹 馹 驛 驛	馬-13획	驛券(역권) 驛舍(역사) 驛程(역정)
繹 풀어낼 역	幺 糸 綛 繹 繹 繹	糸-13획	繹味(역미) 繹事(역사) 繹騷(역소)
延 이을 연(끌 연)	丿 千 千 正 证 延 延	廴-4획	延期(연기) 延命(연명) 延音(연음)
沿 물좇을 연	丶 氵 氵 汃 汾 沿 沿	氵-5획	沿道(연도) 沿邊(연변) 沿襲(연습)
宴 잔치 연	丶 宀 宀 宙 宴 宴 宴	宀-7획	宴樂(연락) 宴坐(연좌) 宴享(연향)
軟 연할 연(부드러울 연)	一 旦 車 軒 軡 軡 軟	車-4획	軟鷄(연계) 軟膏(연고) 軟打(연타)
硏 연구할 연	一 丁 石 石 矼 硏 硏	石-6획	硏考(연고) 硏究(연구) 硏磨(연마)
然 그럴 연	勹 夕 夕 舛 狱 然 然	灬-8획	然而(연이) 然後(연후)
硯 벼루 연	丁 石 矼 砢 硯 硯 硯	石-7획	硯匣(연갑) 硯蓋(연개) 硯滴(연적)
煙 연기 연	丷 火 炉 炳 炳 炳 煙	火-9획	煙氣(연기) 煙月(연월) 煙波(연파)
鉛 납 연	丷 牟 金 釒 釦 鉛 鉛	金-5획	鉛毒(연독) 鉛鈍(연둔) 鉛版(연판)

漢字	筆順	부수-획수	單語
演 행할 연(멀리 흐를 연)	氵 汀 汀 湆 湆 湆 演	氵-11획	演習(연습) 講演會(강연회) 競演(경연)
燃 불탈 연	丶 丬 灼 灼 燃 燃 燃	火-12획	燃燈會(연등회) 燃料(연료) 燃燒(연소)
緣 인연 연	幺 糸 紒 紒 綠 綠 緣	糸-9획	緣家(연가) 緣覺(연각) 緣故(연고)
燕 제비 연	艹 艹 苴 苗 莊 莊 燕	灬-12획	燕樂(연락) 燕禮(연례) 燕雀(연작)
妍 고울 연	乚 夕 女 好 妍	女-6획	妍麗(연려) 妍粧(연장) 妍倡(연창)
捐 버릴 연	扌 扌 护 捐 捐	扌-7획	棄捐(기연) 義捐金(의연금)
椽 서까래 연	术 术 栌 椽 椽 椽	木-9획	椽覺(연각) 椽筆(연필)
淵 못 연	氵 氵 沪 沪 淵 淵 淵	氵-9획	淵谷(연곡) 淵圖(연도) 淵邃(연수)
衍 넘칠 연	彳 彳 衍 衍	行-3획	衍繹(연역) 衍沃(연옥) 衍字(연자)
撚 비틀 연(년)	扌 扚 扚 撚 撚 撚	扌-12획	撚斷(연단) 撚絲機(연사기) 撚紙(연지)
鳶 소리개 연	弋 弋 式 鳶 鳶 鳶	鳥-3획	鳶肩(연견) 鳶色(연색)

筵 대자리 연	⺮ 竺 竺 筵 筵 筵	竹-7획	筵上(연상) 筵席(연석) 經筵(경연)
悅 기쁠 열	忄 忄 忄 忄 忄 悅	忄-7획	悅樂(열락) 悅服(열복) 悅愛(열애)
閱 볼 열(검열할 열)	尸 尸 門 門 閱 閱	門-7획	閱讀(열독) 閱覽(열람) 閱歲(열세)
熱 더울 열	圥 圥 圥 埶 執 執 熱	灬-11획	熱狂(열광) 熱氣(열기) 熱演(열연)
炎 염증 염(불꽃 염)	丷 火 炏 炎	火-4획	炎毒(염독) 炎毒(염독) 炎症(염증)
染 물들 염	氵 氵 氿 氿 染 染 染	木-5획	染色(염색) 感染(감염) 鑛染(광염)
厭 싫을 염	一 厂 厃 厃 厭 厭	厂-12획	厭世(염세) 厭惡(염악) 厭症(염증)
鹽 소금 염	卂 臣 臤 臨 臨 鹽 鹽	鹵-13획	鹽氣(염기) 鹽類(염류) 鹽酸(염산)
焰 불꽃 염(燄과 同字)	丷 火 灯 炉 焰 焰	火-8획	氣焰(기염) 光焰萬丈(광염만장)
艶 고울 염	口 曲 曲 豊 艶 艶 艶	色-13획	艶歌(염가) 艶曲(염곡) 艶妓(염기)
閻 이문 염	尸 門 門 閻 閻 閻	門-8획	閻羅大王(염라대왕) 閻浮塵(염부진)

葉 잎사귀 엽(성 섭)	艹 艹 苹 苹 苹 苹 華 葉	++-9획	葉脚(엽각) 葉綠素(엽록소) 葉錢(엽전)		
燁 번쩍번쩍할 엽	火 炸 炸 炸 炸 燁 燁	火-12획	燁然(엽연) 燁燁(엽엽)		
永 길 영	丶 丁 爿 永 永	水-1획	永歌(영가) 永劫(영겁) 永訣(영결)		
迎 맞을 영	丶 丿 卬 卬 卬 迎 迎	辶-4획	迎賓(영빈) 迎送(영송) 迎新(영신)		
英 뛰어날 영(꽃부리 영)	一 艹 艹 苎 苎 苪 英 英	++-5획	英傑(영걸) 英氣(영기) 英明(영명)		

제사 등에 사용되는 지방 쓰는 법

지방은 보통 가로 6cm, 세로 22cm의 깨끗한 한지에 붓으로 쓴다.
상단을 둥글게 하고 아래쪽을 평평하게 하는데, 이는 둥근 하늘과 평평한 땅을 상징하는 것이다.
아내의 제사는 자식이 있어도 남편이 제사장이 되어야 하며, 자식의 제사는 손자가 있어도
아버지가 제사장이 되는 것이 기본이다.
여러 사람의 제사를 동시에 모실 때는 왼쪽이 높은 자리, 오른쪽이 낮은 자리이다.
한 할아버지에 두 할머니의 제사일 경우 가장 왼쪽이 할아버지, 중간이 본비,
오른쪽에 재취비의 지방을 붙인다. 남자의 경우 고(考)는 부(父)와 동일한 뜻으로
생전에는 父라 하고 사후에는 考라 한다. 마찬가지로 여자의 경우 비(妣)는 모(母)와
동일한 뜻으로 생전에는 母라 하며, 사후에는 妣라 한다.
생전에 관직이 있으면 관직을 쓰고, 관직이 없으면 고조할아버지의 경우
'현 고조 학생부군 신위(顯 高祖 學生府君 神位)'라고 쓴다.
여자는 남편이 벼슬이 있으면 벼슬에 따라 달라진다.
남편의 벼슬이 일품이면 정경부인(貞敬夫人), 이품이면 정부인(貞夫人),
삼품이면 숙부인(淑夫人)이라고 쓰며, 벼슬이 없더라도 구품인 유인(孺人)을 써서
'유인 김해김씨 신위(孺人 金海金氏 神位)' 등으로 쓴다.

泳 헤엄칠 영	`ⅰ ⅱ ⅲ ⅳ 沪 泀 泳 泳`			氵-5획		水泳(수영) 背泳(배영) 蝶泳(접영)
映 비칠 영	`l 冂 日 旷 旷 映 映`			日-5획		前衛映畵(전위영화)
詠 읊을 영	`ー ニ 言 言 訂 訵 詠`			言-5획		詠歌(영가) 詠物(영물) 詠史(영사)
榮 영화 영(꽃 영)	`` 丷 丷 丷 兴 労 荣 榮`			木-10획		榮光(영광) 榮農(영농) 榮華(영화)
影 그림자 영	`日 旦 昌 景 景 影 影 影`			彡-12획		影寫(영사) 影像(영상) 影幀(영정) 影響(영향)
營 진영 영(경영할 영)	`丷 丷 兴 凟 營 營 營`			火-13획		營利(영리) 營養(영양) 營倉(영창)
暎 비출 영(映의 俗字)	`日 旷 昡 昳 暎 暎`			日-9획		暎窓(영창) 暎奪(영탈)
瑛 옥빛 영	`王 玣 玤 珙 瑛 瑛`			王-9획		瑛琚(영거) 瑛瑤(영요)
塋 무덤 영	`丷 丷 兴 兴 塋`			土-10획		塋墓(영묘) 塋樹(영수) 塋地(영지)
嬰 갓난아이 영	`貝 賏 嬰 嬰`			女-14획		嬰兒(영아) 嬰孺(영유) 嬰孩(영해)
盈 찰 영	`丿 乃 丒 及 盈`			皿-4획		盈缺(영결) 盈滿(영만) 盈虧(영휴)

한자	필순	부수	예시
預 미리 예	フ マ 予 預 預	頁-4획	預金(예금) 預備(예비) 預言(예언)
銳 날카로울 예	人 牟 金 釒 釾 釥 銳	金-7획	銳角(예각) 銳利(예리) 銳敏(예민)
豫 꾸물거릴 예(미리 예)	コ 予 予 豫 豫 豫 豫	豕-9획	豫感(예감) 豫算(예산) 豫約(예약)
藝 재주 예(심을 예)	艹 艺 藝 蓺 蓺 藝 藝	++-15획	藝技(예기) 藝能(예능) 藝術(예술)
譽 기릴 예	F 臼 臾 與 與 譽 譽	言-14획	譽望(예망) 譽聞(예문) 譽言(예언)
裔 후손 예	亠 亣 衣 衣 斉 裔	衣-7획	裔民(예민) 裔孫(예손) 裔土(예토)
曳 끌 예	冂 日 甲 曳	日-2획	曳光彈(예광탄) 曳曳(예예) 曳引船(예인선)
濊 깊을 예(그물던지는소리 활)	氵 氵 浐 浐 澉 濊 濊	氵-13획	濊國(예국) 濊貊(예맥) 汗濊(한예)
睿 깊고 밝을 예(슬기로울 예)	上 占 点 쫓 睿	目-9획	睿感(예감) 睿鑒(예감) 睿智(예지)
隸 종속 예(례)(隷와 同字)	圭 彗 彗 䣫 隷 隸	隶-8획	隸書(예서) 隸屬(예속) 隸臣(예신)
穢 더러울 예	禾 秒 稜 穢 穢 穢	禾-13획	穢氣(예기) 穢物(예물) 穢行(예행)

한자	필순	부수-획수	예
芮 물가 예 (풀 뾰족뾰족 날 예)	丶 ㄊ 艹 芮 芮 芮	++-4획	芮芮(예예) 石龍芮(석룡예)
詣 이를 예	亠 言 訁 訁 詣 詣	言-6획	詣闕(예궐) 造詣(조예)
午 낮 오 (일곱째 지지 오)	丿 ㇒ 二 午	十-2획	午睡(오수) 午餐(오찬) 午後(오후)
五 다섯 오	一 ㄐ 五 五	二-2획	五感(오감) 五穀(오곡) 五嶽(오악)
汚 더러울 오	丶 丶 氵 氵 汙 汚	氵-3획	汚泥(오니) 汚名(오명) 汚辱(오욕)
吾 나 오	一 ㄐ 五 五 吾 吾 吾	口-4획	吾等(오등) 吾門(오문) 吾兄(오형)
烏 검을 오 (까마귀 오)	丆 ㇈ 自 烏 烏 烏 烏	灬-6획	烏鵲橋(오작교) 金烏玉兎(금오옥토)
悟 깨달을 오	丶 忄 忄 忤 悟 悟 悟	忄-7획	悟覺(오각) 悟道(오도) 悟性(오성)
娛 즐거워할 오	ㄣ 女 女 妈 妈 娛 娛	女-7획	娛樂(오락) 娛遊(오유)
梧 오동나무 오	十 木 ㄏ 柘 梧 梧 梧	木-7획	梧檟(오가) 梧桐(오동) 梧鼠(오서)
嗚 탄식할 오	口 唑 唑 咟 嗚 嗚 嗚	口-10획	嗚咽(오열) 嗚泣(오읍) 嗚呼(오호)

漢字	필순	부수-획수	예
傲 거만할 오	亻 佧 住 俦 俧 傲 傲	亻-11획	傲氣(오기) 傲慢(오만) 傲惰(오타)
誤 그릇할 오	三 言 訳 誤 誤 誤 誤	言-7획	誤讀(오독) 誤發(오발) 誤認(오인)
吳 나라 이름 오	口 吕 呉 昗 吳	口-4획	吳娃(오왜) 吳越同舟(오월동주) 吳姬(오희)
奧 속 오(아랫목 오, 따뜻할 욱)	丿 冂 冉 向 奥 奧	大-10획	奧妙(오묘) 奧旨(오지) 奧地利(오지리)
寤 깰 오	宀 宀 宀 寍 寤 寤	宀-11획	寤寐(오매) 寤言(오언)
墺 물가 오	土 圠 圳 塸 墺	土-13획	墺(오-오스트리아의 약칭)
懊 한할 오	丶 忄 忄 悎 悎 懊	忄-13획	懊惱(오뇌) 懊悔(오회)
伍 대오 오	亻 亻 仃 伍 伍	亻-4획	伍伴(오반) 伍符(오부) 伍長(오장)
玉 구슬 옥	一 二 千 王 玉	玉-0획	玉階(옥계) 玉鷄(옥계) 玉稿(옥고)
屋 집 옥	乛 彐 尸 屋 屋 屋	尸-6획	屋漏(옥루) 屋壁(옥벽) 屋外(옥외)
獄 옥 옥	犭 犭 犭 犻 犷 獄 獄	犭-11획	獄牢(옥뢰) 獄吏(옥리) 獄窓(옥창)

한자	필순	부수-획수	한자어
沃 물 댈 옥	氵 氵 汗 沃	氵-4획	門前沃畓(문전옥답) 片片沃土(편편옥토)
鈺 보배 옥	金 釒 釚 鈺 鈺	金-5획	鈺石(옥석) 寶鈺(보옥)
溫 따뜻할 온	氵 沪 沪 沪 涅 溫 溫	氵-10획	溫暖(온난) 溫情(온정) 溫和(온화)
穩 평온할 온	禾 秆 秤 穩 穩	禾-14획	穩當(온당) 穩健(온건) 平穩(평온)
蘊 쌓을 온	艹 茲 蓊 蒩 蘊	++-16획	蘊結(온결) 蘊署(온서) 蘊奧(온오)
翁 아버지 옹(늙은이 옹)	八 公 公 今 翁 翁 翁	羽-4획	翁姑(옹고) 翁媼(옹온) 翁主(옹주)
擁 안을 옹(낄, 가릴 옹)	扌 扩 扩 揈 揈 擁	扌-13획	擁衾(옹금) 擁護(옹호) 擁衛(옹위)
壅 막을 옹	一 亥 邽 雍 壅	土-13획	壅固執(옹고집) 壅塞(옹색) 壅拙(옹졸)
甕 항아리 옹	一 亥 雍 雍 甕 甕 甕	瓦-13획	鐵甕山城(철옹산성) 鐵甕城(철옹성)
邕 화할 옹	巛 邕 邕 邕 邕 邕	邑-3획	邕穆(옹화) 邕邕(옹옹)
雍 누그러질 옹	一 亥 邘 邘 邘 雍	亠-5획	雍渠(옹거) 雍穆(옹목) 雍徹(옹철)

瓦 기와 와	一 丁 下 丘 瓦	瓦-0획	瓦鷄(와계) 瓦雀(와작) 瓦解(와해)
臥 누울 와	丁 ㄣ ㄹ ㅋ 臣 臥 臥	臣-2획	臥見(와견) 臥繭(와견) 臥喘(와천)
渦 소용돌이 와	氵 汩 沪 沪 渦 渦	氵-9획	渦盤(와반) 渦旋(와선) 渦中(와중)
蝸 달팽이 와	虫 蚂 蚂 蚂 蝸 蝸	虫-9획	蝸廬(와려) 蝸屋(와옥) 蝸篆(와전)
訛 그릇될 와	亠 言 訁 訐 訛	言-4획	訛謬(와류) 訛說(와설) 訛傳(와전)
完 완전할 완	丶 宀 宀 宀 宇 完 完	宀-4획	完決(완결) 完了(완료) 完璧(완벽) 完熟(완숙)
緩 느릴 완	幺 糸 紵 綒 綒 綏 緩	糸-9획	緩急(완급) 緩晩(완만) 緩衝(완충)
婉 순할 완	乚 女 妒 妒 妒 婉	女-8획	婉曲(완곡) 婉淑(완숙) 婉然(완연)
宛 굽을 완	丶 宀 宀 宛 宛	宀-5획	宛妙(완묘) 宛然(완연) 婉轉(완전)
琓 옥 이름 완	一 二 王 珩 琓	王-7획	琓夏國(완하국)
腕 팔 완	月 肵 肪 腕 腕	月-8획	腕力(완력) 腕章(완장) 手腕(수완)

한자	획순	부수-획수	예시
頑 완고할 완	一 元 元 頑 頑	頁-4획	頑固(완고) 頑冥(완명) 頑皮(완피)
莞 왕골 완	丨 ヰ 艹 莒 莞	++-7획	莞然(완연) 莞爾(완이) 莞蒲(완포)
阮 관 이름 완	阝 阝 阢 阮	阝-4획	阮堂集(완당집) 阮丈(완장) 阮咸(완함)
曰 가로 왈	丨 冂 日 曰	曰-0획	曰若(왈약) 曰兄曰弟(왈형왈제)
王 임금 왕	一 二 千 王	王-0획	王考(왕고) 王陵(왕릉) 王蜂(왕봉)
往 갈 왕	丿 ㇒ 彳 彳 往 往 往	彳-5획	往復(왕부) 往聖(왕성) 往診(왕진)
旺 성할 왕	日 旴 旺 旺	日-4획	旺盛(왕성) 旺運(왕운)
枉 굽을 왕	木 杠 杠 枉	木-4획	枉駕(왕가) 枉道(왕도) 矯枉(교왕)
汪 넓을 왕	氵 汪 汪 汪	氵-4획	汪斷(왕단) 汪罔(왕망) 汪洋(왕양)
歪 비뚤 왜(외, 의)	一 ㇒ 不 歪 歪 歪	止-5획	歪曲(왜곡) 歪詩(의시)
倭 왜국 왜(순한 모양 위)	亻 仁 倭 倭	亻-8획	倭館(왜관) 倭寇(왜구) 倭政(왜정)

漢字	필순	부수-획수	단어
矮 키 작을 왜	丿 ㇏ 矢 矢 矫 矮 矮	矢-8획	矮鷄(왜계) 矮軀(왜구) 矮小(왜소)
外 바깥 외	丿 ㇏ 夕 夕 列 外	夕-2획	外觀(외관) 外貌(외모) 外敵(외적) 外賊(외적)
畏 두려워할 외	口 田 田 禺 禺 畏 畏	田-4획	畏敬(외경) 畏懼(외구) 畏避(외피)
猥 함부로 외	犭 犭 狎 猥 猥	犭-9획	猥濫(외람) 猥褻(외설)
巍 높을 외(위)	屵 屵 嵼 巍 巍 巍	山-18획	巍峨(외아) 巍然(외연) 巍巍(외외)
妖 아리따울 요	女 女 妖 妖	女-4획	妖怪(요괴) 妖妄(요망) 妖艷(요염)
要 구할 요	一 一 一 西 西 要 要	襾-3획	要綱(요강) 要件(요건) 要擊(요격)
搖 흔들 요	扌 扌 护 护 捸 捸 搖	扌-10획	搖動(요동) 搖籃(요람) 搖鈴(요령)
遙 멀 요(노닐 요)	丿 夕 夕 牟 蚤 滛 遙	辵-10획	遙度(요도) 遙望(요망) 遙遠(요원)
腰 허리 요	刂 月 肜 腪 腰 腰 腰	月-9획	腰間(요간) 腰劍(요검) 腰帶(요대)
謠 노래 요	三 言 訁 諮 諮 諮 謠	言-10획	謠歌(요가) 謠俗(요속) 謠言(요언)

曜 빛날 요	日 日' 日'' 瞬 曜	日-14획	金曜日(금요일) 黑曜石(흑요석)
僥 바랄 요	亻 亻' 亻'' 侒 僥	亻-12획	僥倖(요행) 僥倖萬一(요행만일)
凹 오목할 요	丨 丨' 凹 凹' 凹	凵-3획	凹鏡(요경) 凹面(요면) 凹陷(요함)
拗 꺾을 요	扌 扲 拗 拗	扌-5획	拗强(요강) 拗體(요체)
堯 요임금 요	一 圭 垚 堯	土-9획	요순(堯舜) 堯堯(요요)
夭 일찍죽을 요(어린애 오)	一 二 千 夭	大-1획	夭死(요사) 夭折(요절)
姚 예쁠 요	女 奻 姎 姚 姚	女-6획	姚姒(요사) 姚遠요원 姚黃(요황)
撓 어지러울 요(뇨)	扌 扌' 扩 撓 撓	扌-12획	撓改(요개) 撓亂(요란) 撓折(요절)
擾 흐려질 요	扌 抲 抲 搔 擾	扌-15획	擾亂(요란) 擾攘(요양) 擾奪(요탈)
窈 그윽할 요	丶 宀 穴 窈 窈	穴-5획	窈冥(요명) 窈然(요연) 窈窕(요조)
窯 가마 요	丶 宀 穴 窐 窯	穴-10획	窯蓼(요료) 窯業(요업) 窯戶(요호)

한자	훈음	필순	부수-획수	예시		
耀	빛낼 요	丨 业 光 光 耀 耀 耀	羽-14획	耀電(요전)	誇耀(과요)	
邀	맞을 요(료)	白 臭 臭 敫 邀	辶-13획	邀擊(요격)	邀請(요청)	邀招(요초)
饒	넉넉할 요	𠂤 𠂤 𠂤 𠂤 饒 饒	食-12획	饒給(요급)	饒舌(요설)	饒幸(요행)
辱	욕 욕	厂 尸 厇 辰 辰 辱 辱	辰-3획	辱臨(욕림)	辱命(욕명)	辱說(욕설)
浴	목욕할 욕	丶 氵 氵 氵 浴 浴 浴	氵-7획	浴禽(욕금)	浴室(욕실)	浴槽(욕조)
欲	하고자 할 욕	八 父 谷 谷 欲 欲 欲	欠-7획	欲求(욕구)	欲望(욕망)	欲心(욕심)
慾	욕심 욕	八 父 父 谷 谷 欲 慾 慾	心-11획	慾望(욕망)	慾心(욕심)	慾情(욕정)
用	쓸 용	丿 刀 月 月 用	用-0획	用件(용건)	用途(용도)	用例(용례)
勇	날쌜 용(용감할 용)	丷 丅 丙 吊 勇 勇	力-7획	勇敢(용감)	勇斷(용단)	勇退(용퇴)
容	얼굴 용(담을 용)	丶 宀 宀 灾 容 容 容	宀-7획	容器(용기)	容貌(용모)	容積(용적)
庸	쓸 용(떳떳할 용)	亠 广 户 户 肩 肩 庸	广-8획	庸君(용군)	庸劣(용렬)	庸行(용행)

熔 녹일 용(鎔의 俗字)	゛ ナ 炉 炊 熔	火-10획	鎔巖(용암) 鎔解(용해)
傭 품팔이 용(고를 총)	イ 疒 佇 傗 傗 傭	イ-11획	傭兵(용병) 傭賃(용임) 傭築(용축)
涌 샘솟을 용(湧의 本字)	氵 汀 涀 涓 涌	氵-7획	涌溢(용일) 涌泉(용천) 涌出(용출)
溶 질펀히 흐를 용	氵 沪 涿 溶	氵-10획	溶媒(용매) 溶液(용액) 溶然(용연)
瑢 패옥 소리 용	三 王 疒 琗 瑢	王-10획	瑢音(용음)
聳 솟을 용	イ 祐 從 徏 聳 聳	耳-11획	聳懼(용구) 聳立(용립) 聳然(용연)
茸 무성할 용	丶 艹 艾 茸 茸 茸	++-6획	茸茸(용용) 鹿茸(녹용)
蓉 연꽃 용	艹 芖 茭 蓉	++-10획	蓉城(용성) 芙蓉(부용)
踊 뛸 용	口 卫 卫 踊 踊 踊	足-7획	踊貴(용귀) 踊躍(용약) 茸闒(용탑)
鎔 녹일 용	ノ 上 车 金 釪 鈁 鎔	金-10획	鎔鑠(용삭) 鎔鑄(용주) 鎔解(용해)
鏞 종 용	金 釪 鈩 鏞 鏞	金-11획	金鏞(금용) 大鏞(대용)

한자	훈·음	필순	부수-획수	예
又	또우	ㄱ 又	又-0획	又賴(우뢰) 又重之(우중지) 又況(우황)
于	어조사우	一 二 于	二-1획	于今(우금) 于飛(우비) 于嗟(우차)
友	벗우	一 ナ 方 友	又-2획	友愛(우애) 友誼(우의) 舊友(구우)
尤	탓할우(더욱 우)	一 ナ 九 尤	尢-1획	尤極(우극) 尤異(우이) 尤悔(우회)
牛	소우	ノ ノ 二 牛	牛-0획	牛車(우거) 牛耕(우경) 牛乳(우유)
右	오른우	一 ナ 右 右 右	口-2획	右翼(우익) 右側(우측) 右派(우파)
宇	하늘우(집 우)	丶 丷 宀 宀 宇 宇	宀-3획	宇宙(우주) 宇縣(우현)
羽	날개우	ㄱ ㄱ ㅋ 羽 羽 羽	羽-0획	羽客(우객) 羽傑(우걸) 羽獵(우렵)
雨	비우	一 ㄱ 厂 币 雨 雨 雨	雨-0획	雨露(우로) 雨霧(우무) 雨雹(우박)
偶	짝우(우연 우)	イ 仴 俱 偶 偶 偶	イ-9획	偶發(우발) 偶像(우상) 偶然(우연)
遇	만날우(대접할 우)	日 禺 禺 禺 禺 遇 遇	辶-9획	遇待(우대) 遇合(우합) 遇害(우해)

한자	필순	부수-획수	예시
愚 어리석을 우	冂 曰 甲 里 禺 愚 愚	心-9획	愚鈍(우둔) 愚弄(우롱) 愚昧(우매)
郵 우편 우	一 三 垂 垂 垂 郵 郵	阝-8획	郵稅(우세) 郵送(우송) 郵便(우편)
憂 근심 우	一 丙 百 百 憂 憂 憂	心-11획	憂慮(우려) 憂愁(우수) 憂鬱(우울)
優 뛰어날 우(넉넉할 우)	亻 伊 偃 偃 偃 優 優	亻-15획	優待(우대) 優等(우등) 優雅(우아)
佑 도울 우	亻 仁 佑 佑	亻-5획	佑啓(우계) 佑命(우명) 佑助(우조)
寓 붙어살 우	宀 官 寓 寓 寓 寓	宀-9획	寓居(우거) 寓話(우화)
祐 도와줄 우	一 礻 礻 礽 祐	示-5획	祐助(우조) 天祐(천우)
禹 하우씨 우(성 우)	一 台 禹 禹 禹 禹	内-4획	禹步(우보) 夏禹氏(하우씨)
虞 헤아릴 우	广 唐 虔 虞 虞	虍-7획	虞犯(우범) 虞候(우후)
迂 멀 우	一 二 于 于 迂 迂	辶-3획	迂闊(우활) 迂怪(우괴) 迂餘曲折(우여곡절)
隅 모퉁이 우	阝 阳 隅 隅 隅	阝-9획	隅曲(우곡) 隅坐(우좌) 向隅嘆(향우탄)

한자	훈음	필순	부수-획수	용례
旭	아침 해 욱	丿 九 九 旭 旭 旭	日-2획	旭光(욱광) 旭旦(욱단) 旭日(욱일)
昱	빛날 욱	丨 口 日 旦 昱 昱 昱	日-5획	昱耀(욱요) 昱昱(욱욱)
煜	빛날 욱	丶 丷 火 炉 炟 煜 煜	火-9획	煜爚(욱약) 煜耀(욱요) 煜灼(욱작)
郁	성할 욱	丿 ナ 十 有 有 有阝 郁	阝-6획	郁烈(욱렬) 郁馥(욱복) 郁氛(욱분)
頊	삼갈 욱	二 千 王 玎 珩 頊 頊	頁-4획	頊頊(욱욱)
云	이를 운	一 二 云 云	二-2획	云云(운운) 云謂(운위) 云爲(운위)
雲	구름 운	冖 帀 雨 雩 雪 雲 雲	雨-4획	雲客(운객) 雲泥(운니) 雲霞(운하)
運	옮길 운(돌 운)	冖 冖 旨 亘 軍 運 運	辶-9획	運柩(운구) 運搬(운반) 運轉(운전)
韻	운치 운	亠 辛 音 音口 韻 韻 韻	音-10획	韻律(운율) 韻致(운치)
殞	죽을 운	一 歹 歹口 歹口 殞 殞 殞	歹-10획	殞命(운명) 殞碎(운쇄) 殞斃(운폐)
耘	김맬 운	二 三 丰 耒 耒 耒二 耘	耒-4획	耘鋤(운서) 耘藝(운예) 耘耘(운운)

한자	뜻·음	필순	부수-획수	예
芸	향초 이름 운	丶 十 艹 艹 芸 芸 芸	++-4획	芸閣(운각) 芸窓(운창) 芸編(운편)
隕	떨어질 운	阝 阝 阝 阝 阞 隕 隕	阝-10획	隕石(운석) 隕穫(운확)
鬱	막힐 울	鬯 林 樵 欝 欝 欝 鬱 鬱	鬯-19획	鬱結(울결) 鬱密(울밀) 憂鬱症(우울증)
蔚	풀 이름 울(성할 위)	十 艹 芦 芦 蔚 蔚 蔚	++-11획	蔚藍(울람) 蔚山(울산) 蔚藹(위애)
雄	수컷 웅(뛰어날 웅)	ナ ナ 太 太 杜 雄 雄	隹-4획	雄據(웅거) 雄傑(웅걸) 雄壯(웅장)
熊	곰 웅	ム 自 育 能 能 能 熊	灬-10획	熊膽(웅담) 熊漁(웅어) 熊掌(웅장)
媛	미인 원	女 女 女 妒 娊 娊 媛	女-9획	媛女(원녀) 媛妃(원비)
元	으뜸 원	一 二 テ 元	儿-2획	元素(원소) 元帥(원수) 元首(원수)
苑	나라 동산 원	十 艹 艼 艻 莎 苑 苑	++-5획	苑沼(원소) 怨讐(원수) 苑囿(원유)
怨	원망할 원	勹 夕 夘 怨 怨 怨	心-5획	怨望(원망) 怨聲(원성) 怨讐(원수)
原	근원 원	一 厂 厂 厈 戶 原 原 原	厂-8획	原告(원고) 原稿(원고)

員 사람 원(수효 원)	丷丷ワ丹丹昌員	口-7획	員石(원석) 員數(원수) 員外(원외)
院 집 원(담 원)	⻖ ⻖ ⻖ ⻖ 险 险 院	⻖-7획	院內(원내) 院外(원외) 院長(원장)
援 도울 원(당길 원)	扌 扌 扩 护 护 搀 援	扌-9획	救援(구원) 病救援(병구원)
圓 둥글 원	l 冂 门 同 圓 圓 圓	口-10획	圓丘壇(원구단) 圓滿(원만) 圓滑(원활)
園 동산 원	冂 冃 周 㞐 周 園 園	口-10획	園頭幕(원두막) 園陵(원릉) 園藝(원예)
源 근원 원	丶 氵 沪 沪 洉 源 源	氵-10획	根源(근원) 起源(기원) 桃源境(도원경)
遠 멀 원	十 丰 吉 袁 袁 遠 遠	辶-10획	遠客(원객) 遠隔(원격) 遠征(원정)
願 원할 원	厂 厈 原 原 願 願 願	頁-10획	願望(원망) 願書(원서) 願意(원의)
寃 원통할 원(冤의 俗字)	宀 宀 宓 宓 宁 寃 寃	宀-8획	寃淚(원루) 寃痛(원통) 寃魂(원혼)
猿 원숭이 원	丿 犭 犭 犷 狞 狣 猿	犭-10획	犬猿(견원) 類人猿(유인원)
瑗 도리옥 원	二 王 玙 珍 玙 瑢 瑗	王-9획	瑗瑤(원요) 瑗玉(원옥)

한자	훈음	필순	부수-획수	용례
袁	옷길 원	土 吉 吉 声 吏 袁 袁	衣-4획	袁天綱(원천강) 袁樞(원추)
鴛	원앙 원	夕 外 鸵 智 督 鴛 鴛	鳥-5획	鴛鴦(원앙) 鴛鴦衾枕(원앙금침)
月	달 월	丿 刀 月 月	月-0획	月刊(월간) 月給(월급) 月賦(월부)
越	넘을 월	十 圭 走 赳 越 越 越	走-5획	越境(월경) 越權(월권) 越等(월등)
危	위태할 위	丿 夂 芍 广 危 危	卩-4획	危懼(위구) 危急(위급) 危機(위기)
位	자리 위	丿 亻 亻 亻 伫 位 位	亻-5획	位階(위계) 位畓(위답) 位置(위치)
委	맡길 위	二 千 禾 禾 禿 委 委	女-5획	委叛(위반) 委員(위원) 委任(위임)
胃	밥통 위	丶 冂 田 尸 胃 胃 胃	月-5획	胃痙攣(위경련) 胃液(위액) 胃潰瘍(위궤양)
威	으를 위(위엄 위)	厂 厂 仄 反 反 威 威	女-6획	威武(위무) 威勢(위세) 威脅(위협)
偉	위대할 위(훌륭할 위)	亻 亻 亻 俨 偉 偉 偉	亻-9획	偉業(위업) 偉容(위용) 偉人(위인)
尉	벼슬 위	⁷ 尸 尸 月 屌 尿 尉	寸-8획	尉官(위관) 尉藉(위자)

爲 할 위	´ ´´ ´´´ ´´´´ 爲 爲 爲	爪-8획	爲民(위민) 爲人(위인) 爲政(위정)
圍 둘레 위	冂 冃 周 周 圊 圍 圍	口-9획	圍徑(위경) 圍擁(위옹) 圍繞(위요)
違 어길 위	´ 土 吿 査 韋 違 違	辶-9획	違背(위배) 違約(위약) 違憲(위헌)
僞 거짓 위	亻 亻´ 亻´´ 亻´´ 亻´´ 僞 僞	亻-12획	僞作(위작) 僞裝(위장) 僞證(위증)
慰 위로할 위	´ 尸 戽 戽 尉 慰 慰	心-11획	慰勞(위로) 慰撫(위무) 慰安婦(위안부)
緯 씨 위	幺 糸 糽 紸 緒 緒 緯	糸-9획	緯經(위경) 緯度(위도) 緯線(위선)
謂 이를 위	´ ´ 言 訒 謂 謂 謂	言-9획	可謂(가위) 是謂(시위)
衛 지킬 위	彳 彳´ 徍 徫 徫 衛 衛	行-10획	衛生(위생) 衛星(위성) 衛戍(위수)
渭 강 이름 위	氵 沪 沪 渭 渭 渭 渭	氵-9획	渭流(위류) 渭城(위성)
萎 마를 위	´ 艹 芏 茅 萎 萎 萎	⺿-8획	萎荼(위날) 萎落(위락) 萎縮(위축)
韋 다룸가죽 위	´ 艹 吿 吾 査 查 韋	韋-0획	韋當(위당) 韋帶(위대) 韋編(위편)

한자	쓰는 순서	부수	어휘
魏 나라 이름 위	禾 委 委 犁 貏 魏 魏	鬼-8획	魏闕(위궐) 魏徵(위징)
由 까닭 유(말미암을 유)	㇉ 冂 血 由 由	田-0획	由緒(유서) 由緣(유연) 由限(유한)
幼 어릴 유	ㄥ ㄠ 幺 幻 幼	幺-2획	幼年(유년) 幼弱(유약) 幼稚(유치)
有 있을 유	ノ ナ 才 右 有 有	月-2획	有隙(유극) 有機(유기) 有望(유망)
酉 닭 유	一 丆 丙 两 西 西 酉	酉-0획	酉聖(유성) 酉陽(유양)
乳 젖 유	㇀ ㇁ 孚 孚 孚 乳	乙-7획	乳母(유모) 乳養(유양) 乳臭(유취)
油 기름 유	冫 氵 氵 沪 油 油 油	氵-5획	油性(유성) 油脂(유지) 給油(급유)
柔 부드러울 유	ㄱ ㄨ 予 矛 丞 柔 柔	木-5획	剛柔(강유) 矯柔(교유)
幽 가둘 유(그윽할 유)	㇑ ㇙ 纟 丝 丝 幽 幽	幺-6획	幽居(유거) 幽界(유계) 幽谷(유곡)
悠 멀 유(한가할 유)	㇇ 亻 伩 攸 悠 悠 悠	心-7획	悠隔(유격) 悠久(유구) 悠遠(유원)
唯 오직 유	口 叩 叩 咋 咋 唯 唯	口-8획	唯物論(유물론) 唯識(유식) 唯一(유일)

한자	훈음	필순	부수-획수	예시
惟	생각할 유(오직 유)	丶 忄 忄 忄 忄 惟 惟 惟	忄-8획	惟獨(유독) 惟一(유일) 惟精(유정)
猶	망설일 유(오히려 유)	丿 犭 犭 犭 狷 猶 猶	犭-9획	猶父(유부) 猶豫(유예) 猶太敎(유태교)
裕	넉넉할 유	丶 衤 衤 衤 衤 裕 裕	衤-7획	裕寬(유관) 裕福(유복) 餘裕(여유)
遊	놀 유	丶 方 方 斿 斿 游 遊	辶-9획	遊擊(유격) 遊離(유리) 遊豫(유예)
愈	더욱 유(나을 유)	人 个 介 俞 俞 愈 愈	心-9획	愈愚(유우) 愈怪(유괴)
維	개혁 유(이를 유)	幺 糸 糸 紅 維 維 維	糸-8획	維綱(유강) 維新(유신) 維持(유지)
誘	꾈 유	丶 言 言 訌 誘 誘 誘	言-7획	誘拐(유괴) 誘導(유도) 誘惑(유혹)
遺	잃을 유(끼칠 유)	口 曲 串 書 貴 遺 遺	辶-12획	遺憾(유감) 遺稿(유고) 遺棄(유기)
儒	유교 유(선비 유)	亻 仁 伃 儒 儒 儒 儒	亻-14획	儒敎(유교) 儒學(유학) 儒賢(유현)
兪	점점 유	人 厶 个 介 俞 兪 兪	入-7획	兪兪(유유) 兪允(유윤) 兪音(유음)
喩	깨우칠 유	口 吖 吣 哈 喩	口-9획	喩勸(유권) 比喩(비유) 隱喩(은유)

한자	필순	부수-획수	어휘
宥 용서할 유	宀宀宁宁宥宥宥	宀-6획	宥免(유면) 宥恕(유서) 宥和(유화)
庾 곳집 유	广广庀庀庐庚庾	广-9획	庾積(유적) 金庾信(김유신)
愉 즐거울 유	忄忄忄忄愉愉愉	忄-9획	愉樂(유락) 愉逸(유일) 愉快(유쾌)
揄 끌 유 (요적옷 요)	扌扌扌扲揄揄揄	扌-9획	揄揚(유양) 揄狄(요적)
柚 유자나무 유 (바디 축)	木木木和和柚柚	木-5획	柚子(유자) 橙柚(등유)
楡 느릅나무 유	木木木枌枌楡楡	木-9획	楡塞(유새) 楡錢(유전)
癒 병 나을 유	广广疒疒瘉瘉癒	疒-13획	癒着(유착) 癒合(유합)
諛 아첨할 유	言言言訃訃訷諛	言-9획	諛辭(유사) 諛言(유언) 諛悅(유열)
諭 고할 유	言言言諭諭諭諭	言-9획	諭告(유고) 諭德(유덕) 勸諭(권유)
踰 넘을 유	足足跗跗跗踰踰	足-9획	踰歷(유력) 踰嶺(유령) 踰月(유월)
蹂 밟을 유	足足跫跫踩蹂蹂	足-9획	蹂躪(유린) 蹂若(유약) 蹂踐(유천)

한자	필순	부수-획수	예
鍮 놋쇠 유	스 수 金 金 鈴 鈴 鍮	金-9획	鍮器(유기) 眞鍮(진유)
游 헤엄칠 유	氵 汸 汸 游	氵-9획	游民(유민) 游永(유영)
肉 몸 육(고기 육)	丨 冂 内 内 肉 肉	肉-0획	肉感(육감) 肉塊(육괴) 肉聲(육성)
育 기를 육	亠 亠 玄 产 育 育 育	月-4획	育成(육성) 育兒(육아) 育種(육종)
閏 윤달 윤	卩 卩 門 門 門 閏 閏	門-4획	閏年(윤년) 閏餘(윤여) 閏月(윤월)
潤 윤택할 윤(젖을 윤)	氵 沪 沪 泗 潤 潤 潤	氵-12획	德潤身(덕윤신) 富潤屋(부윤옥)
允 진실로 윤	ㄴ ㄥ ゲ 允	儿-2획	允可(윤가) 允納(윤납) 允準(윤준)
尹 다스릴 윤	ㄱ ㅋ ㅋ 尹	尸-1획	尹祭(윤제) 尹喜(윤희) 卿尹(경윤)
胤 이을 윤	丿 丿 冎 冎 肖 肖 胤	月-5획	胤裔(윤예) 傳胤(전윤)
銃 병기 윤	人 스 숲 金 釕 釕 銃	金-4획	銃器(윤기)
融 화할 융	曰 鬲 鬲 鬲 鬲 融 融	虫-10획	融液(융액) 融合(융합) 融解(융해)

한자	필순	부수	예시
戎 되 융(병장기 융)	一 二 三 戎 戎 戎	戈-2획	戎器(융기) 戎壇(융단) 戎裝(융장)
絨 융 융	幺 糸 糸 紅 紆 紙 絨	糸-6획	絨緞(융단) 絨毯(융담) 製絨(제융)
恩 은혜 은	冂 月 因 因 因 恩 恩	心-6획	恩功(은공) 恩赦(은사) 恩惠(은혜)
銀 은빛 은	人 牟 金 釒 釘 釘 銀	金-6획	銀塊(은괴) 銀箔(은박) 銀杯(은배)
隱 숨길 은	阝 阝 阼 陰 隱 隱 隱	阝-14획	隱居(은거) 隱匿(은닉) 隱蔽(은폐)
垠 끝 은(가장자리 은)	一 土 圤 圳 垠 垠 垠	土-6획	垠界(은계) 垠際(은제)
殷 성할 은(검붉은 빛 안)	丿 丿 卩 尸 身 舡 殷	殳-6획	殷鑑(은감) 殷墟(은허) 殷紅(안홍)
誾 온화할 은	丨 门 门 門 門 誾 誾	言-8획	誾誾(은은) 南誾(남은)
乙 천간 을(새 을)	乙	乙-0획	乙科(을과) 乙夜(을야)
吟 읊을 음(앓을 음)	丨 冂 口 叭 叻 吟 吟	口-4획	吟客(음객) 吟味(음미) 吟誦(음송)
音 소리 음	二 立 产 音 音 音 音	音-0획	音價(음가) 音感(음감) 音響(음향)

한자	훈음	필순	부수-획수	용례
淫	음란할 음	`丶 氵 氵 浐 浐 淫 淫 淫`	氵-8획	姦淫(간음) 樂而不淫(낙이불음)
陰	그늘 음	`3 阝 阾 陰 陰 陰 陰`	阝-8획	陰莖(음경) 陰謀(음모) 陰沈(음침)
飮	마실 음	`𠆢 今 今 亀 亀 飮 飮`	食-4획	飮料(음료) 飮福(음복) 飮醉(음취)
蔭	그늘 음	`丶 十 艹 茈 茈 蔭 蔭`	++-11획	蔭德(음덕) 蔭崖(음애) 蔭映(음영)
邑	고을 읍	`丶 口 口 号 吊 吊 邑`	邑-0획	邑落(읍락) 邑俗(읍속) 邑豪(읍호)
泣	울 읍	`丶 氵 氵 浐 浐 泣 泣`	氵-5획	泣諫(읍간) 泣訴(읍소) 泣涕(읍체)
揖	읍 읍(모일 집)	`扌 护 护 捏 捏 揖 揖`	扌-9획	揖別(읍별) 揖讓(읍양) 揖揖(집집)
凝	엉길 응(막힐 응)	`冫 冹 浃 凝 凝 凝`	冫-14획	凝結(응결) 凝固(응고)
應	응할 응	`广 广 庐 庐 雁 應 應`	心-13획	應急(응급) 應諾(응낙) 應答(응답)
膺	가슴 응	`广 广 庐 庐 庐 雁 膺`	月-13획	膺錄(응록) 膺受(응수) 膺懲(응징)
鷹	매 응	`广 庐 雁 庐 膺 鷹 鷹`	鳥-13획	鷹犬(응견) 鷹師(응사) 鷹視(응시)

한자	훈음	필순	부수-획수	예
擬	헤아릴 의	扌 扌 扩 捗 捗 揬 擬	扌-14획	擬音(의음) 擬人(의인) 擬態(의태)
衣	옷 의	丶 一 ナ ぜ 衣 衣	衣-0획	衣架(의가) 衣冠(의관) 衣帶(의대)
矣	어조사 의	厶 厶 厽 厽 ఇ 矣 矣	矢-2획	矣夫(의부) 矣乎(의호)
宜	마땅할 의	丶 宀 宀 宀 官 宜 宜	宀-5획	宜家(의가) 宜男(의남) 宜當(의당)
依	의지할 의	亻 亻 伊 伊 依 依 依	亻-6획	依據(의거) 依賴(의뢰) 依託(의탁)
意	뜻 의	亠 亠 立 音 音 意 意	心-9획	意圖(의도) 意慾(의욕) 意趣(의취)
義	뜻 의(옳을 의)	丷 ソ 羊 羊 羊 義 義	羊-7획	義擧(의거) 義憤(의분) 義俠(의협)
疑	의심할 의	匕 匕 矣 鼻 疑 疑 疑	疋-9획	疑懼(의구) 疑忌(의기) 疑慮(의려)
儀	거동 의	亻 亻 伴 倅 倅 儀 儀	亻-13획	儀禮(의례) 儀範(의범) 儀仗(의장)
醫	의원 의	医 医 鹥 殹 醫 醫 醫	酉-11획	醫科(의과) 醫療(의료) 醫術(의술)
議	의논할 의	言 言 訂 評 詳 議 議	言-13획	議決(의결) 議案(의안) 議題(의제)

漢字	필순	부수	한자어
椅 의나무 의	十 木 栌 栌 栌 梏 椅 椅	木-8획	倚几(의궤) 倚子(의자)
毅 굳셀 의	产 产 享 享 享 毅 毅	殳-11획	毅魄(의백) 毅然(의연) 毅勇(의용)
誼 옳을 의	亠 言 言 訂 訴 誼 誼	言-8획	誼士(의사) 誼主(의주)
二 두 이	一 二	二-0획	二毛作(이모작) 二姓(이성)
已 뿐 이(이미 이)	一 一 已	已-0획	已決(이결) 已甚(이심) 已後(이후)
以 써 이	丨 レ レ 以 以	人-3획	以北(이북) 以上(이상) 以往(이왕)
而 뿐 이(말 이을 이)	一 丆 丆 丙 而 而	而-0획	而今(이금) 而立(이립) 而已(이이)
耳 귀 이	一 丁 FF 耳 耳	耳-0획	耳根(이근) 耳聾(이롱) 耳漏(이루)
夷 평평할 이(오랑캐 이)	一 二 弓 弓 夷 夷	大-3획	燒夷彈(소이탄) 尊王攘夷(존왕양이)
異 다를 이	丶 口 田 田 昇 畏 異	田-6획	異端(이단) 異邦(이방) 異彩(이채)
移 옮길 이	千 禾 禾 秽 移 移 移	禾-6획	移管(이관) 移牧(이목) 移葬(이장)

한자	필순	부수	예
貳 두 이	一 二 亍 亓 貢 貳 貳	貝-5획	貳車(이거) 貳臣(이신) 貳心(이심)
怡 기쁠 이	丶 忄 忄 怜 怡 怡	忄-5획	怡色(이색) 怡悅(이열) 怡豫(이예)
痍 상처 이	广 疒 疒 疒 疖 疟 痍	疒-6획	傷痍(상이) 創痍(창이)
伊 저 이	丿 亻 伊 伊 伊 伊	亻-4획	伊吾(이오) 伊鬱(이울) 伊伊(이이)
姨 이모 이	乚 女 女 女 姤 姨 姨	女-6획	姨母(이모) 姨從(이종) 姨姪(이질)
弛 늦출 이	丁 弓 弓 弘 弛 弛	弓-3획	弛壞(이괴) 弛然(이연) 弛廢(이폐)
爾 너 이	一 尒 行 爾 爾 爾 爾	爻-10획	爾今(이금) 爾時(이시) 爾爾(이이)
珥 귀엣고리 이	二 干 王 王 珂 珥 珥	王-6획	珥筓(이계) 珥璫(이당) 珥蜺(이예)
餌 먹이 이	人 今 食 食 飠 飷 餌	食-6획	餌啗(이담) 食餌(식이)
益 더할 익(이익 익)	丿 八 公 分 谷 益 益	皿-5획	益壽(익수) 益壽(익수) 益蟲(익충)
翼 날개 익	丁 刁 羽 習 翌 翼 翼	羽-11획	翼卵(익란) 翼壁(익벽) 翼輔(익보)

한자	쓰는 순서	부수	예
翊 도울 익	ᵓ ㅋ ㅋ 퀴 퀴 翊 翊	羽-5획	翊善(익선) 翊成(익성)
翌 다음날 익	ㄱ ㄱ ㅋ 郅 翌 翌 翌	羽-5획	翌年(익년) 翌日(익일)
人 사람 인	ノ 人	人-0획	人間(인간) 人傑(인걸) 人權(인권)
刃 칼날 인	フ 刀 刃	刀-1획	刃創(인창) 刃創(인창)
仁 어질 인	ノ イ 仁 仁	亻-2획	仁術(인술) 仁義(인의) 仁政(인정)
引 떠맡을 인(끌 인)	ᐟ ᐠ 弓 引	弓-1획	引牽(인견) 引繼(인계) 引率(인솔)
因 까닭 인(인할 인)	丨 冂 冃 冈 因 因	口-3획	因果(인과) 因習(인습) 因緣(인연)
印 찍을 인(도장 인)	ᐟ ᐠ ㅌ ㅌ 印 印	卩-4획	印刻(인각) 印鑑(인감) 印影(인영)
忍 참을 인	フ 刀 刃 忍 忍 忍	心-3획	忍苦(인고) 忍耐(인내) 忍辱(인욕)
姻 혼인 인	く 夂 女 如 姐 姻 姻	女-6획	姻亞(인아) 姻姪(인질) 姻戚(인척)
寅 지지 인(세째)	ᐟ 宀 宀 宧 宙 宙 寅	宀-8획	寅亮(인량) 寅畏(인외) 寅誼(인의)

한자	필순	부수-획수	단어
認 인정할 인	亠 言 言 訒 訒 認 認	言-7획	認識(인식) 認證(인증) 認許(인허)
咽 목구멍 인(삼킬 연, 막힐 열)	口 叮 叮 咽 咽 咽 咽	口-6획	咽喉(인후) 咽下(연하) 嗚咽(오열)
湮 잠길 인(막힐 연)	氵 沪 沪 洒 洒 湮 湮	氵-9획	湮滅(인멸) 湮沒(인몰) 湮鬱(연울)
蚓 지렁이 인	丶 口 中 虫 虫 蚓 蚓	虫-4획	附蚓(부인) 春蚓(춘인)
靭 질길 인(靭과 同字)	艹 芒 苴 革 靭 靭 靭	革-3획	靭帶(인대) 靭皮(인피)
一 한 일	一	一-0획	一刻(일각) 一喝(일갈) 一擊(일격)
日 해 일	丨 冂 日 日	日-0획	日課(일과) 日給(일급) 日程(일정)
逸 뛰어날 일(편안할 일)	夕 负 急 免 免 逸 逸	辶-8획	逸居(일거) 逸豫(일예) 逸走(일주)
壹 한 일(오로지 일)	十 士 吉 吉 壴 壹 壹	士-9획	壹是(일시) 壹意(일의)
佚 편안할 일	丿 亻 仁 仁 仹 佚 佚	亻-5획	佚居(일거) 佚罰(일벌) 佚忽(일홀)
溢 넘칠 일	氵 泸 泸 泭 浴 溢 溢	氵-10획	溢血(일혈) 滿則溢(만즉일)

한자	훈음	필순	부수-획수	예시
鎰	중량 일	𠂉 金 釒 鈩 鉹 鎰 鎰	金-10획	萬鎰(만일) 二十兩爲鎰(이십량위일)
佾	춤 일	ノ イ 亻 亻 佾 佾 佾	亻-6획	六佾(육일) 八佾(팔일)
壬	천간 임(아홉째)	ノ 二 千 壬	士-1획	壬方(임방) 壬人(임인) 壬坐(임좌)
任	맡길 임	ノ イ 亻 仁 任 任	亻-4획	任期(임기) 任免(임면) 任職(임직)
賃	품팔이 임(세낼 임)	イ 仁 任 恁 賃 賃 賃	貝-6획	賃貸(임대) 賃銀(임은) 賃借(임차)
妊	아이 밸 임	𡿨 𡿨 女 奵 妊 妊 妊	女-4획	妊婦(임부) 妊産(임산) 妊娠(임신)
入	들 입	ノ 入	入-0획	入閣(입각) 入鑑(입감) 入隊(입대)
剩	남을 잉	二 二 千 禾 乘 乘 剩	刂-10획	剩額(잉액) 剩餘(잉여) 剩員(잉원)
孕	아이 밸 잉	ノ 乃 𠬜 孕 孕	子-2획	孕婦(잉부) 孕胎(잉태)
子	아들 자	𠃌 了 子	子-0획	子規(자규) 子囊(자낭) 子息(자식)
字	글자 자	丶 丶 宀 宁 字 字	子-3획	字幕(자막) 字源(자원) 字解(자해)

自

自 스스로 자

`丶 丿 冂 甪 自 自` — 自-0획 — 自覺(자각) 自慢(자만) 自虐(자학)

姉 누이 자(姉의 俗字)

`乚 夊 女 女 妒 妒 姉` — 女-5획 — 姉妹(자매) 姉兄(자형)

刺 찌를 자(척)

`一 冂 市 束 束 刺 刺` — 刂-6획 — 刺客(자객) 刺戟(자극) 刺繡(자수)

者 놈 자

`十 土 耂 者 者 者` — 耂-5획 — 者類(자류) 者番(자번) 者者(자자)

玆 이 자

`丷 艹 艹 兹 玆 玆 玆` — ++-6획 — 今玆(금자) 在玆(재자)

姿 맵시 자

`丶 冫 冫 次 次 姿 姿` — 女-6획 — 姿肆(자사) 姿勢(자세) 姿態(자태)

恣 방자할 자

`丶 冫 冫 次 次 次 恣` — 心-6획 — 恣意(자의) 恣行(자행)

紫 자주빛 자

`丨 止 止 此 紫 紫 紫` — 糸-5획 — 紫檀(자단) 紫雲(자운) 紫翠(자취)

慈 사랑 자

`丷 丷 产 兹 兹 慈 慈` — 心-10획 — 慈堂(자당) 慈烏(자오) 慈惠(자혜)

資 지위 자(재물 자)

`丶 冫 次 次 脊 資 資 資` — 貝-6획 — 資格(자격) 資質(자질) 資稟(자품)

磁 자석 자

`丁 石 矿 矿 磁 磁 磁` — 石-9획 — 白磁(백자) 常磁(상자) 電磁(전자)

한자	훈음	필순	부수	용례
雌	암컷 자	ⴑ ⴑⴑ 此 此 此此 此隹 雌	隹-5획	雌性(자성) 雌雄(자웅)
諮	물을 자	言 言 言 言 計 諮 諮	言-9획	諮問(자문) 諮詢(자순) 諮稟(자품)
仔	자세할 자	ノ イ 亻 仔 仔	亻-3획	仔肩(자견) 仔詳(자상) 仔蟲(자충)
滋	불을 자	氵 氵 汁 汁 滋 滋 滋	氵-10획	滋味(자미) 滋養分(자양분)
炙	고기 구을 자(구울 적)	ノ ク タ タ 夕 多 炙	火-4획	膾炙(회자) 散炙(산적)
煮	삶을 자	一 十 耂 耂 者 者 煮	灬-9획	煮肉(자육) 煮醬(자장)
瓷	오지그릇 자	氵 次 瓷 瓷 瓷 瓷 瓷	瓦-6획	陶瓷器(도자기) 靑瓷瓦(청자와)
疵	흠 자	广 疒 疒 疵 疵 疵 疵	疒-5획	疵國(자국) 疵厲(자려) 瑕疵(하자)
蔗	사탕수수 자	十 廿 芦 芦 蔗 蔗 蔗	++-11획	蔗糖(자당) 蔗漿(자장)
藉	깔개 자	艹 艹 莱 莱 莱 藉 藉	++-14획	藉寇兵(자구병) 藉田(자전)
作	지을 작	ノ イ 亻 仁 作 作 作	亻-5획	作故(작고) 作況(작황) 作戲(작희)

昨	ㅣ 冂 日 昨 昨 昨 昨	日－5획	再昨日(재작일)
지날 작(어제 작)			
酌	一 冂 酉 酉 酌 酌 酌	酉－3획	酌量(작량) 酌飮(작음) 酌定(작정)
따를 작(짐작할 작)			
爵	爫 爫 爫 爵 爵 爵 爵	爪－14획	爵祿(작록) 爵服(작복) 爵號(작호)
벼슬 작			
綽	幺 糸 糸 糸 綽 綽 綽	糸－8획	綽綽(작작)
너그러울 작			
勺	丿 勹 勺	勹－1획	勺藥(작약) 勺飮(작음)
구기 작			
灼	丶 丶 丷 灯 灯 灼 灼	火－3획	灼裂(작렬) 灼熱(작열)
사를 작			
炸	丶 丷 火 炸 炸 炸 炸	火－5획	炸裂(작렬) 炸發(작발)
터질 작			
芍	丶 卝 芍 芍 芍	＋＋－3획	芍藥(작약) 芍藥花(작약화)
함박꽃 작			
嚼	口 吖 吖 嚼 嚼 嚼 嚼	口－18획	詛嚼(저작) 咀嚼筋(저작근)
씹을 작			
鵲	一 昔 昔 鵲 鵲 鵲 鵲	鳥－8획	鵲語(작어) 烏鵲橋(오작교)
까치 작			
雀	丿 小 少 少 雀 雀 雀	隹－3획	冠雀(관작) 孔雀(공작) 麻雀(마작)
참새 작			

殘 남을 잔(해칠 잔, 모질 잔)	フ ヌ ゔ ゔ ゔ 殘 殘							歹-8획	骨肉相殘(골육상잔) 同族相殘(동족상잔)
棧 잔도 잔	一 十 栈 栈 栈 栈 棧							木-8획	棧橋(잔교) 棧道(잔도)
盞 잔 잔	ノ ヽ 戋 烖 戔 戔 盞							皿-8획	茶盞(다잔) 金盞(금잔)
暫 잠깐 잠	一 亘 車 斬 斬 暫 暫							日-11획	暫間(잠간) 暫時(잠시)
潛 숨길 잠(자맥질 할 잠)	氵 氵 氵 氵 潎 潛 潛							氵-12획	潛伏(잠복) 潛跡(잠적) 潛寂(잠적)

한자속담

慣熟之斧 乃傷厥跗(관숙지부 내상궐부)
믿는 도끼에 발등 찍힌다.(친한 사람에게 해를 입었을 때 쓰는 말)

瞽非不瞽 謂瞽則怒(고비불고 위고즉노)
눈먼 소경더러 눈멀었다 하면 성낸다.(누구나 자기의 단점을 말하면 싫어한다는 말)

勸買賣 鬪則解(권매매 투즉해)
흥정은 붙이고 싸움은 말려야 한다.(좋은 일은 권하고 나쁜 일은 말려야 한다는 말)

久坐之鳥 帶箭(구좌지조 대전)
오래 앉으면 새도 살을 맞는다.(적당한 때에 물러나지 않으면 마침내 화를 입는다는 말)

葛之覃兮 必有限兮(갈지담혜 필유한혜)
뻗어 가는 칡도 한계가 있다.(무엇이든지 그 한계가 있다는 말)

觀美之餌 啗之亦美(관미지이 담지역미)
보기 좋은 떡이 먹기도 좋다.(겉 모양이 좋으면 내용도 좋다는 말)

農夫餓死 枕厥種字(농부아사 침궐종자)
농사꾼이 굶어 죽어도 종자는 베고 죽는다.(농민은 종자를 소중히 한다는 말)

한자	필순	부수-획수	예
蠶 누에 **잠**	一 年 秫 簪 簪 蠶 蠶 蠶	虫-18획	蠶架(잠가) 蠶農(잠농) 蠶織(잠직)
箴 바늘 **잠**	竺 竻 竻 箿 箴 箴 箴	竹-9획	箴諫(잠간) 箴言(잠언)
簪 비녀 **잠**	竺 竺 竺 笅 筬 筬 簪	竹-12획	簪纓(잠영) 玉簪花(옥잠화)
雜 섞일 **잡**	一 亢 亲 刹 刹 雜 雜	隹-10획	雜客(잡객) 雜穀(잡곡) 雜菜(잡채)
丈 길 **장**(어른 장)	一 ナ 丈	一-2획	丈家(장가) 丈母(장모) 丈祖(장조)
壯 씩씩할 **장**	丨 爿 爿 爿 壯 壯 壯	士-4획	壯觀(장관) 壯烈(장렬) 壯丁(장정)
長 길 **장**(어른 장)	丆 丆 巨 巨 長 長 長	長-0획	長脚(장각) 長距離(장거리) 長髮(장발)
莊 별장 **장**(장중할 장)	艹 艹 芹 莊 莊 莊	++-7획	莊潔(장결) 莊敬(장경) 莊園(장원)
章 글 **장**	亠 立 咅 咅 音 章 章	立-6획	章擧(장거) 章牘(장독) 章奏(장주)
帳 장막 **장**(치부책 장)	冂 巾 忦 帳 帳 帳 帳	巾-8획	帳幕(장막) 帳簿(장부) 帳幅(장폭)
張 고칠 **장**(베풀 장)	一 弓 弘 弨 張 張 張	弓-8획	張燈(장등) 張本(장본) 張皇(장황)

한자	획순	부수-획수	예시 단어
將 장수 장(장차 장)	丨 爿 扩 扩 胙 將 將	寸-8획	將軍(장군) 將帥(장수) 將次(장차)
掌 맡을 장(손바닥 장)	〃 ᠅ 尚 尚 堂 堂 掌	手-9획	掌匣(장갑) 掌管(장관) 掌紋(장문)
葬 장사지낼 장	十 艹 莽 茐 茐 葬 葬	++-9획	葬禮(장례) 葬儀社(장의사) 葬祭(장제)
場 마당 장	一 土 圩 圯 坦 場 場	土-9획	場面(장면) 場所(장소) 場打令(장타령)
粧 단장할 장	丷 丷 米 籿 籿 粧 粧	米-6획	粧漏(장루) 粧面(장면) 粧飾(장식)
裝 꾸밀 장	丬 爿 壯 壯 裝 裝 裝	衣-7획	裝備(장비) 裝飾(장식) 裝置(장치)
腸 창자 장	刀 月 肝 肝 腭 腸 腸	月-9획	腸斷(장단) 腸腎(장신) 腸癰(장옹)
獎 권면할 장	丬 爿 壯 壯 將 將 獎	大-11획	獎勸(장권) 獎勵(장려) 勸獎(권장)
障 막을 장	阝 阝 阝 阼 陪 陪 障	阝-11획	障壁(장벽) 障碍(장애) 障害(장해)
藏 감출 장	十 艹 芧 菥 菥 藏 藏	++-14획	藏匿(장닉) 藏府(장부) 藏閉(장폐)
臟 오장 장	月 肝 肝 臓 臟 臟 臟	月-18획	臟器(장기) 臟毒(장독) 臟腑(장부)

한자	획순	부수-획수	용례
墻 담 장(牆과 同字)	圵 圵 圵 墇 墇 墻 墻	土-13획	墻壁(장벽) 墻外(장외) 越墻(월장)
仗 무기 장	丿 亻 仁 什 仗	亻-3획	仗勢(장세) 仗衛(장위) 仗義(장의)
匠 장인 장	一 コ ア ア 圧 匠	ㄷ-4획	巨匠(거장) 工匠(공장) 金匠(금장)
庄 농막 장(평평할 팽, 莊의 속자)	` 广 广 庄 庄	广-3획	莊嚴(장엄) 別莊(별장) 山莊(산장)
杖 지팡이 장	一 十 才 木 朾 杖	木-3획	儀仗隊(의장대) 賊反荷杖(적반하장)
檣 돛대 장	柞 柞 檣 檣 檣 檣 檣	木-13획	檣竿(장간) 檣樓(장루)
漿 미음 장	丬 丬 壯 牂 將 將 漿	水-11획	漿果(장과) 漿水(장수)
獐 노루 장	丿 犭 犭 犷 犷 獐 獐	犭-11획	獐角(장각) 獐鹿(장록) 走獐落兎(주장락토)
璋 반쪽 홀 장	二 三 王 玙 玙 璋 璋	王-11획	弄璋之慶(농장지경) 左右奉璋(좌우봉장)
蔣 줄 장	艹 艹 萡 蔣 蔣 蔣 蔣	++-11획	蔣茅(장모) 蔣介石(장개석)
薔 장미 장(물여뀌 색)	艹 艹 茊 薔 薔 薔 薔	++-13획	薔薇(장미) 薔物(색물)

한자	훈음	부수-획수	예
醬	젓갈 장	酉-11획	醬類(장류) 淸麴醬(청국장) 無醬嗜羹(무장기갱)
才	재주 재	才-0획	才幹(재간) 才能(재능) 才弄(재롱)
在	있을 재	土-3획	在庫品(재고품) 在籍(재적) 在職(재직)
再	거듭 재	冂-4획	再嫁(재가) 再建(재건) 再訴(재소)
災	재앙 재	火-3획	災難(재난) 災變(재변) 災殃(재앙)
材	재목 재(재능 재)	木-3획	敎材(교재) 棟梁之材(동량지재)
哉	어조사 재	口-6획	哉生明(재생명) 哉生魄(재생백)
宰	재상 재(주관할, 다스릴)	宀-7획	宰木(재목) 宰相(재상) 黑衣宰相(흑의재상)
栽	심을 재	木-6획	栽培(재배) 栽植(재식)
財	재물 재	貝-3획	財界(재계) 財團(재단) 財閥(재벌)
裁	결단할 재(마를 재)	衣-6획	裁決(재결) 裁斷(재단) 裁縫(재봉)

한자	훈음	필순	부수-획수	예시 단어
載	실을 재	十 土 吉 車 載 載 載	車-6획	載送(재송) 載籍(재적) 載積(재적)
滓	찌끼 재	氵 氵 氵 泞 淬 淬 滓	氵-10획	滓濁(재탁) 殘滓(잔재)
齋	재계할 재(상복 자)	亠 宀 斺 斺 斋 齊 齋	齊-3획	齋衰(재쇠) 書齋(서재)
爭	다툴 쟁	丿 爫 爫 凸 垂 垂 爭	爪-4획	爭點(쟁점) 爭奪(쟁탈) 鬪爭(투쟁)
錚	쇳소리 쟁	丿 牟 金 釒 鈩 鈩 錚	金-8획	錚盤(쟁반) 錚錚(쟁쟁)
低	낮을 저	丿 亻 亻 仁 仟 低 低	亻-5획	低級(저급) 低廉(저렴) 低劣(저열)
底	밑 저	亠 广 户 庀 庀 底 底	广-5획	底流(저류) 底邊(저변) 底意(저의)
抵	맞닥뜨릴 저(거스를 저)	扌 扌 扌 扩 扚 抵 抵	扌-5획	抵當(저당) 抵觸(저촉) 抵抗(저항)
沮	막을 저	丶 丶 氵 氿 汨 沮 沮	氵-5획	沮止(저지) 沮害(저해)
著	나타날 저(붙을 착)	艹 艹 茾 芌 荖 著	艹-9획	著根(저근) 著帽(저모) 著港(저항)
貯	쌓을 저	冂 目 貝 貝 貯 貯 貯	貝-5획	貯穀(저곡) 貯藏(저장) 貯蓄(저축)

한자	훈·음	필순	부수-획수	예
咀	씹을 저	ㅣ ㄇ ㅁ 미 미 맥 咀	口-5획	咀嚼(저작) 咀呪(저주)
狙	원숭이 저	ノ ㇀ ㇀ 犯 犯 狙 狙	犭-5획	狙擊(저격) 狙公(저공)
箸	젓가락 저	⺮ 竺 笑 笑 箸 箸 箸	竹-9획	箸筒(저통) 銀匙箸(은시저)
猪	돼지 저	㇀ ㇀ 犭 狆 狆 狆 猪	犭-9획	猪肉(저육) 猪突(저돌)
詛	저주할 저	㇐ ㇀ 言 訂 訂 詛 詛	言-5획	詛嚼(저작) 詛呪(저주)
躇	머뭇거릴 저	ㅁ 足 趴 跦 跦 踌 躇	足-13획	躊躇(주저) 躊躇躊躇(주저주저)
邸	집 저	㇐ ㇄ ㇄ 氏 氏 氐 邸	阝-5획	邸宅(저택) 邸下(저하) 私邸(사저)
觝	닥뜨릴 저	⺈ 角 角 舠 舠 觝	角-5획	觝觸(저촉) 觝塚(저총)
赤	붉을 적	㇐ 十 土 ㇏ 亦 亦 赤	赤-0획	赤脚(적각) 赤狗(적구) 赤貧(적빈)
的	적실할 적(과녁 적)	ノ 竹 竹 白 白 的 的 的	白-3획	的當(적당) 的否(적부) 的確(적확)
寂	고요할 적	㇀ 宀 宀 宇 宇 宋 寂	宀-8획	寂寞(적막) 寂滅(적멸) 寂廖(적요)

笛 피리 적	⺮ ⺮ 竻 竻 竻 笛						竹-5획		笛聲(적성) 警笛(경적) 汽笛(기적)
跡 발자취 적	�013 口 무 무 跂 跡 跡						足-6획		跡捕(적포) 龜文鳥跡(귀문조적)
賊 도둑 적	刂 日 賏 馻 賦 賊 賊						貝-6획		賊警(적경) 賊黨(적당) 賊匪(적비)
滴 물방울 적	氵 氵 氵 渧 滴 滴 滴						氵-11획		餘滴(여적) 硯滴(연적)
摘 딸 적(들출 적)	扌 扌 扩 护 挀 摘 摘						扌-11획		摘發(적발) 摘要(적요) 摘載(적재)
適 알맞을 적(갈 적)	亠 丷 商 商 商 滴 滴 適						辶-11획		適格(적격) 適應(적응) 適切(적절)
敵 원수 적	亠 丷 商 商 敵 敵 敵						攵-11획		敵愾(적개) 敵對(적대) 敵陣(적진)
積 쌓을 적	千 禾 秆 秸 積 積 積						禾-11획		積穀(적곡) 積極(적극) 積載(적재)
績 공 적(길쌈할 적)	幺 糸 糹 結 結 績 績						糸-11획		績女(적녀) 績紡(적방) 績效(적효)
蹟 자취 적	口 무 무 跬 跻 踕 蹟						足-11획		繼蹟(계적) 奇蹟(기적) 名勝古蹟(명승고적)
籍 문서 적	⺮ 竻 笨 筹 籍 籍 籍						竹-14획		籍沒(적몰) 籍甚(적심) 籍田(적전)

한자	필순	부수	용례
嫡 정실 적	女 女 女' 女'' 女立 女商 嫡	女-11획	嫡子(적자) 嫡庶(적서) 嫡室(적실)
狄 오랑캐 적	ノ 犭 犭 犭 犭' 犭火 狄	犭-4획	狄人(적인) 北狄(북적)
謫 귀양갈 적(꾸짖을 적)	亠 言 言 訁 訁 訁商 謫	言-11획	謫仙(적선) 謫所(적소)
迹 자취 적	亠 亣 亦 亦 迹 迹 迹	辶-6획	警迹(경적) 舊迹(구적)
田 밭 전	丨 冂 日 田 田	田-0획	田穀(전곡) 田畓(전답) 田獵(전렵)
全 온전할 전	ノ 入 仝 仝 全 全	入-4획	全國(전국) 全局(전국) 全貌(전모)
典 법 전	丨 冂 曲 曲 曲 典 典	八-6획	典據(전거) 典當(전당) 典籍(전적)
前 앞 전	丶 丷 䒑 前 前 前 前	刂-7획	前科(전과) 前立腺(전립선) 前奏(전주)
展 펼 전	コ 尸 屏 屏 屏 展 展	尸-7획	展開(전개) 展覽會(전람회) 展望(전망)
專 오로지 전	一 亩 亩 由 車 專 專	寸-8획	專決(전결) 專權(전권) 專屬(전속)
電 전기 전(번개 전)	一 二 雨 雨 雨 雷 電	雨-5획	電車(전거) 電擊(전격) 電報(전보)

傳	イ イ′ イ巨 侮 傳 傳	イ-11획	傳喝(전갈) 傳敎(전교) 傳播(전파)
전할 전			
殿	⁷ ⼫ 屈 展 殿 殿	殳-9획	坤殿(곤전) 宮殿(궁전)
대궐 전(큰 집, 후군 전)			
錢	╱ 牟 金 釤 錢 錢 錢	金-8획	錢喝(전갈) 錢穀(전곡) 錢幣(전폐)
돈 전			
戰	⼞ ⼞⼞ 罒 甼 單 戰 戰	戈-12획	戰車(전거) 戰局(전국) 戰況(전황)
싸움 전			
轉	⼕ 百 斬 輀 軸 轉 轉	車-11획	轉落(전락) 轉報(전보) 轉轍(전철)
옮길 전(구를 전)			
剪	⼉ 兰 芦 前 前 剪 剪	刀-9획	剪斷(전단) 剪枝(전지)
가위 전(翦의 俗字)			
塡	土 圤 圤 坰 埴 塡 塡	土10획	塡補(전보) 塡塞(전색) 塡差(전차)
메울 전			
奠	八 公 酋 酋 酋 奠 奠	大-9획	奠居(전거) 奠雁(전안) 遣奠(견전)
제사지낼 전			
廛	⼀ 广 庐 庐 庫 廎 廛	广-12획	廛鋪(전포) 廛房(전방) 鐵物廛(철물전)
가게 전			
悛	⼂ ⼂⼂ ⼂ 忄 忄 悛 悛	忄-6획	悛心(전심) 悛容(전용) 改悛(개전)
고칠 전			
栓	⼀ ⼗ 木 栌 栓 栓 栓	木-6획	給水栓(급수전) 消火栓(소화전)
나무못 전			

한자	필순	부수-획수	단어
氈 모전 전	亠 宀 宀 宙 亶 氊 氈	毛-13획	氈帽(전모) 毛氈(모전)
澱 앙금 전	氵 沪 沪 浭 浭 澱 澱	氵-13획	澱粉(전분) 沈澱(침전)
煎 달일 전	亠 广 芐 首 前 前 煎	灬-9획	煎餅(전병) 酒煎子(주전자) 花煎(화전)
甸 경기 전	丶 勹 勹 甸 甸 甸 甸	田-2획	甸服(전복) 甸役(전역)
癲 미칠 전	广 疒 疒 痹 癲 癲 癲	疒-19획	癲癎(전간) 癲狂(전광)
箋 찌지 전	竺 竺 笺 笺 笺 箋 箋	竹-8획	箋註(전주) 處方箋(처방전)
箭 화살 전	丿 𠂉 竹 笁 筲 筲 箭	竹-9획	箭筒(전통) 火箭(화전)
篆 전자 전	竺 竺 笁 笁 篆 篆 篆	竹-9획	篆書(전서) 篆刻(전각)
纏 얽힐 전	幺 糸 紵 緾 纏 纏 纏	糸-15획	纏帶(전대) 纏着(전착)
輾 구를 전	日 車 軒 輒 輾 輾 輾	車-10획	輾轉(전전) 輾轉反側(전전반측)
銓 저울질할 전	人 上 牟 金 釒 鈴 銓	金-6획	銓注(전주) 銓衡(전형)

한자	훈음	필순	부수-획수	예
顚	꼭대기 전	一 七 片 盲 盲 眞 顚 顚	頁-10획	顚末(전말) 顚冥(전명) 顚覆(전복)
顫	떨릴 전	亠 亩 卤 曺 亶 顫 顫	頁-13획	顫動(전동) 顫聲(전성) 顫筆(전필)
餞	전별할 전	𠂉 𠂤 𠆢 𠆢 飠 餞 餞	食-8획	餞別(전별) 餞送(전송)
切	간절할 절(끊을 절, 모두 체)	一 七 切 切	刀-2획	切感(절감) 切開(절개) 切斷(절단)
折	꺾을 절	一 十 扌 扩 折 折 折	扌-4획	折傷(절상) 折枝(절지) 折衝(절충)
竊	훔칠 절(도둑, 몰래 절)	穴 窃 窃 窃 竊 竊	穴-17획	竊盜(절도) 竊取(절취) 剽竊(표절)
絶	끊을 절	𠃋 幺 糸 糽 �絶 絶	糸-6획	絶景(절경) 絶妙(절묘) 絶壁(절벽)
節	마디 절(절약할 절)	𠆢 𥫗 笻 笻 節 節 節	竹-9획	節減(절감) 節儉(절검) 節約(절약)
截	끊을 절	十 土 𡗝 雀 截 截 截	戈-10획	截斷(절단) 截腸決戰(절장결전)
占	차지할 점(점 점)	丨 卜 占 占 占	卜-3획	占據(점거) 占卦(점괘) 占筮(점서)
店	가게 점	一 广 广 庁 店 店 店	广-5획	店幕(점막) 店房(점방) 店鋪(점포)

한자	획순	부수-획수	예시
漸 점점 점	氵沪沪沪津漸漸	氵-11획	漸漸(점점) 漸次(점차)
點 수효 점(점 점)	口甲里黑黒點點	黑-5획	點檢(점검) 點考(점고) 點染(점염)
粘 끈끈할 점	丷半料料粘粘	米-5획	粘膜(점막) 粘液(점액)
霑 젖을 점	一广雨霏霏霑霑	雨-8획	霑潤(점윤) 均霑(균점)
接 맞을 접(사귈 접)	扌扌扩护接接接	扌-8획	接客(접객) 接境(접경) 接脣(접순)
蝶 나비 접	口虫虫虫蛐蝶蝶	虫-9획	蝶夢(접몽) 蝶舞(접무) 蝶蠶(접잠)
丁 네째천간 정(고무래 정)	一丁	一-1획	丁寧(정녕) 丁夫(정부) 丁夜(정야)
井 우물 정	一二圭井	二-2획	井間(정간) 井底蛙(정저와) 井華水(정화수)
正 바를 정	一丁下正正	止-1획	正鵠(정곡) 正月(정월) 正直(정직)
呈 드릴 정	丨口口므므무呈	口-4획	呈上(정상) 贈呈(증정) 獻呈(헌정)
廷 조정 정	丿千千壬廷廷廷	廴-4획	廷辯(정변) 廷爭(정쟁) 廷諍(정쟁)

한자	훈음	필순	부수-획수	단어
定	정할 정	` 宀 宁 宇 定 定	宀-5획	定價(정가) 定界碑(정계비) 定款(정관)
征	칠 정	ノ ク 彳 彳 征 征 征	彳-5획	征伐(정벌) 征服(정복) 征稅(정세)
亭	정자 정(곧을 정)	亠 古 古 亭 亭 亭 亭	亠-7획	亭閣(정각) 亭子(정자)
貞	곧을 정	卜 占 占 貞 貞 貞	貝-2획	貞幹(정간) 貞潔(정결) 貞淑(정숙)
政	정사 정	丁 干 正 正 正 政 政	攵-4획	政綱(정강) 政客(정객) 政策(정책)
訂	바로 잡을 정	一 言 言 言 言 言 訂	言-2획	訂約(정약) 訂訛(정와) 訂定(정정)
庭	뜰 정	亠 广 庐 庐 庄 庭 庭	广-7획	庭階(정계) 庭球(정구) 庭燎(정료)
頂	정수리 정	一 丁 丁 頂 頂 頂 頂	頁-2획	頂門(정문) 頂上(정상) 頂點(정점)
停	머무를 정	ノ 亻 广 信 信 信 停	亻-9획	停留(정류) 停職(정직) 停滯(정체)
偵	정탐할 정	亻 亻 忄 信 信 值 偵	亻-9획	偵察(정찰) 偵探(정탐) 探偵(탐정)
情	뜻 정	忄 忄 忄 忄 情 情 情	忄-8획	情感(정감) 情念(정념) 情趣(정취)

淨 깨끗할 정	氵氵氵淨淨淨淨	氵-8획	淨潔(정결) 淨化(정화)
程 한도 정(단위 정)	千禾利和程程程	禾-7획	程道(정도) 程度(정도) 程里表(정리표)
精 정성 정	丷半米粁精精	米-8획	精懇(정간) 精潔(정결) 精華(정화)
整 가지런할 정	日束敕敕敕敕整	攵-12획	整列(정렬) 整數(정수) 整然(정연)
靜 고요할 정	二主青青青靜靜	靑-8획	靜居(정거) 靜脈(정맥) 靜寂(정적)
艇 거룻배 정	丿刀月月舟舮艇	舟-7획	救命艇(구명정) 快速艇(쾌속정)
幀 그림 족자 정	丨冂巾帅帖帕幀	巾-9획	影幀(영정) 幀畫(정화 : 탱화)
珽 옥홀 정	二王玗玒玹珽珽	王-7획	天子搢珽(천자진정)
挺 뺄 정	扌扌扌护挺挺挺	扌-7획	挺立(정립) 挺身隊(정신대)
旌 기 정	亠方方扩扩旌旌	方-7획	旌表(정표) 旌善郡(정선군) 弓旌之所(궁정지소)
晶 밝을 정	丨冂日昌昌晶晶	日-8획	結晶(결정) 水晶(수정) 液晶(액정)

槙	一 十 木 杧 柿 柿 槙	木-9획	槙幹(정간) 基槙(기정)
광나무 정			
汀	丶 丶 氵 氵 汀	氵-2획	汀沙(정사) 汀線(정선)
물가 정			
町	丶 冂 円 田 田 町 町	田-2획	町步(정보) 町疃(정탄)
밭두둑 정			
睛	目 旷 眭 睛 睛 睛 睛	目-8획	眼睛(안정) 畵龍點睛(화룡점정)
눈동자 정			
碇	丁 石 矿 矿 矿 碇 碇	石-8획	碇泊(정박)
닻 정			
禎	二 丁 示 礻 袆 禎 禎	示-9획	禎詳(정상) 孫基禎(손기정)
상서 정			
穽	丶 宀 宀 空 空 穽 穽	穴-4획	陷穽(함정) 落穽下石(낙정하석)
허방다리 정			
鄭	台 脊 奝 奠 奠 鄭 鄭	阝-12획	鄭重(정중) 鄭氏(정씨)
나라 이름 정			
酊	一 厂 襾 西 酉 酊 酊	酉-2획	酩酊(명정) 酒酊(주정)
술취할 정			
釘	人 厶 牟 余 金 金 釘	金-2획	釘頭(정두) 押釘(압정) 竹釘(죽정)
못 정			
錠	厶 牟 余 金 釕 錠 錠	金-8획	錠劑(정제) 糖衣錠(당의정)
제기 이름 정			

한자	훈음	필순	부수-획수	예
靖	편안할 정	호 홀 圥 圥 靖 靖 靖	靑-5획	靖國功臣(정국공신) 靖難功臣(정난공신)
鼎	솥 정	目 𭹰 鼎 鼎 鼎 鼎 鼎	鼎-0획	鼎立(정립) 鐘鼎玉帛(종정옥백)
弟	제자 제(아우 제)	` ´ ゞ 当 肖 弟 弟	弓-4획	弟昆(제곤) 弟妹(제매) 弟嫂(제수)
制	법도 제(억제할, 마를 제)	` ´ ゠ 与 牛 制 制	刂-6획	制服(제복) 制壓(제압) 制覇(제패)
帝	임금 제	` ᆢ ╶ 产 产 帝 帝	巾-6획	帝國(제국) 帝位(제위) 帝政(제정)
除	덜 제(섬돌 제)	⁊ ⻖ ⻖ 阶 阶 除 除	阝-7획	除幕式(제막식) 除籍(제적) 除臭(제취)
第	차례 제(과거 제)	´ ⺮ ⺮ 竻 笁 第 第	竹-5획	第三黨(제삼당) 第五列(제오열)
祭	제사 제	⁊ 夕 夕 夗 祭 祭 祭	示-6획	祭器(제기) 祭壇(제단) 祭奠(제전)
堤	방죽 제	⼟ 圵 圵 坦 坦 坦 堤	土-9획	堤防(제방) 堤堰(제언) 防波堤(방파제)
提	내놓을 제(끌 제)	⼿ 扌 扫 押 捛 捛 提	扌-9획	提供(제공) 提起(제기) 提訴(제소)
齊	가지런할 제	⼀ 亠 亦 亦 㐮 㐮 齊	齊-0획	齊等(제등) 齊盟(제맹) 齊衰(제쇠)

製 지을 제	ノ 乍 制 製 製 製 製	衣-8획	製菓(제과) 製糖(제당) 製圖(제도)
際 가 제(사귈, 사이 제)	⻖ ⻖ ⻖ ⻖ 阡 陘 際	⻖-11획	際涯(제애) 際遇(제우) 際限(제한)
諸 모든 제	言 訁 訨 詐 詳 諸 諸	言-9획	諸客(제객) 諸經(제경) 諸彦(제언)
劑 약지을 제	亠 宀 亦 疢 痽 齊 劑	刂-14획	驅蟲劑(구충제) 麻醉劑(마취제)
濟 구제할 제(건널 제)	氵 氵 浐 浐 浐 濟 濟	氵-14획	皆濟(개제) 巨濟(거제) 經國濟世(경국제세)
題 머리말 제(제목 제)	口 日 早 是 是 題 題	頁-9획	題辭(제사) 題材(제재) 題主(제주)
啼 울 제	丨 口 叩 呫 喷 啼 啼	口-9획	啼泣(제읍) 啼鳥(제조)
悌 공경할 제	忄 忄 忄 忄 悌 悌 悌	忄-7획	悌友(제우) 孝悌忠信(효제충신)
梯 사다리 제	木 杧 杧 杧 杪 梯 梯	木-7획	梯田(제전) 階梯(계제)
蹄 굽 제	口 무 무 足 趵 踦 蹄	足-9획	奇蹄類(기제류) 獸蹄鳥跡(수제조적)
弔 조상할 조	丁 弓 弔	弓-1획	弔客(조객) 弔哭(조곡) 弔意(조의)

早	ㅣ ㄲ ㄲ 日 旦 早	日-2획	早稻(조도) 早熟(조숙) 早朝(조조)
일찍 조(새벽 조)			
兆	ノ ナ ナ 氺 兆 兆	儿-4획	兆物(조물) 兆域(조역) 兆朕(조짐)
조짐 조(조 조)			
助	ㅣ ㄲ 日 日 且 助 助	力-5획	助詞(조사) 助演(조연) 助婚(조혼)
도울 조			
造	㇐ 生 告 告 浩 浩 造	辶-7획	造端(조단) 造林(조림) 造物(조물)
지을 조			
祖	二 丁 示 衤 衦 神 祖	示-5획	祖考(조고) 祖廟(조묘) 祖師(조사)
할아비 조			
租	二 千 禾 租 租 租 租	禾-5획	租課(조과) 租稅(조세) 租借(조차)
세금 조(구실 조)			
鳥	亻 ㄲ ㄲ 户 自 鳥 鳥	鳥-0획	鳥瞰圖(조감도) 鳥獸(조수) 鳥迹(조적)
새 조			
措	㇐ ㇏ 扌 扌 扪 措 措	扌-8획	措置(조치) 措處(조처)
둘 조			
條	亻 亻 伫 攸 修 修 條	木-7획	條件(조건) 條約(조약) 科條(과조)
조목 조(가지 조)			
組	㇛ 幺 糸 紅 組 組 組	糸-5획	組閣(조각) 組織(조직) 組合(조합)
짤 조(끈 조)			
釣	㇛ 牟 牟 金 釒 釣 釣	金-3획	釣絲(조사) 始釣(시조)
낚시 조			

漢字	획순	부수-획수	어휘
彫 새길 조	ノ 刀 月 月 月 周 彫	彡-8획	彫塑(조소) 彫琢(조탁)
朝 아침 조	十 古 古 卓 軐 朝 朝	月-8획	朝飯(조반) 危若朝露(위약조로)
照 비칠 조	刀 日 昭 昭 照 照 照	灬-9획	照鑑(조감) 照度(조도) 照例(조례)
潮 조수 조	氵 氵 沪 淖 淖 潮 潮	氵-12획	干潮(간조) 高潮(고조) 防潮林(방조림)
調 가락 조(고를 조)	亠 言 言 訂 訊 調 調	言-8획	調飢(조기) 調節(조절) 調停(조정) 調整(조정)
操 지조 조(잡을 조)	扌 扌 扗 捍 捍 操 操	扌-13획	操弄(조롱) 操心(조심) 操縱(조종)
燥 마를 조	丶 火 炉 炉 燥 燥 燥	火-13획	燥渴(조갈) 燥澁(조삽) 燥濕(조습)
凋 시들 조	冫 冫 汋 汋 洞 洞 凋	冫-8획	凋落(조락) 後凋節(후조절)
嘲 비웃을 조	口 叶 咭 喳 嘑 嘲 嘲	口-12획	嘲弄(조롱) 嘲笑(조소)
曺 성 조(曹와 同字)	一 冂 冃 雨 雨 曺	日-6획	曹溪宗(조계종) 兵曺(병조)
曹 마을 조	一 冂 雨 曲 曲 曹 曹	日-7획	曹操(조조)

한자	훈음	필순	부수-획수	예
棗	대추나무 조	一 𠂔 𠂔 市 束 𣐼 棗	木-8획	棗栗梨柿(조율이시)
槽	구유 조	木 朾 栌 柙 槽 槽 槽	木-11획	浴槽(욕조) 油槽船(유조선)
漕	배로 실어나를 조	氵 沪 泄 泄 漕 漕 漕	氵-11획	漕船(조선) 漕艇(조정)
爪	손톱 조	一 厂 爪 爪	爪-0획	爪角(조각) 爪毒(조독) 爪痕(조흔)
眺	바라볼 조	目 盯 盯 眺 眺 眺 眺	目-6획	眺望(조망) 眺望權(조망권)
祚	복 조	二 丁 亓 示 礻 祚 祚	示-5획	福祚(복조) 溫祚(온조)
稠	빽빽할 조	千 禾 利 秆 稠 稠 稠	禾-8획	稠密(조밀) 奧密稠密(오밀조밀)
粗	거칠 조	丶 丶 丷 半 米 粗 粗	米-5획	粗放(조방) 粗惡(조악) 粗雜(조잡)
糟	전국 조	丶 丷 半 米 粐 糟 糟 糟	米-11획	糟糠之妻(조강지처)
繰	야청 통견 조 (고치 켤 소)	幺 纟 糸 紅 紀 繰 繰	糸-13획	繰絲(조사) 繰絹(조견)
藻	말 조	十 艹 𦭝 䓂 藻 藻 藻	⧺-16획	海藻類(해조류) 紅藻類(홍조류)

한자	쓰는 순서	부수-획수	낱말
詔 고할 조	丶 丶 訁 訁 言 訶 認 詔	言-5획	詔告(조고) 詔書(조서)
趙 나라 조	一 土 丰 走 赴 趙 趙	走-7획	趙氏(조씨) 趙光祖(조광조)
躁 성급할 조	口 吖 卫 趼 趼 踔 躁	足-13획	躁急(조급) 躁急症(조급증)
肇 칠 조	彐 尸 戶 啓 肈 肈 肇	聿-8획	肇國(조국) 肇始(조시) 肇夏(조하)
遭 만날 조	一 曲 曲 曲 曹 漕 遭	辶-11획	遭難(조난) 在任遭故(재임조고)
阻 험할 조	阝 阝 阝 阴 阳 阻	阝-5획	隔阻(격조) 阻艱(조간)
足 넉넉할 족 (발 족)	丶 口 口 무 무 무 足	足-0획	足件(족건) 足恭(족공) 足趾(족지)

나이별 한자어

生	30세: 而立(이립)	77세: 喜壽(희수)
弄璋之慶(농장지경) – 아들	40세: 不惑(불혹)	80세: 傘壽(산수)
弄瓦之慶(농와지경) – 딸	50세: 知天命(지지명)	81세: 半壽(반수)·望九(망구)
	60세: 耳順(이순)	88세: 米壽(미수)
2세-3세: 提孩(제해)	61세: 還甲(환갑)·回甲(회갑)·華甲(화갑)	90세: 卒壽(졸수)·凍梨(동리)
15세: 志學(지학)		91세: 望百(망백)
16세: 瓜年(과년)	62세: 進甲(진갑)	99세: 白壽(백수)
20세: 弱冠(약관) – 남	70세: 從心(종심)·古稀(고희)	
芳年(방년) – 여	71세: 望八(망팔)	

한자	훈음	필순	부수-획수	예
族	겨레 족	ㆍ ㅓ 方 方 扩 扩 族	方-7획	族黨(족당) 族譜(족보) 族屬(족속)
簇	조릿대 족	ㅑ ㅆ 竻 竻 笼 笿 簇	竹-11획	簇子(족자) 簇頭里(족두리)
存	있을 존	ㅓ 才 疒 存 存	子-3획	存亡(존망) 存續(존속) 存廢(존폐)
尊	높을 존	八 伶 伔 酋 酋 尊 尊	寸-9획	尊敬(존경) 尊堂(존당) 尊啣(존함)
卒	군사 졸(마칠 졸)	一 亠 产 疒 茐 立 卒	十-6획	卒倒(졸도) 卒業(졸업) 卒然(졸연)
拙	못날 졸	扌 扌 扗 扗 拙 拙 拙	扌-5획	拙訥(졸눌) 拙作(졸작)
猝	갑자기 졸	ノ 丿 犭 犷 狞 狞 猝	犭-8획	猝富(졸부) 臨時猝辦(임시졸판)
宗	종묘 종(마루 종)	丶 宀 宀 宇 宇 宗 宗	宀-5획	宗敎(종교) 宗廟(종묘) 宗旨(종지)
從	좇을 종	彳 彳 彳 彷 従 従 從	彳-8획	從僕(종복) 從姪(종질) 從橫(종횡)
終	끝날 종	丶 幺 糸 糸 終 終 終	糸-5획	終結(종결) 終境(종경) 終焉(종언)
種	씨 종(종류 종)	千 禾 禾 秆 稍 種 種	禾-9획	種鷄(종계) 種豚(종돈) 種差(종차)

綜	幺 糸 糸 綜 綜 綜 綜	糸-8획	綜合(종합) 綜合病院(종합병원)
잉아 **종**(모을 종)			
縱	幺 糸 糸 紉 縱 縱 縱	糸-11획	縱斷(종단) 縱橫(종횡) 放縱(방종)
세로 **종**(늘어질 종)			
鐘	丿 钅 钅 釒 鋅 鐘 鐘	金-12획	鐘閣(종각) 鐘鼓(종고) 鐘樓(종루)
쇠북 **종**			
慫	彳 彳 纵 從 從 慫 慫	心-11획	慫兢(종긍) 慫慂(종용)
권할 **종**			
琮	二 千 王 珡 珡 琮 琮	王-8획	琮琤(종쟁) 琮花(종화)
옥홀 **종**			
腫	月 肝 胙 胙 胙 腫 腫	月-9획	腫氣(종기) 腫脹(종창) 腦腫瘍(뇌종양)
부스럼 **종**			
踵	口 呈 呈 趵 踏 踵 踵	足-9획	踵至(종지) 接踵(접종) 比肩隨踵(비견수종)
발꿈치 **종**			
踪	口 呈 呈 趵 趵 踪 踪	足-8획	踪迹(종적) 失踪(실종)
자취 **종**			
左	一 ナ 圡 左 左	工-2획	左傾(좌경) 左計(좌계) 左顧(좌고)
왼 **좌**			
坐	丿 人 𠆢 𠈌 𠈌 坐 坐	土-4획	坐骨(좌골) 坐禪(좌선) 坐臥(좌와)
앉을 **좌**			
佐	丿 亻 仁 仕 佐 佐 佐	亻-5획	佐飯(좌반) 輔佐官(보좌관) 上佐(상좌)
도울 **좌**			

한자	훈음	필순	부수-획수	예시
座	자리 좌	一 广 广 广 座 座 座	广-7획	座談(좌담) 座右銘(좌우명) 座標(좌표)
挫	꺾을 좌	一 十 扌 扌 扌 挫 挫	扌-7획	挫氣(좌기) 挫折(좌절)
罪	허물 죄	口 罒 罒 罪 罪 罪 罪	罒-8획	罪悚(죄송) 罪迹(죄적) 罪責(죄책)
主	주인 주	丶 二 三 主 主	丶-4획	主幹(주간) 主觀(주관) 主賓(주빈)
朱	붉을 주	ノ 一 二 牛 牛 朱	木-2획	朱雀(주작) 鏡面朱砂(경면주사)
舟	배 주	ノ 丿 力 力 舟 舟	舟-0획	舟筏(주벌) 舟載(주재)
州	고을 주	丶 丿 少 州 州 州	川-3획	州郡(주군) 州閭(주려) 州縣(주현)
走	달릴 주	十 土 走 走 走 走 走	走-0획	走狗(주구) 走馬燈(주마등) 走筆(주필)
住	살 주	ノ 亻 亻 亻 仨 住 住	亻-5획	住居(주거) 住所(주소) 住宅(주택)
周	둘레 주	丿 刀 門 用 用 周 周	口-5획	周到(주도) 周密(주밀) 周邊(주변)
宙	하늘 주(집 주)	丶 宀 宀 宀 宙 宙 宙	宀-5획	宇宙(우주) 小宇宙(소우주)

注 주석할 주(물댈 주)	`丶氵氵汁汁注注	氵-5획	注力(주력) 注視(주시)
洲 대륙 주	`丶氵汋汋洲洲洲	氵-6획	三角洲(삼각주) 六大洲(육대주)
柱 기둥 주	一十十木朴朴柱柱	木-6획	琴柱(금주) 電柱(전주) 唐四柱(당사주)
奏 아뢸 주(연주할 주)	一三夫表表奏	大-6획	奏請(주청) 奏效(주효) 演奏(연주)
酒 술 주	`丶氵汋沔洒酒酒	酉-3획	酒渴(주갈) 酒宴(주연) 酒滯(주체)
株 주식 주(그루 주)	十木朴朴朴株株	木-6획	株式(주식) 守株待兎(수주대토)
珠 구슬 주(진주 주)	王王玗玗珠珠	王-6획	珠玉(주옥) 貫珠(관주) 老蚌出珠(노방출주)
晝 낮 주	一丁聿聿書書書晝	日-7획	晝間(주간) 白晝拔劍(백주발검)
週 돌 주	刀月月用周调週	辶-8획	週年(주년) 一週日(일주일)
駐 머무를 주	匚匚馬馬馬馵駐駐	馬-5획	駐箚(주차) 駐車(주차)
鑄 쇠 부어 만들 주	釒釒釒鑄鑄鑄	金-14획	鑄物(주물) 鑄造(주조) 鑄貨(주화)

한자	훈음	필순	부수-획수	용례
做	지을 주	亻 亻 什 估 做 做 做	亻-9획	做伴(주반) 做作(주작) 做作浮言(주작부언)
呪	빌 주	丶 丨 口 叩 呪 呪	口-5획	呪文(주문) 呪術(주술)
嗾	부추길 주(수), (개 부를 촉)	口 吖 吣 吣 吣 嗾 嗾	口-11획	嗾囑(주촉) 使嗾(사주)
廚	부엌 주	亠 广 庐 庐 庐 廚 廚	广-12획	廚房(주방) 庖廚(포주)
疇	밭두둑 주	田 昿 昿 畦 畦 疇 疇	田-14획	疇官(주관) 疇昔(주석) 疇人(주인)
紬	명주 주	幺 糸 糸 紤 紬 紬 紬	糸-5획	紬緞(주단) 明紬(명주)
註	주낼 주	亠 主 言 訂 訂 註 註	言-5획	註釋(주석) 脚註(각주)
誅	벨 주	亠 主 言 誅 誅 誅 誅	言-6획	誅戮(주륙) 誅殺(주살) 苛斂誅求(가렴주구)
躊	머뭇거릴 주	口 卫 足 跱 躊 躊 躊	足-14획	躊躇(주저) 躊躇躊躇(주저주저)
紂	말고삐 주	丿 幺 糸 紂 紂	糸-3획	紂王(주왕) 夏桀殷紂(하걸은주)
輳	모일 주	亠 旦 車 軒 軿 軿 輳	車-9획	輻輳(폭주) 輻輳族(폭주족)

한자	필순	부수-획수	용례
胄 맏아들 주	冂 冂 冉 冉 冑 冑 冑	冂-7획	胄孫(주손) 甲胄(갑주)
竹 대 죽	丿 ㇒ ㇄ ㇋ ㇌ 竹	竹-0획	竹筍(죽순) 松竹(송죽) 竹馬故友(죽마고우)
俊 뛰어날 준	丿 亻 亻 佟 佟 俊 俊	亻-7획	俊傑(준걸) 俊秀(준수) 俊才(준재)
准 승인할 준	冫 冫 汁 汁 汙 准 准	冫-8획	認准(인준) 批准(비준)
準 법도 준(수준기 준)	氵 氵 氵 淮 淮 淮 準	氵-10획	準則(준칙) 規準(규준) 수준기(水準器)
遵 좇을 준	八 台 酋 酋 尊 尊 遵	辶-12획	遵據(준거) 遵法(준법) 遵行(준행)
埈 가파를 준(陵과 同字)	一 土 圹 圹 坫 埈 埈	土-7획	埈嶺(준령) 埈險(준험)
峻 높을 준	丨 山 屾 峠 峠 峻 峻	山-7획	峻截(준절) 峻險(준험) 奇峻(기준)
晙 밝을 준	日 旷 旷 昣 晙 晙 晙	日-7획	晙早(준조) 晙夜(준야)
樽 술통 준	十 木 扩 朾 椔 楢 樽	木-12획	遵守(준수) 金樽(금준)
浚 깊을 준	丶 冫 氵 浐 浐 浐 浚	氵-7획	浚渫機(준설기) 浚井(준정)

한자	훈음	필순	부수-획수	용례
濬	칠 준	氵氵氵氵氵濬濬	氵-14획	濬井(준정) 濬川(준천)
竣	마칠 준	立 竑 竑竣	立-7획	竣工(준공) 竣工式(준공식)
蠢	꿈틀거릴 준	声 夫 春春春蠢蠢	虫-15획	蠢動(준동) 蠢愚(준우)
駿	준마 준	｜ Ｆ Ｆ 馬馬 駿駿	馬-7획	駿馬(준마) 駿足(준족)
中	가운데 중	＼ 冂 口 中	｜-3획	中堅(중견) 中繼(중계) 中興(중흥)
仲	중개할 중(버금 중)	ノイ 仁 仁 仲 仲	亻-4획	仲介(중개) 仲媒(중매) 仲裁(중재)
重	겹칠 중(무거울 중)	＼ 二 台 盲 車 重 重	里-2획	重金屬(중금속) 重傷(중상) 重厚(중후)
衆	무리 중	＼ 血 血 衆 衆 衆	血-6획	衆寡(중과) 衆論(중론) 衆意(중의)
卽	곧 즉	ノ 白 白 皀 皀 卽 卽	卩-7획	卽刻(즉각) 卽決(즉결) 卽興(즉흥)
櫛	빗 즐	木 栉栉栉櫛櫛櫛	木-15획	櫛比(즐비) 櫛文土器(즐문토기)
汁	즙 즙	氵氵汁	氵-2획	果汁(과즙) 生汁(생즙)

한자	쓰기 순서	부수-획수	예
茸 기울 즙(지붕 일 집)	艹 艹 甘 芽 芎 茸 茸	++-9획	茸茅(즙모) 茸繕(즙선)
症 증세 증	亠 广 疒 疒 疔 症 症	疒-5획	症勢(증세) 症情(증정) 症候(증후)
曾 거듭 증(일찍 증)	丿 八 分 份 曲 曾 曾	日-8획	曾徑(증경) 曾臣(증신) 曾往(증왕)
蒸 찔 증	艹 艹 芍 茅 蒸 蒸 蒸	++-10획	蒸氣船(증기선) 蒸溜(증류) 蒸發(증발)
增 더할 증	十 土 圹 圱 圸 增 增	土-12획	增加(증가) 增刊(증간) 增幅(증폭)
憎 미워할 증	忄 忄 忾 悄 悄 憎 憎	忄-12획	憎忌(증기) 憎愛(증애) 憎惡(증오)
證 증거 증	言 言 訔 証 証 證 證	言-12획	證據(증거) 證券(증권) 證憑(증빙)
贈 줄 증(보낼 증)	刀 目 貝 貯 貯 贈 贈	貝-12획	贈答(증답) 贈與(증여) 贈呈(증정)
之 어조사 지(갈 지)	丶 亠 之	丿-3획	之無(지무) 之子(지자) 之字路(지자로)
止 그칠 지(발 지)	丨 上 止 止	止-0획	止觀(지관) 止水(지수) 止息(지식)
支 줄 지(가를 지)	一 十 步 支	支-0획	支局(지국) 支給(지급)

只 다만 지	`丶 冂 口 尸 只`	口-2획	只管(지관) 只今(지금)支葉(지엽)
至 이를 지(지극할 지)	`一 乙 互 互 至 至`	至-0획	至高(지고) 至極(지극) 至尊(지존)
旨 맛있을 지	`丿 匕 匕 旨 旨 旨`	日-2획	甘旨奉養(감지봉양) 乘望風旨(승망풍지)
枝 가지 지	`十 才 木 木 村 杉 枝`	木-4획	枝葉(지엽) 金枝玉葉(금지옥엽)
池 못 지	`丶 丶 氵 汋 池 池`	氵-3획	乾電池(건전지) 非池中物(비지중물)
地 땅 지(자리 지)	`一 十 土 圵 地 地`	土-3획	地角(지각) 地殼(지각) 地境(지경)
志 뜻 지	`一 十 士 志 志 志`	心-3획	志望(지망) 志願(지원) 志趣(지취)
知 알 지	`丿 乀 ㇂ 矢 矢 知 知`	矢-3획	知覺(지각) 知舊(지구) 知慧(지혜)
持 가질 지	`十 才 扌 扩 拦 持 持`	扌-6획	持久力(지구력) 持論(지론)
指 가리킬 지(손가락 지)	`十 才 扌 扩 抄 指 指`	扌-6획	指貫(지관) 指南鐵(지남철) 指導(지도)
脂 기름 지	`丿 刀 月 肝 肟 脂`	月-6획	脂肪(지방) 脫脂乳(탈지유)

紙 종이 지	乙 幺 纟 糸 糸 紅 紅 紙	糸-4획	紙價(지가) 紙匣(지갑) 紙幣(지폐)
智 슬기 지	亠 二 矢 知 知 智 智	日-8획	智謀(지모) 機智(기지) 大智若愚(대지약우)
誌 기록 지	二 三 言 計 註 誌 誌	言-7획	誌面(지면) 誌文(지문) 誌友(지우)
遲 더딜 지(늦을 지)	그 尸 屍 屖 犀 遲 遲	辶-12획	遲刻(지각) 遲鈍(지둔) 遲滯(지체)
咫 길이 지	기 コ 尸 尺 咫 咫 咫	口-6획	咫尺(지척) 咫尺趾間(지척지간)
址 터 지	一 十 土 圵 圤 址 址	土-4획	寺址(사지) 城址(성지) 史蹟址(사적지)
摯 잡을 지	一 土 扌 幸 執 摯 摯	手-11획	摯拘(지구) 眞摯(진지)
祉 복 지	二 丁 示 礻 祁 祉 祉	示-4획	福祉(복지) 厚生福祉(후생복지)
肢 사지 지	丿 刀 月 肜 肚 肢 肢	月-4획	肢體(지체) 四肢(사지)
芝 지초 지	丨 十 艹 芝 芝 芝	++-4획	芝蘭之交(지란지교) 靈芝(영지)
直 곧을 직	十 广 古 肯 直 直	目-3획	直覺(직각) 直角(직각) 直屬(직속)

한자	필순	부수-획수	단어
職 직분 직(버슬 직)	耳 耳 耶 聯 睹 職 職	耳-12획	職能(직능) 職務(직무) 職銜(직함)
織 짤 직	幺 糸 糸 紓 縉 織 織	糸-12획	織耕(직경) 織物(직물) 織造(직조)
稙 일찍 심은 벼 직	二 千 禾 利 秥 稙 稙	禾-8획	稙穀(직곡) 稙禾(직화)
稷 기장 직	千 禾 秤 稆 稆 稷 稷	禾-10획	社稷壇(사직단) 宗廟社稷(종묘사직)
辰 별 진(별 신)	一 厂 厂 戶 辰 辰 辰	辰-0획	辰刻(진각) 辰宿(진숙) 辰緯(진위)
珍 보배 진	一 二 王 玽 珍 珍 珍	王-5획	珍貴(진귀) 珍技(진기) 珍羞(진수)
津 나루 진	氵 氵 氵 津 津 津	氵-6획	津液(진액) 越津乘船(월진승선)
眞 참 진	一 匕 卜 卣 直 直 眞	目-5획	眞假(진가) 眞價(진가) 眞率(진솔)
振 떨 진	扌 扌 扩 护 拆 拆 振	扌-7획	振動(진동) 振幅(진폭) 振興(진흥)
陣 진 진(줄 진)	阝 阝 阝 阿 阿 陌 陣	阝-7획	陣壘(진루) 陣法(진법) 陣地(진지)
陳 묵을 진(늘어놓을 진)	阝 阝 阝 阵 陣 陳 陳	阝-8획	陳穀(진곡) 陳畓(진답) 陳迹(진적)

한자	훈음	필순	부수-획수	단어
進	나아갈 진	亻 亻 亻 亻 隹 淮 進	辶–8획	進擊(진격) 進陟(진척) 進就(진취)
診	볼 진	丶 亠 言 言 訡 診	言–5획	檢診(검진) 聽診器(청진기)
塵	티끌 진	广 广 声 声 鹿 鹿 塵	土–11획	塵垢(진구) 塵俗(진속) 塵埃(진애)
盡	다할 진	尹 肀 聿 聿 書 盡 盡 盡	皿–9획	盡命(진명) 盡殲(진섬) 盡悴(진췌)
震	흔들릴 진(벼락, 진동 진)	广 雨 霏 霏 震 震	雨–7획	懼震(구진) 腦震蕩(뇌진탕)
鎭	진압할 진	人 金 釒 釒 鉬 鎭 鎭	金–10획	鎭邊(진변) 鎭壓(진압) 鎭慰(진위)
嗔	성낼 진	口 口 吣 嗔 嗔 嗔	口–10획	嗔言(진언) 嗔責(진책)
晋	진나라 진(晉의 俗字)	一 丆 亓 西 亚 亚 晋	日–6획	晋洲市(진주시) 晉國(진국)
疹	홍역 진	丶 广 广 疒 疒 疹 疹	疒–5획	疹粟(진속) 疹恙(진양) 疹疾(진질)
秦	벼 이름 진	三 丰 夫 表 奉 秦	禾–5획	秦鏡(진경) 又生一秦(우생일진)
姪	조카 질	ㄑ 女 女 女 妶 姪 姪	女–6획	姪婦(질부) 姪壻(질서) 姪孫(질손)

한자	훈음	필순	부수-획수	한자어
疾	병 질	一 广 疒 疒 疒 疾 疾 疾	疒-5획	疾苦(질고) 疾故(질고) 疾驅(질구)
秩	차례 질	二 千 禾 禾 秒 秒 秩 秩	禾-5획	秩滿(질만) 秩卑(질비) 秩敍(질서)
窒	막을 질	丶 宀 空 空 空 窒 窒	穴-6획	窒塞(질색) 窒息(질식) 腸窒扶斯(장질부사)
質	바탕 질	广 斤 斦 斦 斦 皆 質	貝-8획	質量(질량) 質樸(질박) 質疑(질의)
叱	꾸짖을 질	丿 冂 口 叱 叱	口-2획	叱責(질책) 叱咤(질타)
帙	책갑 질	丿 冂 巾 帙 帙 帙 帙	巾-5획	卷帙(권질) 全帙(전질)
桎	차꼬 질	十 木 杧 杯 桓 桎 桎	木-6획	桎梏(질곡) 桎檻(질함)
膣	새살 돋을 질	丿 月 月 肸 腟 腟 膣	月-11획	膣球(질구) 膣炎(질염)
跌	넘어질 질	口 罒 吊 吊 跍 跕 跌	足-5획	跌宕(질탕) 蹉跌(차질)
迭	갈마들 질	丿 丶 匸 失 失 迭 迭	辶-5획	迭日(질일) 更迭(경질)
嫉	시기할 질	乚 女 女 妒 妒 娃 娃 嫉	女-10획	嫉視(질시) 嫉逐(질축) 嫉妬(질투)

斟	卄 甚 其 甚 甚 甚 斟	斗-9획	斟酌(짐작) 斟酒(짐주)
술 따를 짐(원음;침)			
朕	丿 刀 月 肜 胪 胪 朕	月-6획	兆朕(조짐) 地朕(지짐)
나 짐			
執	十 土 立 幸 剚 執 執	土-8획	執權(집권) 執念(집념) 執拗(집요)
잡을 집			
集	亻 亣 什 佳 隼 集 集	隹-4획	集結(집결) 集散(집산) 集約(집약)
모을 집			
輯	一 日 亘 車 軯 軯 輯	車-9획	編輯(편집) 特輯(특집)
모을 집			
徵	彳 彿 彿 徍 徵 徵 徵	彳-12획	徵發(징발) 徵稅(징세) 徵兆(징조)
조짐 징(부를 징)			

◎ 三綱(삼강) ◎

君爲臣綱 : 임금은 신하의 근본이 된다.
父爲子綱 : 아버지는 자식의 근본이 된다.
夫爲婦綱 : 남편은 아내의 근본이 된다.

三綱五倫

◎ 五倫(오륜) ◎

君臣有義 : 임금과 신하의 사이에는 의리가 있어야 한다.
父子有親 : 부모와 자식 사이에는 친함이 있어야 한다.
夫婦有別 : 남편과 아내 사이에는 분별이 있어야 한다.
長幼有序 : 어른과 아이 사이에는 차례가 있어야 한다.
朋友有信 : 벗과 벗 사이에는 신의가 있어야 한다.

外柔內剛 (외유내강): 겉으로는 부드럽고 순하게 보이나 마음속은 단단하고 굳셈.

한자	훈음	필순	부수-획수	예시
懲	징계할 징	彳 彳 徨 徵 徵 懲 懲	心-15획	懲戒(징계) 懲罰(징벌) 懲役(징역)
澄	맑을 징	氵 氵 氵 氵 澄 澄 澄 澄	氵-12획	澄明(징명) 澄水(징수) 澄淸(징청)
且	구차할 차(또 차)	丨 冂 日 且	一-4획	且得(차득) 且月(차월) 且置(차치)
次	차례 차(버금 차)	丶 冫 冫 汄 次 次	欠-2획	次期(차기) 次例(차례) 幾次(기차)
此	이 차	丨 ㅏ ㅑ 止 此 此	止-2획	此岸(차안) 此後(차후) 若此若此(약차약차)
差	어긋날 차	丷 丷 丷 垈 羊 差 差	工-7획	差等(차등) 差備(차비) 差押(차압)
借	빌릴 차	丿 亻 亻 仁 仹 借 借 借	亻-8획	借款(차관) 借貸(차대) 借賃(차임)
遮	막을 차	广 户 庐 庶 庶 遮 遮	辶-11획	遮光(차광) 遮斷(차단) 遮陽(차양)
叉	깍지낄 차	乛 又 叉	又-1획	交叉(교차) 金剛夜叉(금강야차)
嗟	탄식할 차	口 口 吩 唑 唑 嗟 嗟	口-10획	嗟稱(차칭) 嗟歎(차탄)
蹉	넘어질 차	呸 呺 跊 跊 蹉 蹉 蹉	足-10획	蹉跌(차질) 蹉跎(차타)

한자	필순	부수-획수	용례
捉 잡을 착	扌 扌 扣 捉 捉 捉 捉	扌-7획	捉去(착거) 捉送(착송) 捕捉(포착)
着 붙을 착(저)	´ ᅩ 羊 羊 养 着 着	羊-6획	着用(착용) 歸着(귀착)
錯 어긋날 착(섞일 착)	ノ ᅡ 金 金 鉗 錯 錯	金-8획	錯覺(착각) 錯亂(착란) 錯誤(착오)
搾 짤 착	扌 扌 扩 搾 搾 搾 搾	扌-10획	搾取(착취) 壓搾(압착)
窄 좁을 착	´ ᄼ 宀 空 空 窄 窄	穴-5획	窄袖(착수) 窄油(착유)
鑿 뚫을 착	ᄽ 丵 丵 鏨 鏨 鑿 鑿	金-20획	鑿空(착공) 耕田鑿井(경전착정)
餐 먹을 찬	ᅡ 夕 夗 夛 夣 餐 餐	食-7획	聖餐式(성찬식) 風餐露宿(풍찬노숙)
贊 찬성할 찬(도울 찬)	´ ᅶ 先 兟 兟 替 贊	貝-12획	贊決(찬결) 贊翼(찬익)
讚 기릴 찬	ᅳ 言 誹 讃 讚 讚 讚	言-19획	讚辭(찬사) 讚揚(찬양) 讚嘆(찬탄)
撰 지을 찬	扌 扌 扣 把 撰 撰 撰	扌-12획	撰集(찬집) 新撰(신찬)
燦 빛날 찬	´ ᅲ 火 炒 炒 燦 燦	火-13획	燦爛(찬란) 燦然(찬연) 燦燦(찬찬)

한자	훈음	필순	부수/획수	예
璨	빛날 찬	二 チ 王 珍 珍 琛 璨	王-13획	璨爛(찬란) 璨瑳(찬차)
瓚	제기 찬	王 玕 玘 珏 琏 瓚	王-19획	圭瓚(규찬) 玉瓚(옥찬)
篡	빼앗을 찬	竹 筲 筲 算 算 篡	竹-10획	篡位(찬위) 篡奪(찬탈)
纂	모을 찬	丶 竹 筲 筲 算 筸 纂	糸-14획	纂修(찬수) 纂輯(찬집) 編纂(편찬)
鑽	끌 찬	人 金 釒 釱 鉗 鑘 鑽	金-19획	研鑽(연찬) 研鑽會(연찬회)
饌	반찬 찬	人 亇 飠 飹 餺 饌	食-12획	飯饌(반찬) 珍羞盛饌(진수성찬)
札	패 찰	一 十 才 木 札	木-1획	簡札(간찰) 鑑札(감찰) 改札(개찰)
刹	절 찰	丿 乂 ㄥ � 㐱 刹 刹	刂-6획	刹竿(찰간) 刹那(찰라)
察	살필 찰	宀 灾 灾 灾 穷 穿 察	宀-11획	警察(경찰) 警察署(경찰서)
擦	비빌 찰	扌 扌 扩 护 护 挼 擦	扌-14획	摩擦(마찰) 破擦音(파찰음)
參	참여할 참 (석 삼)	厶 厽 厽 夈 夈 參 參	厶-9획	參考(참고) 參拜(참배) 參酌(참작)

한자	훈음	필순	부수-획수	예시 단어
慘	참혹할 참	忄 忄 忄 忰 慘 慘 慘	忄-11획	慘劇(참극) 慘憺(참담) 慘酷(참혹)
慙	부끄러울 참	一 日 車 斬 斬 慙 慙	心-11획	慙愧(참괴) 慙死(참사) 慙悔(참회)
斬	벨 참	日 亘 車 車 斬 斬 斬	斤-7획	斬衰(참쇠) 斬新(참신)
僭	참람할 참	亻 亻 亻 僣 僣 僭 僭	亻-12획	僭濫(참람) 僭稱(참칭)
塹	구덩이 참	一 日 亘 車 斬 塹	土-11획	塹壘(참루) 塹壕(참호)
懺	뉘우칠 참	忄 忄 忄 懺 懺 懺 懺	忄-17획	懺悔(참회) 懺悔錄(참회록)
站	우두커니 설 참	亠 立 站 站 站 站 站	立-5획	車站(거참) 兵站(병참)
讒	참소할 참	言 言 訁 語 語 讒 讒	言-17획	讒訴(참소) 讒人(참인)
讖	참서 참	言 訁 訐 譏 譏 譏 讖	言-17획	讖言(참언) 圖讖(도참)
昌	창성할 창	口 口 日 昌 昌 昌 昌	日-4획	昌盛(창성) 昌朝(창조) 昌昌(창창)
倉	곳집 창	今 今 合 合 倉 倉 倉	人-8획	倉庫(창고) 營倉(영창) 彈倉(탄창)

窓 창 창	丶 宀 宀 穴 窓 窓 窓	穴-6획	窓架(창가) 窓戸紙(창호지)
唱 노래부를 창	丨 口 叩 叩 唱 唱 唱	口-8획	唱劇(창극) 唱導(창도) 唱名(창명)
創 비롯할 창	丿 𠆢 今 亝 倉 倉 創	刂-10획	創刊(창간) 創製(창제) 創造(창조)
蒼 푸를 창	丶 艹 艹 苂 苓 荞 蒼	++-10획	蒼極(창극) 蒼顔(창안) 蒼鬱(창울)
滄 푸를 창(찰 창)	丶 冫 汀 泠 滄 滄 滄	氵-10획	滄浪(창랑) 滄茫(창망) 滄波(창파)
暢 화창할 창(펼 창)	冂 日 申 甲 暘 暢 暢	日-10획	暢達(창달) 辭理明暢(사리명창)
彰 밝을 창	立 音 音 章 彰	彡-11획	表彰(표창) 表彰狀(표창장)
倡 여광대 창	亻 伵 倡	亻-7획	倡導(창도) 倡夫(창부)
娼 몸 파는 여자 창	乚 女 女 妇 娼	女-8획	娼家(창가) 娼妓(창기) 娼婦(창부)
廠 헛간 창	亠 广 广 庐 府 腐 廠	广-12획	兵器廠(병기창)
愴 슬퍼할 창	丶 忄 忄 忄 愴 愴 愴	忄-10획	愴然(창연) 愴恨(창연) 悲愴(비창)

敞 높을 창	⼁ ⺌ 冎 尙 敞	攴-8획	敞麗(창려) 高敞(고창)
昶 밝을 창	⺀ ⺊ ⺈ 永 永 昶	日-5획	和昶(화창)
槍 창 창	⼀ ⼗ ⽊ 朳 柃 栒 槍	木-10획	槍劍(창검) 竹槍(죽창) 投槍(투창)
漲 불을 창	⺡ 氵 汔 汧 涃 涃 漲	氵-11획	漲滿(창만) 漲溢(창일)
猖 미쳐 날뛸 창	⼃ ⼅ 犭 犯 猖	犭-8획	猖獗(창궐) 猖披(창피)
瘡 부스럼 창	⼇ 广 疒 疔 疹 瘖 瘡	疒-10획	瘡毒(창독) 瘡腫(창종)
脹 배부를 창	⼃ ⼅ 月 月' 胪 胪 脹	月-9획	膨脹(팽창) 熱膨脹(열팽창)
艙 선창 창	⼃ 月 月 舟 舲 舲 艙	舟-10획	艙抵(창저) 船艙(선창)
菖 창포 창	⼀ ⼗ 艹 艹 苩 菖	⺿-8획	菖蒲(창포)
菜 나물 채	⼗ 艹 艻 茆 茔 苹 菜	⺿-8획	菜根談(채근담) 菜疸(채달) 菜蔬(채소)
採 가릴 채 (캘 채)	⼿ 扌 扌 扵 扵 採 採	扌-8획	採鑛(채광) 採掘(채굴) 採取(채취)

한자	훈음	필순	부수-획수	용례
彩	채색 채(빛날 채)	彡-8획	彩料(채료) 彩飾(채식) 彩畵(채화)
埰	영지 채	土-8획	埰地(채지)
寨	울짱 채	宀-11획	寨內(채내) 木寨(목채)
蔡	거북 채	++-11획	蔡倫(채윤) 蔡濟恭(채제공)
采	캘 채	禾-1획	采色(채색) 采飾(채식) 采采(채채)
債	빚 채	亻-11획	債券(채권) 債權(채권) 債務(채무)
冊	책 책	冂-3획	冊曆(책력) 冊封(책봉) 冊欌(책장)
責	책임 책(꾸짖을 책)	貝-4획	責難(책난) 責望(책망) 責務(책무)
策	꾀 책(채찍 책)	竹-6획	策略(책략) 策勵(책려) 策定(책정)
柵	울짱 책	木-5획	木柵(목책) 鐵柵(철책)
妻	아내 처	女-5획	妻弟(처제) 妻妾(처첩) 妻兄(처형)

한자	필순	부수	단어
處 곳 처(처할 처)	⺊ ⺊ 广 虍 虖 虖 處	虍-5획	處決(처결) 處斷(처단) 處暑(처서)
悽 슬퍼할 처	⺈ ⺈ ⺁ ⺁ 悽 悽 悽	忄-8획	悽絶(처절) 悽慘(처참)
凄 쓸쓸할 처	⺀ ⺀ ⺀ ⺀ ⺀ 凄 凄	冫-8획	凄凉(처량) 凄切(처절) 悽惻(처측)
尺 자 척	⺆ ⺆ ⺆ 尺	尸-1획	尺貫法(척관법) 尺度(척도) 尺地(척지)
斥 물리칠 척(망볼 척)	⺁ ⺁ ⺁ 斥 斥	斤-1획	斥逐(척축) 斥黜(척출) 排斥(배척)
拓 열 척(박을 탁)	⺌ ⺌ ⺌ 扩 扩 拓 拓	扌-5획	拓殖(척식) 拓地(척지) 拓本(탁본)
戚 친척 척(겨레 척)	⺁ ⺁ ⺁ ⺁ 戚 戚 戚	戈-7획	戚黨(척당) 戚屬(척속) 戚姪(척질)
隻 새 한 마리 척	⺈ ⺈ ⺈ ⺈ 隹 隻 隻	隹-2획	隻手(척수) 片言隻辭(편언척사)
擲 던질 척	⺌ ⺌ ⺌ ⺌ 擲 擲 擲	扌-15획	擲柶(척사) 棄擲(기척)
滌 씻을 척	⺀ ⺀ ⺀ 滌 滌	氵-11획	滌署(척서) 洗滌器(세척기)
瘠 파리할 척	⺁ 广 广 疒 疒 疥 瘠	疒-10획	瘠骨(척골) 瘠馬(척마) 瘠薄(척박)

脊 등성마루 척	ノ 人 犭 冹 脊	月-6획	脊椎(척추) 脊椎動物(척추동물)
陟 오를 척	ß ßˈ ßˈˈ ßˈˈ ßˈˈ 陟 陟	ß-7획	進陟(진척) 三陟市(삼척시)
千 일천 천	′ 二 千	十-1획	千里眼(천리안) 千秋(천추)
川 내 천	ノ 刂 川	川-0획	川獵(천렵) 川邊(천변) 川澤(천택)
天 하늘 천	′ 二 チ 天	大-1획	天蓋(천개) 天桃(천도) 天涯(천애)
泉 샘 천	′ 白 白 白 身 身 泉	水-5획	泉脈(천맥) 泉石(천석) 泉布(천포)
淺 얕을 천	氵 汁 浅 浅 浅 淺 淺	氵-8획	寡聞淺識(과문천식) 交淺言深(교천언심)
踐 행할 천	口 马 골 武 践 践 踐	足-8획	踐踏(천답) 踐履(천리) 踐形(천형)
賤 천할 천	刂 目 貝 貶 貶 賤 賤	貝-8획	賤軀(천구) 賤待(천대) 賤微(천미)
遷 옮길 천	一 西 覀 票 器 遷 遷	辶-12획	遷怒(천노) 遷都(천도) 遷職(천직)
薦 천거할 천	一 艹 芦 芦 薦 薦 薦	++-13획	薦居(천거) 薦擧(천거) 薦拔(천발)

漢字	획순	부수-획수	어휘
喘 헐떡거릴 천	ㅁ ㅁ' 吽 吽 뺨 喘 喘	口-9획	喘氣(천기) 喘息(천식)
擅 멋대로 천	扌 扩 护 搢 揎 擅 擅	扌-13획	擅斷(천단) 擅名(천명) 擅橫(천횡)
穿 뚫을 천	` 宀 穴 空 空 穿 穿	穴-4획	穿孔(천공) 穿孔機(천공기)
闡 열 천	阝 門 門 閂 閂 闡 闡	門-12획	闡明(천명) 闡幽(천유)
釧 팔찌 천	ノ ナ トニ ゲ 숙 金 釧	金-3획	釧路(천로) 釧臂(천비)
哲 밝을 철	十 扌 扩 折 折 哲 哲	口-7획	哲理(철리) 哲學(철학)
撤 거둘 철	扌 扩 护 揹 撐 撤	手-12획	撤去(철거) 撤兵(철병) 撤收(철수)
徹 뚫을 철	彳 彳 徔 徝 徝 徸 徹	彳-12획	徹夜(철야) 徹底(철저) 徹頭徹尾(철두철미)
鐵 쇠 철	牛 金 釠 鈝 鐼 鐵 鐵	金-13획	鐵脚(철각) 鐵帽(철모) 鐵槌(철퇴)
凸 볼록할 철	丨 丨 几 几 凸	凵-3획	凸鏡(철경) 凸凹(철요) 凸花(철화)
喆 밝을 철(哲과 同字)	一 十 士 吉 哇 喆	口-9획	喆聖(철성) 羅喆(나철)

한자	훈음	필순	부수-획수	용례
澈	물 맑을 철	氵 氵 氵 渟 渟 澈 澈	氵-12획	澈底(철저) 鄭澈(정철)
綴	꿰맬 철	幺 幺 糸 紋 絅 綴 綴	糸-8획	綴字法(철자법) 書類綴(서류철)
轍	바퀴 자국 철	一 白 車 車 轄 轄 轍	車-11획	車轍馬跡(거철마적) 同歸一轍(동귀일철)
尖	뾰족할 첨	丨 小 小 少 尖 尖	小-3획	尖端(첨단) 尖尾(첨미) 尖兵(첨병)
添	더할 첨	氵 氵 沅 沃 添 添 添	氵-8획	添加(첨가) 畵蛇添足(화사첨족)
僉	다 첨	丿 人 스 合 命 僉 僉	人-11획	僉位(첨위) 僉議(첨의) 僉知(첨지)
瞻	볼 첨	目 盱 盱 睦 睦 瞻 瞻	目-13획	瞻望(첨망) 救死不瞻(구사불첨)
籤	제비 첨	竻 竻 竻 箨 箷 籤 籤	竹-17획	籤辭(첨사) 籤爪(첨조) 籤紙(첨지)
諂	아첨할 첨	言 訁 訟 訟 諂 諂 諂	言-8획	阿諂(아첨) 脅肩諂笑(협견첨소)
妾	첩 첩	丶 亠 立 立 妾 妾 妾	女-5획	妾室(첩실) 小妾(소첩)
諜	염탐할 첩	言 訁 訃 誹 誹 諜 諜	言-9획	諜者(첩자) 諜報(첩보) 間諜(간첩)

한자	필순	부수	예어
帖 표제 첩	｜ 冂 巾 帖 帖 帖	巾-5획	帖文(첩문) 寫眞帖(사진첩) 手帖(수첩)
捷 이길 첩	扌 扗 捗 捗 捷 捷 捷	扌-8획	捷徑(첩경) 奇捷(기첩) 聰慧警捷(총혜경첩)
牒 글씨판 첩	ﾉ ﾉﾞ ﾉﾞ 牒 牒 牒 牒	片-9획	請牒狀(청첩장) 通牒(통첩)
疊 겹쳐질 첩	曰 田 畱 畾 畾 畾 疊	田-17획	疊語(첩어) 萬疊靑山(만첩청산)
貼 붙을 첩	冂 月 目 貝 貝 貼 貼	貝-5획	貼付(첩부) 貼藥(첩약)
靑 푸를 청	二 丰 主 靑 靑 靑 靑	靑-0획	靑果(청과) 靑潭(청담) 靑螺(청라)
淸 맑을 청	丶 氵 氵 淸 淸 淸 淸	氵-8획	淸潔(청결) 淸凉(청량) 淸淨(청정)
晴 갤 청	冂 日 日 晴 晴 晴	日-8획	晴曇(청담) 晴明(청명) 晴耕雨讀(청경우독)
請 청할 청	二 二 言 言 請 請 請	言-8획	請謁(청알) 請邀(청요) 請託(청탁)
聽 들을 청	丆 干 耳 耵 聽 聽 聽	耳-16획	聽講(청강) 聽視(청시) 聽取(청취)
廳 관청 청	广 广 庐 庵 廳 廳 廳	广-22획	廳堂(청당) 廳事(청사) 官廳(관청)

한자	훈음	필순	부수-획수	단어
逮	쫓을 체(미칠 태)	ㄱ ㅋ ㅋ 申 隶 逮	辶-8획	逮繫(체계) 逮捕(체포) 逮夜(태야)
替	쇠퇴할 체(바꿀 체)	二 夫 夫 妹 替 替 替	日-8획	交替(교체) 馬好替乘(마호체승)
遞	갈마들 체(역말 체)	厂 厂 庐 庐 虒 遞	辶-10획	徑遞(경체) 收穫遞減(수확체감) 郵遞局(우체국)
滯	쌓일 체(막힐, 머무를 체)	氵 氵 浩 滯 滯 滯	氵-11획	滯納(체납) 滯留(체류) 遲滯(지체)
體	몸 체	吅 甲 骨 骨 骨 體 體 體	骨-13획	體腔(체강) 體臭(체취) 體恤(체휼)
締	맺을 체	幺 幺 糹 紵 紵 締 締	糸-9획	締結(체결) 結締組織(결체조직) 郊締(교체)
涕	눈물 체	氵 氵 泸 泸 涕 涕 涕	氵-7획	涕淚(체루) 涕泣(체읍)
諦	살필 체	二 言 訁 訴 諦 諦	言-9획	諦念(체념) 要諦(요체)
肖	닮을 초	ㅣ ㅣ 小 忄 肖 肖 肖	月-3획	肖似(초사) 肖像(초상)
抄	가릴 초(노략질할 초)	一 十 扌 扌 抄 抄 抄	扌-4획	抄錄(초록) 抄本(초본) 抄筆(초필)
初	처음 초	丶 ㇀ 衤 衤 衤 初 初	刀-5획	初期(초기) 初犯(초범) 初獻(초헌)

한자	뜻·음	필순	부수-획수	어휘
招	부를 초	扌扌打招招招招	扌-5획	招待(초대) 招聘(초빙) 招致(초치)
草	풀 초	艹艹 芍 芇 芦 草	++-6획	草芥(초개) 草稿(초고) 草廬(초려)
秒	초 초(까끄라기 묘)	千 利 利 秒 秒	禾-4획	秒針(초침) 分秒(분초) 秒忽(묘홀)
哨	망볼 초	口 叮 吵 哨 哨	口-7획	哨兵(초병) 哨所(초소)
焦	그을릴 초	亻 亻 什 隹 隹 焦	灬-8획	勞心焦思(노심초사) 焦眉之急(초미지급)
超	뛰어넘을 초	土 走 走 起 起 超 超	走-5획	超過(초과) 超邁(초매) 超越(초월)
礎	주춧돌 초	石 砀 砵 磋 磋 礎	石-13획	礎器(초기) 礎段(초단) 礎柱(초주)
憔	수척할 초	忄忄忭忭惟惟憔	忄-12획	憔容(초용) 憔悴(초췌)
梢	나무끝 초	一 十 オ 朮 朾 梢 梢	木-7획	梢頭(초두) 末梢神經(말초신경)
楚	모형 초	木 林 梺 梺 梺 楚 楚	木-9획	楚漢(초한) 四面楚歌(사면초가)
樵	땔나무 초	木 村 朴 桁 椎 椎 樵	木-12획	樵童(초동) 樵夫(초부)

한자	훈·음	필순	부수·획수	예어
炒	볶을 초	丶 丷 火 灯 灼 炒 炒	火-4획	炒麵(초면) 炒黑(초흑)
硝	초석 초	一 丆 石 石' 矿 硝 硝	石-7획	硝酸(초산) 硝子(초자)
礁	물에 잠긴 바위 초	石 矵 矿 矿 碓 碓 礁	石-12획	暗礁(암초) 坐礁(좌초)
稍	벼 줄기 끝 초	二 千 禾 利 秒 秒 稍	禾-7획	稍食(초식) 稍遠(초원)
蕉	파초 초	艹 艼 芢 荏 萑 萑 蕉	++-12획	芭蕉(파초) 芭蕉扇(파초선)
貂	담비 초	丶 彳 爭 爭 豸 豺 貂	豸-5획	貂蟬(초선) 續貂(속초)
醋	초 초(술 권할 작)	丆 丆 西 酉 酉 醋 醋 醋	酉-8획	醋酸(초산) 食醋(식초) 酬醋(수작)
促	재촉할 촉	丿 亻 仃 们 伊 促 促	亻-7획	促急(촉급) 促迫(촉박) 促發(촉발)
燭	촛불 촉	火 炉 炉 灼 焗 燭 燭	火-13획	燭臺(촉대) 燭淚(촉루) 燭影(촉영)
觸	범할 촉(닿을 촉)	丷 仈 角 觧 觸 觸 觸	角-13획	觸感(촉감) 觸網(촉망) 觸媒(촉매)
蜀	나라 이름 촉	罒 罒 罒 蜀 蜀 蜀 蜀	虫-7획	蜀葵(촉규) 蜀魄(촉백) 蜀體(촉체)

한자	훈음	필순	부수-획수	예시
囑	부탁할 촉	口 口¹ 吖 吧 嘱 嘱 嘱	口-21획	囑望(촉망) 囑託(촉탁)
寸	마디 촌	一 寸 寸	寸-0획	寸劇(촌극) 寸隙(촌극) 寸鐵(촌철)
村	마을 촌	一 十 木 木 村 村	木-3획	街村(가촌) 窮村僻地(궁촌벽지) 無醫村(무의촌)
忖	헤아릴 촌	丶 忄 忄 忖 忖	忄-3획	忖念(촌념) 忖度(촌탁) 村舍(촌사)
銃	총 총	亻 仁 全 金 釒 釴 銃	金-6획	銃擊(총격) 銃傷(총상) 銃砲(총포)
聰	귀 밝을 총	厂 耳 耴 耴 耴 聰	耳-11획	聰郞(총랑) 聰叡(총예) 聰悟(총오)
總	모두 총 (거느릴 총)	幺 糸 紒 納 緫 總 總	糸-11획	總括(총괄) 總督(총독) 總裁(총재)
叢	모일 총	＂ ＂＂ 业 业 丵 菐 叢	又-16획	叢論(총론) 叢書(총서)
塚	무덤 총	土 圹 圹 塚 塚 塚 塚	土-10획	塚中枯骨(총중고골) 貝塚(패총)
寵	괼 총	宀 宓 宭 宭 宭 寵 寵	宀-16획	寵兒(총아) 寵愛(총애) 寵嬖(총폐)
撮	취할 촬	扌 扝 捛 捛 撮 撮	扌-12획	撮影(촬영) 撮要(촬요) 撮土(촬토)

한자	획순	부수-획수	단어
最 가장 최	口 日 旦 므 㝢 最 最	日-8획	最少(최소) 最後通牒(최후통첩)
催 재촉할 최 (베풀 최)	亻 仁 什 俏 俏 催 催	亻-11획	催淚(최루) 催眠(최면) 催促(최촉)
崔 높을 최	丶 屮 厂 芦 芦 崔 崔	山-8획	崔氏(최씨) 崔嵬(최외)
抽 뽑을 추	扌 扌 扚 扣 抽 抽 抽	扌-5획	抽拔(추발) 抽象(추상) 抽籤(추첨)
秋 가을 추	丿 一 千 禾 禾 秋 秋	禾-4획	秋耕(추경) 秋穀(추곡) 秋扇(추선)
追 쫓을 추	亻 丆 卢 白 自 追 追	辶-6획	追擊(추격) 追悼(추도) 追跡(추적)
推 천거할 추 (밀 퇴)	扌 扌 扌 扩 扩 扏 推	扌-8획	推敲(추고) 推尋(추심) 推薦(추천)
趨 달릴 추	走 赴 赴 起 赳 趨 趨	走-10획	歸趨(귀추) 避凶趨吉(피흉추길)
醜 추할 추	冂 酉 酉 酌 酌 醜 醜	酉-10획	醜怪(추괴) 醜穢(추예) 醜態(추태)
墜 떨어질 추	阝 阝 阼 阹 隊 隊 墜	土-12획	墜落(추락) 擊墜(격추) 失墜(실추)
楸 개오동나무 추	木 杧 杧 杧 楸 楸 楸	木-9획	楸木(추목) 楸枰(추평)

한자	필순	부수-획수	용례
樞 지도리 추	木 杧 杚 柩 榧 樞	木-11획	樞機卿(추기경) 中樞(중추)
芻 꼴 추	勹 匁 匆 芻 芻 芻 芻	艸-4획	芻狗(추구) 芻秣(추말) 芻言(추언)
鄒 나라 이름 추	′ 勹 匁 芻 芻 芻ⴗ 鄒	阝-10획	鄒魯(추로) 鄒査(추사)
酋 두목 추	′ 丷 八 酋 酋 酋 酋	酉-2획	酋領(추령) 酋長(추장)
鰍 미꾸라지 추(鰌와 同字)	′ ″ 甶 魚 鮊 鮴 鰍	魚-9획	鰍魚(추어) 鰍魚湯(추어탕)
椎 몽치 추	木 朴 朴 桁 椎 椎	木-8획	脊椎(척추) 脊椎動物(척추동물)
錐 송곳 추	金 釗 釙 鉳 錐 錐	金-8획	囊中之錐(낭중지추) 方錐形(방추형)
錘 저울 추	金 釢 鈤 鉪 錘 錘	金-8획	方錘(방추) 秤錘(칭추)
鎚 쇠망치 추	金 釘 釤 鉑 鎚 鎚	金-10획	鐵鎚(철추) 鎚殺(추살)
丑 지지 축(소 축)	丁 刀 丑 丑	一-3획	丑年(축년) 丑末(축말) 丑時(축시)
畜 기를 축(가축 축)	亠 亠 玄 畜 畜 畜 畜	田-5획	畜狗(축구) 畜類(축류) 畜積(축적)

한자	필순	부수	용례
祝 빌 축	二 亍 示 初 祀 祀 祝	示-5획	祝杯(축배) 祝宴(축연) 祝砲(축포)
逐 쫓을 축	丆 豕 豕 豕 逐 逐 逐	辶-7획	逐鹿(축록) 逐條(축조) 逐斥(축척)
軸 굴대 축	亘 車 軒 軸 軸 軸	車-5획	群輕折軸(군경절축) 機軸(기축)
蓄 쌓을 축	十 艹 共 莕 莕 蓄	++-10획	蓄膿症(축농증) 蓄髮(축발) 蓄積(축적)
築 지을 축(쌓을 축)	人 竹 竺 笁 筑 筜 築	竹-10획	築堅(축견) 築臺(축대) 築造(축조)
縮 줄 축(다스릴 축)	乚 幺 糸 紵 紵 縐 縮	糸-11획	縮減(축감) 縮寫(축사) 縮刷(축쇄)
蹴 찰 축	足 跖 踦 踥 踤 蹴 蹴	足-12획	蹴球(축구) 怒蹴巖(노축암)
春 봄 춘	一 二 三 夫 春 春	日-5획	春秋(춘추) 九十春光(구십춘광)
椿 참죽나무 춘	一 十 木 栏 栋 栟 椿	木-9획	椿府丈(춘부장) 大椿之壽(대춘지수)
出 나갈 출	丨 屮 屮 出 出	凵-3획	出嫁(출가) 出擊(출격) 出勤(출근)
黜 물리칠 출	甲 日 甲 里 黑 黜 黜	黑-5획	見黜(견출) 封庫罷黜(봉고파출)

한자	훈·음	필순	부수-획수	예시 단어
充	찰 충	`丶 一 亠 云 亝 充`	儿-3획	充當(충당) 充滿(충만) 充溢(충일)
忠	충성 충	`丶 口 口 中 中 忠 忠`	心-4획	忠諫(충간) 忠僕(충복) 忠節(충절)
衷	속마음 충	`亠 亩 由 벼 벼 벼 衷`	衣-4획	衷款(충관) 衷誠(충성) 衷心(충심)
衝	부딪칠 충	`彳 彳 彿 徸 徸 種 衝`	行-9획	衝擊(충격) 衝突(충돌) 衝動(충동)
蟲	벌레 충	`口 中 虫 虵 虫 蝨 蟲`	虫-12획	蟲聲(충성) 蟲蛾(충아) 蟲齒(충치)
沖	빌 충	`氵 沪 沖`	氵-4획	沖眷(충권) 沖澹(충담) 沖積物(충적물)
悴	파리할 췌	`丶 忄 忄 忙 悴 悴 悴`	忄-8획	悴薄(췌박) 悴顔(췌안) 悴族(췌족)
萃	모일 췌	`丶 十 艹 艹 茲 茲 萃`	++-8획	萃然(췌연) 拔萃(발췌)
贅	혹 췌	`土 丰 丰 敖 敖 贅 贅`	貝-11획	贅客(췌객) 贅瘤(췌류) 贅言(췌언)
膵	췌장 췌	`月 月 胪 胪 脺 脺 膵`	月-12획	膵管(췌관) 膵液(췌액) 膵臟(췌장)
吹	불 취	`丶 口 口 叭 吹 吹 吹`	口-4획	吹奏(취주) 吹打(취타) 小吹打(소취타)

漢字	필순	부수	단어
取 취할 취	一 厂 厅 耳 耳 取 取	又-6획	取扱(취급) 取消(취소) 取材(취재)
臭 냄새 취	′ 冂 自 自 臭 臭 臭	自-4획	臭覺(취각) 臭腥(취성) 臭蝨(취슬)
就 나아갈 취	亠 亠 京 京 京 就 就	尤-9획	就眠(취면) 就業(취업) 就寢(취침)
醉 취할 취	一 冂 丙 酉 酉 酏 醉 醉	酉-8획	醉客(취객) 醉顔(취안) 醉趣(취취)
趣 뜻 취(달릴 취)	土 走 走 走 趄 趣 趣	走-8획	趣駕(취가) 趣裝(취장) 趣治(취치)
炊 불땔 취	′ ′ ′ 火 炒 炒 炊	火-4획	嫂不爲炊(수불위취) 自炊(자취)
娶 장가들 취	一 王 耳 取 取 娶 娶	女-8획	娶嫁(취가) 娶妻(취처)
翠 물총새 취	丁 刁 羽 羽 翠 翠 翠	羽-8획	翡翠(비취) 翡翠玉(비취옥)
聚 모일 취	耳 取 取 聚 聚 聚	耳-8획	聚落(취락) 聚合(취합)
脆 무를 취	月 胪 胪 胪 脆 脆	月-6획	脆弱(취약) 脆軟(취연)
側 곁 측	′ ′ 亻 侧 侧 俱 側 側	亻-9획	側近(측근) 側面(측면) 側視(측시)

測 측량할 측	`丶氵汩洇洇測測	氵-9획	測定(측정) 測候(측후) 奇怪罔測(기괴망측)
惻 슬퍼할 측	`丶忄忄悀惧惻	忄-9획	惻隱(측은) 惻然(측연)
層 층 층	尸尸屏屏屌屌層	尸-12획	層階(층계) 層臺(층대) 層厓(층애)
治 다스릴 치	`丶氵汁治治治	氵-5획	寡頭政治(과두정치) 官僚政治(관료정치)
値 값 치	丿亻伫佔值值值	亻-8획	價値(가치) 價値判斷(가치판단)
恥 부끄러워할 치	丆工耳耳耳恥恥	心-6획	恥骨(치골) 恥心(치심) 恥辱(치욕)
致 드릴 치(보낼 치)	一至至致致致	至-4획	致命傷(치명상) 致誠(치성) 致賀(치하)
置 둘 치	一冖罒罒罘罟置	罒-8획	置身(치신) 置重(치중) 置換(치환)
稚 어릴 치	二禾利利秄稚稚	禾-8획	稚筍(치순) 稚拙(치졸) 稚戲(치희)
齒 이 치(나이 치)	卜止步芷齿齒齒	齒-0획	齒莖(치경) 齒科(치과) 齒髮(치발)
侈 사치할 치	亻亻亿佟佟侈侈	亻-6획	侈心(치심) 奢侈品(사치품)

한자	훈음	필순	부수-획수	단어
峙	우뚝 솟을 치	山 山 屵 屵 峙 峙 峙	山-6획	峙立(치립) 對峙洞(대치동)
幟	기 치	ㅣ ㄇ 巾 忄 帪 幟 幟	巾-12획	旗幟(기치) 旗幟鮮明(기치선명)
熾	성할 치	` `` 丷 灯 熖 熾 熾	火-12획	熾盛(치성) 熾烈(치열)
痔	치질 치	亠 广 疒 疒 疒 痔 痔	疒-6획	痔漏(치루) 痔疾(치질) 痔核(치핵)
嗤	웃을 치	ㅁ 吣 吣 嗤 嗤 嗤	口-10획	嗤侮(치모) 嗤笑(치소)
痴	어리석을 치 (癡의 俗字)	亠 广 疒 疒 痴 疾 痴	疒-8획	痴呆(치매) 白痴(백치)
緻	밸 치	幺 幺 糸 紅 経 緻 緻	糸-9획	緻巧(치교) 緻密(치밀)
馳	달릴 치	丌 馬 馬 馬 馰 馳	馬-3획	馳突(치돌) 驅馳(구치)
則	법 칙 (곧 즉, 본받을 측)	ㅣ ㄇ 月 目 貝 貝 則	刂-7획	則道(칙도) 則效(칙효) 滿則溢(만즉일)
勅	조서 칙	一 ㅁ 申 束 剌 勅	力-7획	勅令(칙령) 勅命(칙명) 勅使(칙사)
親	친할 친 (어버이 친)	亠 立 辛 亲 新 親 親	見-9획	親睦(친목) 親屬(친속) 親狎(친압)

漢字	필순	부수	어휘
七 일곱 칠	一七	一-1획	七寶(칠보) 七旬(칠순) 七賢(칠현)
漆 옻칠할 칠	氵汁泙泱漆漆漆	氵-11획	漆夜(칠야) 漆黑(칠흑)
沈 잠길 침(성 심)	丶丶氵氵沪沙沈	氵-4획	沈漬(침지) 沈滯(침체) 與世浮沈(여세부침)
枕 베개 침	十才木木柎枕枕	木-4획	孤枕單衾(고침단금) 衾枕(금침)
侵 침노할 침	ノイ伫伊伊侵侵	亻-7획	侵略(침략) 侵犯(침범) 侵奪(침탈)
浸 번질 침(적실 침)	氵氵沪浔浔浸浸	氵-7획	浸蝕(침식) 浸水(침수)
針 바늘 침	人二牟金金金針	金-2획	針灸(침구) 針葉樹(침엽수) 針形(침형)
寢 잠잘 침	宀宀穼寑寑寢寢	宀-11획	寢臺(침대) 寢牀(침상) 寢室(침실)
砧 다듬잇돌 침	一丁石矶矴砧	石-5획	砧石(침석) 砧聲(침성) 砧杵(침저)
鍼 침 침	上牟金金釷鈛鍼	金-9획	鍼灸(침구) 鍼線(침선) 鍼術(침술)
蟄 숨을 칩	土幸幸執執蟄	虫-11획	蟄居(칩거) 蟄伏(칩복)

稱 칭찬할 칭(일컬을 칭)	二 千 禾 秒 秒 稱 稱	禾-9획	稱揚(칭양) 稱讚(칭찬) 稱託(칭탁)
秤 저울 칭	二 千 禾 秒 秒 秤 秤	禾-5획	斤秤(근칭) 我心如秤(아심여칭)
快 쾌할 쾌	ヽ ノ 忄 忄 快 快	忄-4획	快感(쾌감) 快擧(쾌거) 快擲(쾌척)
他 남 타	ノ イ 仆 仲 他	亻-3획	他關(타관) 他律(타율) 他鄕(타향)
打 칠 타	一 十 扌 扌 打	扌-2획	打擊(타격) 打倒(타도) 打撲傷(타박상)
妥 온당할 타	ノ ハ ハ 爫 爫 妥 妥	女-4획	妥結(타결) 妥當性(타당성) 妥協(타협)
墮 떨어질 타	ß ß′ ß产 陏 隋 隋 墮	土-12획	墮落(타락) 墮術(타술)
唾 침 타	口 吖 吟 吽 唾 唾	口-8획	唾棄(타기) 唾面(타면) 唾液(타액)
惰 게으를 타	ヽ ヽ 忄 忄 忙 惰 惰	忄-9획	惰氣(타기) 惰力(타력) 惰性(타성)
楕 길쭉할 타(橢와 同字)	一 十 木 木 枦 栒 楕	木-9획	楕圓(타원) 楕圓形(타원형)
舵 키 타	ノ 刀 月 舟 舟 舵 舵	舟-5획	舵手(타수) 操舵手(조타수)

한자	훈음	필순	부수-획수	용례
陀	비탈질 타	` ` ` `阝 `阝 `阼 `陀 `陀	阝-5획	阿彌陀(아미타) 阿彌陀佛(아미타불)
駝	낙타 타	`丨 `冂 `厓 `馬 `馬 `馰 `駝	馬-5획	駝鳥(타조) 駱駝(낙타)
托	밀 탁	`一 `十 `扌 `扌 `扩 `托	扌-3획	托鉢(탁발) 一蓮托生(일련탁생)
卓	높을 탁(책상 탁)	`丨 `占 `占 `卓 `卓 `卓	十-6획	卓球(탁구) 卓論(탁론) 卓越(탁월)
託	부탁할 탁	`丶 `二 `言 `言 `訁 `託 `託	言-3획	供託(공탁) 寄託(기탁) 付託(부탁)
琢	쫄 탁	`王 `王 `玌 `玚 `玚 `琢 `琢	王-8획	琢器(탁기) 琢磨(탁마) 琢玉(탁옥)
濁	흐릴 탁	`氵 `氵 `沼 `浔 `渇 `濁 `濁	氵-13획	擧世皆濁(거세개탁) 一魚濁水(일어탁수)
濯	빨래할 탁	`丶 `氵 `氵 `沪 `濯 `濯 `濯	氵-14획	執熱不濯(집열불탁) 洗濯(세탁)
擢	뽑을 탁	`扌 `扩 `拝 `挦 `擇 `擢	扌-14획	擢用(탁용) 簡擢(간탁) 拔擢(발탁)
鐸	방울 탁	`亠 `宀 `金 `釘 `鐸 `鐸 `鐸	金-13획	鐸舞(탁무) 木鐸(목탁)
炭	숯 탄	`丶 `屵 `屵 `屵 `岸 `炭 `炭	火-5획	炭坑(탄갱) 炭酸鹽(탄산염) 炭肺(탄폐)

誕 태어날 **탄**(속일 탄)	言 言 訂 訝 証 誕 誕	言-7획	誕日(탄일) 降誕(강탄)
彈 탈 **탄**(탄알 탄)	` 弓 弓' 弓" 彈 彈 彈	弓-12획	彈冠(탄관) 彈琴(탄금) 彈壓(탄압)
歎 탄식할 **탄**	艹 苩 苩 茣 歎 歎 歎	欠-11획	歎聲(탄성) 慨然歎息(개연탄식) 驚歎(경탄)
呑 삼킬 **탄**	` 二 千 天 呑	口-4획	呑聲(탄성) 呑吐港(탄토항)
坦 평평할 **탄**	一 十 土 坦 坦	土-5획	坦道(탄도) 坦懷(탄회)
憚 꺼릴 **탄**	` 忄 忄 忄 憚 憚 憚	忄-12획	忌憚(기탄) 無所忌憚(무소기탄)
灘 여울 **탄**	氵 氵 灛 漢 灘 灘 灘	氵-19획	灘聲(탄성) 玄海灘(현해탄)
綻 옷 터질 **탄**	幺 糸 綻 綻 綻 綻 綻	糸-8획	綻露(탄로) 破綻(파탄)
脫 벗어날 **탈**	刀 月 胪 胩 胩 胪 脫	月-7획	脫殼(탈각) 脫稿(탈고) 脫塵(탈진)
奪 빼앗을 **탈**	一 六 夲 奉 奪 奪 奪	大-11획	奪倫(탈륜) 奪色(탈색) 奪取(탈취)
貪 탐낼 **탐**	入 今 宀 宀 舎 貪 貪	貝-4획	貪吏(탐리) 貪慾(탐욕) 貪虐(탐학)

探 찾을 **탐**	丿 扌 扩 抒 挥 探 探	扌-8획	探聞(탐문) 探索(탐색) 探險(탐험)
耽 즐길 **탐**	一 丁 王 耳 耵 耽 耽	耳-4획	耽溺(탐닉) 耽讀(탐독)
眈 노려볼 **탐**	ㅣ 冂 冃 目 盯 盺 眈	目-4획	眈溺(탐닉) 虎視眈眈(호시탐탐)
塔 탑 **탑**	ㅣ 士 圹 扩 圤 塔 塔	土-10획	塔影(탑영) 塔尖(탑첨) 塔婆(탑파)
搭 탈 **탑**	扌 扌 扩 扩 扶 拭 搭	扌-10획	搭乘(탑승) 搭載量(탑재량)
湯 끓일 **탕**(넘어질 탕)	丶 氵 汨 沪 浔 渇 湯	氵-9획	獨蔘湯(독삼탕) 般若湯(반야탕)
宕 방탕할 **탕**	丶 宀 宀 宁 宕	宀-5획	豪宕(호탕) 豪宕不羈(호탕불기)
蕩 쓸어 버릴 **탕**	丶 艹 艿 萍 萍 蕩 蕩	⺿-12획	腦震蕩(뇌진탕) 虛浪放蕩(허랑방탕)
太 콩 **태**(클 태)	一 ナ 大 太	大-1획	太極旗(태극기) 太甚(태심) 太陰(태음)
怠 게으름 **태**	丶 厶 台 台 台 怠 怠	心-5획	怠棄(태기) 怠慢(태만) 怠傲(태오)
殆 거의 **태**(위태로울 태)	一 歹 歹 殆 殆 殆 殆	歹-5획	殆半(태반) 危殆(위태)

한자	뜻과 음	필순	부수-획수	용례
胎	아이 밸 **태**	ﾉ ﾉﾉ 月 肝 肝 胎	月-5획	胎盤(태반) 換骨奪胎(환골탈태)
泰	클 **태**(편안할 태)	一 三 夫 泰 泰 泰 泰	水-5획	泰然(태연) 恩重泰山(은중태산)
態	태도 **태**(모양 태)	厶 育 育 能 能 態 態	心-10획	態度(태도) 態勢(태세) 態臣(태신)
颱	태풍 **태**	ﾉ 几 凡 凡 風 颭 颱	風-5획	颱風(태풍) 颱風眼(태풍안)
兌	바꿀 **태**	ﾉ 八 台 台 兌	儿-5획	兌換(태환) 兌換紙幣(태환지폐)
台	별 **태**(나 이)	厶 厶 台 台 台	口-2획	台監(태감) 天台宗(천태종) 台德(이덕)
汰	사치할 **태**	丶 丶 氵 汀 汁 汰 汰	氵-4획	自然淘汰(자연도태) 雌雄淘汰(자웅도태)
笞	볼기 칠 **태**	ﾉ ﾉ ﾉ 竹 竹 笠 笞	竹-5획	笞擊(태격) 笞掠(태략) 笞刑(태형)
苔	이끼 **태**	丶 十 十 艹 苔 苔 苔	++-5획	靑苔(청태) 海苔(해태)
跆	밟을 **태**	口 罒 罒 뭅 뭅 趴 跆	足-5획	跆拳(태권) 跆拳道(태권도)
宅	집 **택**(집 댁)	丶 丶 宀 宀 宅 宅	宀-3획	宅居(택거) 宅地(택지) 宅内(댁내)

漢字	필순	부수-획수	용례
澤 은혜 택	氵氵汗汗澤澤澤	氵-13획	光澤(광택) 雨露之澤(우로지택)
擇 가릴 택	扌扌扩扞擇擇擇	扌-13획	擇交(택교) 擇良(택량) 擇言(택언)
撑 버팀목 탱	扌扌扩扩挡撑撑	扌-12획	撑中(탱중) 支撑(지탱)
攄 펼 터	扌扩扩扩攭擴攄	扌-15획	攄得(터득) 攄抱(터포)
土 흙 토	一十土	土-0획	土窟(토굴) 土臺(토대) 土着(토착)
吐 토할 토	丨冂口口吁吐	口-3획	吐露(토로) 吐絲(토사) 吐血(토혈)
兎 토끼 토 (兔의 俗字)	丿𠂉台西尹兎兎	儿-5획	兎月(토월) 兎毫(토호) 金烏玉兎(금오옥토)
討 궁구할 토 (칠 토)	丶亠言言言討討	言-3획	討究(토구) 討伐(토벌) 討賊(토적)
通 통할 통	丂マ丙甬甬涌通	辶-7획	通計(통계) 通貫(통관) 通徹(통철)
痛 아플 통	亠广疒疒疒痛痛	疒-7획	痛擊(통격) 痛駁(통박) 痛憤(통분)
統 계통 통 (거느릴 통)	纟幺糸糸紣紣統	糸-6획	統率(통률) 統緖(통서) 統帥(통수)

漢字	필순	부수	용례
慟 서럽게 울 **통**	` ´ ´ 忄 恒 恫 恫 憧 慟	忄−11획	慟哭(통곡) 慟泣(통읍)
桶 통 **통**	才 权 桁 桁 柄 桶 桶	木−7획	洋鐵桶(양철통) 休紙桶(휴지통)
筒 대롱 **통**	广 竹 竹 竹 筒 筒	竹−6획	筒狀花(통상화) 筒車(통차)
退 물러날 **퇴**	コ ヨ 艮 艮 退 退 退	辶−6획	退却(퇴각) 退校(퇴교) 退陣(퇴진)
堆 언덕 **퇴**	土 圹 圹 圹 堆 堆	土−8획	堆肥(퇴비) 堆積(퇴적) 堆積物(퇴적물)
槌 망치 **퇴**(몽둥이 추)	才 木 村 杪 柏 槌 槌	木−10획	鐵槌(철퇴) 鐵槌(철추) 槌碎(추쇄)
褪 바랠 **퇴**	礻 衤 衤 衵 裉 褪 褪	衤−10획	褪色(퇴색) 褪英(퇴영)
腿 넓적다리 **퇴**	月 月 月 肥 肥 腿 腿	月−10획	大腿部(대퇴부) 大腿骨(대퇴골)
頹 무너질 **퇴**	千 禾 秀 秃 秃 頹 頹	頁−7획	頹廢(퇴폐) 頹風(퇴풍)
投 던질 **투**	一 寸 扌 扐 扠 投 投	扌−4획	投稿(투고) 投賣(투매) 投擲(투척)
透 통할 **투**	´ 千 禾 秀 秀 透 透	辶−7획	透過(투과) 透寫(투사) 透徹(투철)

漢字	필순	부수	단어
鬪 싸울 투	丨 丨 丨丨 丨丨丨 鬥 鬪 鬪	鬥-10획	鬪鷄(투계) 鬪技(투기) 鬪爭(투쟁)
套 덮개 투	大 木 查 查 套 套 套	大-7획	常套手段(상투수단) 常套語(상투어)
妬 강새암할 투	乚 乚 女 女 如 妒 妬	女-5획	妬忌(투기) 妬視(투시)
特 특별할 특	丿 牛 牛 牛 牜 特 特	牛-6획	特價(특가) 特講(특강) 特徵(특징)
慝 사특할 특	一 匸 匽 匽 匿 匿 慝	心-11획	慝惡(특악) 邪慝(사특) 私慝(사특)
波 물결 파	丶 冫 氵 氿 沪 波 波	氵-5획	江湖煙波(강호연파) 高周波(고주파)
派 보낼 파(물갈래 파)	氵 氵 氼 沠 派 派 派	氵-6획	派遣(파견) 急派(급파) 實學派(실학파)
破 깨뜨릴 파	丆 石 砃 矿 砐 破 破	石-5획	破袴(파고) 破壞(파괴) 破碎(파쇄) 破毀(파훼)
頗 자못 파(치우칠 파)	厂 皮 皮 皮 皮 頗 頗	頁-5획	頗多(파다) 頗僻(파벽) 偏頗(편파)
罷 내칠 파(방면할 파)	冖 罒 罒 罘 胃 罷 罷	罒-10획	罷繼(파계) 罷散(파산) 罷黜(파출)
播 씨뿌릴 파	扌 扌 扩 护 挳 撟 播	扌-12획	播說(파설) 播殖(파식) 播遷(파천)

把 잡을 파(자루 파)	一 十 扌 扣 扣 扣 把	扌-4획	把握(파악) 把守兵(파수병)	
坡 고개 파	一 十 圤 圹 圷 坊 坡	土-5획	坡岸(파안) 坡州(파주)	
婆 할미 파	氵 汀 汀 波 波 婆 婆	女-8획	婆羅門(파라문) 婆心(파심) 産婆法(산파법)	
巴 땅 이름 파	丁 刀 巴 巴	己-1획	淋巴腺(임파선) 三巴戰(삼파전)	
爬 긁을 파	厂 爪 爪 爪 爪 爬 爬	爪-4획	爬蟲類(파충류) 搔爬(소파)	

濫觴 (넘칠 람, 술잔 상)

겨우 술잔에 넘칠 정도로 적은 물이란 뜻으로, 사물의 시초나 근원을 이르는 말.

공자의 제자 중에 자로라는 사람이 있었다.
그는 공자에게 사랑도 가장 많이 받았지만 꾸중도 그 누구보다 많이 듣던 제자였다. 어쨌든 그는 성
질이 용맹하고 행동이 거친 탓에 무엇을 하든 남의 눈에 잘 띄었다.
어느 날 자로가 화려한 옷을 입고 나타나자 공자는 말했다.
"양자강은 태고 때부터 깊은 민산에서 흘러내리는 큰 강이다. 그러나 그 근원은 겨우 술잔에 넘칠
정도로 적은 양의 물이었다. 그런데 그것이 하류로 내려오면 물의 양도 많아지고 흐름도 빨라져서
배를 타지 않고는 강을 건널 수가 없고, 바람이라도 부는 날에는 배조차 띄울 수 없게 된다. 이는 모
두 물의 양이 많아졌기 때문이니라."
매사는 시초가 중요하며 시초가 나쁘면 갈수록 더 심해진다는 것을 공자는 자로에게 깨우쳐주려 했
던 것이다. 이 이야기를 들은 자로는 당장 집으로 돌아가서 옷을 갈아입었다고 한다.

琵 비파 파	二 王 珏 珏 珡 珡 琵	王-8획	琵琶(비파)
芭 파초 파	丿 艹 扩 芍 苎 芭	++-4획	芭蕉(파초) 芭蕉扇(파초선)
跛 절뚝발이 파	口 口 早 로 趴 趴 跛	足-5획	跛立(파립) 跛行(파행)
愎 괴팍할 퍅	丶 忄 忄 恒 恒 愎 愎	忄-9획	剛愎(강퍅) 乖愎(괴퍅)
判 판단할 판	丿 八 公 兰 半 判 判	刂-5획	判斷(판단) 判讀(판독) 判例(판례)
板 판목 판(널빤지 판)	十 才 木 杧 扳 柝 板	木-4획	板權(판권) 板本(판본) 鋼板(강판)
版 판목 판	丿 尸 片 片 片 版 版	片-4획	版圖(판도) 版勢(판세) 版畫(판화)
販 팔 판	日 目 貝 貯 販 販 販	貝-4획	販路(판로) 販賣(판매) 販賣員(판매원)
辦 힘쓸 판	力 劧 劧 勃 辦 辦 辦	辛-9획	辦公(판공) 辦務(판무) 辦償(판상)
阪 비탈 판	丿 阝 阝 阝 阽 阪 阪	阝-4획	阪田(판전) 大阪(대판)
八 여덟 팔	丿 八	八-0획	八景(팔경) 八卦(팔괘) 八朔(팔삭)

漢字	訓音	筆順	部首-劃數	例
貝	조개 패(재물 패)	丨 冂 目 貝	貝-0획	貝殼(패각) 貝錦(패금) 貝塚(패총)
敗	패할 패(썩을 패)	冂 冃 目 貝 貯 財 敗	攵-7획	敗訴(패소) 敗走(패주) 敗頹(패퇴)
覇	으뜸 패(霸의 俗字)	襾 襾 覀 覂 覈 覉 覇	襾-13획	覇權(패권) 覇氣(패기) 覇者(패자)
佩	찰 패	丿 亻 亻 佀 佀 佩 佩	亻-6획	佩物(패물) 佩用(패용)
唄	찬불 패	口 叮 叭 明 唄 唄 唄	口-7획	唄音(패음) 唄讚(패찬) 梵唄(범패)
悖	어그러질 패	忄 忄 忄 忤 悖 悖 悖 悖	忄-7획	悖倫(패륜) 悖說(폐설) 行悖(행패)
沛	늪 패	丶 氵 氵 沪 沪 沛 沛	氵-4획	沛然(패연) 沛澤(패택)
牌	패 패	丿 广 片 牋 牌 牌 牌 牌	片-8획	男寺黨牌(남사당패) 門牌(문패) 防牌(방패)
稗	피 패	二 千 禾 秬 稗 稗 稗	禾-8획	稗官(패관) 稗說(패설)
彭	성 팽	一 十 吉 吉 吉 壹 彭	彡-9획	彭排(팽배) 彭氏(팽씨)
澎	물결 부딪는 기세 팽	氵 氵 氵 澒 澒 澎 澎	氵-12획	澎潭(팽담) 澎湃(팽배)

한자	훈음	획순							부수-획수	어휘
膨	부풀 팽	丿	刀	月	肚	胩	膨	膨	月-12획	膨滿(팽만) 膨脹(팽창)
片	한쪽 편(조각 편)	丿	丿'	片	片				片-0획	片鱗(편린) 片務(편무) 片雲(편운)
便	편할 편(오줌 변)	亻	亻一	佰	佰	佰	便	便	亻-7획	便覽(편람) 便乘(편승) 便宜(편의)
偏	치우칠 편(곁 편)	亻	亻'	伊	侷	偏	偏		亻-9획	偏僻(편벽) 偏隘(편애) 偏狹(편협)
遍	두루 편	丶	彐	户	肩	扁	㻞	遍	辶-9획	遍歷(편력) 遍散(편산) 遍布(편포)
篇	책 편(펼 편)	⺮	⺮	笁	笋	篇	篇	篇	竹-9획	篇技(편기) 篇牘(편독) 篇帙(편질)
編	엮을 편	幺	糸	糹	紵	絹	編	編	糸-9획	編隊(편대) 編削(편삭) 編綴(편철)
扁	넓적할 편	丶	厂	户	户	肩	扁	扁	戶-5획	扁桃腺(편도선) 扁然(편연) 扁舟(편주)
鞭	채찍 편	廿	苎	革	靪	鞃	鞕	鞭	革-9획	鞭擊(편격) 鞭棍(편곤) 鞭撻(편달)
騙	속일 편	𠃍	馬	馿	驴	騗	騙	騙	馬-9획	騙馬(편마) 騙取(편취)
貶	떨어뜨릴 폄	丨	冂	目	貝	貝'	貶	貶	貝-5획	貶論(폄론) 貶斥(폄척) 貶下(폄하)

한자	필순	부수	단어
平 보통 평(평평할 평)	一 ア ㇋ 二 平	干-2획	平均(평균) 平穩(평온) 平坦(평탄)
坪 평평할 평	一 十 土 圹 圹 坪 坪	土-5획	坪當(평당) 建坪(건평)
評 평론할 평	二 言 言 評 評 評	言-5획	評價(평가) 評釋(평석) 評議(평의)
萍 부평초 평	一 十 十 茳 茳 萍 萍	++-8획	浮萍草(부평초) 水萍(수평)
肺 허파 폐	刀 月 肝 肝 肝 肺 肺	月-4획	肺炎(폐렴) 肺病(폐병) 如見心肺(여견심폐)
閉 가둘 폐	丨 冂 冃 門 門 閉 閉	門-3획	閉講(폐강) 閉幕(폐막) 閉蟄(폐칩)
廢 폐할 폐	广 庁 庁 庆 廃 廢 廢	广-12획	廢棄(폐기) 廢塞(폐색) 廢墟(폐허)
蔽 가릴 폐	一 艹 苮 芇 芇 蔽 蔽	++-12획	蔽匿(폐닉) 蔽膝(폐슬) 蔽晦(폐회)
弊 폐단 폐	小 内 甬 敝 敝 弊	廾-12획	弊國(폐국) 弊政(폐정) 弊害(폐해)
幣 비단 폐	小 内 甬 敝 敝 幣 幣	巾-12획	幣物(폐물) 幣帛(폐백) 幣聘(폐빙)
斃 넘어질 폐	小 内 甬 甬 敝 斃 斃	攵-14획	集團斃死(집단폐사) 疲斃(피폐)

陛 섬돌 폐	` ㄱ ㄅ ㅂ 阝ᐟ 阼ᐟ 陛						ß-7획	陛下(폐하) 陛見(폐현)
布 펼 포	ノ ナ ナ 右 右 布						巾-2획	布敎(포교) 布袋(포대) 布施(포시 : 보시)
包 쌀 포	ノ ク 勺 匀 包						勹-3획	包括(포괄) 包攝(포섭) 包涵(포함)
抛 던질 포	扌 扌 扌 扡 扨 执 抛						扌-5획	抛棄(포기) 抛物線(포물선)
抱 안을 포	扌 扌 扌 扚 扚 扚 抱						扌-5획	抱負(포부) 抱擁(포옹) 抱懷(포회)
怖 두려워할 포	` 忄 忄 忄 忙 怖 怖						忄-5획	恐怖(공포) 恐怖心(공포심)
胞 동포 포(세포 포)	ノ 刀 月 月 肑 肑 胞						月-5획	胞宮(포궁) 胞子(포자) 胞胎(포태)
浦 물가 포	氵 氵 氵 沪 沪 洐 浦						氵-7획	浦口(포구) 龜浦(구포)
捕 잡을 포	扌 扌 扌 折 捐 捕 捕						扌-7획	捕鯨(포경) 捕捉(포착) 捕獲(포획)
砲 돌쇠뇌 포	一 丁 石 矿 矿 砲 砲						石-5획	巨砲(거포) 高射砲(고사포) 空砲(공포)
飽 배부를 포	ノ ㇒ 今 育 飣 飽 飽						食-5획	飽看(포간) 飽滿(포만) 飽和(포화)

鋪 펼 포	⺊ 牛 金 釗 銆 鋪 鋪	金-7획	典當鋪(전당포) 紙物鋪(지물포)
匍 길 포	⺈ 勹 勽 甸 匋 匍 匍	勹-7획	匍球(포구) 匍腹(포복)
咆 으르렁거릴 포	口 叫 吲 吲 吻 咆	口-5획	咆號(포호) 咆哮(포효)
哺 먹을 포	口 吓 吓 咟 哺 哺	口-7획	哺乳(포유) 含哺鼓腹(함포고복)
圃 밭 포	丨 冂 同 同 甫 甫 圃	口-7획	圃田(포전) 藥圃(약포)
庖 부엌 포	⺋ ⺁ 广 庁 庁 庖 庖	广-5획	庖人(포인) 庖廚(포주)
泡 거품 포	氵 氵 汋 泃 泃 泡	氵-5획	泡沫(포말) 氣泡(기포) 水泡(수포)
疱 천연두 포	⺁ 广 疒 疔 病 病 疱	疒-5획	疱瘡(포창) 水疱(수포)
脯 포 포	月 ⺽ 胪 胪 脯 脯	月-7획	肉山脯林(육산포림) 酒果脯醢(주과포혜)
葡 포도 포	⺿ 艹 芍 芍 荀 葡 葡	⺿-9획	乾葡萄(건포도) 山葡萄(산포도)
蒲 부들 포	丶 艹 艻 菥 蒲 蒲 蒲	⺿-10획	蒲柳之姿(포류지자) 蒲鞭之罰(포편지벌)

한자	필순	부수-획수	단어
袍 핫옷 포	ᄼ ᄼ ネ 初 初 初 袍	ネ-5획	弊袍破笠(폐포파립) 割袍斷衣(할포단의)
襃 기릴 포(줄 포, 襃의 俗字)	亠 宀 衶 褛 褒 襃	衣-9획	襃賞(포상) 襃章(포장)
逋 달아날 포	厂 𠃌 月 甫 甫 浦 逋	辶-7획	逋亡(포망) 逋脫(포탈)
鮑 절인 어물 포	ᄼ 鱼 魚 魪 魩 魩 鮑	魚-5획	管鮑之交(관포지교)
幅 폭 폭	冂 巾 巾 帽 幅 幅 幅	巾-9획	幅巾(폭건) 幅廣(폭광) 幅員(폭원)
暴 가로차갈 폭(사나울 포)	冂 日 早 昇 昱 暴 暴	日-11획	暴騰(폭등) 暴露(폭로) 暴利(폭리)
爆 폭발할 폭	火 灯 煬 煬 爆 爆 爆	火-15획	爆擊(폭격) 爆笑(폭소) 爆破(폭파)
曝 쬘 폭	日 昄 暭 瞨 暴 曝 曝	日-15획	曝書(폭서) 曝陽(폭양) 曝白(포백)
瀑 폭포 폭(소나기 포)	氵 沪 渥 渜 瀑 瀑	氵-15획	瀑布(폭포) 瀑雨(포우)
表 거죽 표(나타낼 표)	二 主 丰 表 表 表	衣-3획	表裏(표리) 表札(표찰) 表彰(표창)
票 표 표(불똥 튈 표)	厂 西 西 覀 票 票 票	示-6획	票決(표결) 票姚(표요) 投票(투표)

漢字	획순	부수	용례
漂 떠돌 표(빨래할 표)	丶 氵 沪 泗 漂 漂 漂	氵-11획	漂流(표류) 漂白(표백) 浮漂(부표)
標 표 표	十 木 栌 栖 標 標 標	木-11획	標示(표시) 標的(표적) 標識(표지)
剽 빠를 표	一 西 西 覀 栗 票 剽	刂-11획	剽掠(표략) 剽竊(표절)
杓 자루 표	一 十 木 木 杓 杓	木-3획	杓端(표단) 金眞杓(김진표)
慓 날랠 표	忄 忷 恛 恛 慓 慓 慓	忄-11획	慓毒(표독) 慓悍(표한)
豹 표범 표	⺈ ⺈ 豸 豸 豹 豹 豹	豸-3획	豹變(표변) 豹死有皮(표사유피)
飄 회오리바람 표	一 西 西 票 飄 飄 飄	風-11획	飄然(표연) 飄泊(표박)
品 물품 품	丨 口 口 品 品 品 品	口-6획	品階(품계) 品切(품절) 品種(품종)
稟 줄 품	亠 向 向 直 稟 稟 稟	禾-8획	稟性(품성) 稟議(품의)
風 바람 풍	丿 几 凡 凨 風 風 風	風-0획	風爐(풍로) 風貌(풍모) 風趣(풍취)
楓 단풍나무 풍	十 木 机 枫 楓 楓 楓	木-9획	楓林(풍림) 楓嶽(풍악)

한자	훈음	필순	부수-획수	용례
豊	풍성할 풍 (굽 놉은 그릇 례)	丶 冂 冃 曲 曲 豊 豊	豆-6획	豊滿(풍만) 豊味(풍미) 豊饒(풍요)
諷	욀 풍	訁 言 言 訊 諷 諷	言-9획	諷刺(풍자) 諷諭法(풍유법)
馮	성 풍 (탈 빙, 업신여길 빙)	冫 冫 冫 冯 冯 馮 馮	馬-2획	馮夷(풍이) 馮虛(빙허)
皮	가죽 피	丿 厂 广 皮 皮	皮-0획	皮穀(피곡) 皮膚(피부) 皮幣(피폐)
彼	저 피	彳 彳 彳 犭 犭 彼 彼	彳-5획	彼我(피아) 彼岸(피안) 彼此(피차)
疲	지칠 피	广 广 疒 疒 疒 疲 疲	疒-5획	疲竭(피갈) 疲鈍(피둔) 疲弊(피폐)
被	입을 피	礻 礻 礻 衤 衤 被 被	衤-5획	被選(피선) 被襲(피습) 被疑(피의)
避	피할 피	尸 丬 丬 丬 辟 辟 避 避	辶-13획	避難(피난) 避暑(피서) 避接(피접)
披	나눌 피	一 十 扌 扩 护 披 披	扌-5획	披瀝(피력) 披露宴(피로연)
匹	짝 필	一 丆 兀 匹	匚-2획	匹馬(필마) 匹婦(필부) 匹敵(필적)
必	반드시 필	丶 丿 必 必 必	心-1획	必讀(필독) 必須(필수) 必要(필요)

한자	훈음	필순	부수-획수	예시
畢	마칠 필	丶 口 日 畠 畠 畢 畢	田-6획	畢擧(필거) 畢納(필납) 畢婚(필혼)
筆	붓 필	丶 丶 竹 竿 笔 筆 筆	竹-6획	筆匣(필갑) 筆房(필방) 筆痕(필흔)
弼	도울 필	弓 弜 弜 弼 弼 弼 弼	弓-9획	弼成(필성) 輔弼(보필)
疋	필 필(발 소)	一 卞 下 疋 疋	疋-0획	疋緞(필단) 疋木(필목)
泌	샘물 흐르는 모양 필(비)	氵 氵 汅 泌 泌 泌	氵-5획	泌丘(필구) 泌泌(필필) 泌尿器(비뇨기)
乏	가난할 핍	丶 丶 乊 乏 乏	丿-4획	缺乏(결핍) 窮乏(궁핍) 耐乏(내핍)
逼	닥칠 핍	口 帚 帚 畐 畐 福 逼	辶-9획	逼迫(핍박) 逼眞(핍진)
下	아래 하	一 丅 下	一-2획	下降(하강) 下旬(하순) 下廻(하회)
何	어찌 하	丿 亻 亻 仁 仃 何 何	亻-5획	何如(하여) 何處(하처) 何必(하필)
河	강 이름 하	丶 氵 氵 汀 河 河 河	氵-5획	河川(하천) 大河小說(대하소설)
夏	여름 하	一 丆 兀 百 頁 夏 夏	夊-7획	夏臘(하랍) 夏服(하복) 夏安居(하안거)

荷 짐 하	一 艹 艹 荮 荷 荷 荷	++-7획	荷擔(하담) 荷船(하선) 荷役(하역)
賀 하례 하	フ カ 加 加 智 智 賀	貝-5획	賀客(하객) 賀宴(하연) 賀筵(하연)
瑕 티 하	二 干 王 玗 玗 玾 瑕	王-9획	瑕疵(하자) 白玉無瑕(백옥무하)
蝦 새우 하	中 虫 虫 虫' 虾 蚫 蝦	虫-9획	大蝦(대하) 以蝦釣鯉(이하조리)
遐 멀 하	' ア 尸 尸 段 退 遐	辶-9획	遐齡(하령) 遐鄉(하향)
霞 놀 하	一 戶 币 雨 雩 霄 霞	雨-9획	霞彩(하채) 紫霞門(자하문)
虐 사나울 학	一 广 卢 虍 虐 虐 虐	虍-3획	虐待(학대) 虐殺(학살) 虐疾(학질)
學 학문 학(배울 학)	ˊ F 印 臼 臼 學 學	子-13획	學齡(학령) 學閥(학벌) 學籍(학적)
鶴 두루미 학	一 十 卉 产 隺 鶴 鶴 鶴	鳥-10획	鶴髮(학발) 鶴翼(학익) 鶴頂(학정)
瘧 학질 학	一 广 广 疒 瘧 瘧	疒-9획	瘧氣(학기) 瘧疾(학질) 腹瘧(복학)
謔 희롱거릴 학	言 計 計 訐 誰 謔 謔	言-9획	謔笑(학소) 諧謔(해학)

한자	필순	부수-획수	단어
壑 골 학	ㆍㆍ占 岺 睿 叡 壑	土-14획	丘壑(구학) 萬壑千峯(만학천봉)
汗 땀 한	ㆍㆍ氵氵汗汗	氵-3획	汗蒸(한증) 可汗(극한) 産後發汗(산후발한)
旱 가물 한	㇑口日日旦旱旱	日-3획	旱魃(한발) 旱災(한재) 旱害(한해)
恨 뉘우칠 한(한할 한)	ㆍㆍ忄忄忄怛恨恨	忄-6획	恨鬼(한귀) 恨歎(한탄) 恨海(한해)
限 한정 한	㇇阝阝阝限限限	阝-6획	限期(한기) 限度(한도) 制限(제한)
寒 찰 한	ㆍ宀宀宋宭寒寒	宀-9획	寒乞(한걸) 寒暖(한난) 寒濕(한습)
閑 한가할 한(막을 한)	㇑尸尸門門門閑閑	門-4획	閑居(한거) 閑散(한산) 閑寂(한적)
漢 은하수 한(한나라 한)	氵汀沣沣漢漢漢	氵-11획	巨漢(거한) 國漢文(국한문) 無賴漢(무뢰한)
翰 날개 한	㇐占直卓乾翰翰	羽-10획	書翰(서한) 筆翰如流(필한여류)
韓 나라 이름 한	㇐占卓乾乾韓韓	韋-8획	韓國(한국) 韓服(한복) 韓銀(한은)
澣 빨 한	氵氵氵氵澣澣澣澣	氵-13획	澣衣(한의) 澣滌(한척) 上澣(상한)

悍 사나울 한	` ` ` ` 忄 悍 悍 悍	忄-7획	悍婦(한부) 剛悍(강한) 豪奴悍僕(호노한복)
罕 그물 한	` 冖 冖 罒 罕 罕	罒-3획	罕罔(한망) 罕種(한종) 稀罕(희한)
割 나눌 할	` 宀 宀 宝 害 害 割	刂-10획	割據(할거) 割讓(할양) 割增(할증)
轄 비녀장 할	一 戸 車 軒 軒 軒 轄	車-10획	管轄(관할) 統轄(통할)
含 머금을 함	丿 人 人 今 今 含 含	口-4획	含量(함량) 含默(함묵) 含蓄(함축)
咸 다 함	一 厂 厈 咸 咸 咸 咸	口-6획	咸池(함지) 咸集(함집) 咸興差使(함흥차사)
陷 빠질 함	` 阝 阝 阽 阽 陷 陷	阝-8획	陷溺(함닉) 陷沒(함몰) 陷穽(함정)
艦 싸움배 함	月 月 舟 舟 舮 舮 艦	舟-14획	巨艦(거함) 建艦(건함) 驅逐艦(구축함)
函 함 함	一 丆 了 邳 圅 函 函	凵-6획	函蓋(함개) 函丈(함장) 郵便函(우편함)
喊 소리 함	口 吖 咸 喊 喊 喊	口-9획	喊聲(함성) 高喊(고함) 鼓喊(고함)
檻 우리 함	木 木 杍 杍 栝 檻 檻	木-14획	檻車(함거) 檻送(함송)

漢字	필순	부수	예
涵 젖을 함	氵 氵 汀 洦 洈 涵 涵	氵-8획	涵養(함양) 意識涵養(의식함양)
緘 봉할 함	糸 糹 絎 絤 緘 緘 緘	糸-9획	緘口(함구) 謹緘(근함) 封緘葉書(봉함엽서)
銜 재갈 함	彳 彷 衎 徍 銜 銜	金-6획	名銜(명함) 姓銜(성함) 尊銜(존함)
鹹 짤 함	亠 鹵 鹵 鹵 鹵 鹹 鹹	鹵-9획	鹹苦(함고) 鹹水(함수)
合 합할 합 (홉 홉)	丿 人 스 仒 合 合	口-3획	合格(합격) 合率(합률) 合邦(합방)
盒 합 합	丿 人 스 合 含 盒 盒	皿-6획	飯盒(반합) 饌盒(찬합)
蛤 대합조개 합	口 中 虫 虫 蚊 蛤 蛤	虫-6획	大蛤(대합) 紅蛤(홍합)
陜 땅이름 합 (좁을 협)	ㄣ 阝 阝 阸 陜 陜 陜	阝-7획	陜川(합천) 陜谷(협곡)
抗 대항할 항	一 十 扌 扩 扩 抗 抗	扌-4획	抗拒(항거) 抗辯(항변) 抗戰(항전)
巷 거리 항	一 卅 卅 共 共 恭 巷	己-6획	街談巷說(가담항설) 街巷(가항)
恒 항상 항	丶 忄 忄 恒 恒 恒 恒	忄-6획	恒久(항구) 恒星(항성) 恒速(항속)

航 건널 항(배 항)	ノ ノ 舟 舟 舟 舯 航	舟-4획	航空(항공) 航路(항로) 航運(항운)
港 항구 항	シ 氵 汁 洪 洪 港 港	氵-9획	港口(항구) 開港(개항) 空港(공항)
項 조목 항	T エ エ 邛 項 項 項	頁-3획	項領(항령) 蓋項布(개항포)
亢 목 항	、 一 亠 亢	亠-2획	驕亢(교항) 心悸亢進(심계항진)
沆 넓을 항	、 丶 氵 汀 沪 沆 沆	氵-4획	沆茫(항망) 沆瀣(항해)
缸 항아리 항	ノ 匚 午 缶 缶 缸 缸	缶-3획	缸面酒(항면주) 缸硯(항연) 缸胎(항태)
肛 항문 항	ノ 刀 月 月 肛 肛 肛	月-3획	肛門(항문) 脫肛(탈항)
亥 지지 해(돼지 해)	、 一 亠 歺 歺 亥	亠-4획	亥方(해방) 亥時(해시) 亥月(해월)
害 해칠 해	、 宀 宀 宔 宔 害 害	宀-7획	害毒(해독) 害惡(해악) 害虐(해학)
奚 어찌 해	、 爫 爫 爫 奚 奚 奚	大-7획	奚若(해약) 奚特(해특)
海 바다 해	、 氵 氵 汇 汇 海 海 海	氵-7획	海洋(해양) 海溢(해일) 海賊(해적)

該 넓을 해	丶 亠 言 訁 該 該 該	言－6획	該當(해당) 該博(해박) 該處(해처)
解 풀 해	⺈ 夕 角 角 角 解 解	角－6획	解渴(해갈) 解雇(해고) 解怠(해태)
偕 함께 해	亻 仆 仆 伙 俏 偕 偕	亻－9획	偕樂(해락) 偕老(해로)
咳 어린아이 웃을 해	口 口 咛 咛 咳 咳 咳	口－6획	咳嗽(해수) 咳喘(해천)
懈 게으를 해	忄 忄 怀 懈 懈 懈 懈	忄－13획	懈惰(해타) 懈怠(해태)
楷 나무 이름 해	木 杧 杧 栉 栉 楷 楷	木－9획	楷書(해서) 楷式(해식)
諧 화할 해	言 言 詰 詰 諧 諧 諧	言－9획	諧謔(해학) 諧和(해화)
邂 만날 해	角 角 解 解 解 邂 邂	辶－13획	邂逅(해후)
駭 놀랄 해	丨 丆 斥 馬 馬 馿 駭	馬－6획	駭怪(해괴) 駭怪罔測(해괴망측)
骸 뼈 해	口 冎 冎 皿 骨 骸 骸	骨－6획	骸骨(해골) 百骸俱痛(백해구통) 遺骸(유해)
核 핵 핵(씨 핵)	十 木 杧 杧 核 核 核	木－6획	簡核(간핵) 結核菌(결핵균) 困在核心(곤재핵심)

한자	훈음	필순	부수-획수	어휘
劾	캐물을 핵	`丶 亠 亥 亥 劾 劾`	力-6획	彈劾(탄핵) 彈劾權(탄핵권)
行	다닐 행(항렬 항)	`丿 彳 彳 行 行`	行-0획	行脚(행각) 行跡(행적) 行列字(항렬자)
幸	다행 행	`一 十 土 圡 赤 赤 幸`	干-5획	幸福(행복) 幸運(행운)
杏	살구나무 행	`一 十 才 木 杏`	木-3획	杏花村(행화촌) 銀杏(은행)
向	향할 향	`丿 亻 冋 向 向 向`	口-3획	向路(향로) 向背(향배) 向學熱(향학열)
享	누릴 향	`一 亠 古 亩 享 享`	亠-6획	享樂(향락) 享受(향수) 享宴(향연)
香	향기 향	`丿 二 千 禾 香 香 香`	香-0획	香囊(향낭) 香爐(향로) 香煙(향연)
鄕	시골 향	`丿 纟 纠 绅 绅 绅 鄕`	阝-10획	鄕背(향배) 鄕愁(향수) 鄕札(향찰)
響	울릴 향	`纟 纠 绅 鄕 鄕 響 響`	音-13획	響動(향동) 響應(향응) 響震(향진)
嚮	향할 향	`纟 纠 绅 绅 鄕 嚮 嚮`	口-16획	嚮導(향도) 嚮明(향명) 嚮應(향응)
饗	잔치할 향	`纟 纠 绅 鄕 鄕 響 饗`	食-13획	饗宴(향연) 饗應(향응)

許 허락할 허	` ⺊ 言 言 許 許 許	言-4획	許諾(허락) 許容(허용) 許婚(허혼)
虛 빌 허	` 广 虍 虍 虛 虛 虛	虍-6획	虛構(허구) 虛飢(허기) 虛荒(허황)
噓 불 허	吖 吘 咻 噓 噓 噓 噓	口-11획	噓呵(허가) 噓吸(허흡) 吹噓(취허)
墟 빈터 허(噓의 俗字)	圹 圹 圩 墟 墟 墟 墟	土-12획	墟巷(허항) 郊墟(교허) 廢墟(폐허)
軒 추녀 헌(난간 헌)	` ⼐ 且 車 軒 軒 軒	車-3획	軒擧(헌거) 軒燈(헌등) 軒昂(헌앙)
憲 법 헌(관청 헌)	` 广 宀 宔 富 憲 憲	心-12획	憲法(헌법) 憲章(헌장) 憲政(헌정)
獻 드릴 헌(바칠 헌)	广 虍 虘 虜 慮 虜 獻	犬-16획	獻饋(헌궤) 獻酬(헌수) 獻酌(헌작)
歇 쉴 헐	日 尸 号 易 曷 歇 歇	欠-9획	歇價(헐가) 歇宿(헐숙) 間歇(간헐)
險 험할 험	阝 阺 阾 阾 險 險 險	阝-13획	險難(험난) 險狀(험상) 險峻(험준)
驗 시험할 험(보람 험)	阝 馬 馬 駖 駖 驗 驗	馬-13획	驗看(험간) 驗證(험증) 驗效(험효)
革 고칠 혁(가죽 혁)	一 廿 廿 苹 苹 莒 革	革-0획	革卦(혁괘) 革帶(혁대) 革新(혁신)

한자	훈음	필순	부수-획수	예
爀	붉을 혁	火 炸 炻 焃 焃 焃 爀	火-14획	爀火(혁화) 爀爀(혁혁)
赫	붉을 혁	赤 赤 赤 赤 赫 赫 赫	赤-7획	赫赫(혁혁) 朴赫居世(박혁거세)
玄	검을 현	丶 一 亠 玄 玄	玄-0획	玄曠(현광) 玄敎(현교) 玄琴(현금)
弦	반달 현(활시위 현)	丁 丁 弓 弦 弦 弦 弦	弓-5획	弦琴(현금) 弦壺(현호)
現	나타날 현	一 二 王 玔 珇 珇 現	王-7획	現代化(현대화) 現夢(현몽) 現況(현황)
絃	현악기 현	乙 幺 乡 糸 紆 紆 絃	糸-5획	絃琴(현금) 絃誦(현송) 絃樂器(현악기)
賢	어질 현	丂 臣 臤 臤 臤 臤 賢	貝-8획	賢良(현량) 賢淑(현숙) 賢愚(현우)
縣	고을 현	冂 日 且 県 県 県 縣	糸-10획	縣鼓(현고) 縣令(현령) 縣象(현상)
懸	매달 현	日 且 県 県 縣 縣 懸 懸	心-17획	懸鈴(현령) 懸垂幕(현수막) 懸板(현판)
顯	나타날 현	日 昆 昆 㬎 顯 顯 顯	頁-14획	顯考(현고) 顯沒(현몰) 顯著(현저)
峴	재 현	丨 丩 山 屵 岍 峴 峴	山-7획	阿峴洞(아현동)

炫 빛날 현	丶 丷 火 灯 炉 炫 炫	火-5획	炫耀(현요) 炫惑(현혹)
眩 아찔할 현	丨 冂 目 盰 盰 眩 眩	目-5획	眩亂(현란) 眩惑(현혹) 眩暈(현훈)
絢 무늬 현	丶 幺 乡 糸 糹 約 絢	糸-6획	絢爛(현란)
衒 팔 현	丿 彳 彳 衍 衒 衒 衒	行-5획	衒氣(현기) 衒學(현학)
鉉 솥귀 현	人 牛 牟 金 鈝 鈝 鉉	金-5획	鉉台(현태) 三鉉(삼현)
穴 구멍 혈	丶 丷 宀 宀 穴	穴-0획	穴居(혈거) 穴竅(혈규) 穴盒(혈합)
血 피 혈	丿 丶 白 白 血 血	血-0획	血淚(혈루) 血瘤(혈류) 血痕(혈흔)
嫌 싫어할 혐(혐의할 혐)	女 女 妒 婞 嫌 嫌	女-10획	嫌惡(혐악) 嫌惡感(혐오감) 嫌疑(혐의)
協 화합할 협(도울 협)	十 十 忖 忖 扐 拹 協 協	十-6획	協商(협상) 協奏(협주) 協贊(협찬)
脅 으를 협(옆구리 협)	丆 力 劦 劦 脅 脅 脅	月-6획	脅迫(협박) 脅奪(협탈) 脅逼(협핍)
峽 골짜기 협	丨 山 山 屸 岰 峽 峽	山-7획	峽谷(협곡) 海峽(해협)

한자	훈음	필순	부수-획수	단어
俠	호협할 협	ノ イ 亻 イ 俜 俠 俠	亻-7획	俠客(협객) 義俠心(의협심)
挾	낄 협	一 十 扌 扌 挾 挾 挾	扌-7획	挾攻(협공) 挾雜(협잡)
狹	좁을 협	ノ 犭 犭 狹 狹 狹	犭-7획	狹小(협소) 狹窄(협착) 廣狹(광협)
頰	뺨 협	一 巫 夾 頰 頰 頰 頰	頁-7획	頰車(협거) 頰筋(협근) 頰鰭(협기)
兄	맏 형	丶 口 口 尸 兄	儿-3획	兄嫂(형수) 兄丈(형장) 兄弟(형제)
刑	형벌 형	一 二 于 开 开 刑	刂-4획	刑戮(형륙) 刑獄(형옥) 刑場(형장)
亨	형통할 형(삶을 팽)	丶 一 亠 亠 亨 亨 亨	亠-5획	亨嘉(형가) 亨通(형통) 亨熟(팽숙)
形	형상 형	一 二 于 开 开 形 形	彡-4획	形貌(형모) 形魄(형백) 形迹(형적)
型	거푸집 형	一 二 开 刑 刑 型 型	土-6획	型蠟(형랍) 型紙(형지) 血液型(혈액형)
螢	반딧불 형	丷 炏 炏 熒 螢 螢 螢	虫-10획	螢光燈(형광등) 螢影(형영) 螢窓(형창)
衡	저울대 형(가로 횡)	彳 彳 徫 徫 衡 衡	行-10획	均衡(균형) 度量衡(도량형)

漢字	필순	부수-획수	단어
瀅 맑을 형	氵 氵 氵 瀅 瀅 瀅 瀅	氵-15획	瀅榮(형영) 汀瀅(정형)
炯 빛날 형	丶 丶 丷 火 灯 灯 炯	火-5획	炯眼(형안) 炯心(형심)
荆 모형나무 형	丶 艹 艹 芐 芐 芐 荆	++-6획	荆冠(형관) 荆棘(형극)
邢 나라 이름 형	一 二 干 开 开 邢 邢	阝-4획	邢國(형국)
馨 향기 형	声 吉 声 声 殸 殸 馨	香-11획	馨香(형향) 柳馨遠(류형원)
兮 어조사 혜	丿 八 八 兮	八-2획	兮呀(혜하)
惠 은혜 혜	一 冂 日 甫 重 惠 惠	心-8획	惠賜(혜사) 惠澤(혜택) 惠恤(혜휼)
慧 지혜 혜	彐 丰 扗 彗 彗 慧 慧	心-11획	慧聖(혜성) 慧悟(혜오) 智慧(지혜)

꿩먹고 알먹고

父生我身(부생아신) 母鞠吾身(모국오신) : 아버지 날 낳으시고, 어머니 날 기르시며,
腹以懷我(복이회아) 乳以補我(유이보아) : 배로 날 품으시며, 젖으로서 날 기르시고,
以衣溫我(이의온아) 似我活我(이식활아) : 옷으로 따뜻하게 하시며, 음식을 주시니,
恩高如天(은고여천) 德厚似地(덕후사지) : 그 은혜 하늘 같이 높고, 땅처럼 두텁도다

한자	훈음	필순	부수-획수	용례
彗	비 혜	彐 彐 彗 彗 彗 彗 彗	⼐-8획	彗星(혜성) 彗掃(혜소) 彗孛(혜패)
醯	초 혜	丆 酉 酉 酉 醯 醯 醯 醯	酉-12획	食醯(식혜) 酒果脯醯(주과포혜)
戶	집 호(지게 호)	丶 ⼇ 尸 戶	戶-0획	戶口(호구) 戶籍(호적) 戶主(호주)
互	서로 호	一 𠄌 互 互	二-2획	互相(호상) 互選(호선) 互惠(호혜)
乎	어조사 호	丿 ⺀ 亚 乎 乎	丿-4획	於是乎(어시호) 焉哉乎也(언재호야)
好	좋을 호	乚 乄 女 妌 好 好	女-3획	好感(호감) 好轉(호전) 好鬪(호투)
虎	범 호	丨 ⺊ 广 虍 虎 虎 虎	虍-2획	虎膽(호담) 虎鬚(호수) 虎叱(호질)
呼	부를 호(숨내쉴 호)	丶 丨 口 吖 吖 吘 呼	口-5획	呼訴(호소) 呼應(호응) 呼吸(호흡)
胡	오랑캐 호(턱밑살 호)	十 十 古 古 胡 胡 胡	月-5획	胡考(호고) 胡亂(호란) 胡牌(호패)
浩	넓을 호	丶 氵 汁 浩 浩 浩 浩	氵-7획	浩然之氣(호연지기) 浩蕩(호탕)
毫	가는 털 호	亠 ⺪ 古 高 高 毫 毫	毛-7획	毫釐(호리) 秋毫不犯(추호불범)

漢字	필순	부수	용례
湖 호수 호	`丶 氵 汁 沽 沽 湖 湖 湖	氵-9획	湖畔(호반) 湖心(호심) 畿湖(기호)
號 부르짖을 호	口 口 号 号 号 號 號	虍-7획	號泣(호읍) 號笛(호적) 號牌(호패)
豪 뛰어날 호(호걸 호)	一 亠 宀 亩 亨 豪 豪	豕-7획	豪傑(호걸) 豪膽(호담) 豪猪(호저)
濠 해자 호	氵 沪 沪 淳 濠 濠 濠	氵-14획	濠洲(호주) 白濠主義(백호주의)
護 지킬 호	一 二 言 言 護 護 護	言-14획	護送(호송) 護衛(호위) 護葬(호장)
壕 해자 호	圹 圹 垆 壕 壕 壕 壕	土-14획	防空壕(방공호) 塹壕(참호)
弧 활 호	`弓 弓 弧 弧 弧 弧	弓-5획	括弧(괄호) 小括弧(소괄호)
扈 뒤따를 호	丿 尸 戶 启 启 扈 扈	戶-7획	扈駕(호가) 飛揚跋扈(비양발호)
昊 하늘 호	口 口 日 旦 旦 昊 昊	日-4획	昊天(호천) 昊天罔極(호천망극)
晧 밝을 호	日 日' 旷 昨 晧 晧	日-7획	晧然(호연) 晧旰(호한)
澔 클 호(浩와 同字)	氵 泊 泊 澔 澔 澔 澔	氵-12획	澔然(호연) 澔蕩(호탕)

狐 여우 호	ノ ナ ナ ガ 狐 狐 狐		፯-5획		兎死狐悲(토사호비) 狐假虎威(호가호위)	
琥 호박 호	ᅮ ᅮ ᅮ 玗 玸 玸 琥		王-8획		琥珀(호박) 琥珀酒(호박주)	
瑚 산호 호	ᅴ 王 玒 玤 瑚 瑚 瑚		王-9획		珊瑚(산호) 珊瑚礁(산호초)	
皓 흴 호	白 皀 皓 皓 皓		白-7획		丹脣皓齒(단순호치) 尨眉皓髮(방미호발)	
糊 풀 호	ᅮ ᅭ 米 米 粘 糊 糊		米-9획		糊口之策(호구지책) 糊塗(호도)	
鎬 호경 호	ᅩ ᅩ 金 金 鎬 鎬 鎬		金-10획		鎬京(호경) 鎬鎬(호호)	

표기 혼동에 주의할 한자어

한글 표기	맞는 표기	틀린 표기	한글 표기	맞는 표기	틀린 표기
가정부	家政婦	家庭婦	대기발령	待機發令	待期發令
각기	各其	各己	망중한	忙中閑	忘中閑
강의	講義	講議	매매	賣買	買賣
경품	景品	競品	목사	牧師	牧士
골자	骨子	骨字	반경	半徑	半經
교사	校舍	教舍	변명	辨明	辯明
기적	奇蹟	奇跡	변증법	辨證法	辯證法
납부금	納付金	納附金	보도	報道	報導
녹음기	錄音器	錄音機	부녀자	婦女子	婦女者
농기계	農機械	農器械	부록	附錄	付錄
농기구	農器具	農機具	사법부	司法府	司法部

한자	훈음	필순	부수	예시
祜	복 호	一 二 丁 示 示 礻 祜 祜	示-5획	祜休(호휴) 徐閔祜(서민호)
或	혹 혹	一 一 一 一 亘 或 或	戈-4획	或問(혹문) 或是(혹시) 或者(혹자)
惑	미혹할 혹	一 一 亘 或 或 惑 惑	心-8획	惑亂(혹란) 惑說(혹설) 惑術(혹술)
酷	독할 혹	一 丙 酉 酉 酉 酷 酷 酷	酉-7획	酷毒(혹독) 酷評(혹평) 苛酷(가혹)
昏	어두울 혼	一 厂 氏 氏 昏 昏 昏	日-4획	昏睡(혼수) 昏睡狀態(혼수상태)
混	섞을 혼	氵 氵 氵 沪 混 混 混	氵-8획	混沌(혼돈) 混紡(혼방) 混合(혼합)
婚	혼인할 혼	乚 夕 女 女 妖 婚 婚 婚	女-8획	婚禮(혼례) 婚姻(혼인) 婚處(혼처)
魂	넋 혼	二 云 劧 魂 魂 魂 魂	鬼-4획	魂氣(혼기) 魂靈(혼령) 魂魄(혼백)
渾	흐릴 혼	氵 氵 氵 渭 渭 渾	氵-9획	渾身(혼신) 渾然(혼연)
忽	소홀할 홀(문득 홀)	丿 勹 勿 勿 忽 忽 忽	心-4획	忽待(홀대) 忽然(홀연) 忽地(홀지)
笏	홀 홀	丿 𥫗 笏 笏 笏 笏	竹-4획	笏記(홀기) 笏室(홀실)

惚 황홀할 홀	´ ㅏ 忄 忄勿 惚 惚	忄-8획	恍惚(황홀) 恍惚境(황홀경)
弘 넓을 홍	ㄱ ㄱ 弓 弘 弘	弓-2획	弘敎(홍교) 弘道(홍도) 弘益(홍익)
洪 큰물 홍	氵 氵 汁 洪 洪 洪 洪	氵-6획	洪亮(홍량) 洪水(홍수) 洪魚(홍어)
紅 붉을 홍	ㄥ 幺 幺 糸 糸 紅 紅	糸-3획	紅巾賊(홍건적) 紅柿(홍시) 紅塵(홍진)
鴻 큰 기러기 홍	﹑ 氵 浐 沪 鴻 鴻 鴻	鳥-6획	鴻鵠(홍곡) 鴻雁(홍안) 鴻儒(홍유)
泓 깊을 홍	氵 氵 沪 泓 泓 泓	氵-5획	泓量(홍량) 深泓(심홍)
虹 무지개 홍	ロ 中 虫 虫 虹 虹	虫-3획	虹橋(홍교) 白虹貫日(백홍관일)
哄 떠들썩할 홍	ロ ロ 呭 哄 哄 哄	ロ-6획	哄動(홍동) 哄笑(홍소)
訌 무너질 홍	亠 亖 言 言 言 訂 訌	言-3획	訌爭(홍쟁) 内訌(내홍)
火 불 화	﹑ ﹑ 少 火	火-0획	火焰(화염) 火葬(화장) 火戲(화희)
化 될 화	ノ イ 亻 化	匕-2획	化育(화육) 化粧(화장) 化學(화학)

한자	훈음	필순	부수-획수	한자어
禾	벼 화	一 二 千 禾 禾	禾-0획	禾稼(화가) 禾穀(화곡) 禾苗(화묘)
花	꽃 화	十 廿 艹 艹 花 花	++-4획	花崗巖(화강암) 花瓶(화병) 花卉(화훼)
和	온화할 화	一 二 千 禾 禾 和 和	口-5획	和睦(화목) 和暢(화창) 和諧(화해)
華	빛날 화	十 艹 芏 芏 苹 莲 華	++-8획	華僑(화교) 華燭(화촉) 華翰(화한)
貨	재화 화(화물 화)	亻 化 伫 貨 貨 貨 貨	貝-4획	貨車(화거) 貨賂(화뢰) 貨幣(화폐)
畫	그림 화(그을 획)	二 主 書 書 書 畫 畫	田-8획	畫帖(화첩) 畫幅(화폭) 畫數(획수)
話	이야기 화	丶 二 言 訁 計 話 話	言-6획	話劇(화극) 話頭(화두) 話術(화술)
靴	신 화	一 廿 芏 革 靬 靬 靴	革-4획	靴工(화공) 靴箆(화비) 靴底魚(화저어)
禍	재앙 화	二 丁 禾 和 祠 祸 禍	示-9획	禍咎(화구) 禍福(화복) 禍殃(화앙)
嬅	여자 이름 화	女 女 姓 姓 姓 媾 嬅	女-12획	嬅女(화녀) 嬅女容麗(화녀용려)
樺	자작나무 화	才 木 杧 桦 椛 槎 樺	木-12획	樺榴(화류) 樺木(화목) 樺燭(화촉)

確 확실할 확	ﾉ 石 矿 矿 砂 碓 確	石-10획	確據(확거) 確率(확률) 確認(확인)
擴 늘릴 확	扌 扩 扩 擴 擴 擴	扌-15획	擴散(확산) 擴聲器(확성기) 擴張(확장)
穫 거둘 확	二 禾 秆 秆 稚 稚 穫	禾-14획	穫渠(확거) 穫稻(확도) 穫薪(확신)
丸 둥글 환(알 환)	ﾉ 九 丸	丶-2획	丸藥(환약) 丸彫(환조) 投砲丸(투포환)
幻 변할 환	ﾉ 幺 幺 幻	幺-1획	幻滅(환멸) 幻想(환상) 幻形(환형)
患 근심 환(병 환)	口 口 吕 吕 串 患 患	心-7획	患苦(환고) 患亂(환란) 患者(환자)
換 바꿀 환	扌 扌 扩 换 换 換	扌-9획	換算(환산) 換率(환율) 換節期(환절기)
還 돌아올 환	口 罒 罘 睘 睘 澴 還 還	辶-13획	還穀(환곡) 還滅(환멸) 還送(환송)
環 두를 환(고리 환)	王 环 珂 珂 琚 環 環	王-13획	環境(환경) 環繞(환요)
歡 기뻐할 환	艹 艹 茚 華 蓶 歡 歡	欠-18획	歡待(환대) 歡迎(환영) 環礁(환초)
喚 부를 환	口 吖 吟 喚 喚 喚	口-9획	喚呼(환호) 阿鼻叫喚(아비규환)

宦 벼슬 환	宀宀宀宦宦宦宦	宀−6획	宦官(환관) 宦海風波(환해풍파)
桓 푯말 환	一木木栖栖桓桓	木−6획	桓雄(환웅) 盤桓(반환)
煥 불꽃 환	丶丷灯炉炉煥煥	火−9획	煥然(환연) 煥彰(환창)
鰥 환어 환	夕鱼鱼鱼鱼鱼鰥	魚−10획	鰥居(환거) 鰥寡孤獨(환과고독)
驩 기뻐할 환	厂厂馬馬馬馬驩	馬−18획	驩合(환합) 交驩(교환)
活 살 활	丶氵氵氵汗活活	氵−6획	活氣(활기) 活路(활로) 活用(활용)
滑 미끄러울 활(익살스러울 골)	氵氵氵氵滑滑滑	氵−10획	滑降(활강) 滑走(활주) 滑稽(골계)
猾 교활할 활	犭犭犭犭狷猾猾	犭−10획	猾吏(활리) 奸猾(간활) 狡猾(교활)
闊 트일 활	門門門門門闊闊	門−9획	闊步(활보) 廣闊(광활) 天空海闊(천공해활)
況 하물며 황(형편 황)	丶氵氵沪沪沪況	氵−5획	況味(황미) 況然(황연) 況榮(황영)
皇 임금 황	丿白白白皂皇皇	白−4획	皇陵(황릉) 皇帝(황제) 皇后(황후)

荒 거칠 황	一 艹 艹 芒 芒 芒 荒	++-6획	荒鷄(황계) 荒蕪地(황무지) 荒弊(황폐)
黃 누를 황	一 艹 芉 芇 苦 苗 黃	黃-0획	黃粱(황량) 黃酸(황산) 黃雀(황작)
凰 봉황새 황	丿 几 凨 凬 凰 凰 凰	冂-9획	鳳凰(봉황) 鳳凰紋(봉황문)
煌 빛날 황	丶 火 炌 炉 炉 煌 煌	火-9획	煌煌(황황) 輝煌燦爛(휘황찬란)
遑 허둥거릴 황	丿 白 白 皁 皇 遑 遑	辶-9획	遑急(황급) 遑遑(황황)
徨 노닐 황	彳 徉 徨 徨 徨	彳-9획	徨徨(황황) 彷徨(방황)
恍 황홀할 황	丶 忄 忄 忷 忷 怴 恍	忄-6획	恍惚(황홀) 恍惚境(황홀경)
惶 두려워할 황	丶 忄 忄 怕 惶 惶 惶	忄-9획	惶悚(황송) 惶恐無地(황공무지)
慌 어렴풋할 황	忄 忄 忄 忄 忙 恍 慌	忄-10획	慌忙(황망) 恐慌(공황)
晃 밝을 황	口 日 甲 昮 昮 昺 晃	日-6획	晃朗(황랑) 晃蕩(황탕)
滉 물 깊고 넓을 황	氵 氿 沪 浔 湢 淀 滉	氵-10획	滉洋自恣(황양자자) 李滉(이황)

灰 석회 회(재 회)	一 ナ 大 左 灰 灰	火-2획	灰沒(회몰) 灰汁(회즙) 灰塵(회진)
回 돌아볼 회	丨 冂 冂 回 回 回	口-3획	回顧(회고) 回診(회진) 回避(회피)
廻 돌 회	丨 冂 回 回 廻 廻 廻	辶-6획	巡廻(순회) 右廻(우회) 윤회(輪廻)
悔 뉘우칠 회	ㆍ 忄 忄 忙 悔 悔 悔	忄-7획	悔改(회개) 悔悟(회오)
會 모일 회	丿 人 스 命 命 會 會	日-9획	會減(회감) 會計(회계) 會議(회의)

꿀먹고 알먹고

표기 혼동에 주의할 한자어

한글 표기	맞는 표기	틀린 표기	한글 표기	맞는 표기	틀린 표기
상여금	賞與金	償與金	일확천금	一攫千金	一穫千金
서재	書齋	書齊	입찰	入札	立札
서전	緖戰	序戰	재판	裁判	栽判
선회	旋回	旋廻	절기	節氣	節期
숙직	宿直	宿職	정찰제	正札制	定札制
세속오계	世俗五戒	世俗五誡	중개인	仲介人	中介人
십계명	十誡命	十戒命	추세	趨勢	推勢
어시장	魚市場	漁市場	침투	浸透	侵透
여부	與否	如否	퇴폐	頹廢	退廢
역전승	逆轉勝	逆戰勝	할부	割賦	割附
왜소	矮小	倭小	호칭	呼稱	號稱
이사	移徙	移徒	활발	活潑	活發
일률적	一律的	一率的			

懷	품을 회(달랠 회)	㇐ ㇠ 忄 忄 忄 忄 懷 懷	忄-16획	懷舊(회구) 懷慕(회모) 懷疑(회의)
恢	넓을 회	㇐ ㇠ 忄 忄 恢	忄-6획	恢復(회부) 恢復(회복) 恢恢(회회)
晦	그믐 회	日 旷 昨 晦 晦 晦	日-7획	晦明(회명) 晦朔(회삭) 晦日(회일)
檜	노송나무 회	㇐ 木 柃 柃 柃 檜 檜	木-13획	檜木(회목) 檜皮(회피)
淮	강 이름 회	氵 氵 汀 沣 淮 淮	氵-8획	淮水(회수) 淮陽郡(회양군)
繪	그림 회	幺 糸 紒 紒 繪 繪 繪	糸-13획	繪具(회구) 繪畵(회화)
膾	회 회	月 肜 肸 膾 膾 膾	月-13획	膾炙(회자) 肉膾(육회)
徊	노닐 회	㇒ ㇒ 彳 彳 彳 徊 徊	彳-6획	徘徊(배회) 徘徊顧眄(배회고면)
蛔	거위 회	口 虫 虫 虫 蚵 蛔 蛔	虫-6획	蛔蟲(회충) 蛔蟲藥(회충약)
誨	가르칠 회	言 言 訌 誨 誨 誨 誨	言-7획	誨言(회언) 誨諭(회유)
賄	뇌물 회	目 貝 貝 財 財 財 賄	貝-6획	賄賂(회뢰) 收賄(수회) 贈賄(증회)

劃 획 획(그을 획)	ㄱ ㄱ 書 書 書 畫 劃	刂-12획	劃期的(획기적) 劃一(획일) 劃定(획정)
獲 얻을 획	犭 犭 犷 犷 獲 獲 獲	犭-14획	獲得(획득) 獲麟(획린) 獲旌(획정)
橫 가로 횡(사나울 횡)	十 木 杧 桁 桁 橫 橫	木-12획	橫擊(횡격) 橫貫(횡관) 橫暴(횡포)
孝 효도 효	一 十 土 少 耂 孝 孝	子-4획	孝感(효감) 孝廉(효렴) 孝慕(효모)
效 본받을 효(효험 효)	一 亠 交 剹 敆 効 效	攵-6획	效能(효능) 效徵(효징) 效驗(효험)
曉 새벽 효	刂 日 旷 旷 暁 暁 曉	日-12획	曉暇(효가) 曉霧(효무) 曉鴉(효아)
哮 으르렁거릴 효	口 吽 吼 哮	口-7획	哮吼(효후) 咆哮(포효)
嚆 울릴 효	口 口¹ 吽 吽 嚆 嚆	口-14획	嚆矢(효시)
爻 효 효	ノ 乂 爻 爻	爻-0획	爻象(효상) 爻周(효주)
酵 술밑 효	一 酉 酵 酵	酉-7획	酵母菌(효모균) 酵素(효소) 醱酵(발효)
厚 두터울 후	厂 厂 厚 厚 厚 厚 厚	厂-7획	厚薄(후박) 厚謝(후사) 厚酬(후수)

侯

제후 후(과녁 후) — ノ イ 仁 伊 仨 伊 侯 — イ-7획 — 侯鵠(후곡) 侯禳(후양) 侯爵(후작)

後

뒤 후 — ノ イ 彳 彳' 後 後 後 — 彳-6획 — 後架(후가) 後繼者(후계자) 後悔(후회)

喉

목구멍 후 — ロ ロ' 叮 咥 喉 喉 喉 — 口-9획 — 喉衿(후금) 喉吻(후문) 喉院(후원)

候

철 후(조짐 후) — イ 什 伊 伊 伊 候 候 — イ-8획 — 候補(후보) 候雁(후안) 候鳥(후조)

后

임금 후 — ノ 厂 厂 后 — 口-3획 — 后宮(후궁) 后妃(후비) 后土(후토)

吼

울 후 — ロ ロ' 叮 呀 吼 — 口-4획 — 鳴吼(명후) 獅子吼(사자후)

嗅

맡을 후 — ロ 咟 嗅 嗅 — 口-10획 — 嗅覺(후각) 嗅感(후감)

朽

썩을 후 — 一 十 木 朽 朽 — 木-2획 — 朽落(후락) 不朽(불후)

逅

만날 후 — ノ 厂 尸 后 后 逅 — 辶-6획 — 邂逅(해후) 邂逅相逢(해후상봉)

訓

가르칠 훈 — ` ㄱ ㅡ ㅌ 言 訂 訓 — 言-3획 — 訓戒(훈계) 訓導(훈도) 訓練(훈련)

勳

공 훈 — 二 台 重 重 勳 勳 — 力-14획 — 勳舊(훈구) 勳章(훈장) 功勳(공훈)

한자	훈음	필순	부수-획수	용례
壎	질나팔 훈	土 圢 垍 堹 壎	土-14획	壎篪(훈지) 壎篪相和(훈지상화)
熏	연기 낄 훈	千 二 臼 甫 熏	灬-10획	熏石(훈석) 熏天(훈천)
薰	향풀 훈	丶 艹 芇 萻 蕇 薰	++-14획	薰氣(훈기) 薰薰(훈훈)
暈	무리 훈	曰 冒 冒 暈 暈	日-9획	暈厥症(운궐증) 暈色(훈색) 暈影(훈영)
喧	의젓할 훤	口 叮 吖 喧 喧	口-9획	喧騷(훤소) 喧呼(훤호)
毁	헐 훼(헐뜯을 훼)	亻 白 臼 臽 臽 毁	殳-9획	毁壞(훼괴) 毁棄(훼기) 毁辱(훼욕)
卉	풀 훼	一 十 土 卉	十-3획	卉木(훼목) 花卉(화훼)
喙	부리 훼	口 吖 吖 哼 喙 喙	口-9획	喙息(훼식) 喙長三尺(훼장삼척)
揮	휘두를 휘	一 寸 扌 扩 揎 揮	扌-9획	揮淚(휘루) 揮帳(휘장) 揮毫(휘호)
輝	빛날 휘	丨 业 光 扩 炉 煇 輝	車-8획	輝耀(휘요) 輝燭(휘촉) 輝煌(휘황)
彙	무리 휘	丶 冖 ᵙ 粂 彙 彙	彐-10획	彙類(휘류) 彙報(휘보) 彙纂(휘찬)

한자	훈음	필순	부수-획수	예시 단어
徽	아름다울 휘	彳 彳 彳 徨 徽	彳-14획	徽章(휘장) 琴徽(금휘)
諱	꺼릴 휘	二 言 詳 諱 諱 諱	言-9획	諱字(휘자) 國諱(국휘) 忌諱(기휘)
麾	대장기 휘	丶 广 庐 麻 麾 麾	麻-4획	麾旗(휘기) 麾下(휘하)
休	쉴 휴	丿 亻 亻 什 休 休	亻-4획	休暇(휴가) 休憩(휴게) 休兆(휴조)
携	들 휴	扌 扌 扗 拃 携 携 携	扌-10획	携帶(휴대) 携引(휴인) 携持(휴지)
烋	경사로울 휴(거들거릴 효)	亻 亻 什 休 烋	灬-6획	李琮烋(이종휴)
恤	구휼할 휼	丶 忄 忄 恤 恤	忄-6획	恤民(휼민) 恤兵(휼병) 矜恤(긍휼)
凶	흉년들 흉(흉할 흉)	丿 乂 凵 凶	凵-2획	凶桀(흉걸) 凶咎(흉구) 凶悖(흉패)
胸	가슴 흉	刀 月 肑 肑 胸 胸 胸	月-6획	胸腔(흉강) 胸膈(흉격) 胸襟(흉금)
兇	흉악할 흉	丿 乂 凵 凶 兇	儿-4획	兇彈(흉탄) 兇漢(흉한)
匈	오랑캐 흉	丿 勹 勹 匂 匈 匈	勹-4획	匈奴(흉노) 匈匈(흉흉)

洶 물살 세찰 흉	氵 氵 汋 沟 洶					氵-6획	洶湧(흉용) 洶洶(흉흉)
黑 검을 흑	口 口 口 甲 里 黑 黑					黑-0획	黑尻(흑고) 黑檀(흑단) 黑炭(흑탄)
欣 기뻐할 흔	´ ⺁ 斤 欣 欣					欠-4획	欣感(흔감) 欣快(흔쾌)
痕 흉터 흔	` 广 疒 疒 疔 痕 痕					疒-6획	痕垢(흔구) 痕跡(흔적) 痕迹(흔적)
欠 하품 흠	´ 欠					欠-0획	欠缺(흠결) 欠事(흠사) 欠縮(흠축)
歆 받을 흠	` 立 音 歆 歆					欠-9획	歆格(흠격) 歆饗(흠향)
欽 공경할 흠	ノ 仨 金 金 釷 欽					欠-8획	欽慕(흠모) 欽仰(흠앙)
吸 빨아들일 흡	丨 口 口 叨 吸 吸					口-4획	吸收(흡수) 吸煙(흡연) 吸引(흡인)
恰 마치 흡	` 忄 忄 忊 恰 恰					忄-6획	恰似(흡사) 恰好(흡호)
洽 윤택하게 할 흡	氵 氵 沪 洽					氵-6획	洽足(흡족) 未洽(미흡)
興 일어날 흥	ノ 仨 日 月 閂 閂 興 興					臼-9획	興隆(흥륭) 興奮(흥분) 興趣(흥취)

한자	훈음	필순	부수-획수	용례
希	바랄 희	ノ ㄨ ㄨ �311 �311 希 希	巾-4획	希臘(희랍) 希望(희망) 希微(희미)
喜	기쁠 희	十 士 吉 吉 喜 喜 喜	口-9획	喜捨(희사) 喜消息(희소식) 喜悅(희열)
稀	드물 희	二 千 禾 和 种 稀 稀	禾-7획	稀微(희미) 稀疎(희소) 稀罕(희한)
熙	기뻐할 희(빛날 희)	丁 丐 臣 臣 熙 熙 熙	灬-9획	熙隆(희륭) 熙雄(희웅) 熙洽(희흡)
噫	탄식할 희(트림할 애)	口 口 吟 唔 暗 噫 噫	口-13획	噫嗚(희오) 噫呼(희호) 噫歆(희흠)
戱	놀 희(탄식할 호, 戲의 俗字)	ト 广 声 虗 戲 戲	戈-12획	戲曲(희곡) 戲劇(희극) 嗚戲(오호)
姫	성 희(姬의 俗字)	女 女 妒 妒 姫	女-6획	姫妾(희첩) 舞姫(무희)
嬉	즐길 희	女 女 妗 婞 嬉	女-12획	嬉笑(희소) 嬉遊(희유)
熹	성할 희	士 壴 喜 熹	灬-12획	熹微(희미) 姓熹(성희)
憙	기뻐할 희	士 壴 喜 憙	心-12획	說憙(설희) 欣憙(흔희)
犧	희생 희	牛 牲 牨 犖 犠 犧	牛-16획	犧牲(희생) 犧尊(희준)

禧 복 희	二 亍 亓 亓 亓 禧	示-12획	禧年(희년) 福禧(복희)
義 숨 희	丷 羊 善 義 義 義	羊-10획	伏羲(복희) 王羲(왕희)
詰 물을 힐	亠 言 計 計 詰	言-6획	詰難(힐난) 詰責(힐책)

꿩먹고 알먹고

국가공인 한자능력급수 취득자 우대사항

자격기본법 제27조에 의거 국가자격 취득자와 동등한 대우 및 혜택을 받는다.

교육인적자원부 훈령 제616호 『학생생활기록부 전산처리 및 관리지침』에 의거

학교생활기록부에 등재되고 입시에 활용되며, 육군간부 승진 고과에

반영된다(부사관 5급, 위관장교 4급, 영관장교 3급 이상).

경제5단체가 신입사원 채용 때 한자능력검정시험을 권고(3급 응시요건,

3급 이상 가산점)하고, 2005학년도 대학수학능력시험부터 漢文이 선택과목으로 채택되었다.

· **전국한자능력검정시험의 한자능력급수 취득 시 대입 면접 가산점 · 학점 · 졸업인증 반영**

건양대학교 : 국문학부 입학 면접 시 가산점 부여

경산대학교 : 전교생을 대상, 3급 이상 취득 시 졸업 인증

경원전문대학 : 전교생 대상, 한자능력급수 취득 시 학점 반영

서원대학교 : 국문과를 대상, 3급 이상 취득시 졸업 인증

성균관대학교 : 졸업인증 3품 중 국제품의 경우, 3급 이상 취득 시 인증

신라대학교 : 인문/자연/사범/예체능계열 대상, 4급 이상 취득 시 졸업 인증

제주한라대학 : 중국어통역과 대상, 3급 이상 취득 시 졸업 인증

한세대학교 : 전교생 대상, 한자능력급수 취득 시 학점 반영(한문 교양 필수)

(입시요강은 매년 학교 측 사정에 의해 달라질 수 있으므로, 자세한 사항은 지원 대학의

매해 입시요강을 확인바람.)

ㄱ

呵呵大笑 (가가대소): 너무 우스워 크게 웃는 웃음. = 拍掌大笑(박장대소)

家家戶戶 (가가호호): 집집마다, 모든 집을 말함.

家給人足 (가급인족): 집집마다 풍족하고 사람마다 넉넉하여 세운이 융창함.

街談巷說 (가담항설): 길거리에 떠도는 소문. = 風說(풍설), 街談巷議(가담항의), 道聽塗說(도청도설)

家徒壁立 (가도벽립): 집안에 살림살이는 하나도 없고 사면에 벽만이 있을 뿐이란 뜻으로 가난함을 말함.

可東可西 (가동가서): 이러나 저러나 상관없음을 말함.

苛斂誅求 (가렴주구): 조세를 가혹하게 과하며, 무리하게 재물을 빼앗음. = 貪官汚吏(탐관오리)

假弄成眞 (가롱성진): '장난삼아 한 것이 진심으로 한 것처럼 됨'과 같은 뜻으로 거짓된 것을 참된것처럼 보이는 것.

家無擔石 (가무담석): 石(석)은 한 항아리, 擔(담)은 두 항아리의 뜻으로 집에 모아 놓은 재산이 전혀 없음을 말함.

家和萬事成 (가화만사성): 집안이 화목하면 모든 일이 잘되어 나감.

刻苦精勵 (각고정려): 고생을 이겨내면서 몹시 애쓰며 정력을 기울임.

刻鵠類鶩 (각곡유목): '고니를 그리려다가 비슷한 집오리를 그림'의 뜻으로 일을 성취하려다가 그만두어 다른 사람의 조소를 받는다는 말.

刻骨難忘 (각골난망): '뼈에 새기고 잊지 않는다'는 뜻으로 입은 은혜에 대한 고마움이 뼈에 깊이 사무쳐 결코 잊혀지지 아니함. = 白骨難忘(백골난망), 結草報恩(결초보은)

刻露淸秀 (각로청수): 가을의 맑고 아름다운 경치를 말함.

各有一能 (각유일능): 사람마다 한 가지씩의 장기는 갖고 있음.

各自圖生 (각자도생): 제각기 살길을 도모함.

角者無齒 (각자무치): '뿔이 있는 자는 이가 없다'로 장점만 가지고 있을 수는 없다는 뜻.

刻舟求劍 (각주구검): '배에서 칼을 떨어뜨리고 떨어진 자리에 표시를 하였다가 배가 정박한 뒤에 칼을 찾는다'는 뜻으로 판단력이 둔하여 세상일에 어둡고 어리석다는 뜻. = 緣木求魚(연목구어), 隔靴搔痒(격화소양)

刻燭爲詩 (각촉위시): 촛불 한寸(촌:치)이 타는 동안에 詩(시)를 지음.

艱難辛苦 (간난신고): 갖은 고초를 겪어 몹시 고되고 괴로움.

肝腦塗地 (간뇌도지): 목숨을 돌보지 않고 힘을 다함. = 一敗塗地(일패도지)

肝膽相照 (간담상조): '간과 쓸개를 서로 비춘다'는 뜻으로 서로의 마음을 터놓고 사귐.

肝膽楚越 (간담초월): 간담처럼 가까운 사이에도 서로 멀리 떨어져 관계가 없음을 일컬음.

間不容髮 (간불용발): 조그마한 여유 또는 빈틈도 없음을 비유한 말.

姦聲亂色 (간성난색): 간사한 소리는 귀를 어지럽게 하고 좋지 못한 색은 눈을 어지럽게 함.

干城之材 (간성지재): '방패와 성의 구실을 하는 인재'란 뜻으로 나라를 지키는 데 뛰어난 재주, 또는 그러한 사람.

間世之材 (간세지재): 여러 세대를 통하여 썩 드물게 뛰어난 인물.

奸惡無道 (간악무도): 간사하고 악독하며 도리에 어긋남.

間於齊楚 (간어제초): 약자가 강자 사이에 들어 있어서 괴로움을 받는다 함이니 중국 주나라 말. 勝國(승국)이 齊(제)·楚(초) 두 나라 사이에 끼어 괴로움을 당하는 것을 말함.

看雲步月 (간운보월): 객지에서 집 생각함을 이르는 말.

干將莫耶 (간장막야): 명검도 사람의 손길이 가야 빛나듯이 사람의 성품도 원래는 악하므로 노력을 기울여야 선하게 될 수 있다.

渴而穿井 (갈이천정): 목이 말라야 우물을 팜. = 臨渴掘井(임갈굴정)

感慨無量 (감개무량): 마음속의 느낌이 한량 없음.

敢不生心 (감불생심): 감히 엄두를 내지 못함. = 焉敢生心(언감생심), 敢不生意(감불생의)

甘言利說 (감언이설): 남의 비유에 맞도록 꾸민 달콤한 말과 이로운 조건을 붙여 꾀는 말.

感之德之 (감지덕지): 몹시 고맙게 여김.

甘呑苦吐 (감탄고토): '달면 삼키고 쓰면 뱉는다'는 뜻으로 비위에 맞으면 좋아하고 안 맞으면 돌아서는 것을 일컬음.

甲男乙女 (갑남을녀): 평범한 사람들을 이르는 말. = 樵童汲婦(초동급부), 善男善女(선남선녀), 張三李四

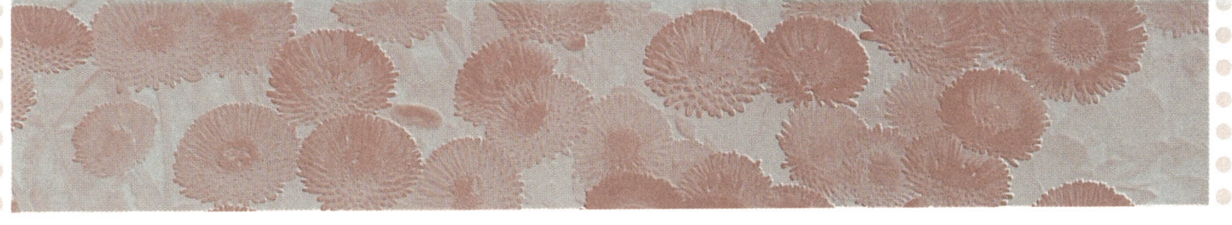

(장삼이사)

甲論乙駁 (갑론을박): 자기의 주장을 세우고 남의 주장을 반박함.

康衢煙月 (강구연월): 태평한 시대의 평화로운 풍경.

强近之親 (강근지친): 도와줄만한 가까운 친척.

綱紀肅正 (강기숙정): 규율을 바르게 하는 것.

强弩之末 (강노지말): 아무리 강한 힘도 마지막에는 결국 쇠퇴하고 만다는 의미.

江山之助 (강산지조): 강산(산수)의 풍경이 사람의 詩情(시정)을 도와 좋은 작품을 만들게 함.

强將下無弱兵 (강장하무약병): 강한 장수 밑에 약한 병사가 없다' 는 뜻으로 유능한 인재 밑에는 유능한 인재가 모인다는 말.

江湖煙波 (강호연파): 강이나 호수 위에 안개처럼 흐리게 보이는 잔물결, 즉 풍경. = 山紫水明(산자수명)

改過不吝 (개과불린): 잘못을 고치는 데는 조금도 인색하지 말라는 것을 일컬음.

改過遷善 (개과천선): 허물을 고치어 착하게 됨. = 改邪歸正(개사귀정)

蓋棺事定 (개관사정): 시체를 관에 넣고 뚜껑을 덮은 후에 비로소 그 사람 생전의 잘잘못을 알 수 있다는 말. 원말:蓋棺事始定(개관사시정)

開卷有益 (개권유익): 책을 펴서 읽으면 반드시 이로움이 있다.

改頭換面 (개두환면): 속마음은 그대로 두고 단지 그 표면만을 고침.

開門納賊 (개문납적): '문을 열고 도적에게 바친다' 로 스스로 災禍(재화)를 끌어들이는 것을 말함.= 開門揖盜(개문읍도)

開物成務 (개물성무): '사물을 열고 일을 성사시킨다' 로 사람이 아직 모르는 곳을 개발하고 사람이 하고자 하는 바를 성취시킴.

改善匡正 (개선광정): 좋도록 고치고 바로잡음.

蓋世之才 (개세지재): 온 세상을 덮을 만한 재주나 그런 사람.

去頭截尾 (거두절미): '머리를 버리고 꼬리를 잘라낸다' 의 뜻으로 앞뒤의 것은 빼고 요점만 말함. = 單刀直入(단도직입)

居安思危 (거안사위): 편안히 살 때 닥쳐올 위태로움을 생각함. = 安居危思(안거위사), 有備無患(유비무환)

擧案齊眉 (거안제미): '밥상을 눈썹까지 들어올려 남편에게 바친다' 의 뜻으로 공경함을 뜻함.

去者日疎 (거자일소): 서로 떨어져 있으면 점점 사이가 멀어지게 된다는 말.

車載斗量 (거재두량): '수레에 싣고 말로 잰다' 의 뜻으로 물건이나 인재가 흔함을 말함.

乾坤一擲 (건곤일척): 흥망성패를 걸고 단판 싸움을 함으로 즉 하늘과 땅을 걸고 단판 승부를 함.

乾木水生 (건목수생): 없는 것을 무리하게 강요함을 비유.

桀犬吠堯 (걸견폐요): 개는 선악을 불문하고 각기 그 주인에게만 충성을 한다.

乞不竝行 (걸불병행): 무엇을 요구하거나 청을 할 때는 혼자서 가는 것이 이롭다는 말.

乞人憐天 (걸인연천): '거지가 하늘을 불쌍히 여긴다' 는 뜻으로 격에 맞지 않는 걱정을 이르는 말.

黔驢之技 (검려지기): 재능이 없는 사람의 보잘 것 없는 기량.

格物致知 (격물치지): 사물의 이치를 규명하여 자기의 지식을 확고하게 함.

隔世之感 (격세지감): 딴 세대처럼 아주 달라진 느낌을 말함. = 今昔之感(금석지감)

激濁揚清 (격탁양청): 탁류를 몰아내고 청파를 끌어들임. 惡을 미워하고 善을 좋아함.

隔靴搔癢 (격화소양): 일을 열심히 해도 자신의 목적을 달성하지 못함을 비유.

牽强附會 (견강부회): 이치에 닿지 않는 말을 억지로 끌어다 붙임. = 曲學阿世(곡학아세), 指鹿爲馬(지록위마)

見利忘義 (견리망의): 이익을 보면 의리를 잊음 ↔ 見利思義(견리사의)

見利思義 (견리사의): 이익을 보면 의에 맞는가 그렇지 않은가의 여부를 잘 생각하여 취하고 취하지 않음을 결정함. = 見危授命(견위수명)

犬馬之誠 (견마지성): 임금이나 나라에 정성을 다함. 자기의 정성을 낮추어 일컫는 말.= 犬馬之勞(견마지로)

見蚊拔劍 (견문발검): '모기를 보고 칼을 뺌' 으로 조그만 일에도 성을 내는 소견 좁은 행동. = 怒蠅拔劍(노승발검)

見物生心 (견물생심): 물건을 보고 욕심이 생김.

見善如渴 (견선여갈): 착한 일을 보기를 마치 목마른 것 같이 하라.

見善從之 (견선종지): 착한 일이나 착한 사람을 보면 그것을 따르라.

犬齧枯骨 (견설고골): 개가 말라빠진 뼈를 핥음이니, 즉 아무

맛도 없는 것을 뜻함.

犬牙相制 (견아상제): 개의 어금니가 서로 맞지 않는 것.

堅如金石 (견여금석): 굳기가 금이나 돌 같음.

犬猿之間 (견원지간): '개와 원숭이 사이' 라는 뜻으로 서로 사이가 나쁜 두 사람의 관계를 비유하여 이르는 말.

見危授命 (견위수명): 위급할 때에는 신명(身命)을 던져 노력함. = 見危致命(견위치명), 安不忘危(안불망위)

堅忍不拔 (견인불발): 굳게 참고 버텨 마음이 흔들리지 않음.

見兎放狗 (견토방구): 일이 일어나길 기다린 후 응해도 된다는 의미.

犬兎之爭 (견토지쟁): 양자의 다툼에 제삼자가 이익을 봄, 쓸데없는 다툼.= 蚌鷸之爭(방휼지쟁) 漁父之利(어부지리)

結者解之 (결자해지): '맺은 사람이 풀어야 한다' 는 뜻으로 처음에 일을 벌려놓은 사람이 끝을 맺어야 한다는 뜻.

結草報恩 (결초보은): '풀을 묶어 은혜에 보답함' 이라는 의미로 죽어서까지라도 은혜를 잊지 않고 갚음. = 白骨難忘(백골난망), 刻骨難忘(각골난망)

謙讓之德 (겸양지덕): 겸손하고 사양하는 미덕.

兼人之勇 (겸인지용): 몇 사람을 능히 당해낼 만한 용기.

輕擧妄動 (경거망동): 깊이 생각해 보지 않고 경솔하게 함부로 행동함, 또는 그런 행동. = 隱忍自重(은인자중)

經國濟世 (경국제세): 나라를 잘 다스려 도탄에 빠진 백성을 구제함을 이르는 말.

傾國之色 (경국지색): '나라가 기울어지게 할 정도로 빼어난 미녀' 로 한 나라 안에서 제일가는 미인. = 傾城之色(경성지색), 絶世佳人(절세가인), 花容月態(화용월태), 丹脣皓齒(단순호치), 月下佳人(월하가인)

耕當問奴 (경당문노): '농사 일은 노비에게 물어본다' 로 일은 그 방면의 전문가에게 묻는 것이 옳다는 말.

輕妙脫灑 (경묘탈쇄): 경쾌하고 교묘하게 속된 데가 없이 깨끗하고 말쑥함을 이르는 말.

耕山釣水 (경산조수): 속세를 떠나 자연을 벗해 한가롭게 생활하는 것을 뜻함.

經世濟民 (경세제민): 세상을 다스리고 백성을 구제하는 일. 준말-經濟(경제)

輕敵必敗 (경적필패): 적을 업신여기면 반드시 패하게 됨.

鯨戰蝦死 (경전하사): 고래 싸움에 새우 등 터져 죽음, 강자 싸움에 약자가 피해를 입음.

輕佻浮薄 (경조부박): 사람됨이 날리어 언어 행동이 가볍고 신중하지 못함을 이르는 말. 준말 : 輕薄(경박)

박)

敬天勤民 (경천근민): 하느님을 공경하고 백성을 다스리기에 부지런함.

驚天動地 (경천동지): 하늘이 놀라고 땅이 흔들림. 세상을 놀라게 함.

敬天愛人 (경천애인): 하늘을 공경하고 사람을 사랑함.

鏡花水月 (경화수월): 거울에 비친 꽃과 물에 비친 달. = 畵中之餠(화중지병)

鷄口牛後 (계구우후): 큰 집단의 말석보다 작은 집단의 우두머리가 나음. 원말:寧爲鷄口(영위계구) 勿爲牛後(물위우후)

計窮力盡 (계궁역진): 꾀와 힘이 다하여 더 이상 어찌할 방도가 없음을 뜻함.

鷄卵有骨 (계란유골): '달걀에도 뼈가 있다' 는 뜻으로 일이 방해됨을 이르는 말 또는 일이 안 되는 사람은 좋은 기회가 와도 역시 일이 안 됨을 말함.

鷄肋 (계륵): 닭의 갈비, 곧 취하기도 버리기도 아까움.

鷄鳴狗盜 (계명구도): 천한 기능을 가진 사람, 비천하게 행동하는 사람, 그런 사람의 우두머리를 계명구도지웅(鷄鳴狗盜之雄)이라고 함.

季札掛劍 (계찰괘검): 신의를 중히 여김.

季布一諾 (계포일락): '계포가 승낙한 한 마디의 말' 로 한번 한 약속은 지킴.

高官大爵 (고관대작): 지위가 높은 큰 벼슬자리나 또는 그 직위에 있는 사람.

股肱之臣 (고굉지신): 임금이 가장 믿고 중히 여기는 신하.

孤軍奮鬪 (고군분투): 적고 약한 군대가 강적과 싸움.

高談峻論 (고담준론): 뜻이 높고 바르며 준엄한 이론.

高臺廣室 (고대광실): 굉장히 크고 좋은 집.

叩頭謝罪 (고두사죄): 머리를 조아려 사죄함.

膏粱珍味 (고량진미): 맛있는 음식.

孤立無援 (고립무원): 고립되어 구원받을 데가 없음.

枯木生花 (고목생화): 마른나무에서 꽃이 핀다는 뜻으로 곤궁한 사람이 뜻밖의 행운을 만나게 됨을 비유.

鼓腹擊壤 (고복격양): '배를 두드리고 땅을 치며 기뻐한다' 의 의미로 백성이 천하의 태평을 즐김을 말함.

孤城落日 (고성낙일): 남의 도움을 받지 못하는 몹시 외로운 사정이나 형편.

高聲放歌 (고성방가): 큰소리로 떠들고 마구 노래 부름.

姑息之計 (고식지계): 당장 편한 것만 취하는 계책, 일시적인 미봉책. = 彌縫策(미봉책), 朝三暮四(조삼모사), 凍足放尿(동족방뇨), 下石上臺(하석상대), 姑息(고식)): 본뜻은 부녀자와 어린아이

孤臣冤淚 (고신원루): 외로운 신하의 원통한 눈물.

孤身隻影 (고신척영): 붙일 곳 없이 떠도는 외로운 신세라는 뜻.
苦肉之計 (고육지계): 적을 속이기 위해서, 또는 어려운 사태에서 벗어나기 위한 수단으로 제 몸을 괴롭히면서까지 짜내는 계책.
孤掌難鳴 (고장난명): '한 손뼉은 울리지 못한다' 는 말로 혼자 고립해서는 일을 하지 못한다는 뜻.
苦盡甘來 (고진감래): '쓴 것이 다하면 단 것이 온다' 는 뜻으로 '고생 끝에 즐거움이 옴' 을 이르는 말.
↔ 甘盡苦來(감진고래), 興盡悲來(흥진비래)
孤枕單衾 (고침단금): 젊은 여자가 홀로 쓸쓸하게 자는 것을 이르는 말.
高枕安眠 (고침안면): '높은 베개에서 편히 잠을 잔다' 의 뜻으로 근심 없이 편안히 잘 지냄을 이르는 말.
曲突徙薪 (곡돌사신): '火災(화재)를 예방하기 위하여 굴뚝을 꼬불꼬불하게 만들고 아궁이 근처의 나무를 딴 곳으로 옮긴다' 로 禍(화)를 미연에 방지함을 비유하는 말.
曲學阿世 (곡학아세): 학문을 왜곡하여 세속에 아부함.
困窮而通 (곤궁이통): 손 쓸 도리가 없는 지경에 이르게 되면 오히려 활로가 생긴다는 뜻.
困獸猶鬪 (곤수유투): '위급한 경우에는 짐승도 적을 향해 덤빈다' 로 궁지에 빠지면 약한 자가 도리어 강한 자를 해칠 수 있다는 뜻.
汨沒無暇 (골몰무가): 한 가지 일에 골몰하여 틈이 조금도 없음.
骨肉相殘 (골육상잔): 같은 민족끼리 해치며 싸우는 일. = 骨肉相爭(골육상쟁)
骨肉相爭 (골육상쟁): '뼈와 살이 서로 싸운다' 는 말로 동족끼리 서로 싸움을 비유함.
公卿大夫 (공경대부): 삼공과 구경등 벼슬이 높은 사람들.
功過相半 (공과상반): 공도 있고 잘못도 있을 때에 일컬어서 하는 말.
空理空論 (공리공론): '헛된 이치와 논의' 란 뜻으로 사실에 맞지 않은 이론과 실제와 동떨어진 사이.
公明正大 (공명정대): 마음이 공평하고 사심이 없으면 밝고 큼.
公序良俗 (공서양속): 공공의 질서와 선량한 풍속.
孔席不暖 (공석불난): 한 곳에 오래 머무르지 않고 왔다갔다함을 이르는 말.
空前絶後 (공전절후): 비교할 만한 것이 이전이나 이후에도 없음을 뜻하는 말. = 前無後無(전무후무)
空中樓閣 (공중누각): 내용이 없는 문장이나 쓸데없는 사물.
空行空返 (공행공반): 행하는 것이 없으면 소득이 없어 제게 돌아오는 소득도 없다는 말.
功虧一簣 (공휴일궤): 이제 조금만 더 계속하면 목적을 달성할 수 있는 데까지 와서 그만 중단했기 때문에 지금까지 애쓴 것이 모두 허사가

되고 만 것을 일컬음.
過恭非禮 (과공비례): 지나치게 공손함은 도리어 예가 아니다는 뜻.
誇大妄想 (과대망상): 자기의 능력·용모·지위 등을 과대하게 평가하여 사실인 것처럼 믿는 일, 또는 그런 생각.
過猶不及 (과유불급): 정도를 지나침은 미치지 못한 것과 같음. = 過如不及(과여불급)
過而不改 (과이불개): 잘못을 하고도 고치지 않는 것, 이것이 잘못이다. 원말 : 過而不改(과이불개) 是謂過矣(시위과의)
瓜田不納履 (과전불납리): '오이 밭에서 신발을 고치지 말아라' 는 의미로 남의 의심을 받기 쉬운 일은 하지 말라는 말. = 李下不整冠(이하부정관)
寬仁大度 (관인대도): 마음이 너그럽고 인자하며 도량이 넓음.
官尊民卑 (관존민비): 관리는 높고 귀하고 백성은 천하고 낮다는 말.
管中之天 (관중지천): 대롱 구멍으로 하늘을 보는 것처럼 소견이 좁음. = 坐井觀天(좌정관천)
觀天望氣 (관천망기): 구름이나 대기 중의 여러 현상을 보고 일기예보를 행하는 일.
管鮑之交 (관포지교): '관중과 포숙의 사귐' 으로 아주 친한 친구의 사귐을 이르는 말. = 刎頸之交(문경지교), 金蘭之交(금란지교), 金石之交(금석지교)
冠婚葬祭 (관혼장제): 古來(고래)의 4대 예식·관례·혼례·상례·제례의 총칭. = 冠婚喪祭(관혼상제)
刮目相對 (괄목상대): '눈을 비비고 서로 대면한다' 는 뜻으로 전보다 남의 학식이 부쩍 발전한 것에 대해 놀라는 데 쓰는 말.
光陰如流 (광음여류): 세월이 흐르는 물과 같이 빠름.
曠日彌久 (광일미구): 오랫동안 쓸데없이 세월만 보냄. = 曠日持久(광일지구)
掛冠 (괘관): '갓을 벗어 건다' 로 관직을 버리고 사퇴하는 것.
矯角殺牛 (교각살우): '뿔을 고치려다 소를 죽인다' 는 말로 작은 일에 힘쓰다가 큰 일을 망친다는 뜻. = 小貪大失(소탐대실).
蛟龍雲雨 (교룡운우): 영웅, 풍운아가 기회를 얻어 대 활약함을 비유. = 矯枉過正(교왕과정)
驕兵必敗 (교병필패): 자기 군대의 힘만 믿고 교만하여 적에게 위엄을 보이려는 병정은 적의 군대에게 반드시 패한다는 뜻.
巧言令色 (교언영색): 번지르르하게 발라맞추는 말과 알랑거리는 낯빛. = 甘言利說(감언이설)
膠柱鼓瑟 (교주고슬): '기러기발(현악기의 줄을 고르는 기구)

에 아교풀을 바르고 거문고를 탄다' 로 고지식하여 변통이나 융통성이 없음. = 固執不通(고집불통)

交淺言深 (교천언심): 사귄지 얼마 되지 않는데 자기 속을 털어 놓아 이야기함.

膠漆之交 (교칠지교): 아주 친밀하여 서로 떨어질 수 없는 교분. = 膠漆之心(교칠지심)

狡兔三窟 (교토삼굴): '굴을 셋이나 가지고 있기 때문에 슬기롭다' 로 교묘한 지혜로 위기를 피함.

教學相長 (교학상장): 남을 가르치는 일과 배우는 일이 모두 학업을 증진시킴.

九曲肝腸 (구곡간장): 굽이굽이 사무친 마음속.

舊官名官 (구관명관): '옛 관리가 더 낫다' 는 의미.

救國干城 (구국간성): 나라를 구하여 지키는 믿음직한 군인이나 인물.

狗尾續貂 (구미속초): '담비 꼬리가 모자라 개꼬리로 잇는다' 로 ① '벼슬을 함부로 줌' 을 비유하여 이르는 말. ② 훌륭한 것에 보잘 것 없는 것이 잇닿음을 이름.

口蜜腹劍 (구밀복검): 겉으로는 말을 좋게 하고 속으로는 해칠 생각을 가지는 것. =面從腹背(면종복배), 笑裏藏刀(소리장도), 表裏不同(표리부동), 원말 : 口有蜜(구유밀) 腹有劍(복유검)

九死一生 (구사일생): '아홉 번 죽을려다가 한번 살아남' 이라는 뜻으로 여러 차례 죽을 고비를 넘기고 겨우 살아남.

口尙乳臭 (구상유취): '입에서 아직 젖내가 난다' 는 뜻으로 언어와 행동이 매우 유치함을 일컬음.

九十春光 (구십춘광): 노인의 마음이 청년같이 젊음을 이름 또는 봄의 석달 구십일 동안.

苟安偸生 (구안투생): 일시적 편안함만 탐하여 헛되이 살아감.

九牛一毛 (구우일모): '아홉 마리 소에 한 가닥의 털' 이라는 뜻으로 썩 많은 가운데 섞인 아주 적은 것을 말함. = 滄海一粟(창해일속)

口耳之學 (구이지학): 귀로 들은 것을 그대로 남에게 이야기할 정도밖에 되지 않는, 조금도 자기의 것으로 소화를 하지 못한 학문. 발전적인 학문이 아닌 단지 기억만 해두는 학문.

求田問舍 (구전문사): 부칠 논밭과 살 집만 구함. 곧 국가 대사에는 뜻이 없고 일신상의 이익만 쫓음.

九折羊腸 (구절양장): '아홉 번 꺾인 양의 창자' 란 뜻에서 세상살이가 複雜(복잡)하여 살아가기 어려움을 比喩(비유)하는 말.

口禍之門 (구화지문): 입은 재앙을 불러들이는 문이다.

救火投薪 (구화투신): '불을 끄는데 장작을 집어넣는다' 는 뜻으로 근본을 다스리지 않고 성급히 행동하다가 도리어 해를 크게 함을 비유.

國利民福 (국리민복): 나라의 이익과 국민의 행복.

國士無雙 (국사무쌍): 국내에서 가장 뛰어난 인물.

國粹主義 (국수주의): 자기 나라의 전통적 특수성만을 우수한 것으로 믿는 배타적이고 보수적인 주의.

國泰民安 (국태민안): 나라가 태평하고 백성이 살기가 편안함.

群鷄一鶴 (군계일학): '여러마리 닭 속에 있는 한 마리의 鶴(학)' 이라는 뜻으로 평범한 여러 사람 가운데 뛰어난 한 사람을 비유하여 이르는 말. = 鷄群一鶴(계군일학), 白眉(백미), 壓卷(압권)

軍令泰山 (군령태산): 군대의 명령은 태산같이 무거움.

群盲撫象 (군맹무상): 보통사람의 식견이 좁음을 비유. = 群盲象評(군맹상평)

君臣有義 (군신유의): 임금과 신하는 의가 있어야 한다.

群雄割據 (군웅할거): 많은 영웅들이 각지에 자리잡고 서로 세력을 다툼.

君爲臣綱 (군위신강): 신하는 임금을 섬기는 것이 근본이다.

君子務本 (군자무본): 군자는 근본에 힘쓴다.

君子不器 (군자불기): 군자는 한 가지 재능에만 얽매이지 않고 두루 살피고 원만하다는 말. '군자는 일정한 용도로 쓰이는 그릇과 같은 것이 아니다' 라는 뜻.

君子三樂 (군자삼락): 군자에게 세가지 즐거움이 있음.

君子豹變 (군자표변): '군자의 언행은 표범의 무늬처럼 선명하게 변해야 한다' 는 뜻으로 군자는 잘못을 깨달음에 있어 곧바로 분명하게 고침을 비유하여 일컫는 말.

掘墓鞭屍 (굴묘편시): '묘를 파헤쳐 시체를 채찍질한다' 는 뜻으로 가혹한 복수를 가리킴.

屈而不信 (굴이불신): 굽히고는 펴지 아니함.

窮寇莫追 (궁구막추): 곤경에 빠져 있는 자를 건드리면 해를 입으니 건드리지 말라는 뜻.

窮鼠嚙(齧)猫 (궁서설묘): '쫓겨서 궁지에 빠진 쥐가 고양이를 문다' 는 뜻으로 궁박한 사람은 조심하여 그 이상 괴롭히지 말 것을 비유하여 일컫는 말.

窮餘一策 (궁여일책): 막다른 처지에서 짜내는 한 가지 계책. = 窮餘之策(궁여지책)

窮鳥入懷 (궁조입회): '쫓기던 새가 사람의 품안으로 날아든다' 는 뜻으로 사람이 궁하면 적에게도 의지하고 싶어함.

權謀術數 (권모술수): 그때 그때의 형편에 따라 변통성 있게 둘러대는 모략이나 수단.

權不十年(권불십년): 아무리 높은 권세라도 10년을 가지 못
　　　　　함. ＝ 花無十日紅(화무십일홍), 勢不十年(세
　　　　　불십년)
勸善懲惡(권선징악): 착한 일을 권장하고 악한 일을 징계함.
捲土重來(권토중래): 한번 패한 자가 힘을 돌이켜 전력을 다하
　　　　　여 다시 쳐들어옴.
貴鵠賤鷄(귀곡천계): '고니를 귀히 여기고 닭을 천하게 여긴
　　　　　다' 는 뜻으로 곧, 인정이란 드물고 먼
　　　　　것을 귀하게 보고 흔하고 가깝게 있는
　　　　　것을 소홀히 여김.
龜背刮毛(귀배괄모): '없는 거북 등의 털을 벗겨 뜯는다' 로 없
　　　　　는 것을 애써 구하려고 하는 것을 비유.
橘和爲枳(귤화위지): 귤이 화수를 건너면 탱자가 된다. ＝ 南橘
　　　　　北枳(남귤북지)
隙駒光陰(극구광음): 흘러가는 세월의 빠름. '달리는 말을 문
　　　　　틈으로 보는 것과 같다' 는 뜻으로 인생
　　　　　의 덧없고 짧음을 일컬음.
克己復禮(극기복례): 自己(자기)의 욕심을 억제하고 사회의 규
　　　　　범, 예의에 따라 行動(행동)함.
近墨者黑(근묵자흑): '먹을 가까이 하면 검어진다' 는 뜻으로
　　　　　나쁜 사람을 가까이 하면 물들기 쉽다는
　　　　　말. ＝ 近朱者必赤(근주자필적)
勤將補拙(근장보졸): 서투른 것을 보충하는 데에는 부지런함
　　　　　이 으뜸임을 뜻한다.
近朱者赤(근주자석): 붉은 것 옆에 있으면 붉게 됨. － 近墨者黑
　　　　　(근묵자흑)
金科玉條(금과옥조): 금과 옥 같이 소중히 여기며 반드시 지켜
　　　　　야 할 법규.
金甌無缺(금구무결): 금으로 만든 단지처럼 완전하고 결점이
　　　　　없음. 구(甌) : 사발 구.
金蘭之契(금란지계): 친구 사이의 우의가 두터움. ＝ 金蘭之交
　　　　　(금란지교), 管鮑之交(관포지교), 金石之交(금
　　　　　석지교)
錦上添花(금상첨화): '비단 위에 꽃을 더한다' 는 뜻으로 좋은
　　　　　일에 좋은 일이 더 한다는 말. ↔ 雪上加霜
　　　　　(설상가상)
金石牢約(금석뇌약): 금과 돌 같이 굳은 언약, 서로 언약함이
　　　　　매우 굳음을 비유.
金石盟約(금석맹약): 금과 돌 같이 굳게 맹세해 맺은 약속.
今昔之感(금석지감): 현재와 과거를 비교하여 생각할 때 그 차
　　　　　이가 심함을 보고 느끼는 정.
金舌蔽口(금설폐구): '금으로 혀를 만들어 입을 가린다' 로 입
　　　　　을 꼭 다물고 말하지 아니함.
金城湯池(금성탕지): 방비가 매우 튼튼하고 강한 진지를 비유
　　　　　한 말.＝ 難攻不落(난공불락), 金城鐵壁(금성

철벽)
錦繡江山(금수강산): ① 아름다운 자연을 이르는 말.
　　　　　② 우리나라를 비유하여 이르는 말.
琴瑟之樂(금슬지락): '거문고와 비파의 즐거운 음악' 으로 부
　　　　　부 사이의 화락한 즐거움. ＝ 琴瑟相和(금
　　　　　슬상화), 琴瑟(금슬:금실)
金烏玉兎(금오옥토): 해와 달을 가리키는 말.
錦衣夜行(금의야행): '비단 옷을 입고 밤길을 걷는다' 는 뜻으
　　　　　로 아무 보람없는 행동을 이르는 말.＝衣
　　　　　錦夜行(의금야행)
錦衣玉食(금의옥식): 좋은 옷과 좋은 음식. 사치스러운 생활을
　　　　　일컬음. ＝ 好衣好食(호의호식)
錦衣還鄕(금의환향): '비단 옷을 입고 고향으로 돌아온다' 는
　　　　　뜻으로 성공하여 고향에 돌아옴을 이르
　　　　　는 말. ＝衣錦晝行(의금주행)
金枝玉葉(금지옥엽): '황금으로 된 나뭇가지와 옥으로 만든
　　　　　잎' 이란 뜻으로 귀여운 자손을 소중하게
　　　　　일컫는 말. 임금의 집안과 자손.
急轉直下(급전직하): 사태ㆍ정세 따위의 변화ㆍ변전이 급격함.
氣高萬丈(기고만장): '기운이 만장이나 뻗친다' 는 뜻으로 일
　　　　　이 뜻대로 될 때 기세가 등등한 모양이
　　　　　나, 또는 성을 낼 때에 그 기운이 대단함
　　　　　을 말함.
岐路亡羊(기로망양): 진실을 추구하려고 해도 학문의 길이 많
　　　　　아서 쉽게 찾을 수 없다는 의미. ＝ 多岐
　　　　　亡羊(다기망양)
其利斷金(기리단금): 절친한 친구사이. ＝ 其臭如蘭(기취여란)
麒麟兒(기린아): 재주와 지혜가 뛰어난, 장래가 촉망되는 젊은이.
驥服鹽車(기복염차): '준마가 소금 수레를 끈다' 는 뜻으로 뛰
　　　　　어난 인재가 하찮은 일에 종사하거나 낮
　　　　　은 지위에 있어 그 재능을 발휘하지 못함
　　　　　을 일컬음.
起死回生(기사회생): 중병으로 죽을 뻔하다가 다시 살아남.
奇想天外(기상천외): 기이한 생각이 하늘 밖에까지 미침.
欺世盜名(기세도명): 세상 사람을 속이고 이름을 도둑질함.
己所不欲勿施於人(기소불욕물시어인): 자기가 하기 싫은 일
　　　　　은 남에게도 시키지 마라.
奇巖怪石(기암괴석): 기이한 바위와 괴이한 돌.
杞憂(기우): '杞(기)나라 사람의 필요 없는 근심' 으로 쓸데없
　　　　　는 걱정을 말함. 원말 : 杞人之憂(기인지우)
其臭如蘭(기취여란): 절친한 친구사이. ＝ 其利斷金(기리단금)
騎虎之勢(기호지세): 범을 타고 달리는 듯한 기세(＝ 중도에 그
　　　　　만둘 수 없는 형세).
奇貨可居(기화가거): 좋은 기회를 기다려 큰 이익을 봄. 준말:
　　　　　奇貨(기화)

吉祥善事 (길상선사): 매우 기쁘고 좋은 일.

樂極哀生 (낙극애생): 즐거움이 지나치면 반드시 슬픔이 생김.

落膽喪魂 (낙담상혼): 몹시 놀라 정신이 없음을 일컫는다.

落落長松 (낙락장송): 가지가 아래로 축축 늘어진 키 큰 소나무

落眉之厄 (낙미지액): '눈썹에 떨어진 액' 으로 즉 갑자기 들이 닥친 재앙이라는 뜻.

落魄 (낙백): 모든 일이 뜻대로 되지 않아 형편이 말이 아닌 상태.

洛陽紙價 (낙양지가): '낙양(珞陽)의 종이값을 올린다' 는 뜻의 이 말은 오늘날 책이 잘 팔려 베스트셀러가 된 것을 가리키는 말로 쓰인다. = 낙양지귀(洛陽紙貴) 洛陽紙價貴(낙양지가귀)

樂生於憂 (낙생어우): 즐거움은 근심하는 가운데에서 생긴다는 말.

樂而不淫 (낙이불음): 맘껏 즐기되 그 정도를 넘지 아니함. 즐거움의 도를 지나치지 아니함.

樂而思蜀 (낙이사촉): 타향의 생활이 즐거워 고향 생각을 하지 못함을 이르는 말. 눈앞의 즐거움에 겨워 근본을 잊게 될 때를 비유하기도 함.

落穽下石 (낙정하석): 어려운 처지에 있는 사람을 오히려 더 괴롭힘을 이르는 말.

落花流水 (낙화유수): 남녀간의 서로 그리워하는 정이 있음을 비유.

難事必作易 (난사필작이): 어려운 일은 쉬운 일에서 일어난다는 말.

難上之木不可仰 (난상지목불가앙): 오르지 못할 나무는 쳐다 보지도 말라.

亂臣賊子 (난신적자): 나라를 어지럽히는 무리.

暖衣飽食 (난의포식): 따뜻한 옷을 입고 음식을 배불리 먹어 의식에 부자유함이 없음.

難兄難弟 (난형난제): '형인지 아우인지 분간하기 어려움' 으로 누가 낫다고 할 수 없을 정도로 둘이 서로 비슷함을 이르는 말. =伯仲之間(백중지간),莫上莫下(막상막하),伯仲之勢(백중지세)

南柯一夢 (남가일몽): 남가군을 20여년 다스린 것도 하나의 꿈이다' 로 꿈과 같이 헛된 한 때의 부귀영화. = 邯鄲之夢(한단지몽), 一場春夢(일장춘몽)

南郭濫吹 (남곽남취): 학문과 기예에 전문적 지식과 체계나 조리도 없이 함부로 날뛰는 사람을 비유하는 말이다.

南男北女 (남남북녀): 남자는 남쪽, 여자는 북쪽여자가 예쁘다는 말.

南面之位 (남면지위): 임금이 앉는 자리의 방향이 남향이었다는 데서 유래한 것으로 '임금의 자리' 를 가리키는 말

男負女戴 (남부여대): '남자는 짊어지고 여자는 머리에 인다' 로 가난한 사람들이 떠돌아 다니며 사는 것.

濫觴 (남상): 사물의 시초나 근원. = 嚆矢(효시)

南船北馬 (남선북마): 늘 여기저기 쉴새없이 여행하거나 돌아다님을 이르는 말.

男尊女卑 (남존여비): 남성을 존중하고 여성을 비천하게 여기는 생각.

南風不競 (남풍불경): '남방지역의 풍악은 미약하고 생기가 없다' 는 뜻으로 일반적으로 힘 또는 세력을 떨치지 못함을 비유하는 말.

浪漫主義 (낭만주의): ① 18세기 말에서 19세기 초에 걸쳐 유럽에서 일어난 예술상의 사조(思潮). ② 꿈이나 공상의 세계를 동경하고 감상적인 정서를 좋아하는 정신적 경향. 로맨티시즘.

狼子野心 (낭자야심): 본래 성질이 비뚤어진 사람은 아무리 은혜를 베풀어도 끝내는 배반한다는 비유로 쓰인다.

囊中之錐 (낭중지추): 재능이 뛰어난 사람은 숨어 있어도 사람들에게 알려진다는 뜻. = 毛遂自薦(모수자천)

囊中取物 (낭중취물): 없는 것을 사방에서 구하는 것이 아니고 주머니 속에 들어 있는 물건을 꺼냄과 같음이니 곧 대단히 용이한 일.

內疏外親 (내소외친): 마음속으로는 소홀히 하면서 겉으로는 친한 체함.

內柔外剛 (내유외강): 사실은 마음이 약한데도 외부에는 강하게 나타남. ↔ 外柔內剛(외유내강)

內憂外患 (내우외환): 나라 안팎의 근심 걱정.

內助之功 (내조지공): 아내가 집안 일을 잘 다스려 남편을 돕는 일을 말한다.

內清外濁 (내청외탁): 마음은 깨끗하나 행동은 흐린 것처럼 함.

怒甲移乙 (노갑이을): '갑에게 당한 것을 을에게 푼다' 는 뜻으로 어떤 사람에게 당한 노여움을 다른 사람에게 화풀이함.

老當益壯 (노당익장): 사람은 늙을수록 더욱 기운을 내야 하고 뜻을 굳게 해야 한다.

老萊之戱 (노래지희): 주나라의 노래자가 칠십세 때 어린아이의 옷을 입고 어린애 장난을 하여 늙은 부모를 기쁘게 해드린 고사.

路柳墻(牆)花 (노류장화): 누구나 쉽게 꺾을 수 있는 길가의 버드나무와 담장 밑의 꽃. 즉 몸을 파는 여자를 말함.

駑馬十駕 (노마십가): 재주가 없는 사람도 열심히 하면 훌륭한 사람에 미칠 수 있음의 비유.

老馬之智 (노마지지): 아무리 하찮은 것도 장기나 장점을 가지고 있음.

怒發大發 (노발대발): 몹시 크게 성을 냄.

怒髮衝冠 (노발충관): '화가 나서 머리털이 곤두서 관을 찌른다' 로 크게 성이 난 모습을 이르는 말. = 怒發大發 (노발대발)

盧生之夢 (노생지몽): 한때의 헛된 부귀 영화. = 邯鄲之夢(한단지몽), 一場春夢(일장춘몽), 南柯一夢(남가일몽)

怒蠅拔劍 (노승발검): '모기보고 칼 빼기' 로 즉 작은 일로 노함을 비유한 말. = 見蚊拔劍(견문발검)

勞心焦思 (노심초사): 애를 써 속을 태움.

勞而無功 (노이무공): 애만 쓰고 애쓴 보람이 없음.

老婆心切 (노파심절): 남의 일을 지나치게 걱정하는 마음.

綠林 (녹림): 도둑 떼의 소굴.

鹿死不擇音 (녹사불택음): 사람도 위급한 상황이 되면 악성이 나온다는 말.

綠陰芳草 (녹음방초): 푸른 나무 그늘과 꽃다운 풀, 곧 여름의 아름다운 자연 경치.

綠衣紅裳 (녹의홍상): '연두저고리에 다홍치마' 라는 말로 젊은 여인의 고운 옷차림을 이르는 말.

論功行賞 (논공행상): 세운 공을 논하여 상을 줌.

弄假成眞 (농가성진): 장난 삼아 한 것이 참으로 한 것 같이 된다. = 假弄成眞(가롱성진)

壟斷 (농단): 재물을 독차지함. 원문:龍斷(용단)

弄瓦之慶 (농와지경): 딸을 낳은 경사.

弄璋之慶 (농장지경): 아들을 낳은 경사.

籠鳥戀雲 (농조연운): '새장 속에 있는 새는 구름을 그리워한다' 로 몸이 속박 당한 사람은 자유를 갈망한다는 뜻이다.

累卵之勢 (누란지세): 몹시 위태로운 형세. = 累卵之危(누란지위), 風前燈火(풍전등화), 焦眉之急(초미지급)

訥言敏行 (눌언민행): 말은 어눌할지라도 行動(행동)은 신속하고 올바름.

陵遲處斬 (능지처참): 대역죄를 범한 자에게 과하던 극형 곧 머리·몸·손·팔다리를 토막치는 극형.

ㄷ

多岐亡羊 (다기망양): 학문이 다방면에 미치면 얻기가 어려움. = 岐路亡羊(기로망양)

多多益善 (다다익선): 많으면 많을수록 좋음.

多事多難 (다사다난): 여러 가지 일이 많고 어려움도 많음.

多事多忙 (다사다망): 일이 많아 매우 바쁨.

多士濟濟 (다사제제): 여러 선비가 모두다 뛰어남. 훌륭한 인재가 많음.

多言或中 (다언혹중): 말이 많으면 혹 맞는 말이 있음.

多情多感 (다정다감): 정이 많고 느낌이 많음.

多情佛心 (다정불심): 정이 많은 자비스러운 마음.

斷金之交 (단금지교): 쇠를 자를 정도로 절친한 친구사이를 말함.

斷機之戒 (단기지계): '베를 끊어서 훈계하다' 로 학문은 중도에 그만둠이 없이 꾸준히 계속해야 한다는 뜻. = 孟母斷機(맹모단기), 斷機之教(단기지교)

單刀直入 (단도직입): '한 칼로 바로 적진에 쳐들어간다' 는 뜻으로 문장, 언론 등에서 바로 본론으로 들어감을 말함. = 去頭截尾(거두절미)

斷末魔 (단말마): 숨이 끊어질 때의 고통, 숨이 끊어질 때 내뱉는 짧은 비명.

簞食豆羹 (단사두갱): 음식의 분량이 적은 것을 말함.

簞食瓢飲 (단사표음): 변변치 못한 음식. 원말 : 一簞食(일단사) 一瓢飮(일표음)

丹脣皓齒 (단순호치): '붉은 입술과 하얀 이' 란 뜻에서 여자의 아름다운 얼굴을 이르는 말.

斷腸 (단장): 창자가 끊어질 듯한 슬픔.

斷長補短 (단장보단): 긴 곳을 잘라 짧은 곳을 보충해 들쭉날쭉한 것을 곧게 한다.

膽大心小 (담대심소): 문장을 짓는 데에 조심할 일로 담력을 크게 갖되 조심은 세심하게 하여야 한다는 말.

談笑自若 (담소자약): 위험이나 곤란에 직면해 걱정과 근심이 있을 때라도 변함없이 평상시와 같은 태도를 가짐.

堂狗風月 (당구풍월): '서당개 삼 년이면 풍월을 읊는다' 는 뜻으로 부족함이 많은 사람일지라도 한가지 일을 오랜 기간 꾸준히 하면 실력자가 될 수 있다는 뜻. 원말 : 堂狗三年吟(吠 : 폐)風月(당구삼년음풍월)

螳螂拒轍 (당랑거철): 약한 자가 상대할 수 없는 강자에게 대항하려 드는 일. = 螳螂之斧(당랑지부)

螳螂在後 (당랑재후): 눈앞의 욕심에만 눈이 어두워 덤비면 마침내 큰 해를 입게 된다는 말. = 螳螂捕蟬(당랑포선)

大驚失色 (대경실색): 크게 놀라서 낯빛을 잃음을 의미함.

大器晩成 (대기만성): 크게 될 인물은 오랜 공적을 쌓아 늦게 이루어짐.

大道無門 (대도무문): 누구나 큰 길을 걸으면 승리자가 될 수 있다는 말.

大同小異 (대동소이): 큰 차이가 없이 거의 같음. = 五十步百步(오십보백보)

戴盆望天 (대분망천): '동이를 이고 하늘을 바라보려고 한다' 는 뜻으로 한번에 두 가지 일을 할 수 없음의 비유.

大書特筆 (대서특필): 특히 드러나게 큰 글자로 적어 표시함.

對牛彈琴 (대우탄금): 소에게 거문고를 들려줌. = 牛耳讀經(우이독경), 馬耳東風(마이동풍)

大義滅親 (대의멸친): 국가의 대의를 위해서는 사적인 감정은 돌보지 않음.

大慈大悲 (대자대비): 그지없이 넓고 큰 자비.

大材小用 (대재소용): 사람을 부리는데 있어서 제 능력을 다 발휘할 수 있는 조건이 안됨. 큰 재목은 큰 일에 쓰여야 한다는 말로도 쓰인다.

德無常師 (덕무상사): 덕을 닦는 데는 일정한 스승이 없다.

德本財末 (덕본재말): 사람이 살아가는데 덕이 뿌리가 되고 재물은 사소한 부분이다.

韜光養晦 (도광양회): 빛을 감추고 어둠을 기른다.

徒勞無益 (도로무익): 애만 쓰고 이로움이 없음. = 徒勞無功(도로무공)

屠龍之技 (도룡지기): 용을 때려잡는 재주, 쓸데없는 재주.

道謀是用 (도모시용): '집을 짓는 데 길가는 사람들에게 의견을 물으면 모두 달라 집을 지을 수 없다'는 말로 주관 없이 남의 말만 따르면 일을 성사시킬 수 없다는 뜻.

道傍苦李 (도방고리): '길가에서 고통을 당하며 서 있는 오얏나무'로 사람에게 버림을 받는다는 말의 비유.

道不拾遺 (도불습유): 나라가 태평하고 풍습이 아름다워 백성이 길에 값진 물건이 떨어진 것을 보고도 주워 가지지 않음.

度外視 (도외시): 안중에 두지 않고 무시.

桃園結義 (도원결의): 복숭아 밭에서 결의를 맺는다는 말로 뜻이 맞는 사람끼리 한 목적을 위해 행동을 같이 할 것을 약속한다는 뜻. 중국 蜀(촉)나라의 劉備(유비), 關羽(관우), 張飛(장비).

桃源境 (도원경): 무릉도원처럼 속세를 떠난 아름답고 평화로운 곳.

刀折矢盡 (도절시진): '칼은 부러지고 화살이 동났다'는 뜻으로 남과 협조하여야 한다는 말.

途中曳尾 (도중예미): '거북이 진흙에서 꼬리를 끌며 오래 산다'는 뜻으로 선비가 벼슬하지 않고 고향에서 가난하게 지냄의 비유.

盜憎主人 (도증주인): '도둑은 주인이 밉기 마련이다'로 자기와 반대되는 입장에 있는 사람이 미워지는 것은 인간의 당연한 감정이다.

道聽塗說 (도청도설): 길거리에 떠돌아다니는 뜬소문. = 街談巷說(가담항설)

塗炭之苦 (도탄지고): '진 구렁이나 숯불에 빠졌다'는 말로 생활이 몹시 곤궁하거나 비참한 경지를 이르는 말.

倒行逆施 (도행역시): '거꾸로 행하고 거슬러 시행함'으로 곧 도리에 순종하지 않고 일을 행하여 상도를 벗어나서 일을 억지로 함을 뜻한다.

獨眼龍 (독안룡): 용맹한 장수.

讀書三到 (독서삼도): 독서하는 데는 눈으로 보고 입으로 읽고 마음으로 깨우쳐야 한다는 뜻.

讀書三昧 (독서삼매): 잡념을 버리고 오직 책읽기에만 정신이 집중함.

獨學孤陋 (독학고루): 혼자 공부하였기에 견문이 좁아서 정도에 들어가기 어렵다는 말.

突不煙不生煙 (돌불연불생연): '아니 땐 굴뚝에 연기 날까'의 뜻으로 원인이 없으면 결과가 없다는 뜻. 실제 일이 있기 때문에 말이 난다는 뜻.

同價紅裳 (동가홍상): '같은 값이면 다홍치마'라는 뜻으로 이왕이면 좋은 것을 골라 가진다는 뜻.

同苦同樂 (동고동락): 괴로움과 즐거움을 함께 함.

洞洞燭燭 (동동촉촉): 매우 공경하고 삼가하여 조심스러운 모양.

棟梁之材 (동량지재): 훌륭한 인재.

東問西答 (동문서답): '동쪽에서 묻는데 서쪽에서 대답한다'로 묻는 말에 대하여 아주 딴판인 엉뚱한 대답을 함.

同病相憐 (동병상련): '같은 병에 걸린 자가 서로 불쌍히 여긴다'는 뜻으로 어려운 처지에 있는 사람끼리 서로 가엾게 여김. ↔ 同床異夢(동상이몽)

東奔西走 (동분서주): '사방으로 이리저리 바삐 돌아다닌다'는 뜻으로 여기저기 바쁘게 뛰어 다님.

同床異夢 (동상이몽): 같은 잠자리에서 다른 꿈을 꿈. 곧 겉으로는 같이 행동하면서 속으로는 딴 생각을 가짐. ↔ 同病相憐(동병상련)

冬扇夏爐 (동선하로): '겨울철의 부채와 여름철의 화로'라는 뜻으로 시기에 맞지 않는 당장 소용이 없는 물건이 비유.

同心之言 (동심지언): 절친한 친구사이.

凍足放尿 (동족방뇨): '언 발에 오줌누기'로 한때 도움이 될 뿐 곧 효력이 없어져 더 나쁘게 되는 일을 이르는 말. = 彌縫策(미봉책), 姑息之計(고식지계), 下石上臺(하석상대)

董狐之筆 (동호지필): 권세를 두려워하지 않는 정직한 기록.

頭角 (두각): 뛰어난 학식·재능·기예.

杜門不出 (두문불출): 세상과 인연을 끊고 나가지 않음.

頭寒足熱 (두한족열): 머리는 차게 두고 발은 덥게 하는 것. 옛부터 전해지는 건강법.

得隴望蜀 (득롱망촉): '隴(농)을 얻고 나니 蜀(촉)을 갖고 싶다'

는 뜻으로 사람의 욕심은 끝이 없음을
가리키는 말.

得魚忘筌 (득어망전): 목적 달성을 위해 필요했던 남의 도움
을 성공 뒤에는 잊어버린다.

登高自卑 (등고자비): '높은 곳에 오르기 위해서는 낮은 곳부
터 밟는다' 로 일을 함에는 그 차례가 꼭
필요하다는 말.

登樓去梯 (등루거제): 곧 처음에 남을 기쁘게 하여 놓고 뒤에
이르러 괴롭게 한다는 뜻.

登龍門 (등용문): '용이 올라가는 문' 으로 입신출세의 관문.

燈下不明 (등하불명): '등잔 밑이 어둡다' 로 가까이에 있는 것
을 오히려 잘 모름을 이르는 말.

燈火可親 (등화가친): 가을밤은 서늘하여 등불을 가까이 두고
글읽기에 좋다는 말.

ㅁ

馬脚 (마각): 마각의 각은 틈새라는 뜻이므로 숨기고 있는 틈을
뜻한다.

磨斧作針 (마부작침): 李白(이백)이 공부를 중도에 그만두고
집으로 돌아가는 길에 한 老婆(노파)가
바늘을 만들기 위해 도끼를 갈고 있는
열성과 노력을 보게 되어 이에 감탄하
여 학문을 계속하고 완성하였다는 데서
유래된 말. = 磨斧爲針(마부위침)

馬耳東風 (마이동풍): '말의 귀에 동풍이 불어도 전혀 느끼지
못한다' 는 뜻으로 남의 비평이나 의견
을 조금도 귀담아 듣지 아니하고 곧 흘
려버림. = 牛耳讀經(우이독경), 對牛彈琴
(대우탄금)

麻中之蓬 (마중지봉): '삼 가운데 자라는 쑥' 으로 구부러진 쑥
도 삼밭에 심으면 꼿꼿하게 자란다는 뜻.

莫上莫下 (막상막하): 거의 비슷할 정도로 차이가 거의 없음.
= 伯仲之間(백중지간), 難兄難弟(난형난제),
龍虎相搏(용호상박)

莫逆之友 (막역지우): 거역할 수 없는 친한 벗.

幕天席地 (막천석지): '하늘을 장막으로 삼고 땅을 자리로 삼
는다' 는 뜻으로 자기가 웅대함을 비유.

萬頃蒼波 (만경창파): 한없이 넓고 푸른 바다.

萬古風霜 (만고풍상): 사는 동안에 겪은 온 갖가지 많은 고생.

萬里長天 (만리장천): 아득히 높고 먼 하늘.

萬事如意 (만사여의): 모든 일이 뜻하는 대로 잘 됨.

萬事亨通 (만사형통): 모든 일이 뜻한 바대로 잘 이루어짐.

萬事休矣 (만사휴의): 모든 방법이 헛되게 됨.

萬乘之國 (만승지국): 乘은 군사용 수레. 일만 대의 乘을 낼 수
있는 나라로 큰 나라의 제후 혹은 천자

를 뜻한다.

晩時之歎 (만시지탄): 시기에 뒤늦었음을 원통해 하는 탄식.
= 後時之歎(후시지탄)

晩食當肉 (만식당육): 곧 배가 고플 때는 무엇을 먹든지 맛이 있
어서 고기를 먹는 것과 같다는 말.

滿身瘡痍 (만신창이): 온몸이 상처투성이가 되는 것을 말함.

萬化方暢 (만화방창): 따뜻한 봄날에 온갖 생물이 한창 피어
나 자라는 것을 말함.

萬彙群象 (만휘군상): 우주의 수많은 현상.

罔極之恩 (망극지은): 다함이 없는 임금이나 부모의 큰 은혜.
= 昊天罔極(호천망극)

亡國之音 (망국지음): 나라를 망치는 음란하고 사치한 음악.

忘年之交 (망년지교): 나이를 따지지 않는 사귐.

網漏呑舟 (망루탄주): '그물이 세면 배도 그 사이를 지나갈 수
없다' 로 법령이 관대하여 큰 죄를 짓고
도 피할 수 있게 됨을 비유.

望梅解渴 (망매해갈): 조조가 목이 마른 병사에게 살구 이야기
를 하여 자연히 입안에 침이 생겨서 목마
름을 풀게 했다는 고사에서 비유된 말.

亡羊得牛 (망양득우): 작은 것을 잃고 큰 것을 얻음. ↔ 小貪大
失(소탐대실)

亡羊補牢 (망양보뢰): '양 잃고 우리를 고친다' 는 뜻으로 이
미 일을 그르친 뒤에 뉘우쳐도 소용없
음을 이르는 말. = 亡牛補牢(망우보뢰), 失
牛治廏(실우치구), 死後藥方文(사후약방문)

亡羊之歎 (망양지탄): 잃은 양을 여러 갈래의 길에서 찾지 못
하듯, 학문의 길이 여러 갈래여서 못 미
침을 탄식.= 多岐亡羊(다기망양)

望雲之情 (망운지정): '멀리 구름을 바라보며 어버이를 생각
한다' 는 뜻으로 어버이를 그리워하는
마음.

亡子計齒 (망자계치): 이미 지나간 쓸데없는 일을 생각하며
애석하게 여긴다는 뜻.

芒刺在背 (망자재배): 망자는 가시. '가시를 등에 지고 있다'
로 등뒤에 자기가 꺼리고 두려워하는
사람이 있어서 마음이 편하지 않음.

妄自尊大 (망자존대): 아주 건방지게 자기만 잘났다고 뽐내어
자신을 높이고 남을 업신여김.

買占賣惜 (매점매석): 미리 물건을 사들여서 값이 오르기를
기다려 팔지 아니함.

麥秀之嘆 (맥수지탄): '은나라 멸망 후 도읍에서 보리만 자란
다' 의 뜻으로 고원(故園)의 멸망이나
황폐를 한탄함.

盲龜遇木 (맹귀우목): '눈먼 거북이 우연히 뜬 나무를 만났다'
는 뜻으로 어려운 때 우연히 좋은 일을

433

당하게 됨을 이르는 말.

孟母斷機 (맹모단기): 학문을 중도에 그만두는 것은 짜고 있는 베를 끊는 것과 같음. = 斷機之戒(단기지계)

孟母三遷 (맹모삼천): 맹자 어머니가 자식의 교육을 위해 세 번 이사함.

盲者正門 (맹자정문): '소경이 정문을 바로 찾아 들어간다' 는 뜻으로 어리석은 사람이 어쩌다 이치에 들어맞는 바른 일을 함의 비유.

猛虎伏草 (맹호복초): 영웅은 일시적으로 숨어 있지만 언젠가는 세상에 드러나게 된다는 말.

面壁九年 (면벽구년): 하나의 목적, 일에 오랜 세월을 걸려 마음을 기울이는 것.

面從腹背 (면종복배): 표면으로는 복종하는 체하면서 내심으로는 배반함. =口蜜腹劍(구밀복검), 面從後言(면종후언)

滅私奉公 (멸사봉공): 사를 버리고 공을 위하여 힘써 일함.

明鏡止水 (명경지수): 맑은 거울과 고요한 물 이라는 뜻으로 잡념이나 허욕이 없이 맑고 조용한 마음을 일컬음.

明眸皓齒 (명모호치): 밝은 눈동자와 새하얀 이의 미인을 형용하는 말.

名不虛傳 (명불허전): 명성이 헛되어 퍼진 것이 아니라는 뜻.

名實相符 (명실상부): 이름과 실상이 서로 들어맞음.

明若觀火 (명약관화): 불을 보듯이 환함.

命在頃刻 (명재경각): 거의 죽게 되어서 목숨이 곧 넘어갈 지경에 이름.

名正言順 (명정언순): 주의가 바르고 말이 사리에 맞음.

明哲保身 (명철보신): 총명하고 사리에 밝아 모든 일에 빈틈이 없어 자신을 잘 보전함.

毛遂自薦 (모수자천): 모수가 스스로를 천거했다는 뜻으로 부끄러움 없이 자기를 내세우는 사람을 빗대어 가리키는 말. = 囊中之錐(낭중지추)

矛盾 (모순): '창과 방패' 의 뜻으로 말이나 행동의 앞뒤가 서로 맞지 않음. =自家撞着(자가당착), 矛盾撞着(모순당착)

目不識丁 (목불식정): '丁자도 알아보지 못한다' 는 뜻으로 낫 놓고 기억자도 모름. = 一字無識(일자무식)

目不忍見 (목불인견): 눈으로 차마 볼 수 없음.

木鐸 (목탁): 세상 사람을 가르쳐 바로 이끌 만한 사람이나 기관.

蒙塵 (몽진): 나라에 난리가 있어 임금이 나라 밖으로 도주함을 말한다.

猫視跛履 (묘시파리): 분수에 맞지 않은 일을 하면 오히려 화가 미친다는 말.

猫項懸鈴 (묘항현령): '고양이 목에 방울 달기' 로 탁상공론을 말함. = 猫頭懸鈴(묘두현령)

描虎類犬 (묘호류견): 높은 뜻을 갖고 어떤 일을 성취하려다가 중도에 그쳐 다른 사람의 조소를 받는 것을 비유하는 말.

無故之民 (무고지민): 고아나 과부, 늙은이처럼 어려운 백성.

無骨好人 (무골호인): '뼈 없는 좋은 사람' 이란 뜻으로 아주 순하여 남의 비위에 두루 맞는 사람.

武陵桃源 (무릉도원): 속세를 떠난 별천지로, 복숭아 꽃잎을 찾아 따라 갔다는 곳.

母望之福 (무망지복): 바라지 않아도 자연히 들어오게 되는 행복.

無味乾燥 (무미건조): '맛이 없고 메마르다' 는 뜻으로 (글이나 그림 또는 분위기 따위가) 깔깔하거나 딱딱하여 운치나 재미가 없음. = 乾燥無味(건조무미)

無不通知 (무불통지): 무슨 일이든 모르는 것이 없음. = 無所不知(무소부지)

巫山之夢 (무산지몽): 남녀간의 밀회나 정교.

無所不知 (무소부지): 무엇이든 모르는 것이 없음. = 無不通知(무불통지), 無所不能(무소불능)

無所不爲 (무소불위): 못하는 일이 없이 다 잘함.

無恙 (무양): 몸에 탈이 없음. 병이 없음.

無爲徒食 (무위도식): 아무 하는 일없이 먹기만 함.

無依無托 (무의무탁): 의지하고 의탁할 곳이 없음.

無主空山 (무주공산): 인가도 인기척도 전혀 없는 쓸쓸한 산, 임자 없는 산.

無知蒙昧 (무지몽매): 아는 것이 없이 먹고 놀기만 하는 것.

墨翟之守 (묵적지수): 자기 의견을 끝까지 지킴. 융통성이 없음. 준말:墨守(묵수)

刎頸之交 (문경지교): 목이 잘리는 한이 있어도 마음을 변치 않고 사귀는 친한 사이. =管鮑之交(관포지교), 金蘭之交(금란지교), 水魚之交(수어지교)

文房四友 (문방사우): 종이, 붓, 먹, 벼루의 네 문방구. = 文房四寶(문방사보)

門外漢 (문외한): 전문적인 지식이 없거나 관계가 없는 사람.

聞一知十 (문일지십): 한 가지를 듣고 열 가지를 미루어 안다.

門前成市 (문전성시): '문 앞에 저자(시장)를 이룬다' 는 뜻으로 찾아오는 사람이 많음을 이르는 말. ↔門前雀羅(문전작라)

門前沃畓 (문전옥답): 집 앞 가까이에 있는 좋은 논, 곧 많은 재산을 일컫는 말.

門前雀羅 (문전작라): 문 앞에 새 그물을 칠 수 있을 정도로 방문객이 한산함. ↔ 門前成市(문전성시) 원말 : 門外(문외) 可設雀羅(가설작라)

勿輕小事 (물경소사): 작은 일에도 정성을 다하라.

勿失好機 (물실호기): 좋은 기회를 놓치지 않음.

物我一體 (물아일체): 자연물과 자아(自我)가 하나가 된 상태. 대상물에 완전히 몰입(沒入)된 경지. = 主客一體(주객일체), 物心一如(물심일여)

物外閒人 (물외한인): 세상의 시끄러움에서 벗어나 한가하게 지내는 사람.

物情騷然 (물정소연): 세상의 형편이 어수선함.

迷道不遠 (미도불원): '그리 멀지 않은 곳에서 길을 헤맨다' 로 멀지 않다는 뜻. 즉 곧 본 길을 찾게 됨을 비유.

未亡人 (미망인): 남편이 죽고 홀몸이 된 여자를 이르는 말.

彌縫 (미봉): '실로 깁는다' 로 임시로 눈가림만 하는 임시적인 計策(계책). = 姑息之計(고식지계), 凍足放尿(동족방뇨), 下石上臺(하석상대)

尾生之信 (미생지신): '미련하고 우직하게 지키는 약속' 이라는 의미로 중국 춘추시대 미생이라는 사람이 여자와 약속한대로 다리 밑에서 기다리다가 물에 휩쓸려 죽었다는 고사에서 유래함.

美風良俗 (미풍양속): 아름답고 좋은 풍속.

未畢的故意 (미필적고의): 자기의 행위로 말미암아 어떤 범죄 결과가 일어날 수 있음을 알면서도 그 결과의 발생을 인정하여 받아들이는 심리 상태.

密雲不雨 (밀운불우): '짙은 구름이 끼어 있으나 비가 오지 않음' 으로 어떤 일의 징조만 있고 그 일은 이루어지지 않는 것을 비유.

ㅂ

薄利多賣 (박리다매): 적은 利益(이익)만 남기고 많이 판매함.

璞玉渾金 (박옥혼금): 박옥은 갈고 닦지 않은 옥, 혼금은 아직 제련하지 않은 금. 검소하고 질박한 사람을 칭찬하는 말로 쓰인다.

博而不精 (박이부정): 널리 알고 있으나 면밀하지는 못함.

拍掌大笑 (박장대소): 손뼉을 쳐대며 크게 웃음.

博學多識 (박학다식): 학문이 넓고 식견이 많음. = 博覽强記(박람강기)

盤根錯節 (반근착절): '굽은 뿌리와 엉클어진 마디' 의 뜻으로 엉켜서 해결하기 매우 어려운 사건.

盤溪曲徑 (반계곡경): 정당하고 평탄한 방법으로 하지 아니하고 그릇되고 억지스럽게 함을 이르는 말. = 旁岐曲徑(방기곡경)

半途而廢 (반도이폐): 일을 도모하다가 중도에 그만둠.

反面教師 (반면교사): 극히 나쁜 면만을 가르쳐 주는 선생이라는 뜻.

半面之分 (반면지분): '얼굴의 반만 아는 사이' 로 약간 얼굴만 알고 그리 깊이 사귀지 않은 사이.

反目嫉視 (반목질시): 눈을 흘기면서 밉게 본다. = 白眼視(백안시)

伴食宰相 (반식재상): 자리만 차지하고 있는 무능한 재상.

半信半疑 (반신반의): 반은 믿고 반은 의심함.

斑衣之戲 (반의지희): 지극한 효성.

反哺之孝 (반포지효): '까마귀 새끼가 자라서 늙은 어미에게 먹이를 물어다 주는 효성' 이라는 뜻으로 자식이 커서 부모를 봉양함.

拔本塞源 (발본색원): '나무의 뿌리를 뽑아 그 근원을 해결한다' 는 뜻으로 폐단이 되는 근원을 아주 뽑아 버림.

發憤忘食 (발분망식): 일을 이루려고 끼니조차 잊고 분발 노력함.

拔山蓋世 (발산개세): 힘은 산을 뽑고, 기개는 세상을 덮을 만큼 용장한 기상을 이르는 말. 즉 힘이 매우 셈. = 力拔山氣蓋世(역발산기개세)

跋扈 (발호): 내 마음대로 행동하는 것.

坊坊曲曲 (방방곡곡): 모든 골짜기와 땅.

傍若無人 (방약무인): 곁에 사람이 없는 것처럼 주위에 다른 사람을 전혀 의식하지 않고 자기 마음대로 말하거나 행동함. = 眼下無人(안하무인)

蚌鷸之爭 (방휼지쟁): 두 사람이 이익을 위하여 싸우다가 제삼자에게 이익을 빼앗긴 것. = 犬兔之爭(견토지쟁), 漁父之利(어부지리)

杯盤狼藉 (배반낭자): 술 마시고 한창 노는 모양.

背水之陣 (배수지진): 敵(적)과 싸울 때 강이나 바다를 등지고 陳(진)을 친다' 는 뜻으로 어떤 일에 결사적인 각오로 임한다는 말. 준말): 背水陣(배수진)

背恩忘德 (배은망덕): 은혜를 잊고 도리어 배반함.

杯中蛇影 (배중사영): 쓸데없는 의심을 품고 스스로 고민함.

百家爭鳴 (백가쟁명): 서로 자기 주장을 내세움 또는 많은 학자들이 자유롭게 논쟁하는 일. = 諸子百家(제자백가)

百計無策 (백계무책): 있는 꾀를 다 써봐도 소용없음. = 計無所出(계무소출)

白骨難忘 (백골난망): '죽어 백골이 되어도 잊을 수 없다' 로 은혜에 감사함. = 刻骨難忘(각골난망), 結草報恩(결초보은)

白駒之過郤 (백구지과극): 인생의 지나가는 것의 빠르기가 문틈으로 흰 말이 달려 지나가는 것을 봄과 같다는 말.

百年佳約 (백년가약): 부부가 되어 한평생을 함께 살자는 아름다운 약속.

百年大計 (백년대계): 먼 장래를 내다보고 세우는 계획. = 百年之計(백년지계).

百年河淸 (백년하청): '황토 물인 황하가 맑아지기를 기다린다' 로 아무리 기다려도 성공을 기하기 어렵다는 말. = 何待歲月(하대세월), 千年一淸(천년일청)

百年偕老 (백년해로): 부부가 화합하여 함께 늙도록 살아감.

白頭如新 (백두여신): 머리가 희게 될 때까지 오랫동안 사귀어도 서로 상대방의 재능을 이해하지 못하면 새로 사귄 벗과 조금도 다를 바가 없다.

伯樂一顧 (백락일고): 아무도 쉽게 천리마임을 알아보지 못하지만 백락은 천리마를 한 눈에 알아보던 고사에서 비롯된 말. 훌륭한 사업가나 경영자의 눈에 들어 중용되는 것.

白馬非馬 (백마비마): '백마는 말이 아니다' 라는 말로 억지 논리를 비유하여 이르는 말.

白面書生 (백면서생): 글만 읽고 세상일에 경험이 없는 사람. 풋내기.

百聞不如一見 (백문불여일견): 여러 번 말로만 듣는 것보다 실제로 한 번 보는 것이 더 나음.

白眉 (백미): '흰 눈썹' 의 뜻으로 여러 사람 중에 가장 뛰어난 사람을 말함. =壓卷(압권), 出衆(출중), 群鷄一鶴(군계일학)

百發百中 (백발백중): '백 번 쏘아 백 번 맞힌다' 는 뜻으로 계획이나 예측이 생각대로 잘 들어맞음을 이르는 말.

白髮三千丈 (백발삼천장): 과장된 것을 비웃음.

百世之師 (백세지사): 백세 후에까지 모든 사람들에게 본보기가 될 만큼 훌륭한 사람.

伯牙絶絃 (백아절현): 친한 벗을 잃음.

白眼視 (백안시): 남을 업신여기거나 냉대하여 흘겨봄.

白衣民族 (백의민족): 예로부터 흰옷을 즐겨 입은 데서 '한민족' 을 이르는 말.

白衣從軍 (백의종군): 벼슬함이 없음 軍隊(군대)를 따라 전장에 나감.

百忍 (백인): 아무리 어려운 일이 있어도 참고 견디어 냄을 이르는 말.

白日場 (백일장): ① 조선 시대에 유생의 학업을 권장하기 위하여 각 지방에서 베풀던 시문(詩文) 짓기의 시험. ② 시문(詩文) 짓기를 겨루는 공개 행사詩文(시문) 짓기를 겨루는 공개행사.

百戰百勝 (백전백승): 싸울 때마다 반드시 이김.

百折不屈 (백절불굴): '백 번 꺾어도 굴하지 않는다' 는 뜻으로 어떠한 어려움에도 굽히지 않음을 이르는 말. = 百折不撓(백절불요)

栢舟之操 (백주지조): 남편을 일찍 잃은 아내가 굳은 절개를 지키는 것을 비유.

佰仲之勢 (백중지세): 우열을 가리기 어려움.= 難兄難弟(난형난제), 莫上莫下(막상막하), 龍虎相搏(용호상박)

百尺竿頭 (백척간두): '일백 척이나 되는 높은 장대 위에 섰다' 는 말로 매우 위태롭고 어려운 지경을 이르는 말. =竿頭之勢(간두지세), 危機一髮(위기일발), 風前燈火(풍전등화)

百八煩惱 (백팔번뇌): 人間(인간)의 온갖 번뇌스러운 것을 말함. 불교에서 108가지 괴로움.

百花齊放 (백화제방): '온갖 꽃이 일시에 핀다' 는 뜻으로 갖가지 학문이나 예술이 함께 성함의 비유.

繁文縟禮 (번문욕례): 번거롭고 형식만 차린 禮文(예문).

變化不測 (변화불측): 변화가 심하여 이루 헤아릴 수 없음을 이름.

兵家常事 (병가상사): 실패는 흔히 있는 일이니 낙심할 것 없다는 것.

病入膏肓 (병입고황): 병이 위중하여 치료할 수 없는 것. 膏肓(고황) : 심장아래 횡격막 위.

報怨以德 (보원이덕): 원수 갚기를 덕으로써 하라.

普遍主義 (보편주의): 개체보다는 보편이 보다 참된 실재(實在)라고 하는 주장. ↔個人主義(개인주의)

覆水不返盆 (복수불반분): 일단 저지른 일은 되돌릴 수 없음.

覆車之戒 (복차지계): 먼저 간 수레가 엎어졌음을 보고 경계함이니 곧 앞사람이 실패한 것을 보고 뒷사람이 경계로 삼는 것. = 前車覆轍(전차복철)

本末顚倒 (본말전도): 일의 주된 것과 지엽적인 것이 서로 바뀜.

封庫罷職 (봉고파직): 어사나 감사가 직을 파하고 창고를 봉함.

富貴如浮雲 (부귀여부운): 부귀는 한갓 덧없는 인생이나 세상과 같다.

不動心 (부동심): 마음이 외계의 충동을 받아도 흔들리거나 움직이지 아니함.

駙馬 (부마): 임금의 사위, 공주의 부군.

夫婦有別 (부부유별): 남편과 아내는 분별이 있어야 한다.

俯仰不愧 (부앙불괴): 하늘을 우러러보나 세상을 굽어보나 양심에 부끄러움이 없음.

夫爲婦綱 (부위부강): 아내는 남편을 섬기는 것이 근본이다.

父爲子綱 (부위자강): 아들은 아버지를 섬기는 것이 근본이다.

父傳子傳 (부전자전): 대대로 아버지가 아들에게 전함.

釜中之魚 (부중지어): 장차 삶아지게 될 것도 모르고 솥 안에서 헤엄치고있는 물고기를 뜻함.

不知其數 (부지기수): 너무 많아서 그 수를 알 수 없는 것을 뜻하는 말.

夫唱婦隨 (부창부수): 부부의 화합을 뜻함. = 女必從夫(여필종부)

附和雷同 (부화뇌동): '우레 소리에 맞추어 함께 한다' 로 아무

런 주견이 없이 남의 의견이나 행동에 덩달아 따름. = 雷同附和(뇌동부화)

北邙山 (북망산): 무덤을 말함.

北門之歎 (북문지탄): 仕官(사관)한 뒤 뜻대로 성공하지 못하여 그 곤궁을 한탄한다는 말.

北山之感 (북산지감): 북산에서 느끼는 감회. 北山(북산)은 궁궐의 상징어이다. 나라 일에 힘쓰느라고 부모봉양을 제대로 못한 것을 슬퍼하는 마음을 말한다.

北窓三友 (북창삼우): 白居易(백거이)의 시에서 나온 말로 거문고·술·시를 말함.

粉骨碎身 (분골쇄신): '뼈는 가루가 되고 몸은 산산조각이 된다'는 뜻으로 뼈가 가루가 되고 몸이 부서지도록 노력함.

焚書坑儒 (분서갱유): 가혹한 법과 혹독한 정치로 책을 불사르고 선비들을 구덩이에 묻어 죽인 진시황의 일.

不可思議 (불가사의): 사람의 생각으로는 미루어 헤아릴 수 없는 이상 야릇함.

不敢生心 (불감생심): 힘에 부쳐 감히 엄두를 내지 못함. = 焉敢生心(언감생심)

不俱戴天之讐 (불구대천지수): 반드시 죽여야 할 원수. = 不共戴天(불공대천)

不立文字 (불립문자): 마음에서 마음으로 전함. = 以心傳心(이심전심) 拈華微笑(염화미소) 敎外別傳(교외별전)

不眠不休 (불면불휴): 자지도 않고 쉬지도 않는다는 뜻으로 조금도 쉬지 않고 내쳐 애써 일함의 뜻. = 不撤晝夜(불철주야)

不問可知 (불문가지): 묻지 않아도 능히 알 수 있음.

不問曲直 (불문곡직): 옳고 그름을 묻지 않고 다짜고짜로 행함.

不伐不德 (불벌부덕): 자기의 공적을 뽐내지 않음.

不服申請 (불복신청): ① 부당한 행정 처분의 취소 변경을 관계 행정 기관에 청구하는 일. ② 법원 판결에 불복하여 동일 또는 상급 법원에 그 취소나 변경재판을 요구하는 일.

不事二君 (불사이군): 한 사람이 두 임금을 섬기지 아니함.

拂鬚塵 (불수진): 윗사람에게 아부함.

不撓不屈 (불요불굴): 한번 결심한 마음이 흔들거리거나 굽힘이 없이 억셈.

不要不急 (불요불급): 꼭 필요하거나 급하지 아니함.

不卽不離 (불즉불리): 붙지도 않고 떨어져 있지도 않음, 어중간함의 뜻.

不撤晝夜 (불철주야): 밤낮을 가리지 않음. = 不眠不休(불면불휴)

不肖之父 (불초지부): 先代(선대)의 덕망을 닮지 못한 어리석은 아버지. (不肖(불초)는 닮지 않았다는 뜻. 아버지의 덕망을 닮지 않아 어리석다는 뜻.)

不恥下問 (불치하문): 아랫 사람에게 묻기를 부끄러워하지 않음.

不偏不黨 (불편부당): 어느 한쪽으로 기울거나 치우치지 아니하고 아주 공평함. = 無偏無黨(무편무당).

不惑 (불혹): 논어에 나온 말로 마흔살을 일컬음.

朋友有信 (붕우유신): 벗과 벗은 믿음이 있어야 한다.

朋友責善 (붕우책선): 벗끼리 서로 좋은 일을 하도록 권함.

鵬程萬里 (붕정만리): '붕새의 날아가는 길이 만리로 트임을 말한다'로 앞길이 양양함. 앞길이 구만리 같음.

非禮勿動 (비례물동): 禮(예)가 아니면 행동으로 옮기지도 말아라.

非禮勿視 (비례물시): 예의에 어긋나는 일은 보지를 말라는 말.

非禮勿言 (비례물언): 禮(예)가 아니면 말하지도 말아라.

非禮勿聽 (비례물청): 禮(예)가 아니면 듣지도 말아라.

非夢似夢 (비몽사몽): 꿈인지 생시인지 어렴풋한 상태를 말함.

悲憤慷慨 (비분강개): 슬프고 분해 치밀어 오르는 마음.

比比有之 (비비유지): 드물지 않음.

髀肉之嘆 (비육지탄): '넓적다리에 살이 많이 쪄서 말을 못탐을 한탄한다'는 말로 능력발휘를 하지 못하고 세월만 보내는 것을 한탄함.

非一非再 (비일비재): 한두 번만이 아님.

鼻祖 (비조): 어떤 일을 가장 먼저 이룬 사람을 이르는 말.

牝鷄之晨 (빈계지신): '암탉이 새벽을 알리느라고 운다'는 것이니 아내가 남편의 권리를 잡음.

貧者一燈 (빈자일등): '초파일이나 관등놀이 때 가난한 자의 정성스럽게 바치는 하나의 등'을 일컫는 말로 참 마음의 소중함을 비유하여 이르는 말.

貧賤之交不可忘 (빈천지교불가망): 가난하고 어려운 때 사귄 친구는 언제까지나 잊어서는 안된다는 말.

憑公營私 (빙공영사): 공사를 빙자해 사리를 도모함.

氷姿玉質 (빙자옥질): 얼음 같이 투명한 모습과 옥과 같이 뛰어난 바탕.

氷淸玉潤 (빙청옥윤): 장인과 사위의 인물이 다 같이 뛰어남을 말한다.

氷炭之間 (빙탄지간): '얼음과 숯의 사이'처럼 뜻으로 얼음과 숯불처럼 서로 조화될 수 없는 사이. 원말 : 氷炭不相容(빙탄불상용).

ㅅ

徙家忘妻 (사가망처): 이사할 때 자기의 처를 잊는다는 말이니 잘 잊는 것을 말함.

四顧無親 (사고무친): '사방을 둘러 보아도 의지할 데가 없다'로 의지할 만한 사람이 아주 없음. = 無依無托(무의무탁), 鰥寡孤獨(환과고독), 赤手空拳(적수공권), 孑孑單身(혈혈단신)

四君子 (사군자): 동양화에서 품성이 군자와 같이 고결하다는 매화·난초·국화·대나무를 일컫는 말.

士氣衝天 (사기충천): 하늘을 찌를 듯이 사기가 높음을 이르는 말.

士農工商 (사농공상): 선비·농부·장인(匠人)·상인(商人)의 네 가지 신분을 아울러 이르던 말.

四端 (사단): 사람의 본성에서 우러나는 네 가지 마음씨.

捨短取長 (사단취장): 단점은 버리고 장점은 취함.

四面楚歌 (사면초가): 사면이 적병으로 포위되어 고립된 경우를 이르는 말.

四面春風 (사면춘풍): '네 곳이 모두 봄 바람'으로 두루 봄날의 화창한 기운에 둘러싸여 있다는 뜻. 누구에게나 호감을 산다는 말.

四分五裂 (사분오열): 여러 쪽으로 찢어짐 어지럽게 분열됨.

駟不及舌 (사불급설): '말이 그는 수레도 혀에는 못 미친다'는 말로 소문이 삽시간에 퍼짐.

沙上樓閣 (사상누각): '모래 위의 누각'으로 실현 불가능한 일 따위를 비유하여 이르는 말.

死生決斷 (사생결단): 살고 죽음을 돌보지 않고 끝장을 내는 것을 말함.

捨生取義 (사생취의): '목숨을 버리더라도 의를 취한다'의 뜻.

辭讓之心 (사양지심): 겸손히 마다하며 받지 않거나 남에게 양보하는 마음. 仁(인)의 근본이다.

似而非 (사이비): 진짜 같아 보이나 실은 가짜임.

死而後已 (사이후이): 어떤 사업을 함에 있어서 죽음에 이르러서야 그만둔다는 것이니 곧 뜻이 굳음을 말함.

射人先射馬 (사인선사마): 상대방을 쓰러뜨리고 굴복시키려면 그 사람이 의지하고 있는 것을 쓰러뜨리는 것이 성공의 길이란 뜻.

事人如天 (사인여천): 천도교에서 '한울님'을 공경하듯 사람도 늘 그와 같이 대하라는 교리.

獅子身中蟲 (사자신중충): 은혜를 받은 상대방에게 원한으로 갚는 사람을 말함. = 背恩忘德(배은망덕)

獅子吼 (사자후): ① 뭇짐승이 사자의 울부짖는 소리에 엎드려 떤다는 뜻으로 불교에서 일체(一切)를 엎드려 승복하게 하는 '부처님의 설법(說法)'을 이르는 말. ② 크게 열변을 토함.

蛇足 (사족): 없는 것이 더 나음. 공연히 쓸데없는 짓을 하다 일을 망침.

四知 (사지): 세상에는 비밀이 없다.

四通五達 (사통오달): 길이나 교통망 통신망등이 사방으로 막힘 없이 통함. = 四通八達(사통팔달)

事必歸正 (사필귀정): 무슨 일이나 결국 옳은 이치대로 돌아감.

死灰復燃 (사회부연): '다 탄 재에 불아 다시 붙다'로 세력을 잃었던 사람이 다시 세력을 잡았다는 말.

死後藥方文 (사후약방문): '죽은 뒤에 약 처방을 내려 준다'는 의미로 때를 놓치고 난 뒤에 기울이는 헛된 노력을 이르는 말. = 亡羊補牢(망양보뢰)

山高水長 (산고수장): '산은 높고 물은 유유히 흐른다'로 이미 때가 지난 후에 대책을 세우거나 후회해도 소용없다는 말.

山溜穿石 (산류천석): '졸졸 흐르는 냇물이 바위를 뚫는다' 함이니 끊임없이 열심히 하면 무슨 일이라도 성취할 수 있음을 비유한 말. = 水滴穿石(수적천석)

山紫水明 (산자수명): '산은 자줏빛이고 물은 깨끗하고 맑다'는 의미로 햇빛을 받아 산은 보랏빛으로 물은 맑게 또렷이 보임.

山戰水戰 (산전수전): 산에서의 전투와 물에서의 전투를 다 겪음. 세상일에 경험이 많음.

山海珍味 (산해진미): 산과 바다에서 나는 물건으로 만든 맛좋은 음식.

殺身成仁 (살신성인): 목숨을 버려 어진 일을 이룸.

三綱五倫 (삼강오륜): 三綱(삼강) : 君爲臣綱(군위신강) 父爲子綱(부위자강) 夫爲婦綱(부위부강) 五倫(오륜) : 君臣有義(군신유의) 父子有親(부자유친) 夫婦有別(부부유별) 長幼有序(장유유서) 朋友有信(붕우유신)

三顧草廬 (삼고초려): '초가집을 세 번이나 찾아간다'로 인재를 얻기 위하여 끈기 있게 노력한다는 뜻으로 쓰이는 말.

森羅萬象 (삼라만상): 우주 사이에 벌여 있는 수많은 현상.

三旬九食 (삼순구식): 한 달에 아홉끼를 먹을 정도로 매우 빈궁한 생활.

三位一體 (삼위일체): 세 가지의 것이 서로 연관·통합하여 목적하는 것이 하나가 되는 일.

三人成虎 (삼인성호): '세 사람이 말하면 호랑이도 나온다'로 근거 없는 말도 여러 사람이 하면 이를 믿게 된다는 말.

三日遊街 (삼일유가): 과거에 급제한 사람이 사흘동안 온 거리로 돌아다님.

三從之道 (삼종지도): 봉건시대에 여자가 지켜야 할 세 가지의 예의 도덕. = 三從之義(삼종지의)

三尺童子 (삼척동자): 키가 석자에 불과한 자그만 어린애. 곧

어린아이.

喪家之狗 (상가지구): '상가 집의 개' 라는 뜻으로 이곳저곳 기웃거리며 얻어먹을 것만 찾아 다니는 사람을 놀려서 이르는 말.

象嵌靑瓷 (상감청자): 장식 무늬를 상감으로 세공하여 만든 청자.

傷弓之鳥 (상궁지조): '활에 상처를 입은 새는 굽은 나무만 보아도 놀란다' 는 한 번 혼이 난 일로 말미암아 무슨 일이든 항상 두려워하고 경계함을 이르는 말. = 驚弓之鳥(경궁지조)

相思病 (상사병): 戀情(연정)에 사로잡혀 생기는 병

相士失之貧 (상사실지빈): 유능한 선비도 너무 가난하면 세상이 알아주지 않으므로 활동할 길을 얻기 힘들다는 말.

桑田碧海 (상전벽해): '뽕나무 밭이 푸른 바다가 되었다' 는 의미로 세상사가 덧없음을 비유하는 말. = 桑田滄海(상전창해)

桑中 (상중): 남녀간의 不義(불의)의 樂(낙).

上濁下不淨 (상탁하부정): 윗물이 흐리면 아랫물도 깨끗하지 못함을 말 함.

上通下達 (상통하달): 천지만물의 이치를 다 안다. 원말 : 上通天文(상통천문) 下達地理(하달지리)

上下撑石 (상하탱석): 일이 몹시 꼬이는데 임시변통으로 견디어 나감을 이르는 말. = 下石上臺(하석상대), 彌縫(미봉)

塞翁之馬 (새옹지마): '변방에 사는 늙은이의 말' 이라는 의미로 인생의 행복과 불행은 항상 바뀌기 때문에 미리 헤아릴 수 없다는 뜻.

生不如死 (생불여사): 형편이 몹시 어려워서 사는 것이 오히려 죽느니만 못하다는 뜻.

生而知之 (생이지지): 태어나면서부터 모든 것을 안다.

胥動浮言 (서동부언): 거짓말을 퍼뜨려 인심을 선동함.

西施嚬(矉)目 (서시빈목): 남의 흉내를 냄. = 效矉(효빈)

噬臍莫及 (서제막급): 기회를 잃고 후회해도 아무 소용이 없음.

席捲 · 席卷 (석권): 자리를 마는 것처럼 한쪽으로부터 토지를 공격하여 취하는 일.

先見之明 (선견지명): 앞일을 미리 내다보는 밝은 슬기.

先公後私 (선공후사): 공적인 일을 먼저하고 사적인 일을 뒤로 미룸.

善男善女 (선남선녀): 보통사람. = 甲男乙女(갑남을녀), 樵童汲婦(초동급부), 張三李四(장삼이사)

先始於隗 (선시어외): 가까이 있는 너부터 또는 말한 사람부터 시작하라는 말.

先憂後樂 (선우후락): 세상 근심을 남보다 먼저 걱정하고 즐거움은 남보다 나중 기뻐함.

先則制人 (선즉제인): 선수를 쓰면 남을 제압할 수 있음.

仙風道骨 (선풍도골): 뛰어난 풍채와 골격.

舌芒於劍 (설망어검): 혀는 칼보다 날카로움.

雪膚花容 (설부화용): 눈처럼 흰 피부와 꽃처럼 고운 얼굴.

雪上加霜 (설상가상): '눈 위에 서리가 더함' 이라는 의미로 어려운 일이 연이어 일어남을 비유하는 말. ↔ 錦上添花(금상첨화)

說往說來 (설왕설래): 시비를 따지는 말싸움.

纖纖玉手 (섬섬옥수): 가냘프고 고운 여자의 손.

聲東擊西 (성동격서): 동쪽을 칠 것처럼 말하다가 서쪽을 치는 것.

成蹊 (성혜): 덕이 있는 사람은 저절로 사람들이 모여듦을 비유, 샛길이 생기는 것.

洗踏足白 (세답족백): '상전의 빨래에 종의 발꿈치가 희게 되었다' 로 남을 위해 한 일이 자신에게도 이롭게 되었다는 뜻.

世俗五戒 (세속오계): 事君以忠(사군이충) 事親以孝(사친이효) 交友以信(교우이신) 臨戰無退(임전무퇴) 殺生有擇(살생유택)의 다섯 가지 花郎五戒(화랑오계)를 말함.

歲月不待人 (세월부대인): 늙기 전에 부지런히 시간을 아껴 열심히 노력하라는 말.

歲寒三友 (세한삼우): 歲寒(세한)은 1년 중 추운 계절인 겨울. 세한의 세 친구로 松(송), 竹(죽), 梅(매)를 일컬음.

少年易老學難成 (소년이로학난성): 소년은 늙기 쉬우나 학문은 이루기 어려움.

笑裏藏刀 (소리장도): 외면으로는 웃으면서 온화한 척 하지만 마음속에는 음흉하게 칼을 품고 있음.

笑而不答 (소이부답): 웃기만 하고 대답을 하지 않음.

騷人墨客 (소인묵객): 詩文(시문)과 書畫(서화)를 일삼는 사람. 騷人(소인)): 시인이나 문인. 墨客(묵객)): 서예가나 화가.

小貪大失 (소탐대실): 작은 것을 탐내다가 큰 것을 잃음을 이르는 말.

束手無策 (속수무책): 어찌 할 도리 없이 꼼짝 못 함.

率性之謂道 (솔성지위도): 하늘이 명을 통해 부여해 준 자신의 '본성' 을 잘 파악하고 발달시키는 것. 그것을 일컬어 '도' 즉, 자신의 '길' 이라고 한다.

送舊迎新 (송구영신): 묵은 해를 보내고 새해를 맞음.

松茂栢悅 (송무백열): 남이 잘 되는 것을 기뻐함을 비유한 말.

松柏之操 (송백지조): 소나무와 잣나무의 푸르름처럼 변하지 않는 지조.

宋襄之仁 (송양지인): '송나라 양공의 어짊' 이라는 의미로 쓸데없는 동정.

守口如瓶 (수구여병): 비밀을 잘 지켜 말하지 않음.

首邱初心 (수구초심): 여우가 죽을 때 고향 쪽으로 머리를 둔다는데서 고향을 생각하는 마음을 말함. = 狐死首丘(호사수구)

水到魚行 (수도어행): 무슨 일이건 때가 되면 이루어진다는 의미.

修道之謂敎 (수도지위교): 자신에게 주어진 명을 파악하고 본성을 발달시켜야 하는 자신의 길을 꾸준히 다듬어 나가는 것. 그것을 일컬어 본받음이라고 한다.

壽福康寧 (수복강녕): 오래 살고 복되며, 몸이 건강하고 편안함.

雖不中不遠 (수부중불원): 추측이 큰 어긋남이 없이 대략 맞추었음을 말함.

手不釋卷 (수불석권): 손에서 책을 놓지 않고 늘 글을 읽음.

首鼠兩端 (수서양단): '쥐가 구멍에서 나올까말까 하는 애매한 태도'를 일컫는 말로 진퇴나 거취를 결단하지 못하고 관망하고 있는 상태를 이르는 말.

漱石枕流 (수석침류): 억지를 씀.

袖手傍觀 (수수방관): '팔짱을 끼고 바라만 본다'는 의미로 일을 거들지 않고 그저 옆에서 보고만 있다는 뜻. = 吾不關焉(오불관언)

修身齊家 (수신제가): 행실을 닦고 집안을 바로 잡음.

水深可知人心難測 (수심가지인심난측): 물의 깊이는 알 수 있으나 사람의 마음은 헤아리기 어렵다.

水魚之交 (수어지교): '물과 물고기의 사귐'이라는 의미로 매우 친밀하게 사귀어 떨어질 수 없는 사이를 이르는 말. = 金蘭之交(금란지교), 管鮑之交(관포지교)

羞惡之心 (수오지심): 자신의 그릇됨을 부끄러워하고 남의 바르지 못함을 미워하는 마음.

樹欲靜而風不止 (수욕정이풍부지): '나무가 고요하고 싶어하나 바람이 그치지 않는다'로 부모님께 효도를 하고 싶어도 이미 때늦어 돌아가시고 계시지 않음을 슬퍼하는 말. = 風樹之嘆(풍수지탄)

誰怨誰咎 (수원수구): '누구를 원망하고 누구를 탓하랴. 남을 원망하거나 탓할 것이 없다'는 의미로 남을 원망하거나 책망할 것이 없음.

水滴穿石 (수적천석): 작은 노력이라도 끈기 있게 계속하면 큰 일을 이룸. = 水滴石穿(수적석천), 愚公移山(우공이산), 積土成山(적토성산)

手足之愛 (수족지애): 형제 사이의 우애를 일컫는 말.

守株待兎 (수주대토): '그루터기를 지켜 토끼를 기다린다'는 의미로 송나라의 농부가 우연히 나무 그루에 토끼가 부딪쳐 죽은 것을 잡은 후 또 그와 같이 토끼를 잡을까 하여 일도 않고 나무 그루만 지켜보고 있었다는 고사. = 刻舟求劍(각주구검)

壽則多辱 (수즉다욕): 오래 살수록 망신스러운 일을 많이 격게 됨.

誰知烏之雌雄 (수지오지자웅): '누가 까마귀의 암수를 분간할 수 있겠는가'라는 뜻으로 두 사람의 옳고 그름을 판단하기 어렵다는 뜻.

水淸無大魚 (수청무대어): 너무 결백하면 남이 가까이 하지 않음.

菽麥不辨 (숙맥불변): '콩인지 보리인지 분간을 못한다'로 어리석고 못난 사람을 비유. 준말 : 菽麥(숙맥)

宿虎衝鼻 (숙호충비): '자는 범의 코를 친다'로 화를 자초함을 비유한 말.

脣亡齒寒 (순망치한): '입술이 없으면 이가 시리다'의 뜻으로 서로 의지하는 사이에 하나를 잃으면 하나마저 온전치 못하다는 말.

順天者興 (순천자흥, 逆天者亡 역천자망): '하늘에 순응하는 자는 흥하고 하늘에 거역하는 자는 망한다'로 분수대로 살아야 함을 말함.

脣齒之國 (순치지국): 이해관계가 밀접하여 입술과 이와의 관계같은 나라.

崇德廣業 (숭덕광업): 높은 덕과 큰 사업.

升斗之利 (승두지리): '되나 말의 이익'이라는 의미로 대수롭지 않은 이익을 뜻함.

乘勝長驅 (승승장구): 싸움에서 이긴 기세를 타고 계속 적을 몰아침.

是非曲直 (시비곡직): 옳고 그르고 굽고 곧음.

是非之心 (시비지심): 시비를 가릴 줄 아는 마음.

視死如生 (시사여생): 죽음을 보기를 삶처럼 여긴다는 뜻. = 視死如歸(시사여귀)

視死如歸 (시사여귀): 죽음을 두려워하지 않고 마치 고향으로 돌아가듯이 여김.

是是非非 (시시비비): 옳고 그름을 가리어 밝힘.

視吾舌 (시오설): 혀만 있으면 천하를 움직일 수 있음.

尸位素餐 (시위소찬): 직책을 다하지 못하면서 한갓 자리만 차지하고 녹만 받아먹음을 비유하여 이르는 말.

始終如一 (시종여일): 처음이나 나중이 한결같아서 변함없음.

始終一貫 (시종일관): 처음과 끝이 같음. = 始終如一(시종여일)

施惠種德 (시혜종덕): 은혜를 베풀고 덕을 심는다.

食少事煩 (식소사번): 먹을 것은 적고 할 일은 많음.

食言 (식언): 앞서 한 말이나 약속과 다르게 말함.

識字憂患 (식자우환): 학식이 도리어 근심을 이끌어 옴.
食指動 (식지동): '식지(집게손가락)가 움직인다' 는 뜻으로 음식이나 사물에 대해 일어나는 욕심 또는 야심을 품는 것을 비유.
信賞必罰 (신상필벌): 공이 있는 사람에게는 반드시 상을 주고 죄가 있는 사람에게는 반드시 벌을 줌.
身言書判 (신언서판): 인물을 선택하는 네 가지 조건으로 몸, 말씨, 글씨, 판단력.
神出鬼沒 (신출귀몰): 자유 자재로 출몰하여 그 변화를 헤아릴 수 없음.
身土不二 (신토불이): '몸과 땅은 둘이 아니고 하나' 라는 뜻으로 자기가 사는 땅에서 산출된 농산물이 체질에 잘 맞는다는 말.
實事求是 (실사구시): 利用厚生(이용후생)에 관하여 연구하던 학문으로 사실에 근거하며 사물의 진상ㆍ진리 등을 연구하는 일을 이르는 말.
失牛治廐 (실우치구): 소 잃고 외양간 고친다는 뜻. = 亡羊補牢(망양보뢰)
實踐躬行 (실천궁행): 몸소 실천함.
實學思想 (실학사상): 17세기 후반부터 조선 말기까지 전통 유학의 관념적 태도를 극복하고 實事求是(실사구시)와 利用厚生(이용후생) 및 經世致用(경세치용) 등을 구현하고자 한 학문.
心機一轉 (심기일전): 어떤 일을 계기로 기분이 아주 달라짐.
深思熟考 (심사숙고): 깊이 생각하고 곧 신중을 기하여 곰곰이 생각함.
心心相印 (심심상인): 마음에서 마음으로 전함. = 以心傳心(이심전심), 拈華微笑(염화미소)
心猿意馬 (심원의마): 번뇌와 정욕으로 마음이 어지러움을 누르기 힘듦.
十年減壽 (십년감수): '수명에서 십 년은 줄었다는 뜻.' 으로 대단한 고통이나 몹시 위험한 일을 당하여 놀랐을 때 쓰는 말.
十伐之木 (십벌지목): '열 번 찍어서 안 넘어가는 나무가 없다' 는 말이니 아무리 마음이 굳은 사람도 여러 번 치근거리면 마음이 움직이게 된다는 뜻.
十常八九 (십상팔구): 열이면 여덟이나 아홉은 그러함. = 十中八九(십중팔구)
十匙一飯 (십시일반): '열 사람이 한 술씩 보태면 한 사람 먹을 분량이 된다는 뜻' 이라는 의미로 여러 사람이 조금씩 부조하여 한 사람의 몫을 이룬다는 말.

十長生 (십장생): 해ㆍ산ㆍ물ㆍ돌ㆍ구름ㆍ소나무ㆍ불로초ㆍ거북이ㆍ학ㆍ사슴의 열 가지.

○

兒童走卒 (아동주졸): 철없는 아이들과 어리석은 사람들.
阿鼻叫喚 (아비규환): 많은 사람이 참상으로 부르짖는 소리.
阿諛苟容 (아유구용): 아첨하여 구차하게 구는 것을 이르는 말.
我田引水 (아전인수): '제 논에 물대기' 와 같은 말의 의미로 자기에게만 이롭게 되도록 생각하거나 행동함. = 牽强附會(견강부회)
惡木盜泉 (악목도천): 아무리 곤란해도 부끄러운 일은 하지 않음을 비유.
安居危思 (안거위사): 편안할 때에 어려움이 닥칠 것을 잊지 말고 미리 대비해야 함. = 居安思危(거안사위)
眼高手卑 (안고수비): 눈은 높지만 재주가 따라 주지 못함. = 眼高手低(안고수저)
眼光紙背 (안광지배): 눈빛이 종이의 뒷면까지 뚫고 지나감.
安分知足 (안분지족): 자기 분수를 지키며 만족할 줄을 앎.
安不忘危 (안불망위): 편안할 때도 마음을 놓지 않고 위태로움에 항상 대비함. =見危授命(견위수명), 見危致命(견위치명)
安貧樂道 (안빈낙도): 구차한 중에도 편한 마음으로 도를 즐김. = 安分知足(안분지족)
雁書 (안서): 기러기가 소식을 전한다는 것으로 편지를 일컬음. = 雁信(안신)
安心立命 (안심입명): 불교에서 安心(안심)에 의하여 몸을 천명에 맡기고 생사 이해에 당면하여 태연함을 이르는 말.
眼中之釘 (안중지정): 항상 눈에 거슬리는 사람.
眼下無人 (안하무인): '눈 아래 사람이 없음' 이라는 의미로 사람을 업신여기며 교만함. = 傍若無人(방약무인)
雁行 (안항): '기러기의 행렬' 이란 뜻으로 남의 형제를 높여 부르는 말.
暗中摸索 (암중모색): 어둠 속에서 손으로 더듬어 찾음.
壓卷 (압권): 예술작품, 공연물 등에서 가장 뛰어난 부분 또는 여럿 중에서 가장 뛰어난 것을 일컫는 말. = 白眉(백미), 群鷄一鶴(군계일학)
殃及池魚 (앙급지어): 재난이 뜻하지 아니한 곳까지 미침을 비유하여 이르는 말.
仰不愧於天 (앙불괴어천): 우러러 하늘을 보아도 조금도 부끄럽지 않음.
哀乞伏乞 (애걸복걸): 갖은 수단으로 머리 숙여 자꾸 빌고 원함.
曖昧模糊 (애매모호): 사물의 이치가 희미하고 분명치 않음.

441

愛別離苦 (애별리고) : 사랑하는 사람과 헤어져야 하는 괴로움.
哀而不傷 (애이불상) : 슬퍼하나 마음이 상하지 않도록 슬퍼함.
愛人如己 (애인여기) : 남을 사랑하기를 제 몸같이 함을 이르는 말.
愛之重之 (애지중지) : 매우 사랑하고 소중히 여김.
哀毀骨立 (애훼골립) : 부모의 죽음을 슬퍼하여 몸이 바싹 여윔.
弱冠 (약관) : 남자 나이 20세.
藥籠中物 (약롱중물) : 항상 곁에 있어야할 인물, 심복.
藥房甘草 (약방감초) : 무슨 일이나 빠짐없이 끼임으로 반드시 끼어야할 사물.
約法三章 (약법삼장) : 법률은 간략함을 존중한다는 뜻. 준말:法三章(법삼장)
弱肉强食 (약육강식) : 약한 놈이 강한 놈에게 먹힘.
良禽擇木 (양금택목) : 현명한 사람은 자기 재능을 키워줄 사람을 가려서 섬김.
羊頭狗肉 (양두구육) : '양의 머리를 내걸고 개를 판다' 라고 일컫는 말로 겉으로는 훌륭한 체하고 실상은 음흉한 짓을 함의 비유. = 表裏不同(표리부동)
梁上君子 (양상군자) : '대들보 위의 군자' 라는 뜻으로 도둑을 점잖게 일컫는 말.
良藥苦口 (양약고구) : '좋은 약은 쓰다' 로 충언(忠言)은 듣기 싫으나 받아들이면 자신에게 이로움. = 忠言逆耳(충언역이)
兩者擇一 (양자택일) : 둘 가운데서 하나를 가려 잡음.
良志良能 (양지양능) : 교육이나 체험에 의하지 아니하고 선천적으로 알고 행할 수 있는 능력.
養志之孝 (양지지효) : 항상 부모의 뜻을 받들어 마음을 기쁘게 해드리는 효행.
楊布之狗 (양포지구) : 겉모습이 변한 것을 보고 속까지 변해 버렸다고 판단하는 사람.
養虎遺患 (양호유환) : '범을 길러 근심을 남긴다는 데서, 화근을 길러 근심을 산다' 는 뜻으로 은혜를 베풀어 주고도 도리어 해를 입게 됨을 이르는 말. = 養虎遺患(양호후환)
魚頭肉尾 (어두육미) : 물고기는 머리, 짐승의 고기는 꼬리 쪽이 맛이 좋음을 이르는 말. = 어두봉미 (魚頭鳳尾)
魚魯不辨 (어로불변) : 매우 무식함을 이르는 말.
魚網鴻離 (어망홍리) : '물고기 그물에 기러기가 걸린다' 로 구하는 것이 아닌 딴 것을 얻을 때를 비유한 말.
魚目燕石 (어목연석) : 어목은 물고기의 눈, 연석은 연산의 돌 모두 옥과 비슷하여 옥으로 혼동함. 허위를 진실로 또는 愚人(우인)을 賢人(현인)으로 혼동하는 것을 비유하는 말이다.
魚變成龍 (어변성룡) : '물고기가 변하여 용이 된다' 로 아무 보잘 것 없고 곤궁하던 사람이 부귀를 누리게 됨을 비유.
漁父之利 (어부지리) : '어부의 이익' 으로 둘이 다투는 사이에 엉뚱한 사람이 이익을 가로챈다는 말. =犬兔之爭(견토지쟁) 蚌鷸之爭(방휼지쟁)
語不成說 (어불성설) : 말이 조금도 조리에 닿지 않음.
魚遊釜中 (어유부중) : '솥 안에서 물고기가 논다' 는 뜻으로 살아 있기는 해도 생명이 얼마남지 않았음을 비유.
抑强扶弱 (억강부약) : 강한 자를 누르고 약한 자를 도와줌.
言飛千里 (언비천리) : 발 없는 말이 천리를 간다.
偃鼠之望 (언서지망) : '쥐는 강물을 먹어도 작은 배 하나만 채운다' 로 자기 정한 분수가 있으니 안분하라는 말이다.
言語道斷 (언어도단) : '말문이 막힌다' 는 뜻으로 어이가 없어 말로 할 수 없음을 뜻함.
言中有骨 (언중유골) : 예사로운 말속에 심상치 않은 뜻이 있음.
言則是也 (언즉시야) : 말인즉 사리에 맞고 옳음을 이르는 말.
言行一致 (언행일치) : 하는 말과 행동이 같음.
掩目捕雀 (엄목포작) : '눈을 가리고 참새를 잡으려 한다' 로 일을 성취하려면 성실하게 하지 않으면 안 된다는 뜻.
掩耳盜鈴 (엄이도령) : 남들은 모두 자기의 잘못을 아는데 그것을 숨기고 남을 속이자고 함.
餘桃之罪 (여도지죄) : 애증과 증오의 변화가 심함.
如履薄氷 (여리박빙) : 얇은 얼음 위를 건너는 것같이 매우 조심스럽게 행동함을 뜻함.
與民同樂 (여민동락) : 왕이 백성과 즐거움을 함께 나눔을 말한다.
如反掌 (여반장) : 손바닥을 뒤집는 것과 같이 매우 쉬움.
如足如手 (여족여수) : 형제는 몸에서 떼어놓은 수 없는 팔다리와 같다는 말.
如出一口 (여출일구) : 모든 사람의 말이나 의견이 일치함. = 異口同聲(이구동성)
逆鱗 (역린) : 임금의 노여움.
易地思之 (역지사지) : 처지를 바꾸어 생각함.
鉛刀一割 (연도일할) : 납으로 만든 칼도 한번은 자를 힘이 있다.
戀慕之情 (연모지정) : 사랑하여 그리워하는 정.
緣木求魚 (연목구어) : '나무를 타고 올라가서 고기를 잡는다' 는 뜻으로 되지도 않을 엉뚱한 소망을 비유하여 이르는 말.
鳶飛魚躍 (연비어약) : 만물이 저마다의 법칙에 따라 자연스럽게 살아가면 전체적으로 천지의 조화를

이루게 되는 것이 자연의 오묘한 도임을 말한다.

燕雁代飛 (연안대비): 제비가 날아 올 때는 기러기는 날아가고 기러기가 올 때는 제비가 날아가 각각 다른 방향으로 간다는 뜻.

連戰連勝 (연전연승): 싸울 때마다 번번이 이김. ↔ 連戰連敗(연전연패)

燕鴻之歎 (연홍지탄): 봄과 가을에 엇갈리는 제비와 기러기처럼 서로 반대의 입장이 되어 만나지 못함을 한탄하는 말이다.

炎凉世態 (염량세태): 세력이 있을 때는 붙좇고 권세가 없어지면 푸대접하는 세속 인심.

恬不爲愧 (염불위괴): 옳지 않은 일을 하고도 전혀 부끄러워할 줄 모름.

拈華微笑 (염화미소): '부처님 설법 중 제자 가섭만이 그 뜻을 알고 미소를 지었다' 는 말로 말하지 않고 마음에서 마음으로 전하는 일. = 敎外別傳(교외별전), 以心傳心(이심전심), 不立文字(불립문자), 拈華示衆(염화시중)

榮枯盛衰 (영고성쇠): 사물의 성함과 쇠함이 서로 뒤바뀜. = 興亡盛衰(흥망성쇠)

盈滿之咎 (영만지구): '가득 차면 기울고 넘친다' 로 만사가 다 이루어지면 도리어 화를 가져오게 될 수 있음을 뜻하는 말.

領袖 (영수): 우두머리가 되어 본보기가 되는 사람을 일컫는 말.

曳尾塗中 (예미도중): 부귀를 누리면서 구속된 생활을 하는 것보다는 비록 가난하더라도 자유로운 생활을 누리는 것이 낫다는 말의 비유.

五車之書 (오거지서): '다섯 수레의 책' 이란 뜻으로 많은 장서를 이르는 말. =男兒須讀五車書(남아수독오거서)

梧桐一葉 (오동일엽): '오동 한 잎을 보고 가을이 온 것을 안다' 로 한 가지 구실을 보면 일의 전말을 알 수 있다는 말로 쓰인다.

五里霧中 (오리무중): '사방 오리에 안개가 덮여 있다' 로 무슨 일에 대하여 알 길이 막연하거나 갈피를 잡을 수 없음.

寤寐不忘 (오매불망): 자나 깨나 늘 잊지 못함.

吾不關焉 (오불관언): 나는 그 일에 대하여 상관하지 않음.

吾鼻三尺 (오비삼척): '내 코가 석자' 로 곤경에 처하여 자기 일도 감당하기 힘든데 어찌 남을 도울 수가 있겠냐는 뜻.

烏飛梨落 (오비이락): '까마귀 날자 배 떨어진다' 로 일이 공교롭게 같이 일어나 남의 의심을 받게 됨.

傲霜孤節 (오상고절): 굽히지 않는 절개.

烏孫公主 (오손공주): 정략 결혼의 희생이 된 슬픈 운명의 여인.

五十步百步 (오십보백보): '오십 보 도망친 사람이 백 보 도망친 사람을 비웃는다' 는 뜻으로 약간의 차이는 있으나 본질적으로는 같다는 뜻.

吳牛喘月 (오우천월): '오우가 더위를 두려워 하여 달을 해로 착각한다' 로 공연한 일에 미리 겁부터 집어먹고 허둥거리는 사람을 비웃는 말.

吳越同舟 (오월동주): '오나라와 월나라 사람이 한 배에 탔다' 는 뜻으로 원수끼리 같은 처지에 모인 경우.

吳下阿蒙 (오하아몽): 몇 해가 지나도 진취함이 없이 그냥 그 모양으로 있는 사람.

烏合之衆 (오합지중): 질서 없는 무리. = 烏合之卒(오합지졸)

玉骨仙風 (옥골선풍): 뛰어난 풍채와 골격.

屋上架屋 (옥상가옥): 지붕 위에 지붕을 또 씌운다' 로 부질없이 덧보태어 하는 일을 비유하여 이르는 말. = 屋下架屋(옥하가옥)

玉石俱焚 (옥석구분): '옥과 돌이 함께 탄다' 로 선인과 악인의 구별도 없이 함께 재난을 당함. = 玉石同匱(옥석동궤)

玉石同匱 (옥석동궤): '옥과 돌이 한 궤짝 속에 있음' 으로 좋은 것과 나쁜 것 혹은 똑똑한 사람과 어리석은 사람이 한데 섞여 있는 경우를 말한다.

玉石混淆 (옥석혼효): 훌륭한 것과 쓸데없는 것이 뒤섞여 있음.

屋鳥之愛 (옥오지애): '사랑하는 사람이 사는 집 위의 까마귀까지 귀엽다' 는 뜻으로 그 사람을 사랑하면 그 주위의 모든 것을 사랑하게 된다는 말.

玉瑕 (옥하): 옥에도 티가 있다. 훌륭한 사람이나 물건에도 흠이 있다.

屋下架屋 (옥하가옥): '집 아래 집을 다시 짓는다' 로 부질없이 모방만 하고 새로운 발전이 없음을 가리키는 말이다. = 屋上架屋(옥상가옥)

溫故知新 (온고지신): '옛 것을 익혀 새 것을 안다' 로 옛 것을 연구하여 거기서 새로운 지식이나 도리를 찾아내는 일.

蝸角之爭 (와각지쟁): '달팽이 뿔 위에 싸움' 이라는 뜻으로 사소한 싸움을 이르는 말. 원말 : 蝸牛(와우) 角上之爭(각상지쟁)

瓦釜雷鳴 (와부뇌명): '질그릇과 솥이 부딪치는 소리를 듣고 천둥이 치는 소리로 착각함' 으로 무식하고 변변치 못한 사람이 아는 체하고 크게 떠들어댄 소리에 여러 사람이 혹하여 놀라게 된 것을 뜻한다.

臥薪嘗膽 (와신상담): '섶에 눕고 쓸개를 맛본다' 는 뜻으로 목적을 이루기 위해 괴로움을 참고 견딘다는 말. = 切齒腐心(절치부심)

玩物喪志 (완물상지): 물질에만 너무 집착한다면 마음속의 빈곤을 가져와 본심을 잃게 됨을 비유한 말이다.

完璧 (완벽): '흠 없는 구슬' 로 모자라거나 흠 잡을 데 없이 완전함.

王侯將相 (왕후장상): 제왕과 제후와 장수와 재상을 함께 이르는 말.

外柔內剛 (외유내강): 겉으로는 부드럽고 순하게 보이나 마음속은 단단하고 굳셈. ↔內柔外剛(내유외강)

外親內疎 (외친내소): 겉으로는 친한 척하면서 속으로는 멀리함. = 敬遠(경원)

矮子看戲 (왜자간희): '난장이가 키 큰 사람 속에서 구경한다' 로 아무 것도 모르면서 남들을 따라하는 경우를 말함.

要領不得 (요령부득): 말이나 글의 요령을 잡을 수 없음.

樂山樂水 (요산요수): 山水(산수)를 좋아함. 원말:仁者樂山(인자요산) 知者樂水(지자요수)

燎原之火 (요원지화): '무서운 기세로 불타고 있는 벌판' 으로 미처 막을 사이 없이 퍼지는 세력을 형용한 말.

窈窕淑女 (요조숙녀): 마음씨가 착하고 얌전하며 자태가 아름답고 교양을 갖춘 훌륭한 여자.

搖之不動 (요지부동): 흔들어도 꼼짝 않음.

欲巧反拙 (욕교반졸): 기교를 너무 부리면 도리어 못 하게 됨.

欲死無地 (욕사무지): '죽으려고 하여도 죽을 만한 땅이 없다' 는 뜻으로 매우 분하고 원통함.

欲燒筆硯 (욕소필연): '붓과 벼루를 태워버리고 싶다' 로 남이 지은 문장의 뛰어남을 보고 자신의 재주가 그에 미치지 못함을 탄식하는 말이다.

欲速不達 (욕속부달): 일을 속히 하려고 하면 도리어 이루지 못함.

龍頭蛇尾 (용두사미): '용의 머리와 뱀의 꼬리' 란 뜻으로 시작은 거창하나 뒤로 갈수록 흐지부지해짐.

龍味鳳湯 (용미봉탕): '용과 봉황으로 만든 음식' 으로 맛이 썩 좋은 음식을 일컫는 말.

龍蛇飛騰 (용사비등): '용과 뱀이 나는 것같이 글씨가 힘차다' 의 뜻으로 용이 움직이는 것 같이 아주 활기 있는 필력(筆力). ↔平沙落雁(평사낙안)

龍如得雲 (용여득운): '용이 구름을 얻는다' 로 큰 인물이 활동할 기회를 얻음을 비유.

龍虎相搏 (용호상박): '용과 범이 서로 싸운다' 는 뜻으로 힘이 강한 두 사람이 승부를 겨룬다는 말.

愚公移山 (우공이산): '우공이 자기 집 앞의 산을 옮긴다' 의 뜻으로 아무리 어리석어 보이는 일이라도 끝까지 꾸준히 밀고 나가면 해낼 수 있다는 말. = 水滴穿石(수적천석), 積土成山(적토성산)

憂國衷情 (우국충정): 나라의 현상이나 장래를 걱정하는 정성된 마음.

牛刀割鷄 (우도할계): '닭을 잡는 데에 소 잡는 칼을 쓴다' 함이니 작은 일을 하는 데 큰 기구를 씀을 이름.

牛溲(嫂)馬勃 (우수마발): '쇠오줌과 말똥' 이란 뜻으로 아주 보잘 것 없는 것.

右往左往 (우왕좌왕): 사방으로 왔다 갔다 함.

迂餘曲折 (우여곡절): 몹시 뒤얽힌 복잡한 사정.

優柔不斷 (우유부단): 줏대 없이 어물거리기만 하고 딱 잘라 결단을 내리지 못함. ↔一刀兩斷(일도양단)

牛耳讀經 (우이독경): '소 귀에 경 읽기' 라는 뜻으로 둔한 사람은 아무리 일러도 알아듣지 못함. = 馬耳東風(마이동풍)

愚者一得 (우자일득): 어리석은 사람이라도 여러 가지 생각을 하거나 일을 하다보면 때로는 옳은 것도 있다는 뜻.

愚者千慮 (우자천려): 어리석은 자의 많은 생각.

羽化登仙 (우화등선): 사람의 몸에 날개가 돋쳐 신선이 되어 하늘로 올라감.

雨後竹筍 (우후죽순): 비온 뒤 솟는 죽순처럼 어떤 일이 한때에 많이 일어남을 뜻함.

旭日昇天 (욱일승천): 거침없이 힘차게 발전하는 기세를 비유한 말.

雲泥之差 (운니지차): 구름과 진흙의 차이.

雲散霧散 (운산무산): 근심이나 걱정이 깨끗이 사라짐의 비유.

雲上氣稟 (운상기품): 속됨을 벗어난 고상한 기질과 성품.

運數所關 (운수소관): 모든 일이 능력이나 노력에 상관없이 운수에 달려 있다는 생각.

雲雨之樂 (운우지락): 남녀가 육체적으로 어울리는 즐거움. = 雲雨之情(운우지정)

雲中白鶴 (운중백학): '구름 속의 학' 이란 뜻으로 속세를 벗어난 고매한 인품의 비유.

雲蒸龍變 (운증용변): '물이 증발해 구름이 되고 뱀이 변하여 용이 된다' 로 영웅호걸이 기회를 얻어 흥함을 비유.

遠交近攻 (원교근공): 먼 나라와 친교를 맺고 가까운 나라를 공격함.

遠慮近憂 (원려근우): 앞날의 일까지 생각해서 行動(행동)하지

않으면 반드시 급한 걱정거리가 생겨서 곤란에 처하게 됨.

怨入骨髓 (원입골수): 원한이 뼈에 사무침.

圓鑿方枘 (원조방예): '둥근 구멍에 모난 자루를 넣는다' 는 뜻으로 사물이 서로 맞지 않음.

遠禍召福 (원화소복): 화를 멀리하고 복을 불러들임.

猿猴取月 (원후취월): '원숭이가 물에 비친 달을 잡으려다가 물에 빠져 죽는다' 의 뜻.

月旦評 (월단평): 매달 첫달 평이란 뜻으로 인물에 대한 비평.
　준말:月旦(월단)

月滿則虧 (월만즉휴): 무슨 일이든 성하면 쇠퇴하게 된다는 말.

月明星稀 (월명성희): '달이 밝으면 별빛은 희미해진다' 는 말로 한 영웅이 나타나면 다른 군웅은 쇠한다는 뜻.

月白風靑 (월백풍청): 달이 밝은 가을밤의 경치를 형용한 말.

越鳥巢南枝 (월조소남지): 고향을 잊을 수 없다는 뜻.

月態花容 (월태화용): 달 같은 태도와 꽃 같은 얼굴. 미인을 가리키는 말이다.

月下氷人 (월하빙인): 月下老(월하노)와 氷上人(빙상인)이 합쳐진 말로 결혼 중매인.

危急存亡之秋 (위급존망지추): 국가의 운명에 관한 중요한 시기.

危機一髮 (위기일발): 거의 여유가 없는 위급한 순간. = 百尺竿頭(백척간두), 風前燈火(풍전등화)

威而不猛 (위이불맹): 위엄은 있으나 결코 난폭하지 않음.

韋編三絶 (위편삼절): '공자가 읽던 책 끈이 세 번이나 끊어졌다' 는 것에서 유래한 것으로 열심히 공부한다는 뜻.

威風堂堂 (위풍당당): 풍채가 의젓하고 떳떳함.

有口無言 (유구무언): '입은 있으나 말' 이 없다는 뜻으로 변명을 못하거나 말을 안 함을 이름.

有口不言 (유구불언): '입은 있으되 말을 하지 않는다' 는 뜻으로 사정이 거북하거나 따분하여 특별히 하고 싶은 말이 있어도 하지 아니함을 이르는 말.

柔能制剛 (유능제강): 부드러운 것이 강한 것을 이긴다는 뜻.

柳綠花紅 (유록화홍): '버들은 푸르고 꽃은 붉다.' 로 자연에 조금도 인공을 가하지 않음을 일컫는 말이다.

類萬不同 (유만부동): 모든 것이 서로 같지 아니함.

有名無實 (유명무실): 이름뿐이고 실상은 없음.

流芳百世 (유방백세): 꽃다운 이름이 후세에 오래감을 뜻함. ↔ 遺臭萬年(유취만년)

有備無患 (유비무환): 준비가 있으면 근심할 것이 없음. = 居安思危(거안사위)

流水不腐 (유수불부): 흐르는 물은 썩지 않음.

有始有終 (유시유종): 시작할 때부터 끝을 맺을 때까지 변함이 없음. ↔ 有時無終(유시무종)

唯我獨尊 (유아독존): 세상에서 자기만이 잘났다고 뽐내는 말.

有耶無耶 (유야무야): 있는지 없는지 흐지부지한 모양.

流言蜚語 (유언비어): 아무 근거 없이 떠도는 소문.

有爲變轉 (유위변전): 세상은 항상 변화무쌍하여 잠시도 머물러 있는 법이 없다는 뜻.

類類相從 (유유상종): 끼리끼리 사귐.

悠悠自適 (유유자적): 세속에 얽매이지 않고 한가롭게 세월을 보냄.

唯一無二 (유일무이): 둘이 아니고 오직 하나를 말함.

有終之美 (유종지미): '끝을 잘 맺는 아름다움' 이라는 뜻으로 시작한 일을 끝까지 잘하여 결과가 좋음을 이르는 말.

癒着 (유착): '떨어져 있어야 할 피부나 막이 붙어 있는 일' 의 뜻으로 어떤 관계 또는 사물이 아주 밀접하게 결합되는 일.

遺臭萬年 (유취만년): 나쁜 일을 저지르면 그 더러운 이름이 영원히 남게 됨. ↔ 流芳百世(유방백세)

遊必有方 (유필유방): 부모가 생존해 있을 때 자식은 그 슬하에서 모셔야 하며 유학을 할지라도 일정한 곳에 머물러야 함.

肉頭文字 (육두문자): 품격이 낮은 말을 의미. 즉, 욕을 말함.

殷鑑不遠 (은감불원): 남의 실패를 자신의 거울로 삼음.

隱居放言 (은거방언): 속세를 피해 혼자 지내면서 품고 있는 생각을 거리낌없이 말하는 것을 일컫는다.

隱忍自重 (은인자중): 마음 속으로 참으며, 몸가짐을 신중히 함. ↔ 輕擧妄動(경거망동)

乙丑甲子 (을축갑자): 갑,자,을,축이 바른 차례인데 그 차례가 바뀜과 같이 일이 제대로 안되고 순서가 바뀜.

陰德陽報 (음덕양보): 남 모르게 덕을 쌓은 사람은 뒤에 그 보답을 절로 받음.

飮馬投錢 (음마투전): '말에게 물을 먹일 때 먼저 돈을 물 속에 던져서 물 값을 지불할 정도' 로 결백한 행실을 비유하는 말.

吟風弄月 (음풍농월): 맑은 바람과 밝은 달을 노래함. 풍류를 즐긴다는 뜻.

泣斬馬謖 (읍참마속): 군율을 세우기 위하여서는 사랑하고 아끼는 사람도 버림을 이르는 말.

應接不暇 (응접불가): '일일이 인사할 사이가 없다' 는 말로 아주 바쁨을 형용.

衣錦絅衣 (의금경의): 비단 옷을 입고 그 위에 안을 대지 않은 홑옷을 또 입는다. 군자가 미덕을 갖추고 있으나 이를 자랑하지 않음을 비유한 말

이다.

衣錦晝行 (의금주행): 의금야행과 반대되는 말로 입신출세하여 고향에 돌아감. ＝錦衣還鄕(금의환향)

意馬心猿 (의마심원): 사람의 번뇌와 욕심은 동요하기 쉽고 억누르기 어려움을 비유한 말.

依門之望 (의문지망): 멀리 가 있는 아들을 매일 문에 기대어 기다리는 어머니의 정을 일컫는 말이다.

義方之訓 (의방지훈): 아버지가 아들에게 하는 교훈.

疑心暗鬼 (의심암귀): 의심하면 마음속에 망상이 일어나 불안함. 선입관이 판단을 빗나가게 함.

以管窺天 (이관규천): 대롱을 통해 하늘을 봄. 우물안 개구리. ＝坐井觀天(좌정관천), 井底蛙(정저와), 井中蛙(정중와)

異口同聲 (이구동성): 여러 사람의 말이 한결같음. ＝ 如出一口(여출일구)

以卵擊石 (이란격석): '계란으로 바위를 친다' 는 뜻으로 턱없이 약한 것으로 엄청나게 강한 것을 당해 내려는 어리석음을 비유하여 이르는 말. ＝ 以卵投石(이란투석)

移木之信 (이목지신): 남을 속이지 아니함을 밝힘. 약속을 실행함.

以小成大 (이소성대): 작은 일에서부터 시작해서 큰 일을 이룸.

以實直告 (이실직고): 참으로써 바로 고함.

以心傳心 (이심전심): 말을 하지 않더라도 서로 마음이 통하여 앎. ＝ 不立文字(불립문자), 拈華微笑(염화미소)

以羊易牛 (이양역우): '양을 가지고 소와 바꿈' 으로 작은 것을 가지고 큰 것에 대용하는 것을 뜻한다.

以熱治熱 (이열치열): 열로서 열을 다스림.

利用厚生 (이용후생): 편리한 기구를 잘 사용하여 살림에 부족함이 없게 함. 또는 그러한 일.

二律背反 (이율배반): 꼭 같은 근거를 가지고 정당하다고 주장되는 서로 모순되는 두 명제, 또는 그 관계.

以夷制夷 (이이제이): 이 나라의 힘을 빌리어 저 나라를 침.

二人同心 (이인동심): 절친한 친구사이.

以佚待勞 (이일대로): 싸움에서 이쪽을 편히 쉬게 하여 적이 지치기를 기다림.

泥田鬪狗 (이전투구): 진흙 밭에서 싸우는 개의 뜻으로 몰골스럽게 싸우는 모습을 일컫는 말.

以指測海 (이지측해): 손가락으로 바다의 깊이를 잰다는 말.

理判事判 (이판사판): 일이 막다른 곳에 다다라 어찌할 수 없게 되었을 때 자포자기하는 심정으로 내리는 결정.

李下不整冠 (이하부정관): 곧 남에게 의심을 살만한 일을 하

지 말라는 말.

益者三樂 (익자삼요): 사람이 좋아하여 유익한 세 가지로 즉 예의, 남의 착함, 좋은 벗이 많음을 말함.

因果應報 (인과응보): 사람이 짓는 善惡(선악)에 응하여 댓가가 있음. ＝惡因惡果(악인악과), 自業自得(자업자득)

人乃天 (인내천): 인간 존중의 사상.

人面獸心 (인면수심): '사람의 얼굴을 하고서 짐승과 같은 마음을 갖은 사람' 이란 뜻으로 도리를 지키지 못하고 배은망덕하거나 행동이 흉악하고 음탕한 사람을 이르는 말.

人非木石 (인비목석): 사람은 목석이 아니다. 곧 사람은 감정을 가진 동물이다.

人死留名 (인사유명): 사람은 죽어 이름을 남김. 원말 : 人死有名(인사유명), 虎死留皮(호사유피)

人生朝露 (인생조로): 인생은 아침이슬과 같이 덧없음.

仁義禮智 (인의예지): 人間(인간) 自身(자신)들이 갖고 있는 네 가지 덕을 말함. 어짊, 의로움, 예의, 지혜.

因人成事 (인인성사): 남의 힘으로 일을 이룸.

仁者無敵 (인자무적): 어진 사람에게는 적이 없음.

人之常情 (인지상정): 사람이 누구나 가지는 보통의 인정.

忍之爲德 인지위덕: 참는 것이 덕이 됨.

一刻三秋 (일각삼추): 애타게 기다리는 마음이 간절함을 이르는 말.

一刻千金 (일각천금): 극히 짧은 시간도 귀중하고 아깝기가 천금과 같다는 뜻.

一擧兩得 (일거양득): 한 가지 일을 하여 두 가지의 이득을 봄. ＝ 一石二鳥(일석이조)

一括處理 (일괄처리): 컴퓨터에서 입력 데이터를 일정량 또는 일정 기간 모아서 한꺼번에 처리하는 방법.

日久月深 (일구월심): '날이 오래고 달이 깊다' 는 뜻으로 歲月(세월)이 흐를수록 바라는 마음이 더욱 간절해짐.

一刀兩斷 (일도양단): 한칼로 쳐서 둘로 냄. 머뭇거리지 않고 일이나 행동을 선뜻 결정함의 비유. ↔ 優柔不斷(우유부단)

一連托生 (일련탁생): 다른 사람과 행동과 운명을 같이함.

一網打盡 (일망타진): 한번 그물을 쳐서 다 잡아들임.

一面如舊 (일면여구): 처음 만나 사귀었으나 오래 사귄 것처럼 친밀함.

一脈相通 (일맥상통): 생각, 처지, 성격 등이 서로 한 줄기 같이 잘 통함을 이르는 말.

一鳴驚人 (일명경인): 한번 떨쳐 일어나면 사람을 놀라게 할 정도의 일을 한다는 뜻.

一目瞭然 (일목요연): 첫눈에도 똑똑하게 알 수 있음.

一罰百戒 (일벌백계): 여러 사람에게 경각심을 주기 위하여 무거운 벌로 다스리는 일.

一步不讓 (일보불양): 남에게 한 걸음도 양보하지 않음.

一絲不亂 (일사불란): 질서나 체계 따위가 정연하여 조금도 흐트러짐 없음.

一瀉千里 (일사천리): 조금도 거침없이 빨리 진행됨.

一(壹)石二(貳)鳥 (일석이조): 하나의 돌로 두 마리의 새를 잡는다. = 一擧兩得(일거양득)

一視同仁 (일시동인): 모두를 평등하게 보아 똑같이 사랑함.

一心同體 (일심동체): 여러 사람이 한 사람처럼 뜻을 합하여 굳게 결합하는 일.

一陽來復 (일양내복): 음력 11월 또는 동지를 일컫는 말. 궂은 일이 걷히고 좋은 일이 돌아옴.

一魚濁水 (일어탁수): '한 마리의 고기가 물을 흐린다' 로 한사람의 잘못이 여러 사람에게 해가 됨.

一言之下 (일언지하): 말 한마디로 끊음. 한마디로 딱 잘라 말함.

一葉知秋 (일엽지추): '하나의 낙엽이 가을이 왔음을 알게 해준다' 로 한 가지 일을 보고 앞으로 있을 일을 미리 안다는 말로 쓰이기도 하고, 쇠망의 조짐을 비유해서 쓰기도 한다.

一衣帶水 (일의대수): '한 줄기의 띠와 같은 좁은 냇물이나 바닷물' 로 즉 좁고 긴밀한 상태. = 指呼之間(지호지간)

一以貫之 (일이관지): '하나로서 그것을 꿰뚫다' 로 하나의 이치로서 모든 일을 꿰뚫음.

一日三省 (일일삼성): 하루에 세 가지의 일로 자신을 반성함. 또는 하루에 세 번씩 반성함.

一日如三秋 (일일여삼추): 몹시 지루해하거나 애태우며 기다리는 것에 비유. = 一刻如三秋(일각여삼추)

一日之長 (일일지장): 하루 먼저 세상에 났다는 의미로 조금 나음을 이르는 말.

一字千金 (일자천금): 아주 빼어난 글이나 시문.

一長一短 (일장일단): 장점도 있고 단점도 있음.

一場春夢 (일장춘몽): 한바탕 허무한 봄 꿈.

一進一退 (일진일퇴): 한번 나아갔다가 한번 물러섰다 함.

一觸卽發 (일촉즉발): 조금만 닿아도 곧 폭발할 것 같은 모양. 막 일이 일어날 듯하여 위험한 지경.

一寸光陰 (일촌광음): 아주 짧은 시간. 원말 : 一寸光陰不可輕(일촌광음불가경)

日就月將 (일취월장): 날로 발전하여 나아감. 원말 : 日就月將(일취월장) 日進月步(일진월보)

一炊之夢 (일취지몽): 덧없는 부귀 영화. 인생의 허무함을 비유하는 말.

一敗塗地 (일패도지): 한번 여지없이 패하여 다시 일어날 수 없

게 됨을 말함. = 肝腦塗地(간뇌도지)

一片丹心 (일편단심): 오로지 한 곳으로 향한 한 조각의 붉은 마음.

一筆揮之 (일필휘지): 한숨에 글씨나 그림을 죽 쓰거나 그림.

一狐之腋 (일호지액): '한 마리의 여우 겨드랑이 밑에서 뜯어 낸 희고 고운 모피' 라는 뜻으로 진귀한 물건을 비유한 말.

一攫千金 (일확천금): 힘 안 들이고 한꺼번에 많은 재물을 얻음.

一喜一悲 (일희일비): 한번 기쁘고 한번 슬픔.

臨渴掘井 (임갈굴정): '목마른 사람이 샘을 판다' 는 뜻으로 미리 준비하여 두지 않고 있다가 일을 당하여 허둥지둥 서두름. = 渴而穿井(갈이천정)

臨機應變 (임기응변): 그때 그때의 일의 형편에 따라서 융통성 있게 처리함.

臨戰無退 (임전무퇴): 싸움에 임하여 물러섬이 없음.

立身揚名 (입신양명): 출세하여 세상에 이름을 드날림.

入鄕循俗 (입향순속): 다른 지방에 들어가서는 그 지방의 풍속을 좇음.

ㅈ

自家撞着 (자가당착): 앞뒤가 서로 어그러져 모순됨. = 矛盾(모순)

自覺症狀 (자각증상): 환자가 스스로 느끼는 병의 상태.

自强不息 (자강불식): 스스로 힘쓰고 쉬지 아니함.

自激之心 (자격지심): 제가 한 일에 스스로 미흡한 생각을 함. = 自曲之心(자곡지심)

自愧之心 (자괴지심): 스스로 부끄럽게 여기는 마음

自求多福 (자구다복): 많은 복은 하늘이 주는 것이 아니라 자기 스스로 구하는 것이다.

煮豆燃豆萁 (자두연두기): 골육인 형제가 서로 다투어 괴롭히고 죽이려 함을 비유한 말.

子膜執中 (자막집중): '전국시대 자막이란 사람이 변통성이 없이 항상 중용만을 지켰다' 는 고사에서 나온 말로 융통성이 없는 사람의 행동을 가리키는 말.

自手削髮 (자수삭발): 어려운 일을 제 힘으로 감당함의 비유.

自手成家 (자수성가): '자기 손으로 스스로 이룬다' 는 뜻으로 물려받은 재산없이 스스로의 힘으로 어엿한 한 살림을 이룩하는 일.

自繩自縛 (자승자박): '자신이 묶고 자신이 결박하다' 는 뜻으로 자신의 언행으로 인하여 자신의 행동의 자유를 잃게 됨. = 自業自得(자업자득).

自業自得 (자업자득): 자기가 저지를 일의 과보를 자기 자신이 받는 것. = 因果應報(인과응보), 惡因惡果(악인악과)

自然淘汰 (자연도태): 자연계에서 그 생활 조건에 적응하지 못하는 생물은 사라지는 현상.

自中之亂 (자중지란): 자기의 패 속에서 일어나는 싸움질.

自暴自棄 (자포자기): 스스로 자신을 학대하고 돌보지 아니함.

自畵自讚 (자화자찬): 자기가 그린그림을 칭찬한다는 말로 자기의 행위를 칭찬함.

作心三日 (작심삼일): 한번 결심한 것이 사흘을 가지 않음. 곧 결심이 굳지 못함.

蠶食 (잠식): 누에가 뽕잎을 먹듯 남의 땅을 조금씩 조금씩 먹어가다. 또는 그러한 모양.

張三李四 (장삼이사): 장씨의 셋째 아들과 이씨의 넷째 아들이라는 뜻으로 평범한 보통 사람을 이르는 말. = 樵童汲婦(초동급부), 善男善女(선남선녀), 甲男乙女(갑남을녀)

長生不死 (장생불사): 오랫동안 살아 죽지 아니함.

莊周之夢 (장주지몽): '장자의 꿈'으로 자기가 나비가 된 지 나비가 자기가 된지를 모른다는 의미로 자아와 외계와의 구별을 잊어 버린 경지를 말함.

才勝薄德 (재승박덕): 재주는 있으나 德(덕)이 모자람.

才子佳人 (재자가인): 재주가 있는 남자와 아름다운 여자.

賊反荷杖 (적반하장): '도둑이 도리어 매를 든다'는 뜻으로 당연히 굴복해야 할 사람이 반항하고 덤벼드는 것을 말함.

積善 (적선): 착한 일을 많이 함. 동냥질에 응하는 행위를 미화하여 이르는 말.

赤手空拳 (적수공권): 아무 것도 가진 것이 없음. = 四顧無親(사고무친), 孑孑單身(혈혈단신)

適材適所 (적재적소): 어떤 일을 함에 있어서 알맞은 人才(인재)에게 알맞은 임무를 맡기는 일.

積塵成山 (적진성산): '티끌 모아 태산'으로 아무리 작은 것이라도 쌓이고 쌓이면 큰 덩어리가 된다는 말. = 塵合泰山(진합태산), 積土成山(적토성산)

傳家寶刀 (전가보도): '조상 때부터 대대로 전해 내려오는 집안의 보물'이라는 뜻으로 어떠한 사실 한 가지만을 가지고 자주 들먹인다는 말. = 傳家之寶(전가지보)

電光石火 (전광석화): '번갯불과 부싯돌의 불'이란 뜻으로 극히 짧은 시간이나, 썩 빠른 동작을 비유하는 말.

前代未聞 (전대미문): 지금까지 들어본 일이 없는 새로운 일을 이르는 말. = 未曾有(미증유)

前道l(途)遼遠 (전도요원): 앞으로 갈 길이 아득히 멂. 목적한 바에 이르기에는 아직도 멂.

前無後無 (전무후무): 전에도 앞으로도 없음. = 空前絶後(공전절후)

戰戰兢兢 (전전긍긍): 두려워서 벌벌 떨며 조심하는 모양.

前程萬里 (전정만리): 나이가 젊어 장래가 유망함. = 前途有望(전도유망), 前途洋洋(전도양양)

輾轉反側 (전전반측): 이리저리 뒤척이며 잠을 이루지 못함. = 輾轉不寐(전전불매)

前車覆轍 (전차복철): 앞사람의 실패를 거울삼아 조심하라는 말. = 覆車之戒(복차지계)

轉禍爲福 (전화위복): '禍(화)가 바뀌어 福(복)이 된다'는 뜻으로 실패했다고 포기하지 말고 그것을 새로운 성공의 계기로 삼으라는 뜻.

截髮易酒 (절발역주): 동진의 도간이 집이 가난한데 어느 날 손님이 왔으나 대접할 것이 없어 그의 어머니가 스스로 머리를 잘라 술을 사서 손님을 대접한 고사에서 나온 말.

截腸決戰 (절장결전): 제나라 팽낙이 적의 칼에 찔리어 튀어나온 창자를 밀어 넣고 들어가지 않는 부분은 잘라내고 또다시 싸웠다는 말.

截(絶)長補短 (절장보단): 자신의 장점으로 단점을 보완한다는 뜻.

切磋琢磨 (절차탁마): '옥석(玉石) 따위를 자르고 갈고 쪼고 다듬는다'는 뜻으로 사람이 덕을 쌓고 학문을 이루는 것도 그와 같이 전력을 다하여 닦고 다듬어야 한다는 뜻. = 臥薪嘗膽(와신상담)

切齒腐心 (절치부심): 몹시 분하여 이를 갈면서 속을 썩임.

切風沐雨 (절풍목우): '바람으로 빗을 삼아 머리를 빗고 비로 머리를 감는다'는 뜻으로 바람과 비를 무릅쓰고 고생을 돌보지 않고 큰 일을 이루기 위해 노력함을 이르는 말.

漸入佳境 (점입가경): '들어갈수록 점점 아름다운 경치'로 점점 좋은 또는 재미있는 경지로 들어감.

正鵠 (정곡): 과녁의 한가운데 되는 점. 목표 또는 핵심.

井臼巾櫛 (정구건즐): '물긷고 절구질하고 수건과 빗을 받드는 일'이라는 뜻으로 아내나 가정주부로서 응당 하여야 할 일을 이르는 말.

頂門金椎 (정문금추): '쇠망치로 정수리를 두들긴다'는 뜻으로 정신을 바짝 차리도록 깨우침을 이르는 말.

頂門一鍼 (정문일침): '정수리 위에 침을 준다'로 따끔한 비판이나 타이름을 이르는 말.

井底之蛙 (정저지와): 우물안 개구리. 세상물정을 너무 모름.

井中之蛙 (정중지와): 식견이 좁음. = 井底蛙(정저와), 井中蛙(정중와)

濟河焚舟 (제하분주)：　'강을 건넌 후에 배를 태운다' 로 필사의
　　　　　　　　　뜻을 나타내는 말.

諸行無常 (제행무상)：법령이나 명령을 자주 바꿈을 이르는 말.
　　　　　　　　　＝ 朝變夕改(조변석개)

糟糠之妻 (조강지처)：　'지게미와 겨를 같이 먹는 아내' 의 뜻으
　　　　　　　　　로 즉 고생을 함께 하여 온 아내라는 말.

朝令暮改 (조령모개)：　'아침 법이 저녁에 바뀐다' 는 뜻으로
　　　　　　　　　법령을 자꾸 바꿔서 종잡을 수 없음에
　　　　　　　　　비유하는 말. ＝ 朝變夕改(조변석개), 高
　　　　　　　　　麗公事三日(고려공사삼일)

朝名市利 (조명시리)：무슨 일이든 적당한 장소에서 행하라는 말.

朝變夕改 (조변석개)：일을 자주 뜯어고침. ＝ 朝令暮改(조령모개)

朝不慮夕 (조불려석)：　'형세가 급박하거나 딱하여 저녁 일을 헤
　　　　　　　　　아리지 못한다' 는 뜻으로 곧 당장을 걱정
　　　　　　　　　할 뿐이고 앞일은 돌아볼 겨를이 없음.

朝三暮四 (조삼모사)：　'아침에 세 개, 저녁에 네 개' 하는 뜻
　　　　　　　　　으로 간사한 꾀로 남을 속이고 농락하
　　　　　　　　　는것을 비유하는 말.

釣而不綱 (조이불강)：낚시질은 해도 그물질은 하지 않는다.

助長 (조장)：　'도와서 자라나게 한다' 의 뜻이지만 일을 그릇된
　　　　　　　　　방향으로 도움.

鳥足之血 (조족지혈)：새 발의 피라는 뜻으로 물건의 적음을
　　　　　　　　　나타내는 말.

朝秦暮楚 (조진모초)：　'아침에는 북방의 진나라에서 저녁에는
　　　　　　　　　남방의 초나라에서 거처한다' 는 뜻으로
　　　　　　　　　이편에 붙었다 저편에 붙었다 함을 이
　　　　　　　　　르는 말.

足脫不及 (족탈불급)：맨발로도 따라가지 못한다는 말로 능
　　　　　　　　　력·역량·재질 따위의 차이가 뚜렷함
　　　　　　　　　을 두고 이르는 말.

存亡之秋 (존망지추)：존속하느냐, 멸망하느냐의 절박한 때로
　　　　　　　　　사느냐 죽느냐의 고빗사위.

種瓜得瓜 (종과득과)：　'오이 심은 곳에는 오이가 난다' 는 뜻으
　　　　　　　　　로· 원인이 있으면 반드시 결과가 뒤따
　　　　　　　　　름. 원말 : 種瓜得瓜(종과득과), 種豆得豆(종
　　　　　　　　　두득두)

種豆得豆 (종두득두)：　'콩 심은 데 콩 난다' 로 원인에는 그에
　　　　　　　　　따른 결과가 나오기 마련이라는 의미를
　　　　　　　　　지님. ＝ 因果應報(인과응보), 自業自得(자
　　　　　　　　　업자득)

從心所欲 (종심소욕)：마음에 하고 싶은 대로 함

縱橫無盡 (종횡무진)：자유 자재로 거리낌없이 마음대로 함.

左雇右眄 (좌고우면)：좌우를 돌아본다는 뜻으로 여기저기로
　　　　　　　　　생각을 돌려보는 것을 말한다.
　　　　　　　　　＝ 左顧右視(좌고우시), 左右顧視(좌우고시)

左袒 (좌단)：　'왼쪽 어깨를 벗는다' 는 뜻으로 남에게 편들어
　　　　　　　　　동의함.

坐不垂堂 (좌불수당)：위험한 일에 가까이 하지 않음을 이름.

坐不安席 (좌불안석)：침착하지 못하고 자리에 가만히 앉아
　　　　　　　　　있지 못함.

座右銘 (좌우명)：늘 옆에 두어 자신을 깨우치는 격언.

坐井觀天 (좌정관천)：우물안 개구리 세상물정을 너무 모름. ＝
　　　　　　　　　管中之天(관중지천), 井中觀天(정중관천)

左之右之 (좌지우지)：　'왼쪽 오른쪽 왔다 갔다 한다' 는 뜻으로
　　　　　　　　　제 마음대로 다루거나 휘두름.

主客顚倒 (주객전도)：입장이 서로 뒤바뀜. ＝ 客反爲主(객반위주)

晝耕夜讀 (주경야독)：낮에는 일하고 밤에는 공부함.

走馬加鞭 (주마가편)：　'달리는 말에 채찍질을 계속함' 으로 자
　　　　　　　　　신의 위치에 만족하지 않고 계속 노력함.

走馬看山 (주마간산)：　'달리는 말 위에서 산천을 구경한다'
　　　　　　　　　는 뜻으로 바빠서 자세히 보지 못하고
　　　　　　　　　지나침.

酒池肉林 (주지육림)：　'술이 못을 이루고 고기가 숲을 이루었
　　　　　　　　　다' 는 뜻에서 굉장한 술잔치를 벌려놓고
　　　　　　　　　호화스럽게 노는 것.

竹馬故友 (죽마고우)：　'죽마를 타고 놀던 옛 친구' 라는 뜻으로
　　　　　　　　　어릴 때부터 같이 놀며 자란 오랜 벗을
　　　　　　　　　이르는 말.

樽俎折衝 (준조절충)：외교를 비롯 그 밖의 교섭에서 유리하
　　　　　　　　　게 담판 또는 흥정함.

衆寡不敵 (중과부적)：적은 사람으로는 많은 사람을 이기지
　　　　　　　　　못함.

衆口難防 (중구난방)：여러 사람의 말을 막기 어려움.

中石沒鏃 (중석몰촉)：정신을 집중하여 전력을 다하면 어떤 일
　　　　　　　　　에도 성공할 수 있음.

中原逐鹿 (중원축록)：정권을 다툼.

中庸之道 (중용지도)：중요의 도리. 극단에 치우치지 않고 평
　　　　　　　　　범한 속에서의 진실한 도리.

知己之友 (지기지우)：서로 뜻이 통하는 친한 벗.

舐犢之愛 (지독지애)：　'어미 소가 송아지를 핥으며 사랑한다'
　　　　　　　　　는 뜻이니 곧 부모가 자식을 사랑함에
　　　　　　　　　비유하나 그 방법이 지나쳐 좋지 못함을
　　　　　　　　　말함. 원말 : 老牛舐犢之愛(노우지독지애)

之東之西 (지동지서)：동으로 갔다 서로 갔다 함. 곧 어떤 일에
　　　　　　　　　주관이 없이 갈팡질팡함을 이르는 말.

至樂無樂 (지락무락)：지극한 즐거움이란 그것이 즐거움인지
　　　　　　　　　모르는 평온 무사함이다.

芝蘭之交 (지란지교)：벗끼리 좋은 감화를 주고받는 난초와
　　　　　　　　　같은 맑고 아름다운 교제.

指鹿爲馬 (지록위마)：　'사슴을 말이라 한다' 는 뜻으로 윗사람

을 농락하여 권세를 마음대로 부림.
= 惑世誣民(혹세무민), 牽强附會(견강부회), 曲學阿世(곡학아세)

支離滅裂 (지리멸렬): 말이나 글이 제대로 되지 않을 때.

知命之年 (지명지년): 논어(論語) 위정편(爲政篇)의 오십이지천명(五十而知天命)에서 나온 말로 나이 '쉰 살'을 뜻하는 말. = 知天命(지천명).

至誠感天 (지성감천): 지극한 정성에 하늘이 감동함.

至於至善 (지어지선): 지극히 착한 지경에 이름.

池魚之殃 (지어지앙): 화가 엉뚱한 곳에 미침.

知者不言 (지자불언): 지자는 지식을 경솔히 드러내거나 함부로 말하지 않음.

知者不惑 (지자불혹): 지자는 도리를 깊이 알므로 어떠한 경우에도 미혹되지 아니함.

知者樂水 (지자요수): 지자는 사리에 통달하여 막힘 없이 흐르며 자유자재 하는 물을 좋아함.

知足不辱 (지족불욕): 분수를 지키는 이는 욕되지 아니함.

知足安分 (지족안분): 족한 줄을 알아 자기의 분수에 만족함.

志學之年 (지학지년): 학문에 뜻을 두는 나이라는 뜻으로 15세를 지칭하는 말.

知行合一 (지행합일): 참 지식은 반드시 실행이 따라야 한다는 말.

指呼之間 (지호지간): 부르면 곧 대답할 만한 가까운 거리.

眞金不鍍 (진금부도): '참 황금은 도금을 하지 않음'으로 진실한 재주가 있는 사람은 꾸밀 필요가 없음을 이름.

珍羞盛饌 (진수성찬): 가득 차린 진기하고 맛좋은 음식.

進退兩難 (진퇴양난): 나아 갈 수도 물러 설 수도 없는 궁지에 빠짐.

進退維谷 (진퇴유곡): 오지도 가지도 못할 궁지에 빠짐. = 進退兩難(진퇴양난)

塵合泰山 (진합태산): 티끌 모아 태산. 조금씩 모은 것이 나중에 큰 덩어리가 된다는 의미.
= 積塵成山(적진성산), 積土成山(적토성산)

ㅊ

此日彼日 (차일피일): 이 날 저 날하며 약속이나 기한 등을 미룰 때.

次廳入室 (차청입실): '대청을 빌어 있다가 차츰 안방으로 들어온다'는 뜻으로 처음에는 남에게 의지하고 있다가 차차 남의 권리를 침범함의 비유.

借虎威狐 (차호위호): 권세가 있는 사람을 배경 삼아 뽐내는 것을 비유하는 말.

鑿飮耕食 (착음경식): '우물을 파서 마시며 밭을 갈아먹는다'

는 뜻으로 천하가 태평하고 생활이 안락함을 비유하여 이르는 말. = 太平聖代(태평성대)

創業守成 (창업수성): 일을 시작하기는 쉬우나 이룬 것을 지키기는 어려움. 원말 : 創業易守成難(창업이수성난)

滄海遺珠 (창해유주): '큰 바다 가운데 캐지 못하여 남아 있는 진주'라는 뜻으로 세상에 알려지지 않음의 비유.

滄海一粟 (창해일속): '푸른 바다 가운데 한 개의 좁쌀'이란 뜻으로 아주 큰 것에 대한 아주 작은 것의 비유. = 九牛一毛(구우일모), 大海一滴(대해일적)

采薪之憂 (채신지우): 자기 병을 겸손하게 일컫는 말로 아파서 나무를 할 수 없다는 뜻.

天高馬肥 (천고마비): '하늘이 높고 말이 살찐'는 뜻으로 가을이 썩 좋은 계절임을 일컫는 말.

千金買骨 (천금매골): 열심히 인재를 구함을 비유한 말.

千慮一得 (천려일득): 바보도 한 가지쯤은 좋은 생각이 있다는 의미로도 쓰인다.

千慮一失 (천려일실): 지혜로운 사람도 많은 생각 가운데는 미처 생각하지 못하는 것이 있음.

千里眼 (천리안): '천리를 내다보는 눈'이란 뜻.
① 먼 곳에서 일어난 일을 직감적으로 알아 맞히는 능력을 이름.
② 사물의 이면을 꿰뚫어 보는 능력을 이름.

天網恢恢 (천망회회): 하늘의 그물은 굉장히 넓어서 그물눈이 크지만 선한 자에게는 선을 주고 악한 자에게는 악을 주는 일은 조금도 빠뜨리지 않는다.

天方地軸 (천방지축): '너무 바빠서 두서를 잡지 못하고 허둥대는 모습'으로 함부로 덤벙거림.

泉石膏肓 (천석고황): 고질병이 되다시피 자연을 즐기고 좋아함.

天涯女比隣 (천애여비린): 하늘 끝 같이 썩 먼 곳도 가까운 이웃에 있는 것 같음. 즉 멀리 떨어진 곳에 있음에도 마치 이곳에 있는 것처럼 생각함.

天壤之差 (천양지차): 하늘과 땅의 차이처럼 엄청난 차이.

天佑神助 (천우신조): 하늘과 신의 도움.

天衣無縫 (천의무봉): '천사의 옷은 기운 흔적이 없다'는 뜻으로 시문 따위가 무리한 흔적이 없이 자연스럽고 잘 됨.

天人共怒 (천인공노): '하늘과 땅이 함께 분노한다'는 뜻으로 도저히 용서 못함을 비유.
= 神人共怒(신인공노), 神人公憤(신인공분)

千紫萬紅 (천자만홍): 가지가지 빛깔로 만발한 꽃을 비유하는 말.
千載一遇 (천재일우): '천 년에 한 번 만나다' 는 뜻으로 좀처럼 얻기 어려운 좋은 기회를 이르는 말.
= 千載一時(천재일시)
天眞爛漫 (천진난만): 말이나 행동이 천진함. 조금도 꾸밈이 없이 아주 순진하고 참됨.
千態萬象 (천태만상): 모든 事物(사물)이 제각기 다른 모습을 함. = 千差萬別(천차만별)
千篇一律 (천편일률): '시문의 격조가 비슷비슷하다' 는 뜻으로, 여러 시문의 글귀가 거의 비슷비슷하여 변화가 없음.
淺學菲才 (천학비재): '학문이 얕고 재주가 변변치 않음' 으로 자기의 학식을 겸손하게 이르는 것.
徹頭徹尾 (철두철미): 머리에서 꼬리까지 투철함.
鐵面皮 (철면피): 부끄러움을 모름. = 厚顔無恥(후안무치)
轍鮒之急 (철부지급): 다급한 위기 혹은 곤궁한 처지를 비유한 말. = 涸轍鮒魚(학철부어)
淸談 (청담): 명리, 명문을 떠난 청아한 이야기.
靑松白沙 (청송백사): '푸른 소나무와 흰 모래' 로 해안의 아름다운 경치를 이르는 말.
靑雲之士 (청운지사): ① 학덕이 높은 어진 사람.
② 높은 벼슬에 오른 사람.
靑雲之志 (청운지지): 출세하고자 하는 뜻.
晴雲秋月 (청운추월): 맑은 하늘에 비치는 가을달. 깨끗한 마음을 비유하여 이르는 말.
靑天白日 (청천백일): '맑게 갠 대낮' 으로 뒤가 썩 깨끗한 일이나 원죄가 판명되어 무죄가 됨.
靑天霹靂 (청천벽력): 생각지 않은 일.
靑出於藍 (청출어람): '쪽에서 뽑아 낸 푸른 물감이 쪽빛보다 더 푸르다' 는 뜻으로 즉 제자가 스승보다 더 나음을 이르는 말. = 後生可畏(후생가외) 원말: 靑出於藍而(청출어람이) 靑於藍(청어람)
淸風明月 (청풍명월): 맑은 바람과 밝은 달 이라는 뜻으로 결백하고 온건한 성격을 평하여 이르는 말.
草根木皮 (초근목피): '풀뿌리와 나무껍질' 이란 뜻으로 곡식이 없어 산나물 따위로 만든 험한 음식을 이르는 말.
樵童汲婦 (초동급부): 보통사람. = 甲男乙女(갑남을녀), 善男善女(선남선녀), 張三李四(장삼이사)
草露人生 (초로인생): 풀잎에 맺힌 이슬처럼 덧없는 인생.
草綠同色 (초록동색): '풀과 녹색은 서로 같은 색 이란 뜻으로 같은 처지나 부류의 사람들끼리 함께 행동함을 이르는 말. 끼리끼리 어울림. = 類類相從(유유상종)

焦眉之急 (초미지급): '눈썹에 불이 붙었다' 는 뜻으로 매우 위급한 경우를 이르는 말. = 燒眉之急(소미지급)
草材晉用 (초재진용): '초나라의 목재를 진나라가 사용한다' 는 뜻으로 자체 안에서는 그 가치를 알아주지 못하고 남이 그것을 이용함을 이르는 말.
初志一貫 (초지일관): 처음 품은 뜻을 한결같이 꿰뚫음.
寸鐵殺人 (촌철살인): '조그만 쇠로 사람을 죽인다' 는 뜻으로 짧은 말로 어떤 일의 급소를 찔러 사람을 크게 감동시킴.
追友江南 (추우강남): '친구 따라 강남 간다' 로 옆에서 하자고 말하면 싫어도 따라하게 되는 경우.
秋風落葉 (추풍낙엽): '가을 바람에 우수수 떨어지는 잎' 이란 뜻으로 어느 한 순간에 권력 등을 잃어 버리는 것.
秋風扇 (추풍선): '가을철의 부채' 란 뜻으로 철이 지나 쓸모가 없게 된 물건 또는 남자의 사랑을 잃은 여자를 비유한 말.
春來不似春 (춘래불사춘): 봄이 와도 봄 같지가 않다.
春秋筆法 (춘추필법): 대의명분을 밝혀 세우는 사필(史筆)의 준엄한 논법.
春雉自鳴 (춘치자명): '봄 꿩은 스스로 운다' 로 시키거나 요구하지 아니하여도 알아서 일을 함을 말한다.
出爾反爾 (출이반이): '네게서 나온 것은 네게로 돌아감' 으로 행한 일의 결과는 반드시 돌아옴.
= 因果應報(인과응보), 惡因惡果(악인악과), 自業自得(자업자득)
出將入相 (출장입상): 전시에는 싸움터에 나가서 장군이 되고 평시에는 재상이 되어 정치를 함.
忠言逆耳 (충언역이): 바른 말은 귀에 듣기에 거슬리지만 자신을 이롭게 함. = 良藥苦口(양약고구)
吹毛覓疵 (취모멱자): '털 사이를 불어가면서 흠을 찾음' 으로 억지로 남의 작은 허물을 들추어 냄.
取捨選擇 (취사선택): 취할 것을 골라 쓰고 버릴 것은 버림.
醉生夢死 (취생몽사): '술에 취하여 꿈을 꾸다가 죽다' 로 아무 뜻 없이 살다가 죽음.
置之度外 (치지도외): 내버려두고 상대하지 않음.
癡人說夢 (치인설몽): 어리석기 짝이 없는 짓.
七去之惡 (칠거지악): 아내를 내쫓을 7가지 조건으로 부모에 불순, 자식 못남, 행실, 질투, 병, 말썽, 도둑질.
七步之才 (칠보지재): 아주 뛰어난 글재주.
七顚八起 (칠전팔기): 여러 번의 실패에도 굽히지 아니하고 다시 일어남.

七顚八倒(칠전팔도): '일곱 번 넘어지고 여덟 번 엎어진다' 로 어려운 고비를 많이 겪음.
七縱七擒(칠종칠금): 상대를 마음대로 하는 것을 이르는 말.
針小棒大(침소봉대): 바늘만한 것을 몽둥이만하다고 과장함.

ㅋ

快刀亂麻(쾌도난마): '어지럽게 뒤얽힌 삼의 가닥을 썩 잘 드는 칼로 베어 버린다' 는 뜻으로 어지럽게 뒤얽힌 사태를 시원스럽게 단번에 해결함.

ㅌ

他山之石(타산지석): '다른 산에서 난 돌도 자기의 구슬을 가는 데에 소용이 된다' 는 뜻으로 다른 사람의 하찮은 언행일지라도 자기의 지덕(知德)을 연마하는 데 도움이 된다는 뜻.
打草驚蛇(타초경사): '풀밭을 두들겨서 뱀을 놀라게 하다' 라는 뜻으로 무심코 한 일이 뜻밖의 결과를 가져온다는 말의 비유.
卓上空論(탁상공론): 실현성이 희박한 헛된 이론.
脫兎之勢(탈토지세): '우리를 빠져 도망하는 토끼의 기세' 라는 뜻으로 동작이 재빠름을 이름.
貪官汚吏(탐관오리): 탐욕이 많고 마음이 깨끗하지 못한 관리.
太剛則折(태강즉절): 너무 강하면 부러지기 쉽다.
泰山北斗(태산북두): '태산과 북두성' 의 뜻으로 세상 사람으로부터 가장 존경을 받는 뛰어난 인물.
太平聖代(태평성대): 어질고 착한 임금이 잘 다스리어 태평한 세상.
兎角龜毛(토각귀모): '토끼의 뿔과 거북의 털' 이란 의미로 세상에 있을 수 없는 것의 비유.
兎死狗烹(토사구팽): '토끼 사냥이 끝나면 사냥개를 잡아먹는다' 는 뜻으로 요긴한 때는 소중히 여기다가도 쓸모가 없게 되면 천대하고 쉽게 버림을 비유하여 이르는 말.
원말 : 狡兎死(교토사) 走狗烹(주구팽)
兎死狐悲(토사호비): '토끼의 죽음을 여우가 슬퍼한다' 는 뜻으로 같은 무리의 불행을 슬퍼한다는 말.
吐盡肝膽(토진간담): '간과 쓸개를 모두 내뱉음' 으로 솔직한 심정을 속임없이 모두 말하는 것을 비유하는 말.
吐哺握發(토포악발): '널리 인재를 구하고 선비를 잘 대접함을 말함' 을 일컫는 말로 먹던 것을 뱉고, 감고 있던 머리를 거머쥔다는 뜻으로 현사(賢士)를 얻기 위해 애씀을 비유하여 이르는 말.

推敲(퇴고): 시문을 지을 때 자구(字句)를 여러 번 생각하여 고침.

ㅍ

破鏡(파경): 부부의 금슬이 좋지 않아 이별하게 되는 일.
破鏡重圓(파경중원): 살아서 이별한 부부가 다시 만나는 것.
破瓜之年(파과지년): 여자의 나이 열 여섯 살, 남자의 나이 예순 네 살을 이르는 말.
波瀾萬丈(파란만장): '물결이 만 길 높이로 인다' 는 뜻으로 인생을 살아가는 데 있어서 기복과 변화가 심함을 이르는 말.
破邪顯正(파사현정): 사한 것을 버리고 정도를 드러냄.
破顔大笑(파안대소): 얼굴이 일그러지고 깨질 정도로 크게 웃음.
破竹之勢(파죽지세): '처음 시작만 되면 쉽게 쫙 쪼개지는 대나무' 처럼 감히 막을 수 없게 거침없이 적을 향해 쳐들어가는 기세를 비유.
破天荒(파천황): 아무도 하지 못했던 일을 처음 시작함. = 未曾有(미증유)
八方美人(팔방미인): 어느 모로 보아도 아름다운 미인, 여러 방면의 일에 능통한 사람, 또는 누구든 호감을 갖게 처세하는 사람.
悖逆無道(패역무도): 패악하고 불순하여 사람다운 데가 없음.
烹頭耳熟(팽두이숙): '머리를 삶으면 귀까지 삶아진다' 로 중요한 것만 해결하면 나머지는 따라서 해결됨.
蔽袍破笠(폐포파립): 해진 옷과 부서진 갓으로 빈궁하여 매우 초라한 모습.
抱腹絕倒(포복절도): 몹시 우스워서 배를 안고 몸을 가누지 못할 만큼 웃는 것을 일컬음.
飽食暖衣(포식난의): 배불리 먹고 따뜻하게 입음.
布衣之交(포의지교): '구차하고 어린 시절의 사귐' 으로 선비 시절에 사귄 벗.
暴虎馮河(포호빙하): 무모한 행동.
表裏不同(표리부동): 겉과 속이 다름. = 羊頭狗肉(양두구육)
豹變(표변): 마음이나 행동이 분명히 달라지는 일.
風聲鶴唳(풍성학려): 겁을 먹은 사람이 하찮은 일이나 작은 소리에도 몹시 놀람.
風樹之嘆(풍수지탄): 부모가 돌아가신 뒤에 효도 못한 것을 후회함. 원말 : 樹欲靜而風不止(수욕정이풍부지) 子欲養而親不待(자욕양이친부대)
風雲之會(풍운지회): 밝은 임금과 어진 신하가 서로 만남을 말함. 훌륭한 사람들끼리 어울림.
風前燈火(풍전등화): 바람 앞의 등불처럼 운명이 위태로움. = 百尺竿頭(백척간두), 危機一髮(위기일발)
皮骨相接(피골상접): 살가죽과 뼈가 맞붙을 정도로 몹시 마름.

匹夫之勇 (필부지용): 깊은 생각없이 혈기만 믿고 함부로 휘두르는 소인의 용기를 뜻함.

匹夫匹婦 (필부필부): 대수롭지 않은 그저 평범한 남녀. = 甲男乙女(갑남을녀), 張三李四(장삼이사), 善男善女(선남선녀), 樵童汲婦(초동급부)

ㅎ

何待歲月 (하대세월): 아무리 오래되어도 사물이 이루어지기 어려움을 이르는 말. 또는 기다리기가 매우 지루함을 일컫는 말. = 何待明年(하대명년), 百年河淸(백년하청)

下都給 (하도급): 어떤 사람이 도급 맡은 일의 전부나 일부를 다시 다른 사람이 도급 맡는 일.

夏爐冬扇 (하로동선): 여름에 화로, 겨울에 부채로 일이 격에 맞지 않음.

下石上臺 (하석상대): '아랫돌로 윗돌을 막는다' 로 임시변통으로 이리저리 둘러맞춤을 이르는 말. = 彌縫策(미봉책), 姑息之計(고식지계), 上下撑石(상하탱석)

下學上達 (하학상달): 낮고 쉬운 것부터 배워 깊고 어려운 것을 깨달음.

下厚上薄 (하후상박): 아랫사람에게는 대우를 후하게 하고 윗사람에게는 박하게 하는 태도를 가리킴.

鶴首苦待 (학수고대): 몹시 기다림.

學如不及 (학여불급): 배움은 언제나 모자란다고 생각하라.

涸轍鮒魚 (학철부어): '수레바퀴 자국 물속의 붕어' 로 매우 위급한 경우에 처했거나 몹시 고단하고 옹색함을 비유하는 말.

漢江投石 (한강투석): '한강에 돌 던지기' 란 뜻으로 아무리 애써도 보람이 없음을 말함.

邯鄲之夢 (한단지몽): 사람의 일생에 '부귀란 헛되고 덧없다' 는 뜻으로 한단에서 여옹이 낮잠을 자면서 꾼 꿈에서 유래. = 南柯一夢(남가일몽), 一場春夢(일장춘몽)

邯鄲之步 (한단지보): 자기 것을 잃음을 비유.

汗牛充棟 (한우충동): '책을 실은 수레를 끄는 소가 흘리는 땀이 많다' 는 뜻으로 책이 많다는 뜻.

閑雲野鶴 (한운야학): '한가로운 구름 아래서 노니는 학' 의 뜻으로 속박을 받지 않고 유유자적하는 처지를 비유함.

割鷄牛刀 (할계우도): 작은 일을 처리하는 데 큰 힘을 빌릴 필요가 없음을 비유.

緘口無言 (함구무언): 입을 다물고 말이 없음.

含憤蓄怨 (함분축원): 분함과 원한을 품는 것을 의미함.

咸興差使 (함흥차사): 심부름을 보내놓고 돌아오지 않아 애태우는 마음.

合從連衡 (합종연횡): 소진의 합종책과 장의의 연횡책. 일종의 공수동맹.

恒茶飯事 (항다반사): 예사로운 일, 늘상 있는 일을 말함.

亢龍有悔 (항룡유회): 만족할 줄 모르고 무작정 밀고 나가다가 오히려 실패를 가져 오게 됨. 亢龍(항룡) : 하늘 끝까지 올라간 용.

偕老同穴 (해로동혈): 부부의 금실이 좋아서 함께 늙고 함께 묻힘.

解語之花 (해어지화): '말을 알아듣는 꽃' 으로 미인을 이르는 말.

行不由徑 (행불유경): 지름길은 가지 않는다.

行尸走肉 (행시주육): 배운 것이 없어 아무 쓸모 없는 사람을 이르는 말.

行雲流水 (행운유수): '떠가는 구름과 흐르는 물' 의 뜻으로 일정한 형태가 없이 늘 변하는 것, 또는 어떤 것에도 구애됨이 없는 자유로운 삶의 비유.

向隅之歎 (향우지탄): 그 자리에 모인 많은 사람들이 다 즐거워하나 자기만은 구석을 향하여 한탄함. 좋은 때를 만나지 못함을 비유.

虛心坦懷 (허심탄회): 마음속에 아무런 사념없이 품은 생각을 터놓고 말함.

虛張聲勢 (허장성세): 허세를 부림.

虛虛實實 (허허실실): 서로 재주와 꾀를 다하여 다툼.

軒軒丈夫 (헌헌장부): 외모가 준수하고 늠름하며 쾌활하고 의젓한 남자.

賢母良妻 (현모양처): 어진 어머니이면서 또한 착한 아내.

懸河口辯 (현하구변): 흐르는 물과 같이 거침없이 술술 나오는 말.

孑孑單身 (혈혈단신): 아무도 의지할 사람 없는 홀몸. = 無依無托(무의무탁), 四顧無親(사고무친), 孑子無依(혈혈무의)

螢雪之功 (형설지공): '밤에 반딧불과 눈빛으로 책을 읽었다' 는 뜻으로 어려운 여건을 극복하고 꾸준히 공부하여 얻은 성과를 말함.

狐假虎威 (호가호위): '여우가 범의 위세를 빌려 호기를 부림' 으로 남의 권력으로 허세를 부림. = 假狐威虎(가호위호)

糊口之策 (호구지책): 가난한 살림에서 겨우 먹고 살아가는 방책.

毫毛斧柯 (호모부가): '수목을 어릴 때에 베지 않으면 마침내 도끼를 사용하는 노력이 필요하다' 는 말로 화는 미리 방지해야 됨을 말함.

好事多魔 (호사다마): 좋은 일에는 흔히 장애물이 들기 쉬움.

虎死留皮 (호사유피): 범이 죽은 뒤에 자기의 장점인 가죽을 남겨 둔다는 말.

虎視眈眈 (호시탐탐): '범이 먹이를 노려봄' 으로 기회를 노려

보고 있는 모양.

豪言壯談 (호언장담): 분수에 맞지 않는 말을 큰 소리로 자신 있게 말함.

浩然之氣 (호연지기): ① 하늘과 땅 사이에 가득 찬 넓고 큰 정기, 맹자의 '공손추 상편'에 나오는 말임. ② 공명정대하여 조금도 부끄러울 바 없는 도덕적 용기. ③ 잡다한 일에서 벗어난 자유롭고 느긋한 마음. = 호기(浩氣).

胡蝶之夢 (호접지몽): 물아일체의 경지. 인생의 덧없음. 꿈.

呼兄呼弟 (호형호제): 서로 형,아우라 부를 정도로 가까운 친구사이.

惑世誣民 (혹세무민): 세상을 어지럽히고 백성을 속이는 것.

魂飛魄散 (혼비백산): 몹시 놀라 혼백이 흩어짐. = 落膽喪魂(낙담상혼)

渾然一體 (혼연일체): (사상이나 의지·행동 따위가) 조금의 어긋남도 없이 한 덩어리가 되는 일.

昏定晨省 (혼정신성): 자식이 부모님께 아침저녁으로 잠자리를 보살펴 드리는 것.

忽顯忽沒 (홀현홀몰): 문득 나타났다가 홀연 없어짐.

紅爐點雪 (홍로점설): 벌겋게 단 화로에 내리는 한 점의 눈이라는 뜻으로 크나큰 일에 작은 힘이 아무런 보탬이 되지 않는다는 말. 원말 : 紅爐上(홍로상), 一點雪(일점설)

紅一點 (홍일점): 여러 하찮은 것 가운데 우수한 하나.

畫龍點睛 (화룡점정): 사물의 가장 요긴한 곳, 또는 무슨 일을 함에 가장 긴한 부분을 끝내어 완성시킴.

畫蛇添足 (화사첨족): 쓸데없는 일을 함. 준말:蛇足(사족)

華胥之夢 (화서지몽): 좋은 꿈이나 낮잠.

和氏之璧 (화씨지벽): 천하에서 가장 이름난 옥.

花容月態 (화용월태): '꽃다운 얼굴과 달 같은 자태'로 아름다운 여자를 말함. = 絕世佳人(절세가인)

和而不同 (화이부동): 남과 사이좋게 지내지만 자기의 중심과 원칙은 지킨다는 뜻.

花朝月夕 (화조월석): 花朝(화조)는 2월 5일, 月夕(월석)은 8월 15일로 봄, 가을 두 계절의 좋은 시절.

畫中之餅 (화중지병): 그림의 떡. 곧 실속 없는 말에 비유하는 말. = 鏡花水月(경화수월)

確固不動 (확고부동): 확실하게 굳어 흔들리지 않음.

換骨奪胎 (환골탈태): '뼈를 바꾸고 태를 빼앗는다'로 남의 글의 본뜻을 본뜨되 그 형식을 달리하여 자기 작품처럼 꾸밈.

患難相恤 (환난상휼): 조선 시대 1517년 조광조가 呂氏鄉約(여씨 향약)을 널리 퍼트리면서 시작된 鄕約(향약)의 네 덕목 중의 하나로 걱

정거리나 어려운 일이 생겼을 때 서로 도와줌.

換腐作新 (환부작신): 썩은 것을 바꾸어 새것으로 만듦.

荒唐無稽 (황당무계): 말이 근거가 없고 허황됨. = 荒誕無稽(황탄무계)

孝悌忠信 (효제충신): 孝道(효도)·友愛(우애)·忠誠(충성)·信義(신의)를 아울러 이르는 말.

膾炙人口 (회자인구): 널리 사람들에게 알려져 입에 오르내리고 찬양을 받음.

會者定離 (회자정리): 만나면 반드시 헤어지게 마련임. = 生者必滅(생자필멸), 去者必反(거자필반)

橫說竪說 (횡설수설): '가로로 말하고 세로로 말한다'로 조리가 없는 말을 함부로 지껄임. 또는 그 말.

效矉 (효빈): '본 받아서 찡그림'으로 옳게 배우지 않고 거죽만 배우는 일. = 西施顰目(서시빈목)

嚆矢 (효시): '전쟁터에서 시작할 때 쏘는 화살'로 사물의 맨 처음을 비유하는 말. = 濫觴(남상)

孝悌忠信 (효제충신): 효도·우애·충성·신의를 아울러 이르는 말.

朽木糞牆 (후목분장): '썩은 나무에 조각하거나 부패한 벽토에 흙칠을 하여도 소용이 없다'는 뜻으로 쓸모 없는 사람이나 혼란한 세상을 비유.

後生可畏 (후생가외): 뒤에 난 사람은 두려워할 만하다는 뜻으로 후배는 나이가 젊고 의기가 장하므로 학문을 계속 쌓고 덕을 닦으면 그 진보는 선배를 능가하는 경지에 이를 것이라는 말. = 靑出於藍(청출어람)

厚顏無恥 (후안무치): 뻔뻔스러워서 부끄러움을 모르는 모습. = 鐵面皮(철면피)

訓蒙字會 (훈몽자회): 1527년(중종 22) 최세진(崔世珍)이 지은 한자 학습서로 3360字의 한자를 사물에 따라 갈라 한글로 음과 뜻을 달아 놓아 고어연구에 귀중한 자료가 되고 있음.

興亡盛衰 (흥망성쇠): 흥하고 망하고 성하고 쇠하는 일. = 榮枯盛衰(영고성쇠)

興盡悲來 (흥진비래): 즐거운 일이 다하면 슬픈 일이 온다는 뜻. ↔ 苦盡甘來(고진감래)

喜怒哀樂 (희로애락): 기쁨과 노여움과 슬픔과 즐거움. 인간이 갖고 있는 온갖 감정을 이르는 말.

◉ 한국어문회 제26회 1급 기출문제 ◉

■ 다음 漢字語의 讀音을 쓰시오. (1~50)

1. 堪耐	2. 箴諫
3. 酷似	4. 埋沒
5. 邪慝	6. 勁健
7. 捺染	8. 磊落
9. 嫌惡	10. 孕胎
11. 邀擊	12. 牢獄
13. 誇矜	14. 編瓚
15. 嗜僻	16. 輦輿
17. 鄙陋	18. 賭租
19. 黍粟	20. 揷匙
21. 杜鵑	22. 瞻眺
23. 逆旅	24. 頻尿
25. 潰走	26. 辣腕
27. 羨溢	28. 卑怯
29. 康衢	30. 懶惰
31. 刪蔓	32. 暹羅
33. 貊族	34. 臂膊
35. 拿捕	36. 陶窯
37. 恭虔	38. 攪亂
39. 遁迹	40. 凱旋
41. 拐杖	42. 洋襪
43. 刮垢	44. 蹂躪
45. 艱澁	46. 賄賂
47. 睹聞	48. 隔搔
49. 羹汁	50. 癡呆

■ 다음 漢字의 訓·音을 쓰시오. (51~74)

51. 揭	52. 絞
53. 闕	54. 侮
55. 圈	56. 伴
57. 遮	58. 箱
59. 瑞	60. 碩
61. 繕	62. 垂
63. 搜	64. 厭
65. 震	66. 凝
67. 宰	68. 竊
69. 彰	70. 衡
71. 抛	72. 峽
73. 靴	74. 脂

■ 다음 漢字語에서 밑줄 친 漢字의 訓과 音을 쓰시오. (75~80)

75. 忖<u>度</u>	76. <u>度</u>量
77. <u>殺</u>戮	78. 減<u>殺</u>
79. <u>洞</u>窟	80. <u>洞</u>燭

■ 다음 글을 읽고 물음에 답하시오.

— 옛날에는 지방법원 위 高等法院 아래 (81)복심법원이 있었고, 여기서 지방법원 판결의 (82)항고에 대하여 다시 살펴 독립적으로 판결하였다. (83)계류된 사건의 진실을 (84)지체 없이 (85)규명하는 것, 이것이 우리의 (86)초미의 관심사다. 선진국으로 (87)도약하는 길이 이것이다.

— 王黨派는 副棺 (88)참시되었다. 벽지로 (89)유배되고 갇혔던 士林派들도 (90)사면 되었다. (91)변경의 (92)요새로 (93)몽진한 국왕은 (94)울적한 심사를 달랠 길 없었다.

— 63빌딩도 (95)마천루라 할 수 있을까. 그 63층 (96)만찬場에서는 악단의 (97)연주속에 (98)매혹的인 (99)무희들이 춤을 추고 있었고 (100)소개 받은 (101)내빈들이 건배 소리에 맞추어 (102)환성을 올렸다.

- (103)섬유를 가공하여 실을 만드는 일을 (104)방적이라 하고 그 실로 피륙을 짜는 일을 (105)방직이라 한다. 털실을 (106)모사 털실에 다른 섬유를 섞는 실을 혼방사 또는 (107)혼방이라 한다.
- 땅에는 (108)지축을 흔드는 탱크소리, 하늘에는 (109)고막을 찢는 듯한 제트기 소리, (110)대관식이 끝난 뒤의 (111)장엄한 행사.
- (112)약관을 어기고 (113)배상을 하지 않는 언론사는 (114)구독자를 (115)농락하는 것.
- (116)광궤(궤도 폭이 넓음) 철도를 (117)부설하고 지하자원을 (118)채굴하여 식민지 (119)수탈에 (120)광분했던 日本.

■ 윗 글 밑줄 친 漢字語의 漢字를 正字로 쓰시오.
  (81~120)

(81)   (82)

(83)   (84)

(85)   (86)

(87)   (88)

(89)   (90)

(91)   (92)

(93)   (94)

(95)   (96)

(97)   (98)

(99)   (100)

(101)   (102)

(103)   (104)

(105)   (106)

(107)   (108)

(109)   (110)

(111)   (112)

(113)   (114)

(115)   (116)

(117)   (118)

(119)   (120)

■ 위 81~120의 전체 漢字語 가운데에서 첫소리가 長音인 것을 10개 그 단어를 쓰시오.(121~130)

(121)   (122)

(123)   (124)

(125)   (126)

(127)   (128)

(129)   (130)

■ 다음 同音異議語를 문맥에 맞게 漢字로 쓰시오.(131~140)

131. 계류 : 시원한 계류에 발을 담궜다.(   )

132. 사면 : 어제 위원장을 사면하였다. (   )

133. 변경 : 일정 변경.   (   )

134. 연주 : 여러 개를 꿰어서 이은 구슬을 연주라 한다.   (   )

135. 소개 : 전쟁 때 서울에서 시골로 소개했다.
                              (   )

136. 방직 : 義以一外 敬以一內 바르고 곧다는 뜻의 방직.   (   )

137. 모사 : 미술관에서 모사만 하는 사람.
                              (   )

138. 모사 : 모사는 在人 성사는 在天. (   )

139. 약관 : 약관에 과장으로 승진.   (   )

140. 부설 : 유언비어의 다른 말은 부설이다.
                              (   )

■ 다음 漢字의 略字를 쓰시오.(141~143)

141. 雙   142. 畵

143. 鹽

■ 다음 漢字의 部首를 쓰시오.(144~153)

144. 凝   145. 勇

146. 圈   147. 夜

148. 學   149. 幕

150. 戎   151. 望

152. 羅   153. 衢

■ 다음 漢字語의 뜻을 우리말로 옮기시오.
(154~157)

154. 臀部   155. 釣竿
156. 瘤贅   157. 跋扈

■ 다음 漢字語의 (A) 글자 뜻과 (B) 일반적으로 쓰이는 말뜻을 쓰시오.(158~163)

雁帛 : 158. (A)   159. (B)
育梁 : 160. (A)   161. (B)
菽麥 : 162. (A)   163. (B)

■ 다음에서 뜻의 構造가 다른 것 하나를 골라 그 번호를 쓰시오.(164~168)

164. ① 干戈 ② 雇傭 ③ 乾坤 ④ 經緯   (　　)
165. ① 昇降 ② 伸縮 ③ 矛盾 ④ 貫徹   (　　)
166. ① 畢竟 ② 雌雄 ③ 表裏 ④ 腹背   (　　)
167. ① 朝夕 ② 抑揚 ③ 緩急 ④ 俊秀   (　　)
168. ① 姑婦 ② 安危 ③ 敦篤 ④ 需給   (　　)

■ 다음 漢字·漢字語의 反對語를 쓰시오.(169~173)

169. (　　) ↔ 夭   170. 貸 ↔ (　　)
171. 鰥 ↔ (　　)   172. 雲 ↔ (　　)
173. 脫 ↔ (　　)

■ 다음 漢字의 비슷한 漢字를 넣어 漢字語를 완성하시오.(174~180)

174. 幇(　)   175. (　)攀
176. 慷(　)   177. 倦(　)
178. (　)耗   179. (　)墓
180. (　)濯

■ 다음 괄호를 채워 對立되는 四字成語가 되게 하시오.(181~186)

181. 錦上(　)(　) ↔ 182. (　)(　)加霜
183. (　)(　)北狄 ↔ 184. (　)(　)西戎
185. (　)(　)自重 ↔ 186. 輕擧(　)(　)

■ 다음 괄호를 채워 같은 뜻의 四字成語가 되게 하시오.(187~192)

187. (　)(　)思議 – 188. 見危(　)(　)
189. 金城(　)(　) – 190. (　)(　)不落
191. (　)(　)之書 – 192. 汗牛(　)(　)

■ 다음 例의 뜻을 참고하여 四字成語를 완성하시오.(193~200)

〈예〉
* 죽어서 은혜를 갚는다.
* 孤立無援의 상태.
* 舊習에 젖어 시대변화를 모른다.
* 옛 사물에 접착하는 어리석음.
* 명분과 實際가 一致하지 않는다.
* 아무리 기다려도 이루어질 가망이 없다.
* 온갖 괴로움을 참고 견디다.
* 共同의 운명.

193. 百年(　)(　)   194. (　)(　)報恩
195. 臥薪(　)(　)   196. (　)(　)楚歌
197. 守(　)待(　)   198. (　)(　)齒寒
199. (　)(　)狗肉   200. 刻舟(　)(　)

◉ 한국어문회 제24회 1급 기출문제 ◉

■ 다음 漢字語의 讀音을 쓰시오.(1~50)

1. 堪輿   2. 辜負
3. 轟沈   4. 蜀葵
5. 疸症   6. 凶煞
7. 宸襟   8. 鐵槌

9. 戟盾
10. 頒賜
11. 黍粟
12. 隘陋
13. 釋奠
14. 萃聚
15. 袞職
16. 擄掠
17. 尨茸
18. 靄然
19. 嗾囑
20. 肌液
21. 喘咳
22. 垢穢
23. 愾憤
24. 藿湯
25. 斧劈
26. 捐館
27. 擅恣
28. 偈頌
29. 杜鵑
30. 裏罫
31. 簑笠
32. 刮磨
33. 捺染
34. 懲毖
35. 遡源
36. 孕胎
37. 僉押
38. 雀巢
39. 拐杖
40. 宏闊
41. 廏吏
42. 結紐
43. 眄視
44. 補貼
45. 撒垈
46. 潰滅
47. 坦懷
48. 袂別
49. 臼磨
50. 秤錘

■ 다음 漢字의 訓音을 쓰시오.(51~92)

51. 坑
52. 絹
53. 痲
54. 紡
55. 購
56. 尿
57. 戴
58. 惹
59. 網
60. 諮
61. 伴
62. 俳
63. 揷
64. 赦
65. 敷
66. 紹
67. 瑞
68. 苑
69. 尉
70. 偵
71. 呈
72. 宰
73. 奏
74. 輯
75. 誇
76. 遞
77. 託
78. 誕
79. 軸
80. 偏
81. 廻
82. 型
83. 滑
84. 幻
85. 翰
86. 把
87. 衷
88. 滯
89. 津
90. 脂
91. 厭
92. 縫

■ 다음 밑줄 친 漢字語의 漢字를 正字로 쓰시오.(93~122)

– 부동산을 (93)양도하고 전원주택을 지을 (94)가대와 (95)전답을 구입했다.
– 노사 (96)분규로 인하여 악덕기업주들은 (97)간담이 서늘해지고 경영에도 큰 (98)장애가 된다.
– (99)수사를 할 때 무력을 사용하면 고소를 당한다.
– 은행에서 자금을 (100)융자받아 (101)창고 한 (102)동을 짓고 (103)임대하였다.
– 연결된 열차의 한 칸을 한 (104)냥이라 한다.
– (105)질소는 (106)비료의 3요소 중 하나이다.
– 물건은 신속하게 (107)운반해야 한다.
– 허드레 (108)채소로 토끼를 (109)사육한다.
– 가정이 (110)화목하고 우애가 (111)돈독하니 감사할 일이다.
– 재산을 (112)증식하는 것은 절약과 저축으로 한다.
– 어떤 일에 (113)몰닉함으로써 스스로 (114)맹서한 일을 성취하고 (115)매혹적으로 보인다.
– 해산일이 다가와 (116)만통을 느끼고 진찰을 받았다.
– 국회 (117)각료들은 대통령이 순방 갈 때 (118)수행한다.
– 전산 (119)오류가 발생하여 지장이 많았다.
– 태풍으로 인하여 채소가격이 (120)비등하였다.
– 아들의 합격을 (121)간절히 (122)기원한다.

(93)
(94)
(95)
(96)

(97)　　　　　　　　(98)

(99)　　　　　　　　(100)

(101)　　　　　　　(102)

(103)　　　　　　　(104)

(105)　　　　　　　(106)

(107)　　　　　　　(108)

(109)　　　　　　　(110)

(111)　　　　　　　(112)

(113)　　　　　　　(114)

(115)　　　　　　　(116)

(117)　　　　　　　(118)

(119)　　　　　　　(120)

(121)　　　　　　　(122)

■ 위 93~122의 전체 漢字語 가운데에서 첫소리가 長
　音인 것을 10개 가려서 단어를 쓰시오.(123~132)

(123)　　　　　　　(124)

(125)　　　　　　　(126)

(127)　　　　　　　(128)

(129)　　　　　　　(130)

(131)　　　　　　　(132)

■ 다음 漢字語를 순우리말(1단어)로 쓰시오.(133~
　142)

133. 眷黨　　　　　134. 衾枕

135. 戎狄　　　　　136. 庖廚

137. 萌芽　　　　　138. 羈絆

139. 蝸牛　　　　　140. 搗精

141. 咀嚼　　　　　142. 申白

■ 다음 밑줄 친 同音異義語를 漢字로 區別하여 正字
　로 쓰시오.(143~152)

　– 나라간 (143)경계에서 삼엄한 (144)경계를 한다.
　– 전쟁이 (145)교착되어 변화가 없는 가운데 나라
　간 서로 해결하기 어려운 (146)교착상태에 빠졌다.

　– 명복을 비는 마음으로 (147)조상을 하고 돌아와
　그 사람이 새긴 나무 (148)조상과 창가에 내린
　(149)조상을 바라보며 날을 샜다.
　– (150)수상한 사람을 신고한 사람에게 (151)수상
　을 하고 한편으론 조국분단에 대하여 마음이 더욱
　(152)수상해진다.

(143)　　　　　　　(144)

(145)　　　　　　　(146)

(147)　　　　　　　(148)

(149)　　　　　　　(150)

(151)　　　　　　　(152)

■ 다음 漢字의 略字를 쓰시오.(153~155)

153. 舊　　　　　　154. 寶

155. 黨

■ 다음 漢字의 部首를 쓰시오.(156~165)

156. 晝　　　　　　157. 勞

158. 幕　　　　　　159. 戌

160. 羅　　　　　　161. 末

162. 夙　　　　　　163. 弟

164. 更　　　　　　165. 殘

■ 다음 漢字·漢字語의 反對, 相對되는 漢字·漢字
　語를 쓰시오.(166~178)

166. 却下 ↔ (　　　)　167. 老練 ↔ (　　　)

168. 分析 ↔ (　　　)　169. 偶數 ↔ (　　　)

170. 淺學 ↔ (　　　)　171. 陳腐 ↔ (　　　)

172. 天文 ↔ (　　　)　173. 門外漢 ↔ (　　　)

174. (　　　) ↔ 緯　　175. 添 ↔ (　　　)

176. (　　　) ↔ 雄　　177. 需 ↔ (　　　)

178. 親 ↔ (　　　)

■ 다음 漢字·漢字語의 비슷한 漢字·漢字語를 쓰
　시오.(179~186)

179. 漂泊 – (　　) 　　180. 寸土 – (　　)

181. 世俗 – (　　) 　　182. 輕擧 – (　　)

183. 騷人 – (　　) 　　184. 勞心 – (　　)

185. (　　) – 泄 　　186. 雇 – (　　)

187. (　　) – 傭

■ 다음 주어진 漢字와 文章을 보고 뜻이 통하도록
單語를 完成하시오.(188~190)

188. 러시아 크로포트킨의 학설 相互(　)助.

189. 높은 관리들의 녹봉은 高(　)이라 한다.

190. 뉘우치는 의미에서 (　)愼 해야 한다.

■ 다음 (　)안에 漢字를 써서 成語를 完成하시
오.(191~200)

191. (　)者無(　) 　　192. (　)高自(　)

193. (　)扇夏(　) 　　194. (　)(　)搔苣

195. (　)鳴(　)盜 　　196. 殃(　)池(　)

197. (　)(　)加鞭 　　198. 斑(　)之(　)

199. (　)洋之(　) 　　200. 桑(　)(　)海

◉ 한국어문회 제26회 2급 기출문제 ◉

■ 다음 漢字語의 讀音을 쓰시오.(1~45)

1. 僻巷 　　　　　2. 鵬翼

3. 霧露 　　　　　4. 戴冠

5. 湍流 　　　　　6. 耽溺

7. 懼震 　　　　　8. 鞍鞴

9. 馥郁 　　　　　10. 茅廬

11. 逝世 　　　　12. 蟾眼

13. 闇闍 　　　　14. 匈服

15. 閻浮 　　　　16. 規度

17. 覓索 　　　　18. 薛越

19. 敏麗 　　　　20. 琢磨

21. 馮夷 　　　　22. 奚隷

23. 濯船 　　　　24. 鄒魯

25. 蔬菜 　　　　26. 苗脈

27. 彊宇 　　　　28. 瑟韻

29. 衍盈 　　　　30. 貊弓

31. 憩息 　　　　32. 惹端

33. 份舞 　　　　34. 驪姬

35. 旻天 　　　　36. 桀步

37. 璿派 　　　　38. 埃塵

39. 扈從 　　　　40. 峙積

41. 尤悔 　　　　42. 逮繫

43. 甄陶 　　　　44. 龐錯

45. 踏襲

■ 다음 漢字의 訓과 音을 쓰시오.(46~72)

46. 雇 　　　　　47. 靴

48. 虐 　　　　　49. 隔

50. 抛 　　　　　51. 鹿

52. 握 　　　　　53. 坐

54. 軸 　　　　　55. 誕

56. 融 　　　　　57. 垂

58. 碩 　　　　　59. 呈

60. 鍛 　　　　　61. 糾

62. 桼 　　　　　63. 諧

64. 熔 　　　　　65. 焦

66. 趨 　　　　　67. 翰

68. 坪 　　　　　69. 託

70. 擁 　　　　　71. 閱

72. 紡

■ 다음의 訓과 音을 가진 漢字를 쓰시오.(73~82)

73. 슬퍼할 개 　　　74. 마침내 경

75. 돼지 해 　　　　76. 가물 한

77. 자못 파 　　　　78. 온당할 타

79. 겨우 근 　　　　80. 진흙 니

81. 못 담 　　　　　82. 넘칠 람

■ 다음 글에서 밑줄 친 單語를 漢字로 쓰시오.
 (83~92)

> - 말은 언제나 (83)경박이나 (84)허세로 흐를 수 있
> 는 (85)개연성을 지니고 있다.
> - 근대 외국어로서의 한국어 교육의 (86)수요가 세
> 계적으로 (87)급증하고 있다.
> - (88)주식보다는 (89)채권에 (90)투자하는 것이 안
> 전하다.
> - 예산부족으로 (91)청사 이전 계획이 (92)와해될
> 위기에 처했다.

(83)   (84)
(85)   (86)
(87)   (88)
(89)   (90)
(91)   (92)

■ 다음 古事成語가 완성되도록 ( ) 속에 알맞은 漢
 字를 쓰시오.(93~100)

93. 拔本( )( )   94. 一網( )( )
95. 勸善( )( )   96. ( )( )西走
97. ( )( )添足   98. 破邪( )( )
99. 肝膽( )( )   100. 騷( )( )客

■ 다음 俗談과 같은 意味의 四字成語를 漢字로 쓰시
 오.(101~103)

101. 같은 값에 다홍치마
102. 외손뼉이 울랴
103. 까마귀 날자 배 떨어진다

■ 다음 각 漢字의 部首를 쓰시오.(104~108)

104. 循   105. 獲
106. 補   107. 稅
108. 陵

■ 다음 漢字를 通用되는 略字로 쓰시오.(109~113)

109. 螢   110. 鹽
111. 龍   112. 麥
113. 醉

■ 다음 漢字語의 同音異議語를 뜻에 맞게 漢字로 쓰
 시오.(114~118)

114. 事由 - (   ) : 생각함
115. 封庫 - (   ) : 삼가 아룀
116. 構造 - (   ) : 곤경에 빠진 자를 건져 줌
117. 迎鼓 - (   ) : 성함과 쇠함
118. 停止 - (   ) : 땅바닥을 반반하게 고름

■ 다음 각 글자와 意味上 對立되는 漢字를 적어 單
 語를 完成하시오.(119~123)

119. 抑 ↔ (   )   120. (   ) ↔ 衆
121. 緩 ↔ (   )   122. (   ) ↔ 縮
123. 親 ↔ (   )

■ 다음 각 글자와 意味上 비슷한 漢字를 적어 單語
 를 完成하시오.(124~128)

124. 睡(   )   125. 崩(   )
126. (   )聞   127. (   )回
128. (   )遠

■ 다음 각 항에서 첫 音節이 長音인 單語를 골라 그
 번호를 쓰시오.(129~131)

129. ① 徐氏 ② 徐行 ③ 西洋 ④ 西人
130. ① 心境 ② 心氣 ③ 審理 ④ 審議
131. ① 俸給 ② 逢福 ③ 峰頭 ④ 蜂蜜

■ 다음의 讀音과 뜻을 가진 單語를 漢字로 쓰시
 오.(132~135)

132. 갈장 : 예월(禮月)을 기다리지 않고 급히 장
           사 지냄.
133. 사기 : 못된 목적으로 남을 속임.

134. 돈독 : 인정이 두터움.

135. 오욕 : 더럽히고 욕되게 함.

■ 다음 글을 읽고 밑줄 친 單語를 漢字로 바꾸어 쓰시오. 단, 139번과 147번은 같은 뜻의 漢字語로 고치고, 140번에는 적절한 글자를, 144번은 그 讀音을 쓰시오.

(가) 인텔리의 정신적 조상은 (136)불우했던 갈릴레오다. 그리고 갖은 (137)박해와 금압과 (138)제재에도 불구하고, 갈릴레오의 정신은 그대로 오늘날에도 살아남아서 인텔리의 (139)맑은 거울의 구실을 하고 있다. 사실을 사실대로 보고, 본 대로 말하기를 꺼리다 가는 세상의 (140)(   )白이 영영 가려질 여지가 없어지고, 거짓과 사설이 판치는 암흑이 (141)지배하게 될 것이 뻔하다.

(나) 가장 (142)모범적인 속물은 인텔리가 지녀야 할 모든 중요한 (143)속성이며 품격과 반대되는 것을 뜯어먹고 산다. 지식을 (144)侮蔑하고, 자신이 누려야 할 자유를 화려한 포장지에 싸서 윗사람에게 예물로 바치고, 시골뜨기의 (145)몰취미를 자랑으로 삼는다. 그 중에서도 가장 몰염치한 속물은 인텔리의 세속적 허점을 잡고 인텔리가 (146)금과옥조로 삼는 신조를 숨쉴 여지없이 말살해 치움으로써, 가볍게 부귀를 누리려는 힘 쪽에 붙어서 농간을 부린다. 혼자서 속물 행세를 하는 것으로 만족하지 않고 세상의 모든 인텔리에게 명분 없는 (147)앙갚음을 시도한다.

(다) 14세기 영국 시인 초오서(Chaucer)가 기사는 언제나 진실과 (148)명예와 예의범절과 (149)기사도를 사랑했다고 한 대목이 있다. 오늘날의 인텔리는 옛 기사들과 같은 (150)조직을 갖지 못했을 뿐, 개명한 사회의 기사임에 틀림없다.

136. 불우   137. 박해

138. 제재   139. 맑은 거울

140. (   )白   141. 지배

142. 모범적   143. 속성

144. 侮蔑   145. 몰취미

146. 금과옥조   147. 앙갚음

148. 명예   149. 기사도

150. 조직

◉ 한국어문회 제25회 2급 기출문제 ◉

■ 다음 漢字의 讀音을 쓰시오. (1~45)

1. 蓋輪   2. 乞巧

3. 牽牛   4. 炭坑

5. 硬軟   6. 炅烈

7. 繫累   8. 石串

9. 瓜滿   10. 定款

11. 怪疾   12. 塊狀

13. 膠質   14. 購讀

15. 鞠育   16. 閨怨

17. 騎馬   18. 劣勢

19. 侮蔑   20. 篤志

21. 脈絡   22. 師傅

23. 敎唆   24. 削除

25. 忠恕   26. 薛聰

27. 蟾蛇   28. 騷客

29. 鎖鍵   30. 矛盾

31. 沿域   32. 傲慢

33. 怡山   34. 放恣

35. 萬鎰   36. 畿甸

37. 奚琴   38. 拙著

39. 塵世   40. 遮陽

41. 捕捉   42. 晧月

43. 和暢   44. 動哨

45. 伏羲

■ 다음 漢字의 訓과 音을 쓰시오. (46~72)

46. 脚	47. 刊
48. 厭	49. 景
50. 溪	51. 工
52. 兎	53. 驅
54. 厥	55. 叫
56. 紀	57. 溺
58. 陶	59. 旅
60. 颱	61. 濯
62. 牧	63. 發
64. 膚	65. 斜
66. 裳	67. 釋
68. 崇	69. 漁
70. 臥	71. 院
72. 毫	

■ 다음 글을 읽고 물음에 답하시오.

[Ⅰ] 태고①시대에는 인위적인 법칙이란 (73)존재하지 않았으며, 크게 순박②한 도 즉 (74)무위자연의 도가 없어지지 아니하였다. 이 순박한 도가 (75)일단 깨어지자 그 다음에 인위적인 법칙이 세워졌다. 이 법은 무엇을 (76)근거③로 세워졌는가? 그것은 하나의 (77)획선이 'ㅡ'이 그어지는 것으로부터 비롯되었다. 'ㅡ'은 모든 존재④의 근본이며, 모든 유형⑤의 근원이다. 그것은 (78)신묘⑥한 (79)경지⑦에서는 작용하지만 (80)보통⑧ 인간에게는 그 (81)효용성이 숨겨져 있기 때문에 (82)일반 사람은 그것을 알지 못한다. 그러므로 일획의 법이야말로 '아(我)' 즉 도를 (83)체득⑨한 개아(個我)에 의해서 정립되는 것이며 일획의 법칙을 정립한 자는 생각건대 무법⑩에서 유법의 세계를 정립하고 이 일획의 법칙으로 모든 법칙을 (84)일관케 하는 것이다.

[Ⅱ] 무릇 회화라고 하는 것은 인간①의 마음의 작용에 의해서 제작②되는 것이다. 그러므로 산천③인 물의 (85)수려④함, (86)조수⑤ 초목⑥의 (87)성정⑦, 지정(池亭)(88)누대의 (89)구축⑧ 등을 그리면서 그 (90)이법을 마음 깊이 깨닫지 못하거나 그 모습이 (91)곡진하게 (92)관찰⑨되지 않고서는 끝

내 일획이 갖는 (93)위대⑩한 법칙성을 체득하지 못할 것이다.(훌륭한 회화적 (94)조형을 완성하지 못할 것이다.)

[Ⅲ] 먼 길을 가고 높은 곳에 오르자면 모두가 아주 가까운 (95)거리①로부터 시작한다. 마찬가지로 일획의 묘선은 마침내 (96)우주의 끝까지 (97)포용케 되며 비록 몇 억 몇 만의 무수②한 (98)필묵으로 된 복잡③한 회화라도 일획에서 시작하여 일획으로 끝나지 않는 경우④란 없다. 다만 문제는 화가가 그것을 여하히 (99)이해하고 활용⑤하느냐에 달려 있을 따름이다.

[Ⅳ] (100)정화수로 남편의 무고와 영달을 축원하던 모습이 고대로 우리의 주부상이었다.

[Ⅴ] 다른 작고 사소한 것들에 대한 따뜻한 (101)배려와 (102)연민이 느껴지지 않습니까?

■ 윗 글의 밑줄 친 漢字語(73~102)를 漢字 正字로 쓰시오.(73~102)

73.	74.
75.	76.
77.	78.
79.	80.
81.	82.
83.	84.
85.	86.
87.	88.
89.	90.
91.	92.
93.	94.
95.	96.
97.	98.
99.	100.
101.	102.

■ [Ⅰ][Ⅱ][Ⅲ]에서 뽑은 漢字語의 첫 음이 長音인 것을 골라 번호로 답하시오.(103~107)

[Ⅰ]

103. ① 태고 ② 순박 ③ 근거 ④ 존재 ⑤ 유형

104. ⑥ 신묘 ⑦ 경지 ⑧ 보통 ⑨ 체득 ⑩ 무법

[Ⅱ]

105. ① 인간 ② 제작 ③ 산천 ④ 수려 ⑤ 조수

106. ⑥ 초목 ⑦ 성정 ⑧ 구축 ⑨ 관찰 ⑩ 위대

[Ⅲ]

107. ① 거리 ② 무수 ③ 복잡 ④ 경우 ⑤ 활용

■ 反對 또는 相對되는 漢字와 漢字語를 쓰시오.
(108~117)

108. 干 ↔ (　)   109. 任 ↔ (　)

110. 縱 ↔ (　)   111. 反 ↔ (　)

112. 表 ↔ (　)   113. 濕潤 ↔ (　)

114. 平凡 ↔ (　)   115. 遲鈍 ↔ (　)

116. 憂鬱 ↔ (　)   117. 興奮 ↔ (　)

■ 다음 (　)에 맞게 四字成語로 쓰시오.(118~127)

118. 그 분의 恩惠는 刻骨(　)(　)이다.

119. 古典小說의 主題는 勸善(　)(　)이 많다.

120. 部下들이 돕지 않으면 장군 노릇을 못한다는
말은 (　)(　)將軍이라고 한다.

121. 모든 일은 옳게 마무리된다는 것이 事(　)
(　)正이다.

122. 萬事를 조심조심하라는 것을 (　)(　)薄氷
이라 한다.

123. 절망 상태에 빠져서 자신을 돌보지 않는 것
을 自(　)自(　)라 한다.

124. 부드러운 것이 능히 굳센 것을 이기는 것을
(　)能制(　)이라 한다.

125. 天壤之判을 (　)(　)之差라고 한다.

126. 일을 거침없이 처리하는 것을 (　)(　)亂
麻라고 한다.

127. 어떤 좋은 일이 있을 것을 기다리는 것을
(　)首(　)待라고 한다.

■ 다음 漢字의 部首를 쓰시오.(128~132)

128. 啓   129. 成

130. 聖   131. 年

132. 黃

■ 다음 漢字語의 뜻과 固有語를 쓰시오.(133~137)

133. 過失   134. 所以然

135. 期限   136. 出迎

137. 指環

■ 다음 同音異義語를 문맥에 맞게 漢字로 쓰시
오.(138~142)

138. 市響 – 祖上께 지내는 제사.

139. 五慾 – 남의 명예를 더럽혀 욕되게 함.

140. 電送 – 대대로 전하여 외움.

141. 部長 – 장례를 할 때 죽은 사람이 생전에 사
용하던 물품을 함께 묻는 일.

142. 旅程 – 마음을 가다듬고 정성을 모아 힘쓰는
것.

■ 다음 漢字의 뜻에 해당하는 例를 골라 그 번호로
답하시오.(143~147)

例

① 심하다   ② 덥다

③ 기둥   ④ 옮기다

⑤ 깁다   ⑥ 찾다

⑦ 줄기   ⑧ 바로잡다

⑨ 애교스럽다   ⑩ 받들다

143. 幹   144. 矯

145. 補   146. 尋

147. 遷

■ 다음 漢字를 略字로 쓰시오.(148~150)

148. 廳   149. 麥

150. 釋

한자능력검정시험 기출문제정답(1~2급)

◉ 한국어문회 제26회 1급 기출문제 정답 ◉

1. 감내
2. 잠간
3. 혹사
4. 매몰
5. 사특
6. 경건
7. 날염
8. 뇌락
9. 혐오
10. 잉태
11. 요격
12. 뇌옥
13. 과긍
14. 편경
15. 기벽
16. 연여
17. 비루
18. 도조
19. 서속
20. 삽시
21. 두견
22. 첨조
23. 역려
24. 빈뇨
25. 궤주
26. 날완
27. 선일
28. 비겁
29. 강구
30. 나타
31. 산만
32. 섬라
33. 맥족
34. 비박
35. 나포
36. 도요
37. 공건
38. 교란
39. 둔적
40. 개선
41. 괴장
42. 양말
43. 괄구
44. 유린
45. 간삽
46. 회뢰
47. 도문
48. 격소
49. 갱즙
50. 치매
51. 높이들 게
52. 목맬 교
53. 대궐 궐
54. 업신여길 모
55. 우리 권
56. 짝 반
57. 가릴 차
58. 상자 상
59. 상서 서
60. 클 석
61. 기울 선
62. 드리울 수
63. 찾을 수
64. 싫어할 염
65. 천둥소리 진
66. 엉길 응
67. 재상 재
68. 훔칠 절
69. 드러날 창
70. 저울대 형
71. 던질 포
72. 골짜기 협
73. 신 화
74. 기름 지
75. 헤아릴 탁
76. 법도 도
77. 죽일 살
78. 감할 쇄
79. 골 동
80. 밝을 통
81. 覆審
82. 抗告
83. 繫留
84. 遲滯
85. 糾明
86. 焦眉
87. 跳躍
88. 斬屍
89. 流配
90. 赦免
91. 邊境
92. 要塞
93. 蒙塵
94. 鬱寂
95. 摩天樓
96. 晚餐
97. 演奏
98. 魅惑
99. 舞姬
100. 紹介
101. 來賓
102. 歡聲
103. 纖維
104. 紡績
105. 紡織
106. 毛絲
107. 混紡
108. 地軸
109. 鼓膜
110. 戴冠
111. 莊嚴
112. 約款
113. 賠償
114. 購讀
115. 籠絡
116. 廣軌
117. 附設
118. 採掘
119. 收奪
120. 狂奔
121. 항고
122. 계류
123. 참시
124. 만찬
125. 연주
126. 무희
127. 내빈
128. 혼방
129. 대관
130. 광궤
131. 溪流
132. 辭免
133. 變更
134. 聯珠
135. 疏開
136. 方直
137. 模寫
138. 謀事
139. 弱冠
140. 浮說
141. 双
142. 画
143. 塩
144. 冫
145. 力
146. 口
147. 夕
148. 子
149. 巾
150. 戈
151. 月
152. 罒
153. 行
154. 엉덩이
155. 낚싯대
156. 혹
157. 날뜀
158. 기러기와 비단
159. 편지
160. 기름진 고기와 좋은 곡식
161. 맛있는 음식 또는 부귀한 가문
162. 콩과 보리
163. 어리석은 사람
164. 2
165. 4
166. 1
167. 4
168. 3
169. 壽
170. 借
171. 寡
172. 晴
173. 鈍
174. 助
175. 登
176. 慨
177. 怠
178. 消
179. 墳
180. 洗
181. 添花
182. 雪上
183. 南蠻
184. 東夷
185. 隱忍
186. 妄動
187. 見利/顧名
188. 致命/授命
189. 千里/鐵壁/湯池
190. 難攻/南山
191. 五車
192. 充棟
193. 河淸
194. 結草
195. 嘗膽
196. 四面
197. 株兎
198. 脣亡
199. 羊頭
200. 求劍

◉ 한국어문회 제24회 1급 기출문제 정답 ◉

1. 감여
2. 고부
3. 굉침
4. 촉규
5. 달증
6. 흉살
7. 신금
8. 철퇴
9. 극순
10. 반사
11. 서속
12. 애루
13. 석전
14. 췌취
15. 곤직
16. 노략
17. 방용
18. 애연

19. 주축	20. 기액	21. 천해
22. 구예	23. 개분	24. 곽탕
25. 부벽	26. 연관	27. 천자
28. 게송	29. 두견	30. 이괘
31. 사립	32. 괄마	33. 날염
34. 징비	35. 소원	36. 잉태
37. 첨압	38. 작소	39. 괴장
40. 굉활	41. 구리	42. 결뉴
43. 면시	44. 보첩	45. 살대
46. 궤멸	47. 탄회	48. 메별
49. 구마	50. 칭추	51. 구덩이 갱
52. 비단 견	53. 저릴 마	54. 길쌈 방
55. 살 구	56. 오줌 뇨	57. 일 대
58. 이끌 야	59. 그물 망	60. 물을 자
61. 짝 반	62. 배우 배	63. 꽂을 삽
64. 용서할 사	65. 펼 부	66. 이을 소
67. 상서 서	68. 나라동산 원	69. 벼슬 위
70. 염탐할 정	71. 드릴 정	72. 재상 재
73. 아뢸 주	74. 모을 집	75. 자랑할 과
76. 갈릴 체	77. 부탁할 탁	78. 낳을 탄
79. 굴대 축	80. 치우칠 편	81. 돌 회
82. 모형 형	83. 미끄러울 활	84. 헛보일 환
85. 편지 한	86. 잡을 파	87. 속마음 충
88. 막힐 체	89. 나루 진	90. 기름 지
91. 싫을 염	92. 꿰맬 봉	93. 讓渡
94. 家坮	95. 田畓	96. 紛糾
97. 肝膽	98. 障碍	99. 搜査
100. 融資	101. 倉庫	102. 棟
103. 賃貸	104. 輛	105. 窒素
106. 肥料	107. 運搬	108. 菜蔬
109. 飼育	110. 和睦	111. 敦篤
112. 增殖	113. 沒溺	114. 盟誓
115. 魅惑	116. 娩痛	117. 閣僚
118. 隨行	119. 誤謬	120. 飛騰
121. 懇切	122. 祈願	123. 양도
124. 간담	125. 무력	126. 오류
127. 임대	128. 비료	129. 운반
130. 채소	131. 간절	
132. 만통/진찰/오류/간절		
133. 친척	134. 이불과 베개	
135. 오랑캐	136. 고깃간(푸줏간)	
137. 싹(움)	138. 굴레	139. 달팽이
140. 쌀을 찧다	141. 씹음	142. 아뢰다

143. 境界	144. 警戒	145. 膠着
146. 交錯	147. 弔喪	148. 彫像
149. 早霜	150. 殊常	151. 授賞
152. 愁傷	153. 旧	154. 宝
155. 党	156. 田	157. 力
158. 巾	159. 戈	160. 罒
161. 木	162. 夕	163. 弓
164. 日	165. 歹	166. 受理
167. 未熟	168. 綜合	169. 奇數
170. 博學	171. 斬新	172. 地理
173. 專門家	174. 經	175. 削
176. 雌	177. 給	178. 疎
179. 流離	180. 尺土/ 尺地	181. 塵世/ 世相
182. 妄動	183. 墨客/ 騷客	184. 焦思
185. 漏	186. 傭	187. 傀
188. 扶	189. 俸	190. 謹
191. 角/齒	192. 登/卑	193. 冬/爐
194. 隔/靴	195. 鷄/狗	196. 及/魚
197. 走/馬	198. 衣/戲	199. 望/歎
200. 田/碧		

1. 벽항	2. 붕익	3. 무로
4. 대관	5. 단류	6. 탐닉
7. 구진	8. 말갈	9. 복욱
10. 모려	11. 서세	12. 섬안
13. 은은	14. 전복	15. 염부
16. 규탁, 규도	17. 멱색	18. 설월
19. 창려	20. 탁마	21. 풍이
22. 해례	23. 탁선	24. 추로
25. 소채	26. 묘맥	27. 강우
28. 슬운	29. 연영	30. 맥궁
31. 게식	32. 야단	33. 일무
34. 여희	35. 민천	36. 걸보
37. 선파	38. 애진	39. 호종
40. 치적	41. 우회	42. 체계
43. 견도	44. 방착	45. 답습
46. 품팔 고	47. 신 화	48. 모질 학
49. 사이뜰 격	50. 던질 포	51. 사슴 록
52. 쥘 악	53. 집터 대	54. 굴대 축
55. 낳을 탄	56. 녹을 융	57. 드리울 수

58. 클 석	59. 드릴 정	60. 쇠불릴 단
61. 얽힐 규	62. 문란할 문	63. 물을 자
64. 녹을 용	65. 탈 초	66. 달아날 추
67. 편지 한	68. 들 평	69. 부탁할 탁
70. 낄 옹	71. 볼 열	72. 길쌈 방
73. 慨	74. 竟	75. 亥
76. 旱	77. 頗	78. 妥
79. 僅	80. 泥	81. 潭
82. 濫	83. 輕薄	84. 虛勢
85. 蓋然性	86. 需要	87. 急增
88. 株式	89. 債券	90. 投資
91. 廳舍	92. 瓦解	93. 塞源
94. 打盡	95. 懲惡	96. 東奔/東行
97. 畫蛇	98. 顯正	99. 相照
100. 人墨	101. 同價紅裳	102. 孤掌難鳴
103. 烏飛梨落	104. 彳	105. 犭
106. 礻	107. 禾	108. 阝
109. 蚩	110. 塩	111. 竜
112. 麦	113. 酔	114. 思惟
115. 奉告	116. 救助	117. 榮枯
118. 整地	119. 場	120. 寡
121. 急	122. 伸	123. 疏
124. 眠	125. 壞	126. 聽
127. 旋	128. 永/遙	129. ②
130. ④	131. ①	132. 渴葬
133. 詐欺	134. 敦篤	135. 汚辱
136. 不遇	137. 迫害	138. 制裁
139. 明鏡	140. 黑	141. 支配
142. 模範的	143. 屬性	144. 모멸
145. 沒趣味	146. 金科玉條	147. 返報/報仇
148. 名譽	149. 騎士道	150. 組織

● 한국어문회 제25회 2급 기출문제 정답 ●

1. 개륜	2. 걸교	3. 견우
4. 탄갱	5. 경연	6. 경렬
7. 계루	8. 석관	9. 과만
10. 정관	11. 괴질	12. 괴상
13. 교질	14. 구독	15. 국육
16. 규원	17. 기마	18. 열세
19. 모멸	20. 독지	21. 맥락
22. 사부	23. 교사	24. 삭제

25. 충서	26. 설총	27. 섬사
28. 소객	29. 쇄건	30. 모순
31. 연역	32. 오만	33. 이산
34. 방자	35. 만일	36. 기전
37. 해금	38. 졸저	39. 진세
40. 차양	41. 포착	42. 호월
43. 화창	44. 동초	45. 복희
46. 다리 각	47. 새길 간	48. 싫어할 염
49. 볕 경	50. 시내 계	51. 장인 공
52. 토끼 토	53. 몰아낼 구	54. 그 궐
55. 부르짖을 규	56. 벼리 기	57. 빠질 닉
58. 질그릇 도	59. 나그네 려	60. 태풍 태
61. 씻을 탁	62. 칠 목	63. 필 발
64. 살갗 부	65. 비낄 사	66. 치마 상
67. 풀 석	68. 높을 숭	69. 고기잡을 어
70. 누울 와	71. 집 원	72. 터럭 호
73. 存在	74. 無爲	75. 一旦
76. 根據	77. 劃線	78. 神妙
79. 境地	80. 普通	81. 效用
82. 一般	83. 體得	84. 一貫
85. 秀麗	86. 鳥獸	87. 性情
88. 樓臺	89. 構築	90. 理法
91. 曲盡	92. 觀察	93. 偉大
94. 造型/造形	95. 距離	96. 宇宙
97. 包容	98. 筆墨	99. 理解
100. 井華水	101. 配慮	102. 憐憫
103. ⑤	104. ⑧	105. ②
106. ⑦	107. ①	108. 戈
109. 免	110. 橫	111. 正/贊
112. 裏	113. 乾燥	114. 非凡
115. 敏速	116. 明朗/歡喜	117. 鎭靜
118. 難忘	119. 懲惡	120. 獨不
121. 必歸	122. 如履	123. 暴/棄
124. 柔/剛	125. 雲泥	126. 快刀
127. 鶴/苦	128. 口	129. 戈
130. 耳	131. 干	132. 黃
133. 잘못	134. 까닭	135. 정한시기(마감)
136. 마중나감	137. 가락지	138. 時享
139. 汚辱	140. 傳誦	141. 副葬
142. 勵精	143. ⑦ 줄기	
144. ⑨ 애교스럽다		145. ⑤ 깁다
146. ⑥ 찾다	147. ④ 옮기다	148. 庁
149. 麦	150. 釈	

가

可	100	加	100
佳	100	架	100
家	100	假	100
街	100	暇	100
歌	100	價	100
伽	101	哥	101
嘉	101	嫁	101
柯	101	呵	101
稼	101	苛	101
袈	101	賈	101
軻	102	迦	102
駕	102		

각

各	102	角	102
却	102	刻	102
脚	102	閣	102
覺	102	恪	102
殼	103	珏	103

간

干	103	刊	103
肝	103	看	103
姦	103	間	103
幹	103	懇	103
簡	103	艮	104
墾	104	奸	104
揀	104	杆	104
澗	104	癎	104
竿	104	艱	104
諫	104		

갈

渴	104	葛	105
喝	105	竭	105
褐	105	鞨	105

감

甘	105	減	105
敢	105	感	105
監	105	憾	105
鑑	106	勘	106
堪	106	柑	106
疳	106	邯	106
瞰	106	紺	106

갑

甲	106	匣	106
岬	106	鉀	107
閘	107		

강

江	107	降	107
剛	107	康	107
強	107	綱	107
鋼	107	講	107
岡	107	姜	108
崗	108	彊	108
慷	108	疆	108
糠	108	腔	108
薑	108		

개

介	108	改	108
皆	108	個	109
開	109	蓋	109
慨	109	概	109
价	109	箇	109
凱	109	愾	109
塏	109	漑	109
芥	110		

객

客	110

갱

更	110	坑	110
羹	110		

거

去	110	巨	110
車	110	居	110
拒	110	距	110
據	111	擧	111
渠	111	倨	111
醵	111		

건

件	111	建	111
健	111	乾	111
巾	111	腱	111
虔	112	鍵	112

걸

乞	112	傑	112
桀	112	杰	112

검

儉	112	劍	112
檢	112		

겁

劫	112	怯	112

게

揭	113	憩	113
偈	113		

격

格	113	隔	113
激	113	擊	113
覡	113	檄	113
膈	113		

견

犬	113	見	114
肩	114	牽	114
堅	114	遣	114
絹	114	甄	114
繭	114	譴	114
鵑	114		

결

決	114	缺	115
結	115	潔	115
訣	115		

겸

兼	115	謙	115

경

京	115	庚	115
徑	115	耕	115
竟	115	頃	116
景	116	卿	116
硬	116	敬	116
傾	116	經	116
境	116	輕	116
慶	116	警	116
鏡	117	競	117
驚	117	儆	117
憬	117	梗	117
炅	117	璟	117
瓊	117	磬	117
痙	117	莖	118
頸	118	脛	118
勁	118	鯨	118

계

系	118	戒	118
季	118	界	118
癸	118	契	118
係	119	計	119
桂	119	啓	119
械	119	階	119
溪	119	繫	119
繼	119	鷄	119
悸	119		

고

古	120	考	120
告	120	固	120
苦	120	姑	120
孤	120	枯	120
故	120	高	120
庫	120	雇	121
鼓	121	稿	121
顧	121	皐	121
呱	121	拷	121
敲	121	辜	121
叩	121	痼	121
股	122	膏	122
袴	122	錮	122

곡

曲	122	谷	122
哭	122	穀	122
鵠	122	梏	122

곤

困	122	坤	123
昆	123	棍	123
袞	123		

골

骨	123	汨	123

공

工	123	公	123
孔	123	功	123
共	123	攻	124
空	124	供	124
恭	124	貢	124

字	쪽	字	쪽	字	쪽	字	쪽	字	쪽	字	쪽	字	쪽
位	298	柚	302	凝	305	刃	309	慈	312	帳	316	底	320
委	298	榆	302	應	305	仁	309	資	312	張	316	抵	320
胃	298	癒	302	膺	305	引	309	磁	312	將	317	沮	320
威	298	諛	302	鷹	305	因	309	雌	313	掌	317	著	320
偉	298	諭	302	**[의]**		印	309	諮	313	葬	317	貯	320
尉	298	踰	302	擬	306	忍	309	仔	313	場	317	咀	321
爲	299	蹂	302	衣	306	姻	309	滋	313	粧	317	狙	321
圍	299	鍮	303	矣	306	寅	309	炙	313	裝	317	箸	321
違	299	游	303	宜	306	認	310	煮	313	腸	317	猪	321
僞	299	**[육]**		依	306	咽	310	瓷	313	獎	317	詛	321
慰	299	肉	303	意	306	湮	310	疵	313	障	317	躇	321
緯	299	育	303	義	306	蚓	310	蔗	313	藏	317	邸	321
謂	299	**[윤]**		疑	306	靭	310	藉	313	臟	317	觝	321
衛	299	閏	303	儀	306	**[일]**		**[작]**		墻	318	**[적]**	
渭	299	潤	303	醫	306	一	310	作	313	仗	318	赤	321
萎	299	允	303	議	306	日	310	昨	314	匠	318	的	321
韋	299	尹	303	椅	307	逸	310	酌	314	庄	318	寂	321
魏	300	胤	303	毅	307	壹	310	爵	314	杖	318	笛	322
[유]		鉽	303	誼	307	佚	310	綽	314	檣	318	跡	322
由	300	**[융]**		**[이]**		溢	310	勺	314	漿	318	賊	322
幼	300	融	303	二	307	鎰	311	灼	314	獐	318	滴	322
有	300	戎	304	已	307	佾	311	炸	314	璋	318	摘	322
酉	300	絨	304	以	307	**[임]**		芍	314	蔣	318	適	322
乳	300	**[은]**		而	307	壬	311	嚼	314	薔	318	敵	322
油	300	恩	304	耳	307	任	311	鵲	314	醬	319	積	322
柔	300	銀	304	夷	307	賃	311	雀	314	**[재]**		績	322
幽	300	隱	304	異	307	妊	311	**[잔]**		才	319	蹟	322
悠	300	垠	304	移	307	**[입]**		殘	315	在	319	籍	322
唯	300	殷	304	貳	308	入	311	棧	315	再	319	嫡	323
惟	301	誾	304	怡	308	**[잉]**		盞	315	災	319	狄	323
猶	301	**[을]**		痍	308	剩	311	**[잠]**		材	319	謫	323
裕	301	乙	304	伊	308	孕	311	暫	315	哉	319	迹	323
遊	301	**[음]**		姨	308	**[자]**		潛	315	宰	319	**[전]**	
愈	301	吟	304	弛	308	子	311	蠶	316	栽	319	田	323
維	301	音	304	爾	308	字	311	箴	316	財	319	全	323
誘	301	淫	305	珥	308	自	312	簪	316	裁	319	典	323
遺	301	陰	305	餌	308	姉	312	**[잡]**		載	320	前	323
儒	301	飲	305	**[익]**		刺	312	雜	316	滓	320	展	323
俞	301	蔭	305	益	308	者	312	**[장]**		齋	320	專	323
喩	301	**[읍]**		翼	308	玆	312	丈	316	**[쟁]**		電	323
宥	302	邑	305	翊	309	姿	312	壯	316	爭	320	傳	324
庚	302	泣	305	翌	309	恣	312	長	316	錚	320	殿	324
愉	302	揖	305	**[인]**		紫	312	莊	316	**[저]**		錢	324
揄	302	**[응]**		人	309			章	316	低	320	戰	324